MongoDB Master는 MongoDB inc. 공인 전문가입니다.

빅데이터 저장 및 분석을 위한

New NoSQL & mongoDB

주종면 (Jimmy Joo) 지음

NoSQL 공식 한국사용자그룹 감수

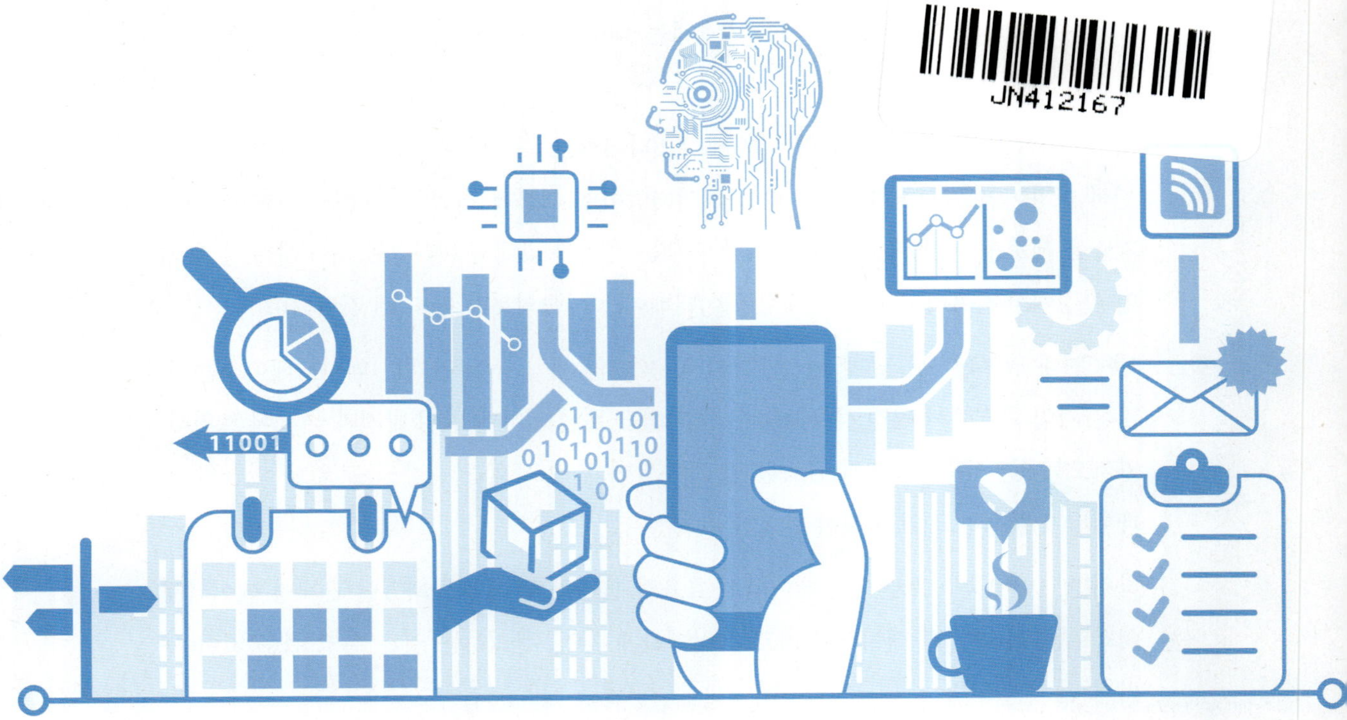

- MongoDB의 주요 구조와 기술들을 도형화된 그림을 통해 체계적인 설명과 원리 위주로 학습
- 각 장에서 소개하는 기술들에 대해 "실습 따라하기" 제공
- 저자와의 만남(실습 자료 제공 및 질문 게시판 제공 : www.pitmongo.co.kr)을 통해 학습 가능
- 이 서적은 MongoDB Master가 해설하는 New NoSQL & mongoDB의 개정판입니다

머리말

올해는 저에게 있어서 매우 의미 있는 한 해입니다.

1983년 IT 분야에 몸담은 이래로 30년째 되는 해이기 때문 입니다.

당시에는 MainFrame을 기반으로 하는 정보 시스템이 주된 환경이었는데 지금과는 비교할 수 없을 만큼 하드웨어 장치는 매우 열악하여 시스템 운영과 관리에 많은 비용과 시간이 요구될 수 밖에 없었습니다.

컴퓨터가 발명된 이래로 기업에서 발생하는 데이터들은 파일 시스템을 기반으로 저장, 관리되었던 시대였습니다.

이후, 1988년 올림픽이 개최되던 해에 우리나라에도 퍼스널 컴퓨터가 보급되기 시작하면서 클라이언트/서버 환경의 개발 패러더임이 도래하게 되었고 관계형 데이터베이스 기술은 새로운 저장 기술로써 각광 받게 되는 계기를 맞게 됩니다. 오늘날, 대 부분의 기업 환경에서 사용하고 있는 관계형 데이터베이스 기술의 시발점이 된 것입니다.

1980년대 말부터 오늘날에 이르기까지 약 30년의 세월 동안 관계형 데이터베이스는 수많은 기업 환경에서 널리 사용되어 왔지만 최근 무선 인터넷 망의 발전과 더불어 트위터, 카카오톡 등과 같은 SNS의 급속한 발전과 함께 우리 사회는 겉잡을 수 없을 만큼의 빅 데이터가 발생하고 있는 것이 현실입니다.

하지만, 1970년대, 트랜잭션 데이터의 효율적 관리를 위해 제공되었던 관계형 데이터베이스로는 이러한 빅 데이터를 빠르고 안전하게 저장, 관리하는 것은 결코 쉬운 일이 아니게 된 것 입니다.

이에 맞는 적절한 데이터 저장 기술이 많은 사용자들에 의해 요구되었는데 이것이 NoSQL 기술이 관심 받고 있는 이유이기도 합니다.

저는 30년 전에 파일 시스템을 기반으로 데이터를 저장, 관리했던 초창기부터 관계형 데이터베이스를 기반으로 했던 1990년대와 2000년대에 이르기까지 30년의 세월을 데이터 저장 기술의 발전과 함께 살아 온 산증인이라 감히 자부하고 싶습니다.

이제 30년째 되는 올해, 그 동안 집필해 왔던 관계형 데이터베이스 관련 서적들에 이어 NoSQL 관련 기술 서적을 출간하게 되면서 무한한 기쁨과 감회를 느끼고 있으며 데이터베이스 분야의 전문가로써 후학들에게 좋은 지침이 될 수 있기를 진심으로 바라며 이 책의 출간을 알리고자 합니다.

이 책의 집필을 응원하고 지원해 주신 MongoDB 공식 한국 사용자 그룹의 많은 분들과 미국 MongoDB inc.(MongoDB 개발 및 기술지원 업체)의 Adam Kroll 그리고 관련자 분들께 지면으로 나마 감사의 마음을 전합니다.

마지막으로 현장 실무자를 대상으로 수행하고 있는 데이터베이스 교육 사업에서 오랫동안 호흡을 맞추며 도와주신 한국데이터진흥원 김창식 선임연구원, 조진율 연구원님께 지면으로 감사의 말씀을 꼭 전하고 싶습니다. 그리고, (주)플랜정보기술에서 함께 근무하며 NoSQL 기술 전파에 열정을 쏟고 있는 김리나 대리에게도 고마움을 전합니다.

주 종 면
www.pitmongo.co.kr
jina6678@daum.net
010-3864-1858

추천사

한국데이터진흥원 / 박민식 실장

하드웨어와 소프트웨어를 거쳐 데이터로 지식 패러다임이 변화하고 있습니다. 사회 문화 각 분야에서 생산된 데이터가 자산으로 인정받고, 축적된 데이터의 활용능력이 국가와 사회의 미래 경쟁력을 좌우하는 시대를 맞고 있습니다. 국내에서도 스마트폰 이용자 급증, 소셜네트워크 활성화 등으로 데이터의 양의 급격하기 증가하고 있습니다.

EMC에 따르면 전 세계적으로 2012년 한해 생성, 복제 및 유통되는 디지털 데이터의 양은 2.8 제타바이트(ZB)에 달하고, 2020년에는 그 수치가 40ZB까지 성장할 것으로 예측되고 있습니다. 이는 2005년 디지털 데이터 양인 0.13ZB의 300배에 해당하는 양입니다.

IDC에 따르면 세계 빅 데이터 시장은 2010년 32억달러에서 2015년에는 169억달러로 연평균 40%대의 성장세를 기록할 것으로 예측되고 있습니다. 이같은 빅 데이터 시장 성장과 함께 관련 인력에 대한 수요가 폭발적으로 증가할 것으로 예상됩니다.

미국은 2018년까지 14만~19만명의 고급 분석 인력과 150만명의 데이터 관리자가 부족하며, 이 기간 빅 데이터로 인한 사회 전반적인 고용 창출 효과는 약 600만개에 달할 것으로 전망됩니다. 영국은 빅 데이터 도입으로 소매업, 제조업, 전문분석서비스업 등 다양한 분야에서 5년간 총 5만8000개의 신규 일자리가 창출 될 것으로 예상됩니다.

이번에 출간되는 책은 빅 데이터 시대를 맞아 비정형 데이터를 관리하는데 필수적인 NOSQL DB 관련된 서적입니다. 단순 이론이 아닌 실무와 이론을 동시에 한 전문서적으로 "비정형 데이터의 관리"를 위한 좋은 활용서가 될 것으로 기대됩니다.

필자의 노고에 다시 한번 감사의 말씀을 드리며 국내 데이터베이스 산업이 지속적으로 성장 발전할 수 있도록 많은 성원 부탁 드립니다.

저자 : 주종면(Jimmy Joo)

1. 현. (주)플랜정보기술 대표 컨설턴트

MongoDB Master 공인 전문가 (국내 1호)
오라클 공인 ACE (최고의 엔지니어에게 부여하는 기술 등급)
한국 데이터진흥원 전문 위원 및 겸임교수
한국 SW 기술협회 전임강사
NoSQL 한국 사용자 그룹(www.nosql-korea.org) 운영자

전. Recurit4You Co.(미국 Ohio주 소재)/데이터베이스 컨설턴트
전. 오라클 교육센터 전문강사 및 컨설턴트
전. 프랑스 쌍고방그룹 Vetrotex Korea Co. 정보관리팀/데이터베이스 관리자
전. 삼미그룹 삼미전산(주) 시스템사업부/프로그래머
전. 육군 26사단 전산실/프로그래머

2. 주요 강의경력 (1995 ~ 현재)

- 중소기업청 후원 DB 산학연계 컨설팅
- 중소기업 후원 DB 현장방문 교육
- 한국 썬 교육센터 (2005. 4 ~ 현재)
- 한국 데이터베이스 진흥센터 (2003. 8 ~ 현재)
- 한국 오라클 교육센터 (1996. 7 ~ 2002. 8)
- 농협 중앙회 정보분사 (2002. 11 ~ 현재)
- 삼성 SDS 멀티캠퍼스 (2001. 7 ~ 2004. 4)
- CJ 시스템즈 교육센터 (2002. 10 ~ 현재)
- 서울대학교 정보교육원 (2002. 4 ~ 2003.5)
- 동의동업전문대학 (2000. 1 ~ 2000. 12)
- 포스데이터, 대림 I&S, 아시아나 항공, 한국전력, 굿모닝 증권,
- (주)바이릿지, (주)오르비스, 하나은행, 주택금융공사, ㈜오토에버시스템즈
- 외 다수업체
- TMAX 교육센터 DB 교육
- 서울시 데이터 센터 (2004.5 ~ 현재)
- 덕성여대 인터넷학과 (2005. 3 ~ 7)
- 한국 생산성 본부 (2002. 10 ~ 2002. 12)
- 한국통신 인재개발원 (2002. 4 ~ 2005. 10)
- 현대정보기술 교육센터 (2002. 5 ~ 현재)
- LG-NSYS 교육센터
- 쌍용정보통신
- 동서대학교정보교육원(1999.2 ~ 1999. 12)

3. 강의과목 : 오라클 7/8/8i/9i/10g/11g 전체내용

- MongoDB Development & Administration
- 객체지향 분석/설계기법(UML 기반)
- RDB를 위한 데이터 모델링
- 오라클 데이터베이스 Administrration

- SQL 문장 튜닝
- Performance 튜닝
- 대용량 데이터베이스 솔루션
- Backup & Recovery and Network Administration
- SQL and PL/SQL
- 3GL with ORACLE
- Oracle Web Application Server for Developers

4. 개발 Project (1983년 ~ 현재)

- 한전전력연구원 빅데이터 시스템 컨설팅
- (주)누리텔레콤 AIMIR DB 성능 튜닝
- 서울보훈병원 SQL 튜닝 및 분석
- 바이릿지(주) 백업 DB 설계
- 농협 DB 기술 컨설팅
- 메리놀병원 홈페이지 개발
- 메리놀 병원/동의의료원 DB 컨설팅
- 일본 전자계산소 자산관리 시스템 개발
- 동남은행 DB 컨설팅
- 밀양대학교 학사/행정관리 시스템 분석/설계
- Vetrotex Korea Co. 생산/공정/근태관리 개발
- 공군 물류관리 시스템 개발
- 공장자동화 시스템 개발
- 육군 저축관리 시스템 개발
- KT연구소 영농이력관리 MongoDB 설계
- 서울시 데이터센터 MongoDB 구축
- (주)한국 오르비스 판매관리 DB 설계
- 중소기업 후원 DB 산학연계 컨설팅
- 한국통신 DB 튜닝 & 설계 교육 및 컨설팅
- 중고 자동차매매조합 홈페이지 개발
- 성창기업 DB 컨설팅
- 제일제당(주) 물류관리 시스템 분석/설계
- 한국 중공업 인사관리 시스템 개발
- 우경철강(주) MIS 시스템(분석/설계)

5. 출간저서 및 수상

2019 도서출판 DataBook "빅데이터 저장 및 분석을 위한NoSQL &Redis"

2017 도서출판 DataBook "New MongoDB Master 해설하는 NoSQL &MongoDB"

2015 중소기업청 주관 "빅 데이터 저장용 MongoDB 모니터링 툴" 개발

MongoDB 설계를 위한 Class Diagram 특허획득

MongoDB 모니터링을 위한 관리기술 특허출원

중소기업진흥공단벤처기업 인증

2014 도서출판 DataBook "New MongoDB Master가 해설하는 NoSQL & MongoDB"

2013 도서출판 DataBook "MongoDB Master가 해설하는 NoSQL & MongoDB"

2012 도서출판 DataBook "오라클 11g New 대용량 데이터베이스 성능 튜닝"

2011 도서출판 DataBook "New 데이터 아키텍처 & 데이터 모델링"

2010 이한출판사 "오라클 ACE가 해설하는 Backup & Recovery"
2009 도서출판 DataBook "오라클 New 대용량 데이터베이스 성능 튜닝"
2008 이한출판사 "오라클 ACE가 해설하는 10g Administration"
2008 이한출판사 "오라클 ACE가 해설하는 SQL & PL-SQL 10g"
2007 미국 오라클 본사 명예의 전당 가입(오라클 ACE 최고의 기술등급 수상)
2006 서울시장 정보화 교육 특별상 수상
2005 서울시 Data 센터 "데이터베이스의 분석과 설계" 온라인 강좌 개설
2005 한국 DB진흥센터 "2005년 데이터베이스 백서"
2004 대림출판사 "오라클 장애와 복구 & 네트워크 관리"
2004 프리렉출판 "주종면의 오라클 전문가 만들기"
2003 프리렉출판 "오라클 데이터베이스 모델링"
2003 프리렉출판 "오라클 SQL 튜닝 & 서버 튜닝"
2002 프리렉출판 "오라클 9i SQL & PL/SQL"
2001 대림출판사 "클릭하세요 오라클 9i"
2000 대림출판사 "클릭하세요 오라클 8i"
1999 대림출판사 "지나와 함께하는 오라클 8"
1998 대림출판사 "ORACLE-Unleashed"
1997 대림출판사 "SQL-Unleashed"

[전문잡지 기고]
월간 마이크로 소프트웨어 특집기사(3회)
월간 마이크로 소프트웨어 DB 프로그래밍 독점연재(12회)
월간 PC 자격증 "OCP" 분야 독점연재(3회)

책의 특징과 구성

■ 주요 특징

(1) MongoDB의 주요 구조와 기술들을 도형화된 그림을 통해 체계적인 설명과 원리 위주로 학습합니다.

(2) 각 장에서 소개하는 기술들에 대해 실습이 가능하도록 구성되어 있습니다.
MongoDB의 핵심 솔루션 중에 하나인 샤딩 시스템과 리프리카셋 기능은 여러 대의 서버에서 구축되어지지만 하나의 서버에서도 테스트가 가능하도록 실습이 제공됩니다. 교재에서 설명되는 모든 기술에 대한 "따라하기" 실습이 제공됩니다.

(3) 저자와의 직접적인 만남(실습 자료 제공 및 질문 게시판 제공 : www.pitmongo.co.kr) 을 통해 학습하실 수 있기 때문에 학습효과를 2배로 높일 수 있습니다.

■ 책의 구성

1장. MongoDB 시작과 종료

최근 빅 데이터와 클라우드 컴퓨팅 기술의 확산과 함께 NoSQL 기술이 각광 받고 있는 것이 현실입니다.

1장에서는 NoSQL 기술이 왜 필요한지 그 역사적 배경에 대해 알아보고 MongoDB를 Startup, Shutdown하는 방법과 절차에 대해 소개합니다.

2장. 데이터의 입력/수정/삭제

MongoDB는 하나의 데이터 저장기술이기 때문에 데이터의 입력, 수정, 삭제, 조회가 요구됩니다. 또한, 관계형 데이터베이스와 같이 트랜잭션을 제어하기 위해 COMMIT, ROLLBACK문과 유사한 데이터 처리가 요구되어지기도 합니다.

이번 장에서는 MongoDB에서 데이터 처리를 위해 알아야 할 다양한 개념과 문법이 소개됩니다.

3장. 인덱스의 생성과 관리 & 사용자 관리

NoSQL 제품 중 MongoDB가 가지고 있는 가장 큰 장점 중에 하나는 관계형 데이터베이스에서 제공하는 인덱스와 동일한 기능이 제공된다는 것입니다.

이것은 관계형 데이터베이스에 익숙한 개발자가 가장 빠르게 MongoDB에 적응할 수 있는 이유 중에 하나이기도 합니다.

또한, 인가된 사용자 만이 MongoDB에 접속하기 위해서는 사용자의 생성과 관리가 요구됩니다.

4장. Collection 설계

기존의 관계형 데이터베이스는 정규화라는 분석, 설계 기법에 의해 정형화된 데이터 구조로 생성되는 반면, NoSQL 기술의 대표적인 제품 중에 하나인 MongoDB는 비정형 데이터 구조로 설계됩니다.

초당 몇 만건 이상의 빅 데이터가 발생하는 기업 환경에서 빠른 쓰기작업을 통해 데이터를 수집, 저장하기 위해서는 그에 맞는 적절한 데이터 구조가 요구되는데 이것을 위해서는 체계화된 분석, 설계 기술이 요구됩니다.

5장. 논리적 구조와 물리적 구조

MongoDB에서 데이터를 저장하는 논리적 구조를 컬렉션이라고 합니다. 하나의 컬렉션은 여러 개의 익스텐트로 구성되며 하나의 익스텐트는 여러 개의 데이터 레코드로 구성됩니다. 이러한 구조를 논리적 구조라고 합니다.

MongoDB의 가장 큰 특징 중에 하나는 관계형 데이터베이스에 비해 빅 데이터의 빠른 쓰기와 읽기 작업이 가능하다는 것 입니다. 이것이 가능한 이유는 메모리 매핑을 이용한 데이터 처리 기술을 제공하기 때문인데 5장에서는 MongoDB의 물리적 구조를 자세히 설명합니다.

6장. 샤딩 시스템

초당 몇 만건의 빅 데이터가 입력되면 아무리 좋은 시스템에서도 데이터의 집중화로 인해 성능 지연 문제가 발생할 수 밖에 없습니다. 이러한 문제를 해소하기 위해 MongoDB에서는 샤딩 시스템이라는 데이터 분산 처리

기술을 제공하고 있습니다. 데이터가 집중화되었을 때 하나의 서버가 아니라 여러 대의 서버에 데이터를 분산 저장함으로써 발생하는 쓰기 대기 시간을 최소화하고 데이터의 안전한 저장과 관리가 가능하도록 해주는 솔루션 중에 하나입니다.

이 장에서는 하나의 시스템에서 여러 대의 가상 서버를 통해 샤딩 시스템을 구축하는 방법을 소개합니다.

7장. 리프리카 & 리프리카셋

빅 데이터의 효율적인 운영과 관리를 위해서 반드시 요구되는 기능 중에는 빅 데이터에 장애가 발생했을 때 얼마나 빠른 시간 내에 데이터를 원상 복구할 수 있느냐 입니다.

MongoDB에서는 Master/Slave 기능, 리프리카셋 기능들을 통해 이것을 구현할 수 있습니다.

8장. MongoDB 성능 튜닝

빅 데이터의 효과적인 운영과 관리를 위해서는 MongoDB의 논리적, 물리적 구조에 대한 이해와 설계 패턴에 대한 명확한 해석을 통해 구축해야 합니다.

하지만, 대부분의 사용자들이 이러한 기술에 대한 이해 부족으로 인해 성능 지연과 같은 다양한 문제점에 노출되어 있는 것이 현실입니다.

MongoDB의 튜닝은 하드웨어 튜닝, 디자인 튜닝, 아키텍처 튜닝, 문장 튜닝 등으로 나누어 수행할 수 있는데 각 방법들에 대한 구체적인 대안을 제시합니다.

9장. MongoDB 백업과 복구 & 유틸리티

빅 데이터에 대한 효율적인 수집과 저장 후 예기치 못한 장애 발생은 데이터의 유실로 이어지는데 이것은 기업 입장에서는 치명적일 수 밖에 없는 것이 현실입니다.

9장에서는 MongoDB에서 제공하는 다양한 백업과 복구 방법 그리고 MongoDB를 운영하면서 발생하는 성능 지연, 장애 현상들에 대한 로그 수집 및 관리 방법들에 대한 유틸리티를 사용하는 방법에 대해 자세히 소개합니다.

차례

CHAPTER 1

NoSQL 개념

1.1 NoSQL이란?

No SQL
Not Only SQL

Non-Relational
Operational Database
SQL

최근 IT 분야에서는 NoSQL이라는 단어를 종종 보게 됩니다. 단어적인 측면에서 해석한다면 "SQL이 아니다"라고 해설할 수 있지만 이 단어의 진정한 의미는 "Non Relational Operational Database SQL", "관계형 데이터베이스가 아닌 SQL"이라는 의미로 해석되어야 합니다. 그럼, 좀 더 구체적으로 단어의 의미를 해석해 보겠습니다.

정부에서는 매년 년 말, 년 초에 정보 기술 분야의 동향에 대한 10대 키워드를 발표해 오고 있습니다. 그 키워드들 중에 빅 데이터(Big Data)와 클라우드 컴퓨팅(Cloud Computing)이라는 단어는 몇 년 전부터 꾸준히 발표되고 있는 대표적인 키워드 중에 하나입니다. 기존의 관계형 데이터베이스 기술은 무려 30년 동안 널리 사용되어온 대표적인 데이터저장 기술이지만 최근에 클라우드 컴퓨팅 환경에서 발생하는 빅 데이터를 효과적으로 저장, 관리하는 데는 여러 가지 문제점이 발생하고 있는 것이 현실입니다. 이러한 문제점을 개선, 보완하기 위한 새로운 데이터 저장 기술이 요구되었는데 이것을 NoSQL이라고 합니다.

1.2 NoSQL의 시대적 요구

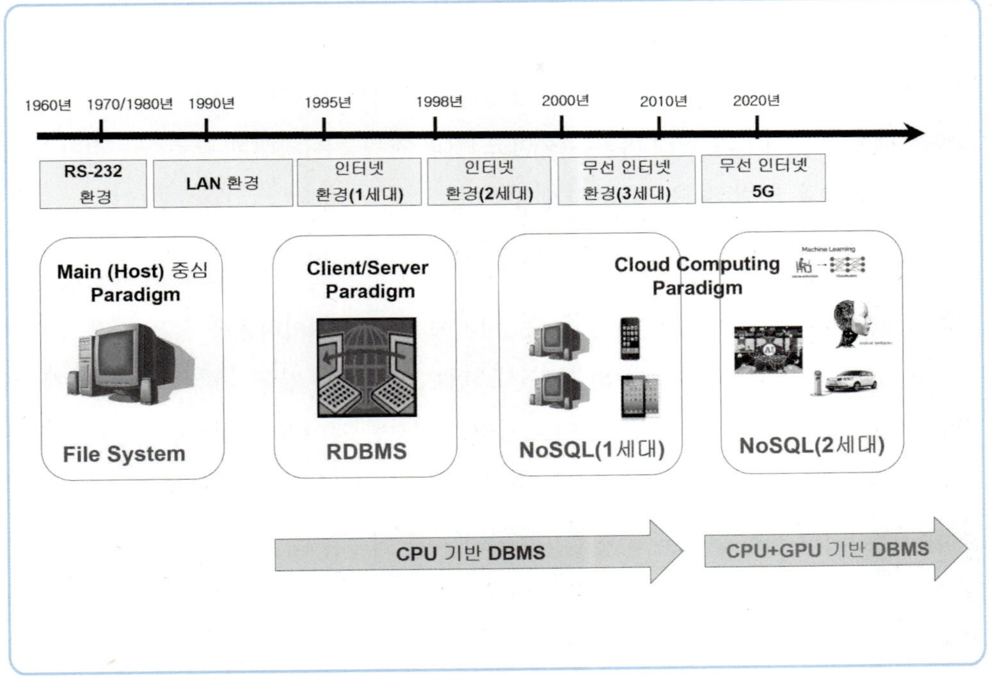

NOSQL이라는 새로운 데이터 저장 기술이 왜 필요할 수 밖에 없는지를 이해하기 위해서는 미래를 예측해 보는 것도 중요하지만 더 중요한 것은 과거를 되새겨보고 현재의 문제점이 무엇인지를 정확히 파악하고 그 문제점들을 해소하기 위해서는 무엇이 필요하고 무엇을 해야 하는지를 정확히 아는 것이 더 중요하다고 생각합니다.

1950년대 말 컴퓨터가 발명된 이래로 1960년대부터 1980년 대까지는 기업에서 발생하는 데이터와 운용 프로그램들을 하나의 Main-Frame(또는 Host)에서 저장 관리하는 개발 환경을 주로 사용하였습니다. 이러한 개발 환경은 CPU, MEMORY, DISK와 같은 시스템 자원들이 많이 요구될 수박에 없었는데, 당시의 시대적 환경은 현재와 같이 HW 기술이 발전되지 못한 상황이었기 때문에 정보 시스템을 운영 관리하는데 많은 비용을 지불할 수박에 없었습니다.

이후 올림픽이 개최되었던 1988년도를 기점으로 국내에도 PC가 보급되었는데, 당시 컴퓨터의 활용은 주로 문서 작업이 대부분일 정도도 제한적일 수밖에 없었고 활용도는 떨어질 수밖에 없었습니다.

이런 문제점을 개선하기 위해 서버에는 데이터를 배치하고 사용자의 PC에는 운영 프로그램을 배치하여 서버의 관리 비용은 줄이고 PC의 자원들은 최대한 활용하는 것이 효율적인 시스템 운용 방법이라는 것을 알게 됩니다.

이러한 개발 패러다임을 클라이언트/서버 환경이라고 합니다.

이러한 클라이언트/서버 개발 환경에서는 서버에 배치된 데이터들을 많은 사람들이 서로 공유할 수 있어야 하는데 기존의 파일 시스템으로 한계가 있을 수밖에 없었기 때문에 DBMS라는 새로운 데이터 저장 기술이 각광받기 시작한 것이며 오늘날까지 광범위한 분야에서 널리 활용되고 있는 것이 현실입니다.

클라이언트/서버 개발 환경은 효율적인 데이터 저장 기술을 발전시켰으며 더불어. PC를 통해 인트라넷, 인터넷 환경에 접속하는 단계를 뛰어 넘어 최근에는 스마트 폰과 태블릿 장치들을 통해 무선 인터넷 환경에 접속할 수 있는 네트워크 기술에 대한 비약적인 발전도 이끌어내는 계기가 되기도 하였습니다.

이것은 우리가 그 동안 예상하지 못했던 빅 데이터를 양산하게 되며 다양한 운영 프로그램들을 언제, 어디에서도 설치, 사용할 수 있어야 한다는 것을 의미하며 새로운 버전의 프로그램들을 저렴하게 공급받고 사용할 수 있어야 한다는 것을 의미하는 것입니다.

이러한 개발 패러다임을 클라우드 컴퓨팅 환경이라고 합니다.

이러한 클라우드 컴퓨터 환경을 구축하기 위해서는 기업 환경에 맞는 최적의 데이터베이스를 구축할 수 있어야 하며 필요에 따라 DBMS 소스 프로그램을 수정할 수 있어야 하고 저렴한 비용으로도 구축될 수 있는 Free-Ware 제품들이 요구될 수밖에 없지만 기존의 관계형 데이터 베이스는 이러한 시대적 요구에 부합되지 않기 때문에 NOSQL이라는 새로운 데이터 저장 기술이 필요한 것입니다.

최근 NoSQL 시장은 새로운 변환기를 맞고 있는데 2000년 초 ~ 2015년경까지 제품들을 1세대 NoSQL 이라고 한다면 2016년 경부터 최근까지 제품들을 2세대 NoSQL이라고 합니다. 1세대 기술들은 Document DB, KeyValue DB, ColumnFamily DB, Graph DB와 같이 크게 4가지 저장 유형으로 각각 제품화 되어 있다면 2세대 제품들은 Document DB + KeyValue DB + ColumnFamily DB + Graph DB를 하나의 통합 기술로 제공하는 Multi-Data Model로 제공되는 것이 특징이며 기존 관계형 DBMS는 문자, 숫자를 기반으로 하기 때문에 CPU 기반의 솔루션인 반면 NoSQL은 동영상, 음성, 사진, 좌표와 같은 바이너리리 데이터를 기반으로 하기 때문에 GPU 기반의 솔루션이라고 말할 수 있습니다.

1.3 NoSQL의 장점

1. 클라우드 컴퓨팅 환경에 적합하다.

1) **Open Source**이다.
2) 기존 **RDB**에서 처리하기 힘들었던 비정형 데이터의 저장과 관리가 용이하다.
3) 무엇보다 **RDBMS**에 비해 분산 처리와 병렬 처리가 용이하며 운영 및 관리가 쉽다.

2. 유연한 데이터 모델이다

1) 비정형 데이터 구조 설계로 설계 비용 감소
2) 관계형 데이터베이스의 **Relationship**과 **Join** 구조를 **Linking**과 **Embedded**로 구현하여 성능이 빠르다.

3. Big Data 처리에 효과적이다

1) **Memory Mapping** 기능을 통해 **Read/Write**가 빠르다.
2) 전형적인 **OS**와 **Hardware**에 구축할 수 있다.
3) 기존 **RDB**와 동일하게 트랜잭션 제어가 가능하다.

4. 기존 RDBMS에 비해 비용이 적게 든다.

1) **Open Source** 사용 시 **SW** 구입 비용이 없다.
2) 기존 **RDBMS** 비해 유지보수 비용이 적게 든다.
3) 유연한 데이터 모델을 제공하기 때문에 개발시간과 구축 비용이 적게 든다.

다음은 관계형 데이터베이스가 아닌 새로운 데이터 저장 기술인 NOSQL이 요구될 수밖에 없는 이유와 장점에 대해서 알아보겠습니다.

1. 클라우드 컴퓨팅 환경에 가장 적합합니다.

클라우드 컴퓨팅 환경이 구축되기 위해서는 유연한 시스템 설계가 요구되어지는데 그 목적을 달성하기 위해서는 기업 환경에 맞는 최적의 데이터베이스를 구축하기 위한 소스 프로그램을 수정할 수 있는 Open Source이어야 하며 저렴한 비용으로 구축할 수 있는 제품이어야 하는데 이 목적에 가장 적합한 기술이 NoSQL입니다.

2. 유연한 데이터 모델을 구축할 수 있기 때문입니다.

기존의 RDB는 정규화라는 정형화된 데이터 구조로 설계되기 때문에 데이터의 중복을 제거하고 무결성을 보장받을 수 있었지만 이것은 불필요한 테이블 개수를 증가 시키고 불필요한 조인문장을 작성하게 함으로써 SQL 문장을 복잡하게 할 뿐 아니라 성능을 저하시키는 원인이 되기도 합니다. 하지만, NOSQL은 비정형화 데이터 구조로 설계되기 때문에 조인을 피할 수 있고 효과적인 관리와 빠른 성능을 보장받을 수 있습니다.

3. 빅 데이터 처리에 효과적입니다.

NOSQL 기술은 대부분 MEMORY MAPPING 기술로 구현되기 때문에 일반적인 관계형 데이터베이스 보다 빅 데이터에 대한 읽기/쓰기 작업이 빠르며 무엇보다도 기존의 OS와 HW에 그대로 구현할 수 있기 때문에 유연성과 확장성이 좋은 것이 특징입니다. 또한 관계형DBMS처럼 트랜잭션을 제어할 수 있다는 점은 관계형 DB를 대체할 수 있는 기술로 관심 받는 이유이기도 합니다.

4. 기존 RDBMS에 비해 비용이 적게 듭니다.

대부분의 NoSQL 제품들은 오픈소스(Open Source)로 개발된 커뮤니티 에디션(Communiy Edition)과 다양한 추가 기능과 서비스를 함께 제공하는 엔터프라이즈 에디션(Enterprise Edition)으로 제공되고 있습니다. 아직은 국내외 대부분 사용자들은 커뮤니티 에디션을 통해 비용 절감을 목적으로 채택하는 경우들이 많고 이를 통해 정보시스템을 구축하고 있는 것이 현실입니다. 또한 기존 관계형 DBMS에 비해 유지보수 비용이 저렴하다는 것이 가장 큰 장점이라 말할 수 있고 무엇보다 개발 및 구축 비용도 적게 든다는 점도 빼놓을 수 없습니다.

다음은 NoSQL 제품과 관계형 DB제품을 도입할 때 도입비용을 비교분석하는 방법에 대한 설명입니다.

선행 비용(UpFront Cost)	진행 비용(Ongoing Cost)
초기 개발자 비용 (Application Coding 및 Data Store)	진행 개발자 비용 (사용자 요구에 따라 변경 등)
초기 관리자 비용 (설치, 환경 설정, Shard/Replication 등)	진행 관리자 비용 (Data 유지보수, Health Check, Backup & Recovery 등)
Software Licenses	Software Maintenance & Support
Server Hardware	Server Maintenance & Support
Server Storage	Storage Maintenance & Support
	기타 개발 비용

비용 분석결과를 이해하기 위해서는 먼저 총소유비용(Total Cost Ownership)이라는 단어에 대해 해석이 필요 합니다. 하나의 기업이 정보시스템을 구축하기 위해서는 다양한 기술들 중에 어떤 기술을 선택할 것인지를 먼저 결정해야 하고 이에 가장 적합한 제품을 선택해야 합니다. 제품이 선택되면 개발자를 통해 시스템을 구축해야 하는데 여기까지 발생하는 비용을 선행비용(Upfront Cost)이라고 하며 구축 후 3년~5년 동안 시스템을 유지보수 및 운영하면서 발생하는 비용을 후행비용(Ongoing Cost)이라고 하며 TCO는 선행비용과 후행비용을 모두 합한 결과를 말합니다.

이와 같은 방법으로 선행비용과 진행비용을 비교해 보면 NoSQL 기술을 도입했을 때가 관계형 DBMS를 도입했을 때 보다 1/3 정도의 비용으로 구축할 수 있습니다.

NoSQL을 처음 학습하시는 사용자들 중에는 기존의 관계형 DBMS를 NoSQL로 완전 대체할 수 있느냐라는 질문을 종종하시는 분들이 계십니다. 이 질문에 대한 결론을 말씀드리자면 가능할 수도 있지만 모든 비지니스 영역에서 완전대체는 현실적으로 가능하지 않습니다. 왜냐하면, 관계형 데이터베이스와 NoSQL은 사실 그 태생이 다르기 때문입니다. 관계형 데이터베이스는 클라이언트/서버 환경의 개발 패러다임에 맞는 데이터 저장 기술이라면 NoSQL은 클라우드 컴퓨팅 환경의 개발 패러다임에 맞는 최적의 데이터 저장 기술이기 때문입니다. 똑 같은 데이터 저장기술이라는 측면에서 이 두 가지 기술을 바로 본다면 NoSQL이 관계형 데이터베이스를 완전히 대체할 수 있지 않을까라고 생각해 볼 수도 있겠지만 이 두 가지 기술은 서로 다른 시대적 배경과 시스템 환경을 기반으로 요구된 데이터 저장 기술이기 때문에 데이터를 저장, 관리하는 방법이 완전히 다를 수밖에 없습니다. 하지만, 이제 막 성장하고 있는 NoSQL 기술이 얼마나 빠르고 얼마나 다양하게 향상될 지는 모르겠지만 사용자들의 이러한 기대에 부응한다면 그 시기는 빨리 다가올 수 있을 것이라 생각합니다.

1.4 NoSQL의 종류

현재, NoSQL 기술로 만들어진 제품의 종류는 무려 200개가 넘습니다. 하지만, NoSQL이라는 이름으로 발표되고는 있지만 실제로 사용자 층을 확보하고 있고 꾸준한 기술 지원과 업 버전을 지원하고 있는 제품은 다음과 같습니다.

1) MongoDB	2) Casandra	3) HBASE	4) Redis
4) CoughDB	5) Neo4j	6) Arango DB	7) Dynamo DB

현재, 개발되어 제공되고 있는 NoSQL의 종류 및 구체적인 기술에 대한 학습이 필요하신 분들은 다음 사이트를 참조해 보시기 바랍니다.

- http://nosql-database.org
- http://www.mongodb.org
- http://hbase.apache.org
- http://couchdb.apache.org

1.5 NoSQL 제품군

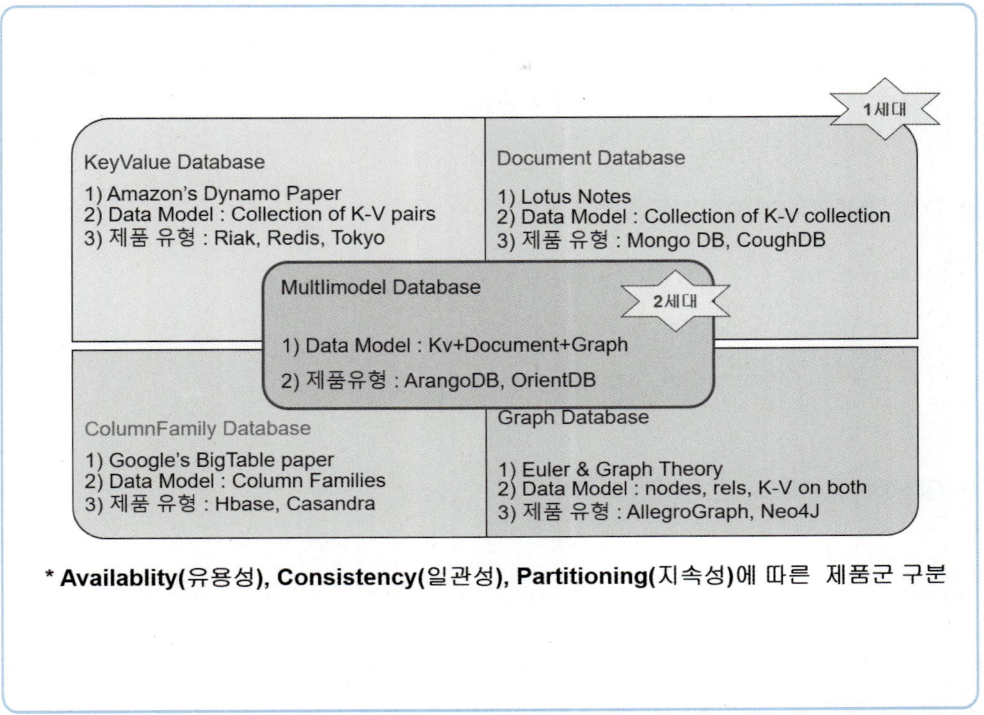

* **Availablity(유용성), Consistency(일관성), Partitioning(지속성)**에 따른 제품군 구분

200개에 이르는 NoSQL 제품들은 유연성, 일관성, 파티션 기능에 따라 크게 4가지 유형으로 나누어집니다.

1) KEY-VALUE DATABASE (1세대)

- Amazon's Dynamo Paper
- Data Model : Collection of K-V pairs
- 제품유형 : Riak, Voldemort, Tokyo*

2) COLUMNFAMILY DATABASE (1세대)

- Google's BigTable paper
- Data Model : Column Families
- 제품유형 : Hbase, Casandra, Hypertable

3) DOCUMENT DATABASE (1세대)

- Lotus Notes
- Data Model : Collection of K-V collection
- 제품유형 : MongoDB, Cough DB

4) GRAPH DATABASE (1세대)

- Euler & Graph Theory
- Data Model : nodes, rels, K-V on both
- 제품유형 : AllegroGraph, Neo4J

5) Multi-Model DATABASE (2세대)

- Data Model : Document + KV + ColumnFamily + Graph Model
- 제품유형 : Cosmos DB, Dynamo DB, Arango DB, Orient DB

아래 그림은 www.db-engines.com에 의해 2019년도에 조사 분석된 제품별 평가 내역이며 상용 DBMS 뿐만 아니라 NOSQL 제품들에 대한 순위 평가 결과입니다. 여전히 관계형 DBMS는 대부분의 사용자들이 사용하고 있는 보편적인 기술임에는 여지가 없어 보이지만 몇몇 NoSQL 제품들은 최근 많은 사용자들에게 지속적으로 관심을 받고 있다는 것을 알 수 있습니다.

223 systems in ranking, September 2014

Rank	Last Month	DBMS	Database Model	Score	Changes
1.	1.	Oracle	Relational DBMS	1466.91	-3.95
2.	2.	MySQL	Relational DBMS	1297.14	+15.92
3.	3.	Microsoft SQL Server	Relational DBMS	1208.87	-33.62
4.	4.	PostgreSQL	Relational DBMS	255.79	+5.94
5.	5.	MongoDB ★			
6.	6.	DB2			
7.	7.	Microsoft Access			
8.	8.	SQLite			
9.	↑ 10.	Cassandra ★			
10.	↓ 9.	Sybase ASE			
11.	↑ 12.	Solr			
12.	↓ 11.	Redis ★			
13.	13.	Teradata			
14.	14.	FileMaker			
15.	15.	HBase ★			
16.	16.	Elasticsearch			
17.	17.	Informix			
18.	18.	Memcached			
19.	19.	Hive			
20.	20.	Splunk			

참조자료 : **db-engines.com**

351 systems in ranking, August 2019

Rank			DBMS	Database Model	Score		
Aug 2019	Jul 2019	Aug 2018			Aug 2019	Jul 2019	Aug 2018
1.	1.	1.	Oracle	Relational, Multi-model	1339.48	+18.22	+27.45
2.	2.	2.	MySQL	Relational, Multi-model	1253.68	+24.16	+46.87
3.	3.	3.	Microsoft SQL Server	Relational, Multi-model	1093.18	+2.35	+20.53
4.	4.	4.	PostgreSQL	Relational, Multi-model	481.33	-1.94	+63.83
5.	5.	5.	MongoDB ★	Document	404.57	-5.36	+53.59
6.	6.	6.	IBM Db2	Relational, Multi-model	172.95	-1.19	-8.89
7.	7.	↑ 8.	Elasticsearch	Search engine, Multi-model	149.08	+0.27	+10.97
8.	8.	↓ 7.	Redis ★	Key-value, Multi-model	144.08	-0.18	+5.51
9.	9.	9.	Microsoft Access	Relational	135.33	-1.98	+6.24
10.	10.	10.	Cassandra ★	Wide column	125.21	-1.80	+5.63
11.	11.	11.	SQLite	Relational	122.72	-1.91	+8.99
12.	12.	↑ 13.	Splunk	Search engine	85.88	+0.39	+15.39
13.	13.	↑ 14.	MariaDB	Relational, Multi-model	84.95	+0.52	+16.66
14.	14.	↑ 18.	Hive	Relational	81.80	+0.93	+23.86
15.	15.	↓ 12.	Teradata	Relational, Multi-model	76.64	-1.18	-0.77
16.	16.	↓ 15.	Solr	Search engine	59.12	-0.52	-2.78
17.	17.	↑ 19.	FileMaker	Relational	58.02	+0.12	+1.96
18.	↑ 20.	↑ 21.	Amazon DynamoDB	Multi-model	56.57	+0.15	+4.91
19.	↓ 18.	↓ 17.	HBase ★	Wide column	56.54	-1.00	-2.27
20.	↓ 19.	↓ 16.	SAP Adaptive Server	Relational	55.86	-0.79	-4.57

위 그림에서 보시는 바와 같이 MongoDB가 4 위에 랭크될 만큼 많은 관심을 받고 있다는 것을 알 수 있으며 이것은 단순한 마케팅의 결과만은 아니라고 생각하며 우수한 기술을 기반으로 하고 있음을 알 수 있습니다.

☐ include secondary database models — 49 systems in ranking, August 2019

Rank			DBMS	Database Model	Score		
Aug 2019	Jul 2019	Aug 2018			Aug 2019	Jul 2019	Aug 2018
1.	1.	1.	MongoDB	Document	404.57	-5.36	+53.59
2.	2.	2.	Amazon DynamoDB	Multi-model	56.57	+0.15	+4.91
3.	3.	3.	Couchbase	Document, Multi-model	33.83	+0.12	+0.88
4.	4.	4.	Microsoft Azure Cosmos DB	Multi-model	29.94	+0.85	+10.41
5.	5.	5.	CouchDB	Document	19.76	+0.08	+1.33
6.	6.	6.	MarkLogic	Multi-model	14.46	+0.65	+3.25
7.	7.	7.	Firebase Realtime Database	Document	11.64	+0.36	+4.13
8.	8.	8.	OrientDB	Multi-model	6.28	+0.59	+1.37
9.	9.	↑ 16.	Google Cloud Firestore	Document	6.26	+1.03	+4.04
10.	10.	↑ 11.	Google Cloud Datastore	Document	5.90	+0.88	+2.58
11.	11.	↓ 10.	ArangoDB	Multi-model	5.12	+0.46	+1.78
12.	12.	↑ 13.	RavenDB	Document	5.11	+0.62	+2.51
13.	↑ 14.	↓ 12.	Cloudant	Document	4.58	+0.76	+1.30
14.	↓ 13.	↓ 9.	RethinkDB	Document	4.11	+0.11	+0.09
15.	15.	15.	PouchDB	Document	3.40	+0.27	+1.06
16.	16.	↓ 14.	Apache Drill	Multi-model	3.07	+0.21	+0.54
17.	17.	17.	CloudKit	Document	2.92	+0.39	+1.34
18.	18.	↑ 19.	Mnesia	Document	1.76	+0.39	+0.87
19.	19.	↓ 18.	Datameer	Document	1.59	+0.43	+0.47
20.	20.	↑ 24.	LiteDB	Document	1.29	+0.33	+0.87

1.6 MongoDB EcoSystem

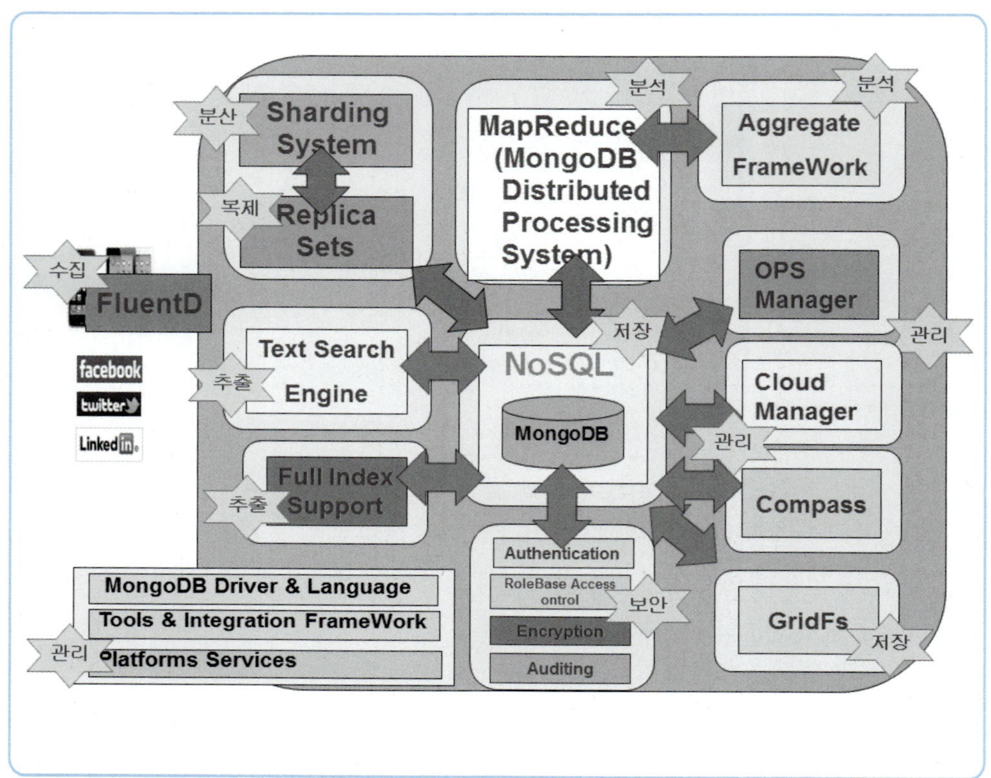

대부분의 사용자들은 일반적으로 MongoDB를 단순한 데이터 저장용 SW로 만 알고 있는 것이 현실입니다. 그 이유는 이 기술이 처음 등장했던 2000년 초반 만해도 MongoDB는 Document 타입의 데이터를 JSON(Java Script Object Notation) 형태로 표현하여 저장하는 것이 주된 용도였기 때문입니다. 하지만 해당 제품이 출시된 이후 기술은 급속도록 발전하게 되었고 많은 사용자들의 요구를 적극적으로 수용하여 제품화시키는 단계에서 다음과 같이 많은 기능들이 추가되게 됩니다.

예를 들어, 빅 데이터의 효율적인 분산 저장을 위한 Sharding System, 데이터의 안전한 복제 저장을 위한 ReplicaSets, 저장된 데이터를 보다 빠르게 추출하기 위한 Text Search

Engine, Full Indexing 기법, 데이터의 빠른 분석, 가공처리를 위한 MapReduce, Aggregation FrameWork, 비정형 데이터의 효율적인 저장 및 관리를 위한 GridFs, 각 Sub System이 효율적으로 운영되고 있는지를 모니터링 할 수 있는 OPS Manager, Compass 와 같은 다양한 기술들을 합쳐 MongoDB EcoSystem 을 제공하고 있습니다. 다음은 MongoDB EcoSystem과 Hadoop EcoSystem의 비교 분석결과입니다.

	MongoDB EcoSystem	Hadoop EcoSystem
개발사	MongoDB inc. (미국 샌프란시스코 소재)	Apache 재단 (Sub Project에 의해 개발됨)
기능	• MapReduce (분산/병렬 Processing System) • Sharding Systema(분산 저장 System) • ReplicaSets (분산 복제 System) • Text Search Engine (검색 엔진) • Aggregate FrameWork (데이터 추출/분석 도구) • MongoDB (NoSQL) • GridFs (비정형 관리도구) • MongoDB Monitoring Service(모니터링 도구)	• MapReduce (분산/병렬 Processing System) • HDFS (분산 파일 System) • Sharding Systema(분산 저장 System) • ReplicaSets (분산 복제 System) • HBASE(NoSQL) • Hive/Pig(데이터 추출/분석 도구) • Zookeeper (분산 Cordinator)
확장성	• Scale Out 가능 • 다수의 노드 확장 용이 (추가 라이선스가 요구되지 않음)	• Scale Out 가능 • 다수의 노드 확장 용이 (추가 라이선스가 요구되지 않음)
안정성	• Fail 발생시 복제 기능 제공 • 다수의 노드로 복제 용이 (추가 라이선스가 요구되지 않음)	• Fail 발생시 복제 기능 제공 • 다수의 노드로 복제 용이 (추가 라이선스가 요구되지 않음)
주요 특징	• Document 데이터 저장 구조 제공(Data Set 타입에 유리) • 사용자 Interface 매우 좋음(MongoDB) • 트랜잭션 처리 가능 • 일반 기업인 MongoDB inc. 개발 • 모든 Sub-System은 MongoDB inc에 의해 개발되기 때문에 버전관리가 용이하며 연동 시 버그 발생율이 낮고 시스템 안정성이 높음 • 안정성 확보를 위해 MongoDB inc 를 통해 기술 지원아 가능	• ColumnFamily 데이터 저장 구조 제공(Key Value 타입에 유리) • 사용자 Interface 매우 나쁨(HBase) • 트랜잭션 처리가 매우 낮음 • 비영리 단체 Apache 재단에서 개발됨 • 각 Sub-System은 여러개 프로젝트에서 개발되기 때문에 버전 관리가 용이하지 않으며 연동 시 버그 발생율이 높음 • Apache 재단에서 직접 기술 지원이 안됨

1.7 적용 사례

다음은 해외 적용사례들입니다. 국내는 1,000개 이상의 많은 기업들이 NoSQL을 도입 구축하여 운영 중에 있으며 점차 확산 보급되고 있는 추세입니다.

2013년도 초창기 때는 보안업체, 게임업체, 솔루션 개발업체 등 중소규모 기업들이 적극으로 도입한 반면 2018년 기준으로 제조, 금융, 서비스 업체 등 중대규모 기업들이 적극적인 도입을 하고 있는 것이 현실입니다. 명실상부 NoSQL은 이제 기존 관계형 DB 기술의 보완 및 대체 기술로써 자리매김하고 있는 추세입니다.

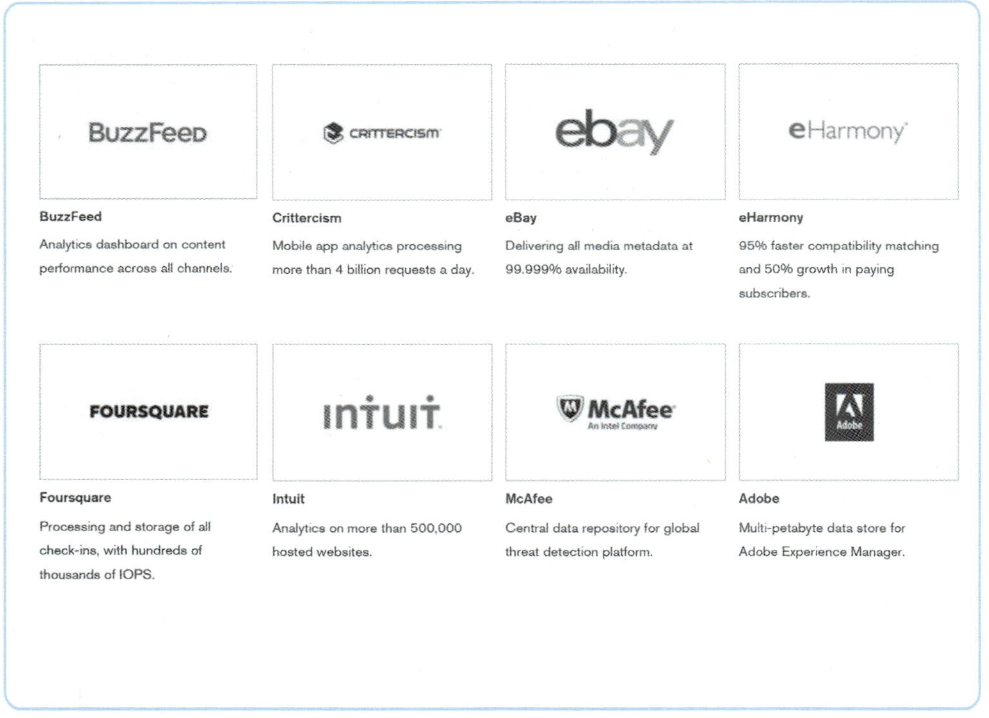

CHAPTER 2

MongoDB 설치 및 데이터 처리

2.1 MongoDB란?

1) Humongos라는 회사의 제품명이었으며 현재 MongoDB inc.로 회사명이 변경되었다.
2) JSON Type의 데이터 저장 구조를 제공한다.
(Standard ECMA-262 3rd Edition-1999을 근거로 하는 JavaScript 형태의 데이터 표현 방식을 근거로 한다. [*European Computer Manufacturers Association*])
3) Sharding(분산)/Replica(복제) 기능을 제공한다.
4) MapReduce(분산/병렬처리) 기능을 제공한다.
5) CRUD(Create, Read, Update, Delete) 위주의 다중 트랜잭션 처리도 가능하다.
6) Memory Mapping 기술을 기반으로 Big Data 처리에 탁월한 성능을 제공한다.

이번 장부터는 앞서 소개드린 NoSQL 제품들 중에 가장 많은 관심을 받고 있는 MongoDB에 대해 보다 구체적으로 설명 드리도록 하겠습니다.

1) 이 제품은 Humongous라는 회사에서 최초 개발하였고 현재 미국 캘리포니아주 산호세 인근 팔로알토에 본사가 있으며 뉴욕, 런던, 호주 등에 지사가 위치하고 있습니다. 2015년 경 MongoDB inc.로 개명되었습니다.

2) MongoDB는 유럽에서 컴퓨터의 표준화를 위해 설립된 비영리 표준화 기구인 ECMA (European Computer Manufacturers Association (ECMA)에서 만들어진 경량의 데이터 표현 방식과 JavaScript 형태를 근거로 하는 JSON 타입으로 데이터를 저장 관리합니다. 데이터를 표현할 때는 괄호(Blaket)를 열고 필드명과 콜론(:) 그리고 데이터 값을 표현하고 작성이 완료되면 괄호를 닫아 줍니다. (예) { ename : "주종면"} 이와 같

은 데이터 표현 방식을 JSON(Java Script Object Notation) 이라고 합니다.

3) 빅 데이터를 처리하는 기업 환경에서는 초당 몇 만 건 이상의 데이터들이 발생하는데 만약 시스템 장애라도 발생하게 된다면 데이터의 유실이 발생하게 되고 이것은 기업 입장에서는 치명적일 수밖에 없습니다. 이러한 장애가 발생 하더라도 안전하게 데이터를 보관 및 운영 관리해야 하는데 MongoDB는 Replication 기능과 Shard 기능을 통해 복제 및 분산 처리가 가능한 기능을 제공하며 MapReduce를 통해 빅 데이터에 대한 빠른 추출이 가능합니다.

4) 관계형 데이터베이스의 주요 기능인 CRUD 위주의 다중 트랜잭션 처리도 가능합니다. MongoDB는 관계형 데이터베이스처럼 데이터를 저장하고 관리하는 기술 중에 하나입니다. 하지만, 관계형 데이터베이스는 트랜잭션 위주의 데이터를 보다 효율적으로 처리하기 위한 기술이라면 NoSQL은 빅 데이터의 빠른 저장과 추출 및 분석을 용이하게 하기 위한 기술이기 때문에 그 용도 또한 다를 수밖에 없습니다.
하지만, 이러한 장점 이외에도 사용상의 불편한 점이 존재하지만 관계형 데이터베이스 처럼 일반적인 트랜잭션 위주의 데이터 처리도 가능합니다.

5) 또한, 메모리 매핑(Memory Mapping) 기술을 통해 빅 데이터의 효율적 처리에 최적화된 메모리 인 데이터베이스 구조를 제공하고 있습니다.
MongoDB의 가장 큰 장점 중에 하나는 빅 데이터의 빠른 쓰기와 읽기 작업 입니다. 관계형 데이터베이스 보다 적게는 3배 이상 많게는 10배 이상의 성능이 보장될 수 있는 이유 중에 하나가 바로 메모리 매핑 기술이 제공되기 때문입니다. (메모리 매핑 기술에 대해서는 "5장 논리적 구조 & 물리적 구조" 참조)

2.1.1 용어 설명(Terminology)

Object_id (Primary Key)
Field (Column)
Collection (Table)
Document (Row)
Embedded & Link (RelationShip)

emp

사원번호	사원명	직급	급여	부서번호
1	주종면	차장	300	10
2	주영현	과장	250	10
3	홍경옥	과장	200	20
4	홍길동	부장		30
5	유관순	이사	550	40

dept

부서번호	부서명
10	전산과
20	총무과
30	자재과

다음은 관계형 데이터베이스의 논리적 구조에 대한 용어와 MongoDB의 논리적 구조에서 사용하는 용어들에 대한 차이점을 비교해 보도록 하겠습니다.

1) TABLE → COLLECTION (컬렉션)

2) ROW → DOCUMENT (도큐멘트)

3) COLUMN → FIELD (필드)

4) PRIMARY KEY → OBJECT_ID Field (오브젝트 ID 필드)

5) RELATIONSHIP → EMBEDDED & LINK (임베디드 & 링크)

용어들에 대한 단순 비교를 통해 MongoDB의 저장 구조를 모두 설명할 순 없지만 앞으로 소개될 "4장 MongoDB를 위한 데이터 모델링"을 통해 보다 구체적인 설명을 하도록 하겠습니다.

2.1.2 설치 환경 및 지원 드라이버

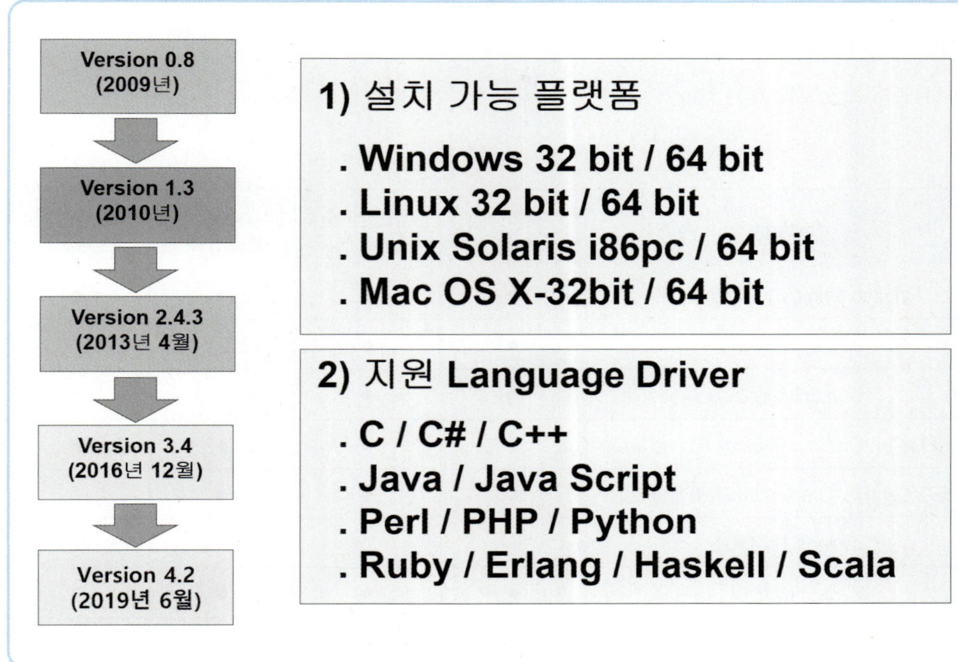

mongoDB inc. 의해 MongoDB가 처음 상용화된 버전을 출시한 것은 2009년도 이며 버전 0.8 입니다. 이후로 꾸준히 업 버전 해 왔으며 2015년 12월 3.2 버전에 이어 2017년 12월 3.6 버전으로 업 버전 되었고 최근에는 4.2 버전이 출시되었습니다.(www.mongodb.org 참조)

1) 설치 가능한 플랫폼

MongoDB는 다음과 같이 4가지 운영체계에서 실행 가능합니다.

이중에 Linux 운영체제 기반의 사용자가 전체 사용자의 90% 이상을 분포하고 있는 것이 현실이며 그것은 MongoDB가 Open Source를 기반으로 하는 것처럼 Linux 또한 Open Source이기 때문인 것으로 판단됩니다.

- Windows 32 Bit / 64 Bit
- Linux 32 Bit / 64 Bit
- Unix Solaris 32 Bit / 64 Bit
- Mac OS X-32 Bit / 64 Bit

Platform	4.2 community & Enterprise	4.0 community & Enterprise	3.6 community & Enterprise	3.4 community & Enterprise
Amazon Linux 3.10.03 and later	●	●	●	●
Amazon Linux 2	●	●		
Debian8/Debian9	●	●	●/3.6.5+	
RHEL/CentOS/Oracle Linux 6.2and later	●	●	●	●
RHEL/CentOS/Oracle Linux 7.0 and Later	●	●	●	
Solaris 11 64-bit				community
Ubuntu 16.04	●	●	●	●
Ubuntu 18.04	●	●		
Windows 7/Server 2008 R2	●	●	●	●
Windows 8/2012 R2 and later	●	●	●	●
macOS 10.12 and later	●			
macOS 10.11		●	●	●

위 그림은 MongoDB 4.2 버전을 지원하는 운영체계에 대한 설명이며 다음 내용은 기존 운영체계에서 지원 중단되는 버전들입니다.

① Debian 7 : MongoDB 4.0+, 3.6.6+, 3.4.16+, and 3.2.21+.

② SLES 11 : MongoDB 3.6.4+, 3.4.15+, and 3.2.20+.

③ Ubuntu 12.04 : MongoDB 3.6.4+, 3.4.15+, and 3.2.20+.

④ Ubuntu 14.04 : MongoDB 4.2+, 4.0.10+, 3.6.13+, and 3.4.21+.

2) 지원 드라이버

- C / C# / C++
- JAVA / JAVA Script
- Perl / PHP / Python
- Ruby / Erlang / Haskell / Scala / 기타

3) MongoDB 다운로드

먼저, 웹브라우저를 통해 www.mongodb.com를 검색한 다음 상단 오른쪽의 "Try Free" 버튼을 클릭하십시오.

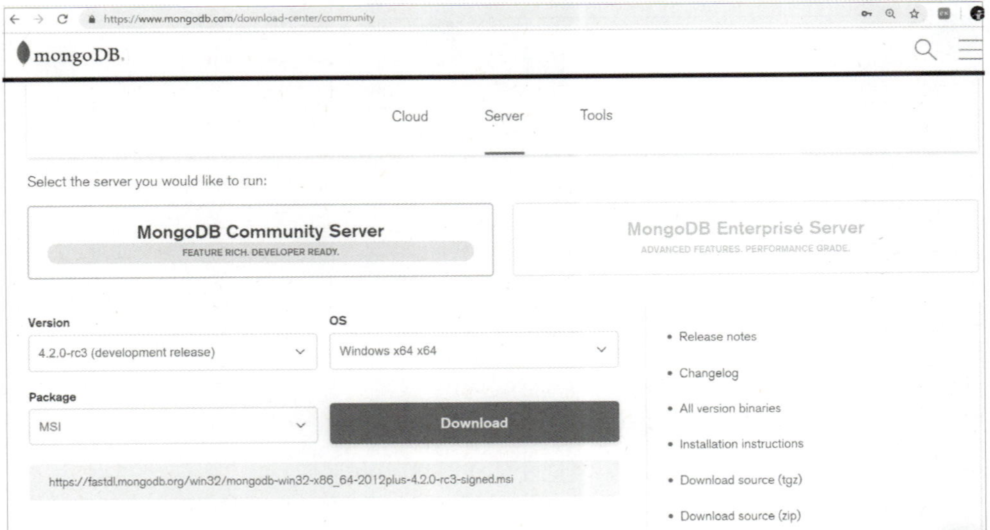

그리고 현재 시스템에 설치되어 있는 운영체계에 맞는 MongoDB 제품을 다운로드 하십시오. 윈도우 64Bit 운영체제인 경우 리스트 박스 내에서 적절한 유형의 제품 타입을 선택한 후 "DOWNLOAD(msi)" 버튼을 클릭하십시오.

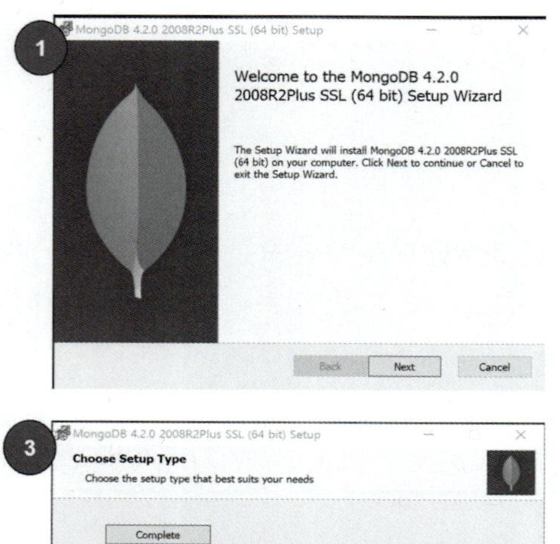

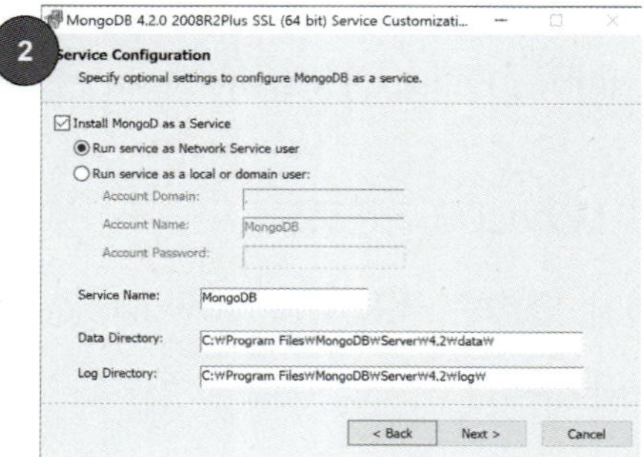

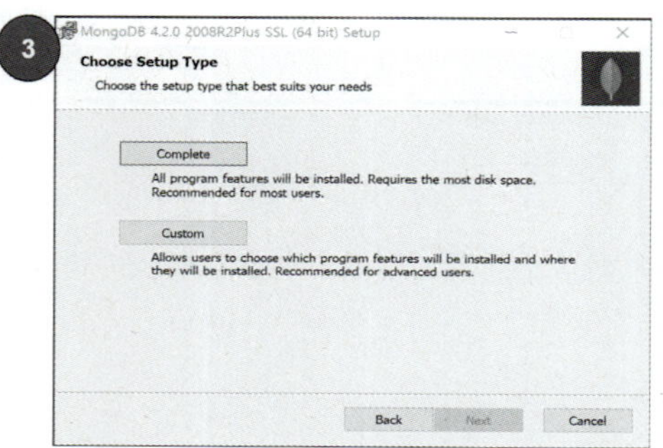

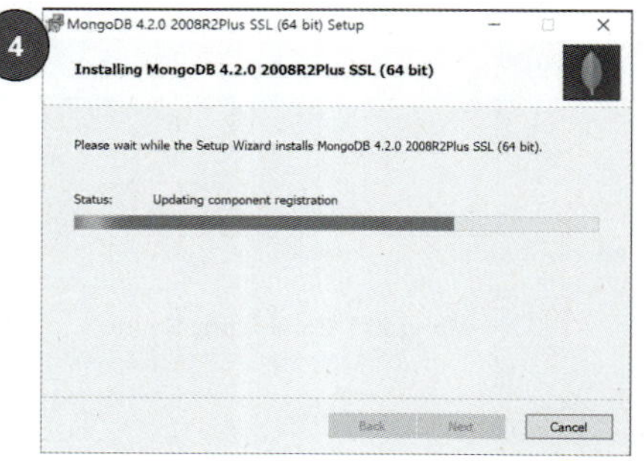

잠시 후 "mongodb-win32-x86_64-4.2.0-signed.msi" 화면이 출력될 때 "실행" 버튼을 클릭하면 위 그림과 같이 설치관리자 프로그램이 실행됩니다.

① 단계부터 ④ 단계까지 설치 절차를 수행하고 나면 MongoDB는 다음과 같이 자동 설치됩니다.

4) MongoDB 설치

MongoDB가 정상적으로 다운로드 되고 설치되었는지 다음과 같이 확인해 보시기 바랍니다. 윈도우 운영체계에서 설치된 SW는 기본적으로 C:₩Program Files₩MongoDB₩Server₩4.2 경로에 생성됩니다.

실습 따라하기

```
C:\> CD C:\Program Files\MongoDB\Server\4.2      ← MongoDB 관련 SW가 설치된 경로 생성
C:\> DIR
2018-03-14  오후 04:37    <DIR>          bin
2018-03-07  오후 11:10            35,181  GNU-AGPL-3.0
2018-03-07  오후 11:10            17,099  MPL-2
2018-03-07  오후 11:10             1,359   README
2018-03-07  오후 11:10            36,689  THIRD-PARTY-NOTICES

C:\> CD  BIN
```

MongoDB의 가장 큰 특징 중에 하나는 설치 절차가 매우 간단하다는 점입니다. 일반적으로 관계형 DBMS는 관련 프로그램을 다운로드한 후 시스템 사양에 따라 다르지만 30~60분에 걸쳐 설치 작업을 수행해야만 사용 가능한 상태로 만들 수 있습니다.

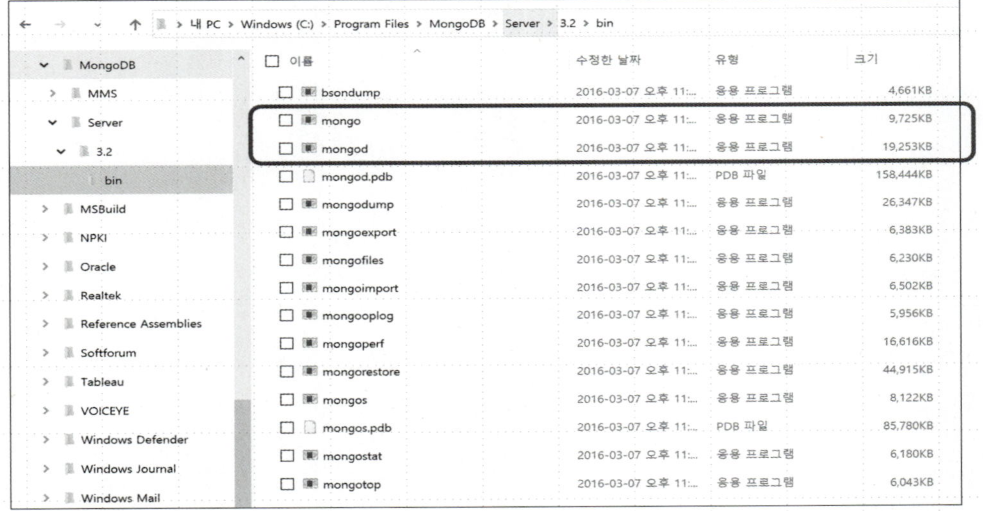

MongoDB는 압축 파일을 해제하면 모든 설치 작업이 끝나기 때문에 즉시 사용 가능한 상태가 됩니다.

 **잠깐 MongoDB 설치 후 시스템 속성 정보 등록하기**

MongoDB를 설치하면 C:₩Program Files₩MongoDB₩Server₩4.2₩bin 경로에 관련 실행 파일들이 생성됩니다. 이 교재는 실습 중심으로 예제들이 제공되며 원활한 실습을 위해 해당 경로를 시스템 속성 정보에 등록하십시오.

① [제어판] → [시스템 및 보안] → [시스템] → [고급 시스템 설정]으로 이동하십시오.
② [시스템 속성]에서 [환경변수] 버튼을 실행하십시오.
③ [시스템 변수]에서 [Path] 변수를 더블 클릭하십시오.
④ [시스템 변수 편집]에서 현재 등록되어 있는 [변수값]의 마지막 부분에 다음 내용을 추가하십시오.

```
;C:\Program Files\MongoDB\Server\4.2\BIN
```

2.1.3 MongoDB 발전 추이

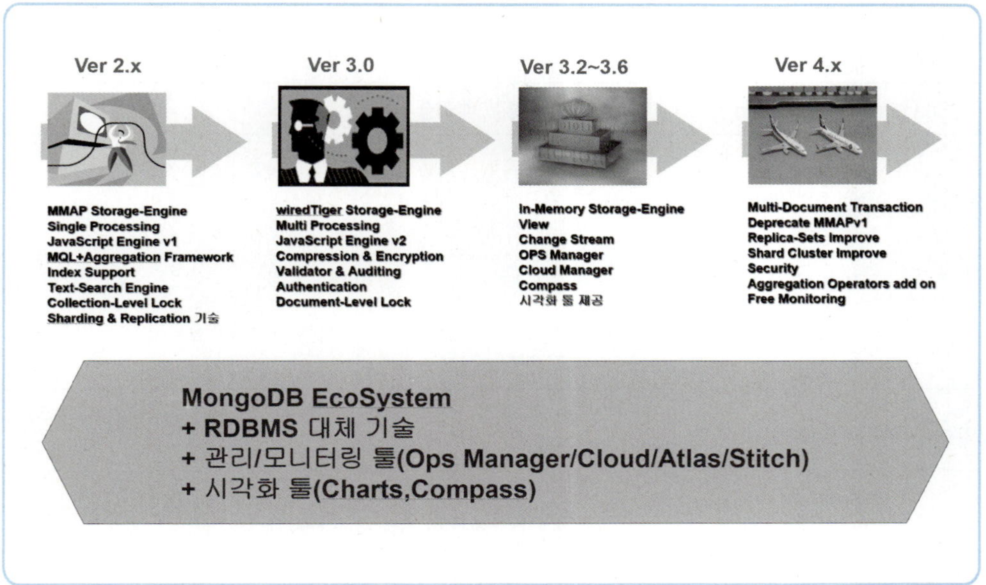

MongoDB는 2008년 1.x 버전부터 최근 4.x 버전까지 꾸준하게 성장 및 발전을 해 가고 있으며 초창기에는 빅 데이터 처리기술 중심이었다면 최근에는 관계형 데이터베이스를 대체할 수 있는 기술로 발전해 가고 있는 것이 현실입니다.

1) MongoDB 1.x/2.x 버전 주요 기능

기 능	설 명
MMAP Storage-Engine	Memory 매핑 기능을 핵심으로 하는 빅 데이터의 빠른 쓰기와 읽기 중심의 MongoDB 저장 엔진 제공
JavaScript Engine v1	하나의 JavaScript의 실행을 하나의 프로세스를 통해서 만 실행할 수 있는 JavaScript Engine 제공
MQL Aggregation Framework	데이터 조작(Select, Update, Insert, Delete)을 위한 문법 그리고 데이터 집계 및 분석을 위해 제공되는 연산자(Aggregation FrameWork) 제공
Index Support	데이터의 빠른 검색을 위한 기능 제공

기 능	설 명
Text-Search Engine	저장된 빅 데이터로부터 빠른 검색을 위한 검색엔진
Collection-Level Lock	트랜잭션 데이터 처리를 위한 Lock 메커니즘
Sharding & Replication	빅 데이터의 분산 및 복제 기술

2) MongoDB 3.0 버전 주요 기능

기 능	설 명
wiredTiger Storage Engine	데이터 압축 기능을 핵심으로 하는 트랜잭션 데이터의 효율적인 처리 중심의 MongoDB 저장 엔진
JavaScript Engine v2	여러 개의 JavaScript 작업을 여러 개의 프로세스로 동시 처리해 주는 JavaScript Engine
Compression & Encryption	빅 데이터의 압축을 통한 저장 공간의 효율성 향상과 암호화를 통한 보안 기능
Validator & Auditing	데이터의 무결성 보장을 위한 기능
Authentication	수십~수백대의 서버 구축 시 발생하는 보안 문제를 강화하기 위한 인증 기술
Document-Level Lock	데이터 처리를 위한 Lock 메커니즘

3) MongoDB 3.2 ~ 3.6 버전 주요 기능

기 능	설 명
In-Memory Storage Engine	In-Memory 처리기술을 통한 데이터 처리 성능을 향상시킬 수 있는 MongoDB 저장 엔진
OPS Manager	MongoDB를 효율적으로 관리할 수 있는 그래픽 모드의 관리 툴
Cloud Manager	Cloud 서버를 이용한 MongoDB의 백업 및 복구, 관리 기능
시각화 툴	MongoDB 내의 데이터를 가공, 통계, 분석할 수 있는 시각화 기능

NoSQL 시장에서 MongoDB는 2008년 초창기 버전이 처음 출시된 이후로 오늘에 이르기까지 매우 빠른 속도로 발전해 온 기술 중에 하나입니다.

초장기에는 빅 데이터 저장 기술을 핵심으로 제공되었지만 최근에는 관계형 데이터베이스를 대체할 수 있는 대안기술로 그 기능이 확장되고 있는 것이 현실입니다. 그것은 위와 같이 각 버전대별로 제공되었던 주요 기능들을 살펴보면 기술의 발전 방향을 미루어 짐작할 수 있을 것입니다.

4) MongoDB 4.0~ 최근 버전 주요 기능

기 능	설 명
Multi-Document Transaction	기존 관계형 DBMS 처럼 Commit, Rollback을 수행하여 트랜잭션을 제어할 수 있는 기능
MMAP v1	MongoDB 기본 저장엔진인 메모리 매핑 엔진은 4.0 버전부터 공식 지원되지 않습니다.
Security	다양한 인증, 암호화 기능
ReplicaSets & Shard Cluster	Master-Slave 복제 시스템은 공식 지원되지 않으며 향상된 ReplicaSets & Shard Cluster 시스템을 지원

NoSQL 시장에서 MongoDB는 2008년 초창기 버전이 처음 출시된 이후로 오늘에 이르기까지 매우 빠른 속도로 발전해 온 기술 중에 하나입니다.

초장기에는 빅 데이터 저장 기술을 핵심으로 제공되었지만 최근에는 관계형 데이터베이스를 대체할 수 있는 대안기술로 그 기능이 확장되고 있는 것이 현실입니다. 그것은 위와 같이 각 버전대별로 제공되었던 주요 기능들을 살펴보면 기술의 발전 방향을 미루어 짐작할 수 있을 것입니다.

2.2 MongoDB 시작과 종료

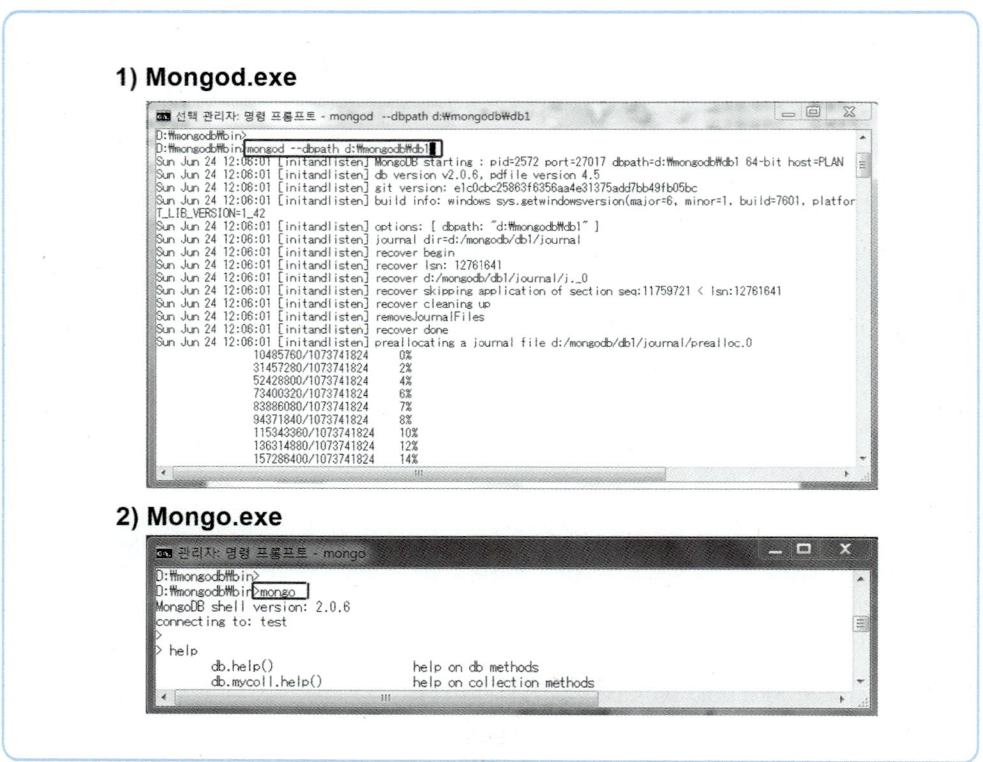

MongoDB가 설치되었으면 메모리 영역과 파일 영역 그리고 프로세스 영역을 활성화해 보도록 하겠습니다. 데이터가 저장될 물리적 경로를 다음과 같이 먼저 생성한 후 인스턴스를 시작해 보십시오.

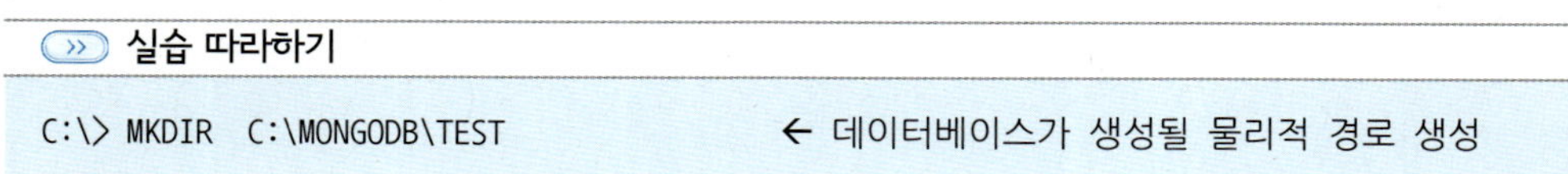

실습 따라하기

```
C:\> MKDIR  C:\MONGODB\TEST                ← 데이터베이스가 생성될 물리적 경로 생성
```

2.2.1 MongoDB 서버 시작

1) 옵션절로 시작하는 방법

다음은 MongoDB가 설치된 기본 경로인 BIN에서 MONGOD.EXE를 실행하십시오. 이 실행 파일은 MongoDB를 시작할 때 사용되는 프로그램입니다.
먼저, 설치된 MongoDB의 버전부터 확인해 보십시오.(옵션절에 -(대쉬)는 2개입니다.)

실습 따라하기

```
C:MONGODB> mongod --version                         ← MongoDB 버전 확인
db version v4.2.0-rc0
git version: f17ad42fb53a2b5ae224006fa8f36c531e6f0b04
allocator: tcmalloc
modules: none
build environment:
    distmod: 2012plus
    distarch: x86_64
    target_arch: x86_64
```

--help 절은 mongod.exe와 함께 사용할 수 있는 옵션절의 종류와 간단한 설명을 확인하실 수 있습니다. --version 절은 현재 설치된 MongoDB 버전과 관련된 상태 정보를 확인할 수 있습니다.

실습 따라하기

```
C:\MONGODB> mongod --dbpath c:\mongodb\test
2019-10-21T18:28:32.710+0900 I  CONTROL  [main] Automatically disabling TLS 1.0, to
force-enable TLS 1.0 specify --sslDisabledProtocols 'none'
2019-10-21T18:28:32.718+0900 I  CONTROL  [initandlisten] MongoDB starting : pid=167412
port=27017 dbpath=c:\mongodb\test 64-bit host=jmjoo
2019-10-21T18:28:32.719+0900 I  CONTROL  [initandlisten] targetMinOS: Windows
7/Windows Server 2008 R2
2019-10-21T18:28:32.732+0900 I  CONTROL  [initandlisten] db version v4.2.0-rc0
2019-10-21T18:28:32.752+0900 I  CONTROL  [initandlisten] git version:
f17ad42fb53a2b5ae224006fa8f36c531e6f0b04
```

```
2019-10-21T18:28:32.759+0900 I  CONTROL  [initandlisten] allocator: tcmalloc
2019-10-21T18:28:32.779+0900 I  CONTROL  [initandlisten] modules: none
2019-10-21T18:28:32.784+0900 I  CONTROL  [initandlisten] build environment:
2019-10-21T18:28:32.801+0900 I  CONTROL  [initandlisten]     distmod: 2012plus
2019-10-21T18:28:32.809+0900 I  CONTROL  [initandlisten]     distarch: x86_64
2019-10-21T18:28:32.833+0900 I  CONTROL  [initandlisten]     target_arch: x86_64
2019-10-21T18:28:32.836+0900 I  CONTROL  [initandlisten] options: { storage: { dbPath:
"c:\mongodb\test" } }
2019-10-21T18:28:33.050+0900 I  STORAGE  [initandlisten] wiredtiger_open config:
create,cache_size=3546M,session_max=33000,eviction=(threads_min=4,threads_max=4),confi
g_base=false,statistics=(fast),log=(enabled=true,archive=true,path=journal,compressor=
snappy),file_manager=(close_idle_time=100000),statistics_log=(wait=0),verbose=(recover
y_progress),verbose=(checkpoint_progress),
2019-10-21T18:28:33.197+0900 I  RECOVERY [initandlisten] WiredTiger recoveryTimestamp.
Ts: Timestamp(0, 0)
2019-10-21T18:28:33.268+0900 I  STORAGE  [initandlisten] Timestamp monitor starting
2019-10-21T18:28:33.305+0900 I  CONTROL  [initandlisten]
2019-10-21T18:28:33.305+0900 I  CONTROL  [initandlisten] ** WARNING: Access control is
not enabled for the database.
2019-10-21T18:28:33.310+0900 I  CONTROL  [initandlisten] **          Read and write
access to data and configuration is unrestricted.
2019-10-21T18:28:33.326+0900 I  CONTROL  [initandlisten]
2019-10-21T18:28:33.334+0900 I  CONTROL  [initandlisten] ** WARNING: This server is
bound to localhost.
2019-10-21T18:28:33.355+0900 I  CONTROL  [initandlisten] **          Remote systems
will be unable to connect to this server.
2019-10-21T18:28:33.372+0900 I  CONTROL  [initandlisten] **          Start the server
with --bind_ip <address> to specify which IP
2019-10-21T18:28:33.378+0900 I  CONTROL  [initandlisten] **          addresses it
should serve responses from, or with --bind_ip_all to
2019-10-21T18:28:33.398+0900 I  CONTROL  [initandlisten] **          bind to all
interfaces. If this behavior is desired, start the
2019-10-21T18:28:33.419+0900 I  CONTROL  [initandlisten] **          server with
--bind_ip 127.0.0.1 to disable this warning.
2019-10-21T18:28:33.421+0900 I  CONTROL  [initandlisten]
.....................
2019-10-21T18:28:35.814+0900 I  NETWORK  [initandlisten] Listening on 127.0.0.1
2019-10-21T18:28:35.841+0900 I  NETWORK  [initandlisten] waiting for connections on
port 27017
.....................
```

▶▶ 이 메시지들은 MongoDB를 위한 기본적인 메모리 영역을 활성화하고 관련 데이터 파일의 무결성을 확인하는 절차입니다. 이 단계에서 어떤 장애 메시지가 발생하거나 프롬프트가 떨어지면 정상적인 시작이 실패한 것을 의미합니다.

2) Config 파일로 시작하는 방법

다음은 MongoDB 서버를 시작할 때 일일이 옵션 절을 부여하지 않고 별도의 Config 파일에 옵션을 설정한 후 실행하는 방법입니다.

실습 따라하기

```
C:\> CD C:\MONGODB
C:\> notepad mongodb.conf
systemLog:
   destination: file
   path: C:\MONGODB\LOG\mongod.log          ← log 파일이 생성될 경로
   logAppend: true
storage:
   dbPath: C:\MONGODB\DATA                  ← data 파일이 생성될 경로
   directoryPerDB: true
journal:
      enabled: true                         ← Journal 파일을 생성하는 기능 설정
processManagement:
   fork: true                               ← Background로 실행 (Only Linux)
net:
   port: 40001                              ← mongod 인스턴스를 위한 PORT 번호 지정

C:\> mkdir C:\MONGODB\LOG  C:\MONGODB\DATA
C:\> mongod —config C:\MONGODB\mongodb.conf ← cong 파일을 이용하여 인스턴스 시작

2018-06-07T14:16:03.108+0900 I CONTROL  [initandlisten] MongoDB starting :
pid=8636 port=27017 dbpath=c:\mongodb\data
2018-06-07T14:16:03.114+0900 I CONTROL  [initandlisten] targetMinOS: Windows
Vista/Windows Server 2008
.................................................................
```

3) MONGO.EXE를 이용한 서버 접속

다음은 활성화된 MongoDB에 클라이언트 프로그램인 MONGO.EXE를 통해 DB에 접속해 보겠습니다.(MONGO.EXE는 C:₩Program Files₩MongoDB₩Server₩4.2₩BIN 경로에 존재합니다.)

실습 따라하기

```
C:\MONGODB> mongo localhost:27017        ← MongoDB에 접속하는 Client Shell Program
MongoDB shell version: 4.2.0
connecting to: test
>
> help
        db.help()                       help on db methods
        db.mycoll.help()                help on collection methods
        sh.help()                       sharding helpers
        rs.help()                       replica set helpers
        help admin                      administrative help
        help connect                    connecting to a db help
        help keys               key shortcuts
        help misc               misc things to know
        help mr                 mapreduce
        show dbs                show database names
        show collections        show collections in current database
        show users              show users in current database
        show profile            show most recent system.profile entries  with time >= 1ms
        show logs               show the accessible logger names
        show log [name] prints out the last segment of log in memory, global' is default
        use <db_name>           set current database
        db.foo.find()           list objects in collection foo
        db.foo.find( { a : 1 } )    list objects in foo where a == 1
        it                     result of the last line evaluated; use to  further iterate
        DBQuery.shellBatchSize = x      set default number of items to display on shell
        exit                            quit the mongo shell
```

다음은 현재 MongoDB 내에 생성되어 있는 데이터베이스의 상태를 확인하는 방법입니다. 하나의 MongoDB 서버는 여러 개의 데이터베이스로 구성됩니다.

실습 따라하기

```
> show dbs
local  0.000GB                  ← 최초 Local 데이터베이스 만 생성되어 있습니다.
>
> use test                      ← test 데이터베이스로 이동할 때 use 명령어를 사용하며
switched to db test               test 데이터베이스가 존재하지 않은 경우 첫 번째
                                  컬렉션을 생성할 때 자동으로 생성됩니다.
```

다음은 TEST 데이터베이스 내에 저장되어 있는 논리적 구조에 대한 상태와 호스트 상태 정보를 확인하는 방법입니다.

실습 따라하기

```
>
> db.stats()
{
 {
        "db" : "test",                  ← DB명
        "collections" : 0               ← 컬렉션 수
        "objects" : 0,                  ← 오브젝트 수
        "avgObjSize" : 0,               ← 오브젝트의 평균 크기
        "dataSize" : 0,                 ← 데이터 크기
        "storageSize" : 0,              ← 저장공간의 크기
        "numExtents" : 0,               ← 총 익스텐트 수
        "indexes" : 0,                  ← 인덱스 수
        "indexSize" : 0                 ← 인덱스 크기
        "fileSize" : 0,                 ← 물리적 파일 크기
        "ok" : 1
}
> db.hostInfo()
{
        "system" : {
                "currentTime" : ISODate("2018-01-30T03:45:08.715Z"),
```

```
                "hostname" : "JMJOO",                    ← 호스트명
                "cpuAddrSize" : 64,
                "memSizeMB" : 8118,                      ← 메모리 크기
                "numCores" : 4,                          ← CPU 코어수
                "cpuArch" : "x86_64",
                "numaEnabled" : false
        },
        "os" : {
                "type" : "Windows",                      ← OS 유형
                "name" : "Microsoft Windows 8",          ← OS 명
                "version" : "6.2 (build 9200)"
        },
        "extra" : {
                "pageSize" : NumberLong(4096)
        },
        "ok" : 1
}
>
```

2.2.2 MongoDB 서버 종료

다음은 MongoDB 인스턴스를 종료하는 방법입니다.

MongoDB를 Shutdown 할 때도 반드시 admin 데이터베이스로 이동해서 db.shutdown-Server() 명령어를 실행해야 합니다.

실습 따라하기

```
> use admin                         ← admin DB로 이동
switched to db admin
>
> db.shutdownServer()               ← DB 종료
server should be down...
2018-06-07T14:47:39.194+0900 I NETWORK  [thread1] trying reconnect to 127.0.0.1:27017
(127.0.0.1) failed 2018-06-07T14:47:40.235+0900 W NETWORK  [thread1] Failed to connect
to 127.0.0.1:27017, reason: errno:10061 대상 컴퓨터 연결을 거부했으므로 연결하지 못했습
니다.
2018-06-07T14:47:40.239+0900 I NETWORK  [thread1] reconnect 127.0.0.1:27017 (127.0.0.1)
failed failed
> exit
```

다음은 MongoDB에서 Logout하는 방법이며 MongoDB가 Shutdown 되는 것은 아니며 단지 클라이언트의 접속만이 해제됩니다.

실습 따라하기

```
C:\MONGODB> mongod  --dbpath c:\mongodb\test    ← MongoDB 인스턴스 활성화
016-06-07T14:16:03.108+0900 I CONTROL  [initandlisten] MongoDB starting : pid=8636
port=27017 dbpath=c:\mong 2018-06-07T14:16:03.114+0900 I CONTROL  [initandlisten]
targetMinOS: Windows Vista/Windows Server 2008
..........
C:\MONGODB> mongo  ← MongoDB에 접속하는 Client Shell Program
MongoDB shell version: 4.2.0
connecting to: test
> db.logout()
{ "ok" : 1 }        ← 접속 만 해제된 상태 (정상처리:1, 실패:0)
>exit
```

2.2.3 기능 호환 버전 (feature compatibility version)

- 이전 버전의 데이터를 최신 버전의 MongoDB서버에서 사용 가능하도록 일정 시점까지 유지할 수 있는 기능입니다.
- 업그레이드 후 일정 기간 동안 이 기능을 활성화하지 않고 운영하다가 다운 그레이드 가능성이 없다고 판단되는 시점에 이 기능의 활성화를 권장합니다.

Value	설명
4.2	• 4.0에서 설정하는 경우 : 3.6과 호환되지 않는 데이터 유지에 사용 • 4.2에서 설정하는 경우 : 4.0과 호환되지 않는 데이터 유지에 사용
4.0	• 4.0에서 설정하는 경우 : 3.6과 호환되지 않는 데이터 유지에 사용 • 4.2에서 설정하는 경우 : 4.0과 호환되지 않는 데이터 유지에 사용
3.6	• 3.6에서 설정하는 경우 : 3.4와 호환되지 않는 데이터 유지에 사용 • 4.0에서 설정하는 경우 : 4.0과 호환되지 않는 데이터 유지에 사용
3.4	• 3.4에서 설정하는 경우 : 3.2와 호환되지 않는 데이터 유지에 사용 • 3.6에서 설정하는 경우 : 3.6과 호환되지 않는 데이터 유지에 사용
3.2	• 3.2와 호환되지 않는 3.4 기능을 비활성화

MongoDB는 3.2 버전부터 fCV(feature Compatibility Version) 기능호환버전을 제공하고 있습니다. 이는 기존에 운영 했던 MongoDB 서버를 새로운 버전으로 업그레이드하는 경우에 발생할 수 있는 다양한 문제점으로부터 효율적으로 대처하고 예상할 수 없는 장애로부터 안전하게 데이터를 저장, 관리할 수 있도록 제공되는 기능입니다.

3.2 이전 버전에서는 새로운 버전으로 업그레이드를 수행하는 경우에 별다른 조치없이 관련 실행코드 만의 변경 만으로도 가능했지만 3.2 버전 이후에는 반드시 Fcv 설정을 하셔야 향후 새로운 버전으로 업그레이드가 가능합니다. 다음은 주요 특징입니다.

- 이전 버전의 데이터를 최신버전의 MongoDB 서버에서 사용 가능하도록 일정 시점까지 유지할 수 있는 기능입니다.
- 업그레이드 후 일정 기간 동안 이 기능을 활성화하지 않고 운영하다가 다운 그레이드 가능성이 없다고 판단되는 시점에 이 기능의 활성화를 권장합니다.
- 하위 버전에서 차상위 버전으로 업그레이드를 수행하기 위해서는 1차적으로 상위 버전으로 버전업하고 fCV를 설정한 후 차상위 버전으로 업그레이드를 수행해야 합니다.

다음은 Fcv 기능호환버전 값을 설정하고 확인하는 방법입니다.

실습 따라하기

```
> db.adminCommand( { getParameter: 1, featureCompatibilityVersion: 1 } ) ← 현재 상태 확인
{
        "featureCompatibilityVersion" : {
                "version" : "4.2"                    ← 현재 설정된 값
        },
        "ok" : 1,
        "$gleStats" : {
                "lastOpTime" : Timestamp(0, 0),
                "electionId" : ObjectId("7fffffff0000000000000003")
        },
        "lastCommittedOpTime" : Timestamp(1560229407, 113),
        "$configServerState" : {
                "opTime" : {
                        "ts" : Timestamp(1560229405, 44),
                        "t" : NumberLong(1)
                }
        },
        "$clusterTime" : {
                "clusterTime" : Timestamp(1560229407, 120),
                "signature" : {
                        "hash" : BinData(0,"AAAAAAAAAAAAAAAAAAAAAAAAAAA="),
                        "keyId" : NumberLong(0)
                }
        },
        "operationTime" : Timestamp(1560229407, 120)
}
```

```
> db.adminCommand( { setFeatureCompatibilityVersion: "4.0" } )
{                                                   ← Fcv를 4.0으로 다운그레이드
        "ok" : 1,
        "$gleStats" : {
                "lastOpTime" : {
                        "ts" : Timestamp(1560229423, 30),
                        "t" : NumberLong(3)
                },
                "electionId" : ObjectId("7fffffff0000000000000003")
        },
        "lastCommittedOpTime" : Timestamp(1560229423, 196),
        "$configServerState" : {
                "opTime" : {
                        "ts" : Timestamp(1560229416, 99),
                        "t" : NumberLong(1)
                }
        },
        "$clusterTime" : {
                "clusterTime" : Timestamp(1560229423, 240),
                "signature" : {
                        "hash" : BinData(0,"AAAAAAAAAAAAAAAAAAAAAAAAAAA="),
                        "keyId" : NumberLong(0)
                }
        },
        "operationTime" : Timestamp(1560229423, 30)
}
>
> db.adminCommand( { getParameter: 1, featureCompatibilityVersion: 1 } )
{
        "featureCompatibilityVersion" : {
                "version" : "4.0"                   ← 다운그레이드된 값 확인
        },
        "ok" : 1,
        "$gleStats" : {
                "lastOpTime" : {
                        "ts" : Timestamp(1560229423, 30),
                        "t" : NumberLong(3)
                },
                "electionId" : ObjectId("7fffffff0000000000000003")
.......................................................................
```

■ Feature Compatibility Version 설정 방법

```
db.adminCommand( { setFeatureCompatibilityVersion: "4.2" } )   ← value 4.2로 변경
```

MongoDB 서버 4.0 버전에서 해당 Value를 3.6으로 설정하면 MongoDB 4.0과 호환되지 않는 데이터를 유지하도록 서버를 운영할 수 있습니다. 즉, 운영 서버는 MongoDB 4.0 버전이지만 데이터는 MongoDB 3.6 버전 시점의 데이터로 운영되는 것입니다. 버전이 업그레이드 되었지만 MongoDB 4.0 버전의 다양한 기능들을 사용할 수 없는 상태를 의미합니다. 업그레이드 이후에 지속적인 모니터링을 수행한 후 특이 사항이 발생하지 않는다면 value 4.0으로 변경을 권장합니다. MongoDB 서버 4.0 버전에서 해당 Value를 4.2로 설정하면 MongoDB 4.0과 호환되지 않는 데이터를 유지하도록 서버를 운영할 수 있습니다.

다음 도표는 fcv 설정값에 대한 설명입니다.

Value	설명
4.2	• 4.0에서 설정하는 경우 : 3.6과 호환되지 않는 데이터 유지에 사용 • 4.2에서 설정하는 경우 : 4.0과 호환되지 않는 데이터 유지에 사용
4.0	• 4.0에서 설정하는 경우 : 3.6과 호환되지 않는 데이터 유지에 사용 • 4.2에서 설정하는 경우 : 4.0과 호환되지 않는 데이터 유지에 사용
3.6	• 3.6에서 설정하는 경우 : 3.4와 호환되지 않는 데이터 유지에 사용 • 4.0에서 설정하는 경우 : 4.0과 호환되지 않는 데이터 유지에 사용
3.4	• 3.4에서 설정하는 경우 : 3.2와 호환되지 않는 데이터 유지에 사용 • 3.6에서 설정하는 경우 : 3.6과 호환되지 않는 데이터 유지에 사용
3.2	• 3.2와 호환되지 않는 3.4 기능을 비활성화

2.3 데이터 처리

```
> db.createCollection ("emp", { capped : true, size:2100000000,  max:500000 });
{ "ok" : 1 }                        ← capped : 해당 공간이 모두 사용되면 다시 처음부터
                                               재 사용할 수 있는 데이터 구조를 생성할 때
                                      size     : 해당 Collection의 최초 생성 크기 지정 가능
> show collections
  emp
>
> db.emp.stats()                    ← Collection의 현재 상태 및 정보 분석
{
        "ns" : "test.employees",
        "count" : 14,
        "size" : 1788,
        "avgObjSize" : 127,
        "storageSize" : 16384,
        "capped" : false,
         .......[ 중략 ]...............
        "nindexes" : 1,
        "totalIndexSize" : 16384,
        "indexSizes" : { "_id_" : 16384 },
        "ok" : 1
}
> db.emp.renameCollection( "employees" )    ← 해당 Collection 이름 변경
> db.employees.drop();                      ← 해당 Collection 삭제
  true
```

2.3.1 Collection 생성과 관리

앞서 설명 드렸던 것처럼 관계형 데이터베이스의 논리적 저장 구조인 테이블(Table)에 해당되는 데이터 구조를 MongoDB에서는 컬렉션(Collection)이라고 표현합니다.

개념적으로 데이터를 저장하는 구조라는 측면에서는 유사하게 보일 수도 있지만 논리적, 물리적 구조를 살펴보면 데이터를 저장하고 관리하는 방법은 많이 다르다고 볼 수 있습니다.

당연히 동일한 방법의 저장 및 관리 기법을 사용한다면 NoSQL(MongoDB)을 사용할 필요가 없겠죠 ? 일반적으로 관계형 데이터베이스의 테이블 구조를 정형화된 데이터 구조

라고 표현합니다. 그것은 최초 테이블을 생성하기 위해서 분석, 설계 단계를 거쳐 정규화를 수행하게 되면 테이블과 컬럼, 데이터 타입과 길이 그리고 무결성 보장을 위한 제약조건 등이 확정되고 이것을 기반으로 테이블을 생성하는 단계를 거치기 때문 입니다.

결론적으로 하나의 테이블을 생성하기 위해서는 반드시 구성 요소(컬럼명, 데이터 타입과 길이, 제약 조건)에 대한 정의가 먼저 되어야 하는데 이것을 정형화된 데이터 구조라고 표현합니다.

이러한 구성 요소가 결정되지 못하면 테이블을 생성할 수 없는 것 입니다.

반면에 NoSQL(MongoDB)은 기본적인 DB 구조 설계가 되어 있어야겠지만 Collection을 생성할 때 구성 요소(필드명, 데이터 타입과 길이 등)가 결정되어 있지 않더라도 데이터 저장 구조를 생성할 수 있습니다. 관계형 테이블 구조에 익숙한 사용자들이라면 이 대목에서 어떻게 설계가 안됐는데 Collection이 생성될 수 있느냐 라고 의문을 가지게 될 것 입니다.

이에 대한 의문점을 해소하기 위해서는 MongoDB의 데이터 설계 기법과 구조적 특징 그리고 활용 분야 등에 대한 보다 구체적인 이해가 필요합니다.

이 부분에 대해서는 앞으로 소개될 "4장 MongoDB를 위한 데이터모델링"을 통해 자세히 설명 드리도록 하겠습니다.

1) Collection의 생성

MongoDB의 Collection에는 Capped Collection과 Non Capped Collection 2가지 종류가 있습니다. Non Capped Collection은 관계형 데이터베이스의 테이블처럼 디스크 공간이 허용하는 범위 내에서 데이터를 계속적으로 저장할 수 있는 타입이며 Capped Collection은 최초 제한된 크기로 생성된 공간(익스텐트) 내에서 만 데이터를 저장할 수 있고 만약, 최초 공간이 모두 사용되면 다시 처음으로 돌아가서 기존 공간을 재사용하는 타입의 Collection 입니다. 기업에서 발생하는 데이터들 중에는 로그 데이터처럼 일정한 기간 내에서 만 저장, 관리할 필요가 있는 데이터들도 존재하기 마련인데 이런 경우 적용하면 효과적인 타입입니다.

실습 따라하기

```
c:\> mongo
MongoDB shell version: 4.2.0
connecting to: test
>
> use SALES                  ← SALES DB 생성 및 이동(첫 번째 컬렉션 생성 시 DB 자동생성)
> db.createCollection("employees", {capped:true, size:100000 })
{ "ok" : 1 }                 ← CAPPED : 저장 공간의 재사용이 가능한 타입
>                              SIZE : Collection의 최초 익스텐트 크기
> show collections
employees
>
> db.employees.stats()       ← Collection의 현재 상태 및 정보 분석
{
{
        "ns" : "test.emp",
        "count" : 0,
        "size" : 0,
        "storageSize" : 4096,
        "capped" : false,
        "wiredTiger" : {
                "metadata" : {
                        "formatVersion" : 1
          [중략]
        "nindexes" : 1,
        "totalIndexSize" : 4096,
        "indexSizes" : {
                "_id_" : 4096
        },
        "ok" : 1
}
> db.employees.renameCollection( "emp" )  ← 해당 Collection 이름변경
{ "ok" : 1 }
> db.emp.drop()                           ← 해당 Collection 삭제
true
```

2.3.2 Insert & Update & Remove

SQL	MongoDB
Create Table emp (no number(3);	db.createCollection({ "emp" })
INSERT INTO emp VALUES(3,5)	db.emp.insert({empno:3, ename:5})
UPDATE emp SET ename='test' WHERE empno=1	db.emp.update({empno:1}, {$set:{ename:'test'}})
DELETE FROM emp WHERE deptno=10	db.emp.remove({deptno:10});

db.emp.insert
db.emp.insertOne
db.emp.insertMany
db.emp.builkWrite

db.emp.update
db.emp.updateOne
db.emp.updateMany
db.emp.replaceOne
db.emp.builkWrite

db.emp.remove
db.emp.deleteOne
db.emp.deleteMany
db.emp.builkWrite

현재까지 제공되고 있는 NoSQL의 종류는 무려 200가지가 넘는 것이 현실입니다. 그 많은 제품들 중에 MongoDB에 대해 많은 사용자들이 관심을 가지는 이유 중에 하나는 관계형 데이터베이스의 SQL 언어와 같이 데이터 조작을 위한 전용 언어를 사용할 수 있기 때문이며 이해하기 쉽고 간편하게 사용할 수 있다는 장점이 있기 때문입니다.

실습 따라하기

```
> use test              ← 다음 실습을 위해 TEST DB를 생성하고 이동하십시오.
switched to db test
>
```

(1) 다음은 Collection을 생성하고 데이터를 INSERT하는 방법입니다.

실습 따라하기

```
> m={ ename : "smith" }       ← MongoaDB에서는 JSON 타입으로 데이터를 표현합니다.
{ "ename" : "smith" }
>
> n={ empno : 1101 }
{ "empno" : 1101 }
>
> db.things.save(m)           ← 데이터를 저장할 때 SAVE 메소드를 사용합니다.
WriteResult({ "nInserted" : 1 })
>
> db.things.save(n)
WriteResult({ "nInserted" : 1 })
>
> db.things.find()            ← Collection에 저장된 데이터를 검색할 때 FIND 메소드 실행
{ "_id" : ObjectId("4efd4efbd950ca3a8988a010"), "ename" : "smith" }
{ "_id" : ObjectId("4efd4f02d950ca3a8988a011"), "empno" : 1101 }
                              ← 하나의 Document는 반드시 하나의 Object ID가 부여됩니다.
> db.things.insert({ empno : 1102, ename : "king" })
WriteResult({ "nInserted" : 1 })
← 데이터를 입력할 때 INSERT 메소드를 사용할 수 있습니다.(SAVE, INSERT의 차이점은
>                                                     UPDATE문에서 설명됩니다.)
> db.things.find()
{ "_id" : ObjectId("4efd4efbd950ca3a8988a010"), "ename" : "smith" }
{ "_id" : ObjectId("4efd4f02d950ca3a8988a011"), "empno" : 1101 }
{ "_id" : ObjectId("4efd50af69c24a2725364fe2"), "empno" : 1102, "ename" : "king" }
>
> for (var n = 1103; n <= 1120; n++) db.things.save({n : n , m : "test"})
WriteResult({ "nInserted" : 1 })
> db.things.find()  ← FOR 반복문을 통해 증가된 값을 n 필드에 적용하여 데이터를 저장합니다.

{ "_id" : ObjectId("5018cc7b699dd2ef1f170446"), "ename" : "smith" }
{ "_id" : ObjectId("5018cc80699dd2ef1f170447"), "empno" : 1101 }
{ "_id" : ObjectId("5018cccf699dd2ef1f170448"), "empno" : 1102, "ename" : "test" }
{ "_id" : ObjectId("5018cd89699dd2ef1f170449"), "n" : 1103, "m" : "test" }
{ "_id" : ObjectId("5018cd89699dd2ef1f17044a"), "n" : 1104, "m" : "test" }
{ "_id" : ObjectId("5018cd89699dd2ef1f17044b"), "n" : 1105, "m" : "test" }
{ "_id" : ObjectId("5018cd89699dd2ef1f17044c"), "n" : 1106, "m" : "test" }
```

```
.........
..........
..........
{ "_id" : ObjectId("5018cd89699dd2ef1f170458"), "n" : 1118, "m" : "test" }
{ "_id" : ObjectId("5018cd89699dd2ef1f170459"), "n" : 1119, "m" : "test" }
has more
> it                ← 출력된 결과가 20개를 초과하면 it 명령어로 다음 화면으로 이동합니다.
{ "_id" : ObjectId("4efd5894bc6173b0ef4bdbcf"), "n" : 1120, "m" : "test" }
>
```

▶▶ 위 결과에서 things Collection에 입력된 데이터를 살펴보면 관계형 데이터베이스의 테이블 구조와는 다소 다르다는 것을 확인할 수 있을 것입니다.
앞서 설명 드렸던 것처럼 NoSQL(MongoDB)은 비정형 데이터 구조로 생성되기 때문에 해당 Collection에 데이터가 저장되는 시점에 필드와 데이터 속성 그리고 길이 등이 결정되기 때문에 각 Document(관계형 DB의 ROW)의 데이터 구조와 데이터 값들이 동일하지 않는 형태로 저장될 수 있습니다. 이런 구조는 관계형 데이터베이스와는 다른 비정형 데이터 구조에서만 가능합니다.

(2) 다음은 Collection에 데이터를 UPDATE하는 방법입니다. 데이터를 변경하는 방법에는 UPDATE와 SAVE 메쏘드를 사용할 수 있습니다.

실습 따라하기

```
> db.things.update({n:1103 }, { $set: {ename : "standford", dept : "research" }})
> db.things.update({n:1104 }, { $set: {ename : "John", dept : "inventory" } } )
> db.things.update({n:1105 }, { $set: {ename : "Joe", dept : "accounting" } } )
> db.things.update({n:1106 }, { $set: {ename : "king", dept : "research"} } )
> db.things.update({n:1107 }, { $set: {ename : "adams",dept : "personel" } } )
> db.things.update({n:1108 }, { $set: {ename : "blake",dept : "inventory" } } )
> db.things.update({n:1109 }, { $set: {ename : "smith",dept : "accounting" } } )
> db.things.update({n:1110 }, { $set: {ename : "allen",dept : "research" } } )
> db.things.update({n:1119 }, { $set: {ename : "clief", dept  :"human resource" }})
> db.things.update({n:1120 }, { $set: {ename : "miller", dept : "personel" } } )
>
> db.things.save({empno : 1101 , ename : "Blake", dept : "account"})
← 이미 입력된 데이터를 변경할 때는 SAVE 함수보다는 UPDATE 함수를 사용하는 것이 유리합
  니다.
```

(3) 다음은 생성된 Collection에 데이터를 REMOVE 하는 방법입니다.

실습 따라하기

```
> db.things.remove({m:"test"})          ← 조건을 만족하는 데이터를 검색 후 삭제
WriteResult({ "nRemoved" : 18 })
> db.things.find();
{ "_id" : ObjectId("57566add49fa9998ffcbb72a"), "ename" : "smith" }
{ "_id" : ObjectId("57566ae049fa9998ffcbb72b"), "empno" : 1101 }
{ "_id" : ObjectId("57566b1949fa9998ffcbb72c"), "empno" : 1102, "ename" : "king" }
{ "_id" : ObjectId("57566bb249fa9998ffcbb73f"), "empno" : 1101, "ename" : "Blake",
"dept" : "account" }
>
> db.things.remove({})
WriteResult({ "nRemoved" : 4 })
>
> db.things.find()
> db.things.drop()
true
```

잠깐 SAVE, INSERT, UPDATE문의 차이점

MongoDB에서는 하나의 Document를 저장할 때 SAVE, INSERT, UPDATE 메소드를 실행할 수 있습니다. 하나의 Document를 저장하는것은 유사하지만 내부적으로 데이터를 처리하는 방법은 조금씩 다르기 때문에 정확히 알고 사용하는 것이 무엇보다도 중요합니다.

(1) INSERT

Collection에 하나의 Document를 최초 저장할 때 일반적으로 사용되는 메소드입니다.

(2) UPDATE

하나의 Document에서 특정 필드 만을 수정하는 경우 사용되는 메소드입니다.

이 경우, 하나의 Document가 여러 개의 필드로 구성되어 있더라도 해당 필드 만 수정하기 때문에 빠른 시간 내에 효율적으로 데이터를 변경할 수 있습니다. 빅 데이터의 빠른 수정이 요구되는 경우 가장 적합한 방법입니다.

(3) SAVE

하나의 Document에서 특정 필드 만 변경하더라도 Document 단위로 데이터를 변경하는 방법입니다. Document 단위로 데이터를 변경하는 경우에는 효율적이지만 필드 단위로 변경하는 경우에는 UPDATE문을 실행하는 것이 더 효율적입니다.

2.3.3 Unique ID

1) **MongoDB 3.6** 버전부터 제공된 **New Feature** 입니다.
2) **mongoDB** 내에 생성된 각 **Collection**에게 할당된 고유 값입니다.
3) **db.adminCommand({ set FeatureCompatibilityVersion : "3.6"})** 값이 반드시 **"3.6"** 이상 값으로 설정되어야 합니다.

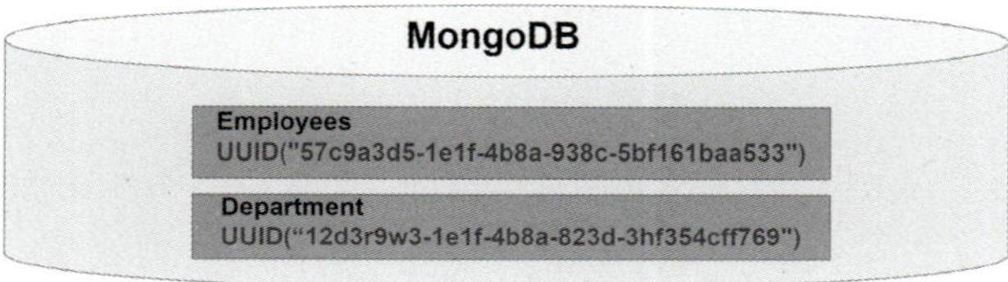

MongoDB는 하나의 컬렉션을 생성한 후 데이터를 입력하면 각 도큐멘트마다 고유한 값으로 구성된 ObjectID가 할당됩니다. 이를 통해 하나의 컬렉션 내에 저장된 도큐멘트를 다른 도큐멘트와 구분할 수 있는 식별자로 사용됩니다. 또한 하나의 MongoDB 서버는 여러 개의 데이터베이스를 생성할 수 있는데 데이터베이스는 다르지만 동일한 이름의 컬렉션은 각 데이터베이스 마다 생성할 수 있습니다. 그 이유는 컬렉션 명은 [데이터베이스명.컬렉션명]으로 생성되기 때문입니다. (예를 들어, sales.emp, salary.emp. accout.emp) 데이터베이스 명을 제외한다면 논리적으로 동일한 명의 컬렉션이 여러 개 생성되는 것처럼 보일 수 있습니다. 이 경우 컬렉션 명 만으로 구분이 용이하지 않을 수 있는데 UUID(Unique Identifier)는 각 컬렉션에 부여된 고유한 값이므로 이를 통해 쉽게 식별할 수 있습니다. 다음은 UUID의 주요 특징입니다.

1) MongoDB 3.6 버전부터 제공된 New Features입니다.

2) MongoDB 내에 생성된 각 컬렉션에게 할당된 고유 값입니다.

3) db.adminCommand({ setFeatureCompatibilityVersion : "3.6" }) 명령어를 통해 반드시 fcv를 3.6 버전 이상 값으로 설정해야 합니다.

다음은 UUID에 대한 실습 따라하기 입니다.

실습 따라하기

```
> db.adminCommand( { getParameter: 1, featureCompatibilityVersion: "3.4" } )
{ "featureCompatibilityVersion" : { "version" : "3.4" }, "ok" : 1 }
>
>use admin
>db.adminCommand( { setFeatureCompatibilityVersion: "3.6" } ) ← 3.6으로 설정
{ "ok" : 1 }
> db.adminCommand( { getParameter: 1, featureCompatibilityVersion: "3.6" } )
{ "featureCompatibilityVersion" : { "version" : "3.6" }, "ok" : 1 }
>
>use test
> db.getCollectionInfos( { name: "things" } )
[   {
                "name" : "things",
                "type" : "collection",
                "options" : {
                },
                "info" : {
                        "readOnly" : false,
                        "uuid" : UUID("5ab8f919-5e34-4a17-ab88-206af6f32a77") },
                                ← 부여된 UUID확인
                "idIndex" : { "v" : 2,
                                "key" : { "_id" : 1 },
                                "name" : "_id_",
                                "ns" : "admin.things"
                } } ]
```

2.3.4 JSON 타입과 BSON 타입

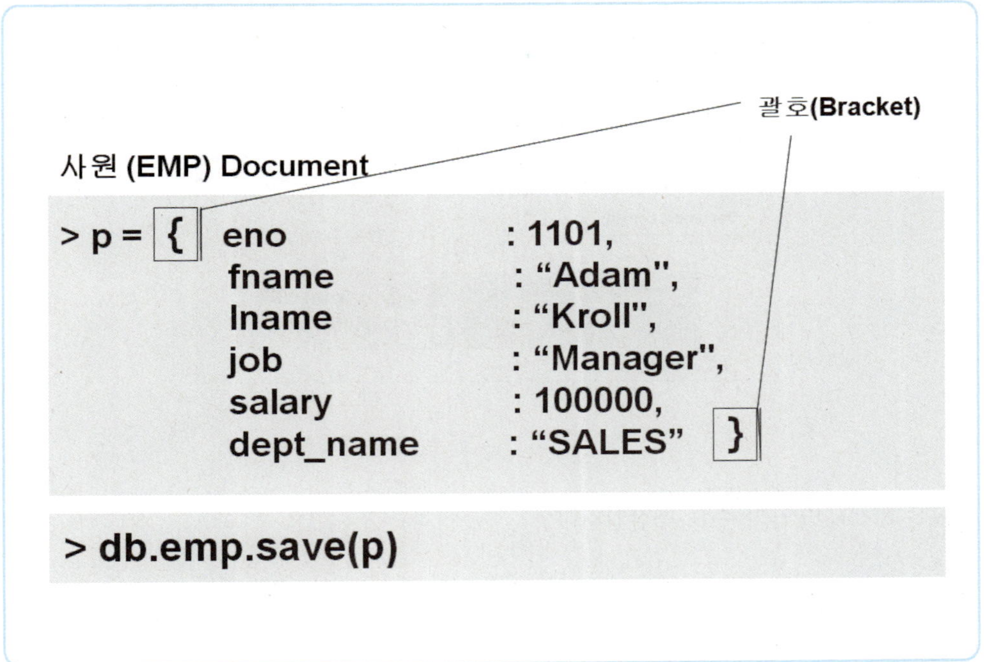

1) JSON(Java Script Object Notation)

NoSQL 기술 분야에서 MongoDB는 Document 형태의 데이터 저장 기술로 구현되는 대표적인 제품 중에 하나입니다.

여기서, Document는 관계형 데이터베이스에서 테이블을 구성하는 ROW(행)에 해당될 수 있는데 한마디로 말하면 데이터를 저장하는 단위라고 설명할 수 있습니다. 이 Document를 중심으로 데이터를 저장, 관리하는 방법을 MongoDB는 기본적으로 제공하며 데이터를 저장하고 검색할 때 반드시 위 그림처럼 괄호{ ~ }를 통해 표현하게 됩니다.

이러한 표현 방법을 JAVA SCRIPT 형식의 오브젝트 표기법(OBJECT NOTATION) 즉, JSON 타입이라고 표현합니다.

2) BSON(Binary Serial Object Notation)

MongoDB에서 모든 데이터는 반드시 JSON 타입으로 표현되지만 데이터베이스 내에 저장될 때는 BSON 타입의 바이너러리(Binary) 형태의 데이터로 변환되어 저장됩니다.

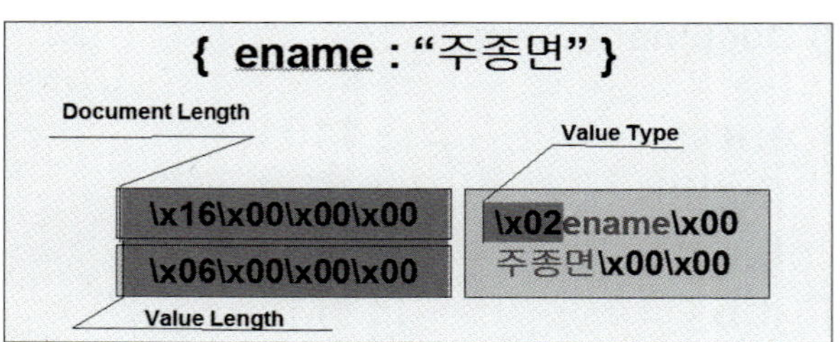

다음은 BSON 타입의 주요 특징입니다.

- 경량의 데이터 교환 형식인 JSON(JavaScript Object Notation) 타입을 근거로 하며 사람이 읽고 쓰기에 용이하며 기계가 분석하고 생성하기에 용이합니다. 위 그림에서 보는 바와 같이 JSON 타입의 { ename : "주종면"} 데이터를 작성하여 저장하면 필드 "ENAME"과 데이터 값 "주종면"은 Binary 값으로 변환되어 함께 저장됩니다.
  (BSON 타입은 Name과 Value 2개의 필드로 구성되어 저장됩니다.)
- JavaScript Programming Language와 Standard ECMA-262 3rd Edition-1999을 근거로 합니다.

잠깐

ECMA(Europe Computer Manifuctor Association)는 유럽 컴퓨터 제조사 협회에 의해 설립된 비영리 표준화 기구이며 1999년 소량의 데이터를 컴퓨터에서 표현할 때 괄호 { ~ }를 이용한 표현 방식을 처음으로 제정하였습니다.

2.3.5 Data Type 종류

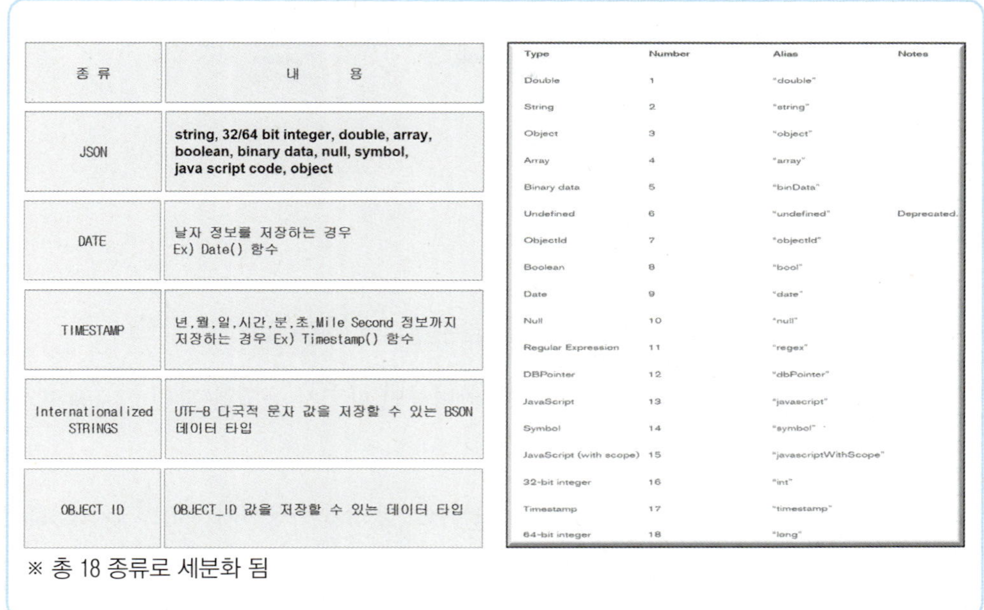

종 류	내 용
JSON	**string, 32/64 bit integer, double, array, boolean, binary data, null, symbol, java script code, object**
DATE	날자 정보를 저장하는 경우 Ex) Date() 함수
TIMESTAMP	년,월,일,시간,분,초,Mile Second 정보까지 저장하는 경우 Ex) Timestamp() 함수
Internationalized STRINGS	UTF-8 다국적 문자 값을 저장할 수 있는 BSON 데이터 타입
OBJECT ID	OBJECT_ID 값을 저장할 수 있는 데이터 타입

※ 총 18 종류로 세분화 됨

Type	Number	Alias	Notes
Double	1	"double"	
String	2	"string"	
Object	3	"object"	
Array	4	"array"	
Binary data	5	"binData"	
Undefined	6	"undefined"	Deprecated.
ObjectId	7	"objectId"	
Boolean	8	"bool"	
Date	9	"date"	
Null	10	"null"	
Regular Expression	11	"regex"	
DBPointer	12	"dbPointer"	
JavaScript	13	"javascript"	
Symbol	14	"symbol"	
JavaScript (with scope)	15	"javascriptWithScope"	
32-bit integer	16	"int"	
Timestamp	17	"timestamp"	
64-bit integer	18	"long"	

다음은 MongoDB에서 제공하는 데이터 타입들입니다. 일반적인 관계형 데이터베이스에서 데이터 속성을 표현하기 위해 필요한 것처럼 MongoDB에서도 데이터 타입이 제공되며 총 18가지의 세분화된 타입들이 제공됩니다.

1) OBJECT_ID 타입

OBJECT_ID 타입은 관계형 데이터베이스(Oracle, DB2 등)에서 제공되는 ROWID와 유사한 데이터 속성입니다. 하나의 도큐멘트(행)가 다른 도큐멘트와 구별될 수 있는 유일한 값을 의미하며 RDBMS의 PRIMARY-KEY와 같이 유일한 값으로 구성됩니다.

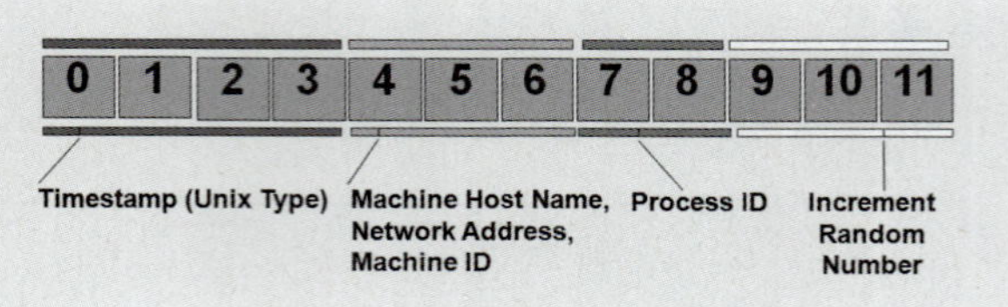

다음은 OBJECT_ID 타입의 주요 특징입니다.

- BSON Object ID는 12 Byte의 Binary 값으로 구성되어 있습니다.
- 하나의 Collection에 하나의 Document를 입력하면 반드시 유일한 값인 Object ID가 부여됩니다.
- MongoDB에서 제공하는 Default Object ID와는 별도로 사용자가 직접 Object ID를 부여할 수 있습니다.

다음은 BSON ObjectID 데이터 타입입니다.

실습 따라하기

```
> use test
switched to db test
>
> p={ eno      : 1101,
      fname    : "adam",
      lname    : "kroll",
      job      : "manager",
      salary   : 100000,
      dept_name : "sales" }
>
> db.emp.save(p)
> p
{
        "eno" : 1101,
        "fname" : "adam",
        "lname" : "kroll",
```

```
        "job" : "manager",
        "salary" : 100000,
        "dept_name" : "sales",
        "_id" : ObjectId("50fd28104b19f745940a0ec2")        ←ObjectId가 자동 부여됨
}
>
> db.emp.findOne({ _id : ObjectId("50fd28104b19f745940a0ec2")})
{
        "_id" : ObjectId("50fd28104b19f745940a0ec2"),
        "eno" : 1101,
        "fname" : "adam",
        "lname" : "kroll",
        "job" : "manager",
        "salary" : 100000,
        "dept_name" : "sales"
}
> db.emp.findOne({ _id : new ObjectId("50fd28104b19f745940a0ec2")})
{
        "_id" : ObjectId("50fd28104b19f745940a0ec2"),
        "eno" : 1101,
        "fname" : "adam",
        "lname" : "kroll",
        "job" : "manager",
        "salary" : 100000,
        "dept_name" : "sales"
}
>
> db.emp.drop()
true
>
```

2) JSON 타입

일반적인 RDBMS 처럼 문자, 숫자, 바이너리리(Binary) 데이터를 저장할 수 있는 타입을 JSON 타입이라고 합니다.

MongoDB는 총 18가지의 데이터 속성을 제공하며 각 데이터 속성은 다음과 같이 내부 코드로 구분됩니다.

Type Name	Type Number
Double	1
String	2
Object	3
Array	4
Binary data	5
Object id	7
Boolean	8
Date	9
Null	10
Regular expression	11
JavaScript code	13
Symbol	14
JavaScript code with scope	15
32-bit integer	16
Timestamp	17
64-bit integer	18
Min key	255
Max key	127

다음 예제를 통해 데이터 타입을 정의하는 방법에 대해 실습해 보겠습니다.

실습 따라하기

```
> p = {
    "_id"      : ObjectId("201301010000000000000001"),  ←_ID 타입(Unique 값으로 사용자가 직접 정의 가능)
    "v_date"   : ISODate("2018-01-21T14:22:46.777Z"),    ←Date 타입
    "v_bin"    : BinData(0,"2faeces232csdceq2424"),      ←Binary 데이터 타입
    "v_char"   : "Joo JongMyun",                         ←문자 데이터 타입
    "v_num"    : 1038641858,                             ←숫자 데이터 타입(32bit integer)
    "v_arr"    : ["jina6678@daum.net", "jina6678@paran.com"],  ←배열 데이터 타입
    "v_bignum" : NumberLong(1257000) }                   ←큰 숫자 데이터 타입(64bit integer)
>
> db.data_att.save(p)
>
> db.data_att.find()
{ "_id" : ObjectId("201301010000000000000001"), "v_date" : ISODate("2018-01-21T14:22:46.777Z"),
"v_bin" : BinData(0,"2faeces232csdceq2424"), "v_char" : "Joo JongMyun", "v_num" : 1038641858, "v
_arr" : [ "jina6678@daum.net", "jina6678@paran.com" ], "v_bignum" : NumberLong(1257000) }
>
> db.data_att.drop()
true
```

다음은 배열 데이터 타입에 대한 실습 예제입니다.

MongoDB는 C, C++, JAVA 언어에서 제공되는 배열 타입의 데이터 속성을 제공합니다.

실습 따라하기

```
> for (var n = 1103; n <= 1120; n++) db.things.save({empno:n, ename:"test", sa1:1000})
> db.things.find()

{ "_id":ObjectId("5018cff7699dd2ef1f17046d"),"empno":1103,"ename" : "test", "sa1" : 1000 }
{ "_id":ObjectId("5018cff7699dd2ef1f17046e"),"empno":1104,"ename" : "test", "sa1" : 1000 }
{ "_id":ObjectId("5018cff7699dd2ef1f17046f"),"empno":1105,"ename" : "test", "sa1" : 1000 }
{ "_id":ObjectId("5018cff7699dd2ef1f170470"),"empno":1106,"ename" : "test", "sa1" : 1000 }
{ "_id":ObjectId("5018cff7699dd2ef1f170471"),"empno":1107,"ename" : "test", "sa1" : 1000 }
{ "_id":ObjectId("5018cff7699dd2ef1f170472"),"empno":1108,"ename" : "test", "sa1" : 1000 }
{ "_id":ObjectId("5018cff7699dd2ef1f170473"),"empno":1109,"ename" : "test", "sa1" : 1000 }
{ "_id":ObjectId("5018cff7699dd2ef1f170474"),"empno":1110,"ename" : "test", "sa1" : 1000 }
{ "_id":ObjectId("5018cff7699dd2ef1f170475"),"empno":1111,"ename" : "test", "sa1" : 1000 }
```

```
{ "_id":ObjectId("5018cff7699dd2ef1f170476"),"empno":1112,"ename" : "test", "sa1" : 1000 }
{ "_id":ObjectId("5018cff7699dd2ef1f170477"),"empno":1113,"ename" : "test", "sa1" : 1000 }
{ "_id":ObjectId("5018cff7699dd2ef1f170478"),"empno":1114,"ename" : "test", "sa1" : 1000 }
{ "_id":ObjectId("5018cff7699dd2ef1f170479"),"empno":1115,"ename" : "test", "sa1" : 1000 }
{ "_id":ObjectId("5018cff7699dd2ef1f17047a"),"empno":1116,"ename" : "test", "sa1" : 1000 }
{ "_id":ObjectId("5018cff7699dd2ef1f17047b"),"empno":1117,"ename" : "test", "sa1" : 1000 }
{ "_id":ObjectId("5018cff7699dd2ef1f17047c"),"empno":1118,"ename" : "test", "sa1" : 1000 }
{ "_id":ObjectId("5018cff7699dd2ef1f17047d"),"empno":1119,"ename" : "test", "sa1" : 1000 }
{ "_id":ObjectId("5018cff7699dd2ef1f17047e"),"empno":1120,"ename" : "test", "sa1" : 1000 }
>
> var cursor = db.things.find()                      ← 배열 변수에 결과 저장
> while (cursor.hasNext()) printjson(cursor.next()) ← 배열 데이터를 반복문을 통해 출력
{
        "_id" : ObjectId("5756700549fa9998ffcbb741"),
        "empno" : 1103,                              ← 1번째 배열값 출력
        "ename" : "test",
        "sa1" : 1000
}
{
        "_id" : ObjectId("5756700549fa9998ffcbb742"),
        "empno" : 1104,                              ← 2번째 배열 값 출력
        "ename" : "test",
        "sa1" : 1000
}
...(중략)...
{
        "_id" : ObjectId("5756700549fa9998ffcbb751"),
        "empno" : 1119,                              ← 17번째 배열 값 출력
        "ename" : "test",
        "sa1" : 1000
}
{
        "_id" : ObjectId("5756700549fa9998ffcbb752"),
        "empno" : 1120,                              ← 18번째 배열 값 출력
        "ename" : "test",
        "sa1" : 1000
}
>
> var cursor = db.things.find()  ← ARRAY(배열)에 데이터를 저장할 수 있습니다.
> printjson(cursor[17])          ← 18번째 배열에 저장된 데이터 출력(17은 18번째 배열값
```

3) 이번에는 Date와 Timestamp 타입에 대해 알아보겠습니다.

실습 따라하기

```
> x = new Date()          ← DATE 함수를 통해 현재 날짜정보를 DATE 타입으로 출력합니다.
ISODate("2018-06-07T06:57:56.980Z")
>
> x.toString()            ← 수립된 DATE 값을 문자형으로 출력합니다.
Tue Jun 07 2018 15:57:56 GMT+0900
>
> d=ISODate()             ← ISODate 함수를 통해 현재 날짜정보를 DATE 타입으로 출력합니다.
ISODate("2018-06-07T06:59:43.518Z")
>
> d.getMonth()            ← 수집된 DATE 값 중에 해당월을 출력합니다.
5                           d.getYear : 1900년이면 90, 91, 92 형식으로 출력되며
>                                       2000년이면 101, 102, 103 형식으로 출력됩니다.
                            d.getMonth : 현제 월-1 값을 출력한다.
{
        "_id" : ObjectId("5756700549fa9998ffcbb752"),
         "empno" : 1120,
         "ename" : "test",
         "sa1" : 1000
}
>
> var arr = db.things.find().toArray()
> arr[17]                          ← 18번째 배열에 저장된 데이터만 출력합니다.
{
        "_id" : ObjectId("5756700549fa9998ffcbb752"),
         "empno" : 1120,
         "ename" : "test",
         "sa1" : 1000
}
> db.things.drop()
true
```

다음은 Timestamp 타입에 대해 알아보겠습니다.

싱글노드(Non-Sharding System)에서 MongoDB의 Timestamp 타입은 64bit 값으로 저장되며 2개의 필드로 구성된 값이 리턴됩니다. Timestamp 타입은 Millisecond 값을 사용자가 직접 생성할 때 사용할 수 있습니다.

실습 따라하기

```
> db.foo.insert( { x : 1, y : new Timestamp() } ) ← Timestamp 함수를 통해
>                                                    현재 시간정보를 저장합니다.
> db.foo.find()
{ "_id" : ObjectId("575670fb49fa9998ffcbb753"), "x" : 1, "y" : Timestamp(1465282811,
1) }
>                                              ← 문장이 실행된 시점의 Timestamp 정보
> db.foo.drop()
true
>
> db.foo.insert( { y : new Timestamp(), x : 3 } ) ← Timestamp 필드 정보를 기준으로 실행
>
> db.foo.find({}, {_id : 0})
{ "y" : Timestamp(1465282837, 1), "x" : 3 }
>
> for (var i=0; i < 10; i++) db.foo.insert({y:new Timestamp(), x : i})
>
> db.foo.find({}, {_id : 0})
{ "y" : Timestamp(1356343756000, 1), "x" : 3 }
{ "y" : Timestamp(1356343877000, 1), "x" : 0 }
{ "y" : Timestamp(1356343877000, 2), "x" : 1 }
{ "y" : Timestamp(1356343877000, 3), "x" : 2 }
{ "y" : Timestamp(1356343877000, 4), "x" : 3 }
{ "y" : Timestamp(1356343877000, 5), "x" : 4 }
{ "y" : Timestamp(1356343877000, 6), "x" : 5 }
{ "y" : Timestamp(1356343877000, 7), "x" : 6 }
{ "y" : Timestamp(1356343877000, 8), "x" : 7 }
{ "y" : Timestamp(1356343877000, 9), "x" : 8 }
{ "y" : Timestamp(1356343877000, 10), "x" : 9 }
>
```

4) Sequence Number 타입

관계형 데이터베이스에는 제품에 따라 다르지만 연속적인 값을 생성하기 위한 기능들이 제공됩니다. (오라클의 SEQUENCE, SYBASE, SQL-SERVER의 IDENTITY)

MongoDB에는 그러한 기능이 기본적으로 제공되지는 않지만 다음과 같이 함수를 이용하여 직접 생성할 수 있습니다.

실습 따라하기

```
> function seq_no(name) {
  var ret = db.seq_no.findAndModify({query:{_id:name},
                                     update:{$inc:{next:1}},
                                     "new":true, upsert:true});
  return ret.next;
 }
>
> db.order_no.insert({_id:seq_no("order_no"), name : "Jimmy"})
> db.order_no.insert({_id:seq_no("order_no"), name : "Chad"})
>
> db.order_no.find()
{ "_id" : 1, "name" : "Jimmy" }
{ "_id" : 2, "name" : "Chad" }
>
> db.order_no.drop()
true
> db.seq_no.drop()
true
```

2.3.6 연산자(Operator) 종류

종류	유형	설명
비교 연산자	$cmp	두 개의 값을 비교하여 첫 번째 값이 두 번째 값보다 작으면 음수, 크면 양수, 같으면 0을 리턴합니다.
	$eq	두 개의 값을 비교하여 동일하면 True, 동일하지 않으면 False를 리턴합니다.
	$gt	두 개의 값을 비교하여 첫 번째 값이 두 번째 값보다 크면 True, 작으면 False를 리턴합니다.
	$gte	두 개의 값을 비교하여 첫 번째 값이 두 번째 값보다 크거나 같으면 True, 작으면 False를 리턴합니다.
	$lt	두 개의 값을 비교하여 첫 번째 값이 두 번째 값보다 작으면 True, 크거니 같으면 False를 리턴합니다.
	$lte	두 개의 값을 비교하여 첫 번째 값이 두 번째 값보다 작거나 같으면 True, 크면 False를 리턴합니다.
	$ne	두 개의 값을 비교하여 같지 않으면 True, 같으면 False를 리턴합니다.
Boolean 연산자	$and	여러 개의 조건이 모두 True인 조건을 검색합니다.
	$not	검색 조건이 아닌 조건을 검색합니다.
	$or	여러 개의 조건 중에서 하나라도 만족되는 조건을 검색합니다.

다음은 MongoDB에서 제공하는 연산자의 종류에 대해 알아보겠습니다.

관계형 데이터베이스에서 데이터를 조작할 수 있는 SQL과 MongoDB의 Query(Query)가 어떻게 다른지 다음 예제들을 통해 이해해 보시기 바랍니다.

1) 비교연산자 & Boolean 연산자

비교연산자는 2개 이상의 필드를 비교 처리할 때 사용되는 연산자이고 Boolean 연산자라는 검색조건의 결과를 True, False 값으로 리턴해주는 연산자입니다.

다음 실습을 위해 저자가 제공하는 employees.json 파일을 이용하여 employees 컬렉션을 생성하십시오.(www.pitmongo.co.kr [기술자료 폴더] 참조)

실습 따라하기

```
/*select * from employees where empno=7369 */
> db.employees.find({empno:7369}).forEach(printjson)
{
        "_id" : ObjectId("5756749d49fa9998ffcbb760"),
        "empno" : 7369,
        "ename" : "SMITH",
        "job" : "CLERK",
        "hiredate" : "17-12-1980",
        "sal" : 800,
        "deptno" : 20
}
>
/* select ename from employees where empno=7900 */
> db.employees.find({empno:7900}, {ename:1}).forEach(printjson)
{ "_id" : ObjectId("5756749f49fa9998ffcbb76b"), "ename" : "JAMES" }
>

/* select empno, ename from employees where ename >= 'ALLEN' and ename < 'SCOTT'; */
> db.employees.createIndex({ename:1})    ← ename 필드에 인덱스 생성(3장에서 소개됩니다.)
>
> db.employees.find({}, {_id:0, empno:1, ename:1}).min({ename:"ALLEN"}).max({ename:"SCOTT"})
{ "empno" : 7499, "ename" : "ALLEN" }
{ "empno" : 7698, "ename" : "BLAKE" }
{ "empno" : 7782, "ename" : "CLARK" }
{ "empno" : 7934, "ename" : "CLERK" }
{ "empno" : 7902, "ename" : "FORD" }
{ "empno" : 7900, "ename" : "JAMES" }
{ "empno" : 7566, "ename" : "JONES" }
{ "empno" : 7654, "ename" : "MARTIN" }
{ "empno" : 7839, "ename" : "PRESIDENT" }
>
/* select empno, ename from employees where empno > 7500 and empno <= 7600; */
> db.employees.find({empno:{$gt:7500, $lte:7600}}, {_id:0, empno:1, ename:1})
{ "empno" : 7521, "ename" : "WARD" }
{ "empno" : 7566, "ename" : "JONES" }
>
```

```
/* select empno from employees where empno=7782 or empno=7844; */
> db.employees.find({ $or: [{ empno:7782}, {empno:7844}]}, {_id:0, empno:1})
{ "empno" : 7782 }
{ "empno" : 7844 }
>
/* select count(*) from employees; */
> db.employees.count()
14
/* select count(*) from employees where empno > 7900 */
> db.employees.find({empno: {'$gt': 7900}}).count()
2
/* select distinct deptno from employees; */
> db.employees.distinct("deptno")
[ 10, 20, 30 ]
>
/* select ename, job from employees where deptno=10 order by ename desc; */
> db.employees.find({deptno:10}, {_id:0, ename:1, job:1}).sort({ename:-1})
{ "ename" : "PRESIDENT", "job" : "CEO" }
{ "ename" : "CLERK", "job" : "CLERK" }
{ "ename" : "CLARK", "job" : "MANAGER" }
>
> db.employees.find({sal:{$lte:1000}}, {_id:0, empno:"", ename:""})
{ "empno" : 7369, "ename" : "SMITH" }
{ "empno" : 7900, "ename" : "JAMES" }
>
> db.employees.find({sal:{$lte:1000}}, {_id:0, empno:1, ename:1, sal:1})
{ "empno" : 7369, "ename" : "SMITH", "sal" : 800 }
{ "empno" : 7900, "ename" : "JAMES", "sal" : 950 }
>
> db. employees.find({sal:{$gte:1500, $lte:5000}}, {_id:0, empno:1, ename:1, sal:1})
{ "empno" : 7499, "ename" : "ALLEN", "sal" : 1600 }
{ "empno" : 7566, "ename" : "JONES", "sal" : 2975 }
{ "empno" : 7698, "ename" : "BLAKE", "sal" : 2850 }
{ "empno" : 7782, "ename" : "CLARK", "sal" : 2450 }
{ "empno" : 7788, "ename" : "SCOTT", "sal" : 3000 }
{ "empno" : 7839, "ename" : "PRESIDENT", "sal" : 5000 }
{ "empno" : 7844, "ename" : "TURNER", "sal" : 1500 }
{ "empno" : 7902, "ename" : "FORD", "sal" : 3000 }
>
> db.employees.find({deptno:{$all:[10]}}, {_id:0, empno:1, ename:1})
{ "empno" : 7782, "ename" : "CLARK" }
```

```
{ "empno" : 7839, "ename" : "PRESIDENT" }
{ "empno" : 7934, "ename" : "CLERK" }
>
> db.employees.find({$or:[{deptno:10}, {deptno:30}]}, {_id:0, empno:1, ename:1})
{ "empno" : 7782, "ename" : "CLARK" }
{ "empno" : 7839, "ename" : "PRESIDENT" }
{ "empno" : 7934, "ename" : "CLERK" }
[중략]
{ "empno" : 7698, "ename" : "BLAKE" }
{ "empno" : 7844, "ename" : "TURNER" }
{ "empno" : 7900, "ename" : "JAMES" }
>
> db.employees.find({deptno:{$in:[10, 30]}}, {_id:0, empno:1, deptno:1})
{ "empno" : 7782, "deptno" : 10 }
{ "empno" : 7839, "deptno" : 10 }
{ "empno" : 7934, "deptno" : 10 }
[중략]
{ "empno" : 7698, "deptno" : 30 }
{ "empno" : 7844, "deptno" : 30 }
{ "empno" : 7900, "deptno" : 30 }
>
> db.employees.find({$and:[{deptno:10}, {sal:{$gt:1000}}]}, {_id:0, empno:1, deptno:1})
{ "empno" : 7782, "deptno" : 10 }
{ "empno" : 7839, "deptno" : 10 }
{ "empno" : 7934, "deptno" : 10 }
>
> db.employees.find({comm:{$exists:true}}, {_id:0, empno:1, comm:1})
{ "empno" : 7499, "comm" : 300 }
{ "empno" : 7521, "comm" : 500 }
{ "empno" : 7654, "comm" : 1400 }
>
> db.employees.find({comm:{$exists:false}}, {_id:0, empno:1, comm:1})
{ "empno" : 7369 }
{ "empno" : 7566 }
{ "empno" : 7698 }
[중략]
{ "empno" : 7934 }
> db.school_person.drop()
> db.school_person.insertMany([
    { "_id" : 1101, "name" : "JM Joo",      "age" : 44, "type" : { "professor" : 1,
"employees" : 0 } },
```

```
    { "_id" : 1102, "name" : "YH Joo",      "age" : 21, "type" : { "student"   : 3 } },
    { "_id" : 1103, "name" : "Maria Choi", "age" : 55, "type" : { "lecturer"   : 2,
"employees" : 0 } }
   ])
{ "acknowledged" : true, "insertedIds" : [ 1101, 1102, 1103 ] }
>
> db.school_person.aggregate( [
    { $match: { type: { $exists: true, $not: { $type: "array" }, $type: "object" } } },
    { $replaceWith: "$type" }
 ] )

{ "professor" : 1, "employees" : 0 }
{ "student" : 3 }
{ "lecturer" : 2, "employees" : 0 }

> db.school_rank.drop()
> db.school_rank.insertMany([
    { _id: 1101, name: "Jimmy", scores: [ 77, 85, 90 ], pratice: [ 10 ] },
    { _id: 1102, name: "Adam",  scores: [ 95, 73, 55 ], pratice: [ 18, 8 ] }
 ])
{ "acknowledged" : true, "insertedIds" : [ 1101, 1102 ] }
>
> db.school_rank.aggregate( [{ $set:{ total_scores   : { $sum: "$scores" },
                                      total_practice : { $sum: "$practice" } } },
                               { $set:{ total_amount   : { $add: [ "$total_scores",
                                                                  "$total_practice" ] } }
} ] ).pretty()
{
        "_id" : 1101,
        "name" : "Jimmy",
        "scores" : [
                77,
                85,
                90
        ],
        "pratice" : [
                10
        ],
        "total_scores" : 252,
        "total_practice" : 0,
        "total_amount" : 252
```

```
}
{
        "_id" : 1102,
        "name" : "Adam",
        "scores" : [
                95,
                73,
                55
        ],
        "pratice" : [
                18,
                8
        ],
        "total_scores" : 223,
        "total_practice" : 0,
        "total_amount" : 223
}
```

 잠깐

다음은 MongoDB4.2 버전에서 추가된 연산자입니다.

Method	설명
$sin	radian 단위로 측정 된 값의 sine 값을 반환합니다.
$cos	radian 단위로 측정 된 값의 coine 값을 반환합니다.
$tan	redian 단위로 측정 된 값의 tangent 값을 반환합니다.
$asin	radian 단위로 측정 된 값의 역 sine (Arc Sine) 값을 반환합니다.
$acos	radian 단위로 측정 된 값의 역 cosine (Arc coSine) 값을 반환합니다.
$atan	radian 단위로 측정 된 값의 역 tangent (Arc tangent) 값을 반환합니다.
$atan2	y/x의 역 탄젠트(아크 탄젠트)를 라디아 단위로 반환합니다. 여기서 y와 x는 각각 표현식에 전달 된 첫 번째 값과 두 번째 값입니다.
$asinh	라디안 단위의 값의 역 쌍곡 사인(쌍곡선 사인)을 반환합니다.
$acosh	라디안 단위의 값의 역 쌍공 코사인(쌍곡선 아크 코사인)을 반환합니다.
$atanh	값의 역 쌍곡선 탄젠트(쌍곡선 탄젠트)를 라디안 단위로 반환합니다.
$degressToRadians	각도를 라디안으로 변환합니다.
$radiansToDegrees	라디안으로 각도로 변환합니다.

2) 변경 연산자

종류	유형	설명
산술 연산자	$add	두 개의 값을 합산한 결과를 리턴 합니다.
	$devide	두 개의 값을 나눈 결과를 리턴 합니다.
	$mod	첫 번째 값을 두 번째 값으로 나눈 후 나머지 값을 리턴 합니다.
	$multiply	첫 번째 값과 두 번 째 값을 곱한 결과를 리턴 합니다.
	$subtract	첫 번째 값에서 두 번째 값을 뺀 결과를 리턴 합니다.
문자 연산자	$strcasecmp	Long 타입의 긴 문자열 2개를 비교하여 첫 번째 문자열이 두 번째 문자열보다 크면 양수 값을 리턴 하고 작으면 0 값을 리턴 합니다.
	$substr	해당 문자열에서 첫 번째 정의된 숫자 만큼을 Skip하고 두 번째 정의된 숫자 만큼의 길이 데이터를 사용자에게 리턴 합니다.
	$toUpper	해당 문자열의 값을 소문자로 변환합니다.
	$toLower	해당 문자열의 값을 대문자로 변환합니다.

실습 따라하기

```
> db.employees.find( { comm : { $type : 1 } }, {empno:"", comm:""} ) ← 1:Double 타입검색

{ "_id" : ObjectId("5019dd5b2bffb7e0a9073be4"), "empno" : 7499, "comm" : 300 }
{ "_id" : ObjectId("5019dd5b2bffb7e0a9073be5"), "empno" : 7521, "comm" : 500 }
{ "_id" : ObjectId("5019dd5b2bffb7e0a9073be7"), "empno" : 7654, "comm" : 1400 }
>
> db.employees.find( { ename : { $type : 2 } }, {empno:"", comm:""} )← 2:String 타입검색

{ "_id" : ObjectId("5019dd5c2bffb7e0a9073bed"), "empno" : 7876 }
{ "_id" : ObjectId("5019dd5b2bffb7e0a9073be4"), "empno" : 7499, "comm" : 300 }
{ "_id" : ObjectId("5019dd5b2bffb7e0a9073be8"), "empno" : 7698 }
{ "_id" : ObjectId("5019dd5b2bffb7e0a9073be9"), "empno" : 7782 }
{ "_id" : ObjectId("5019dd5c2bffb7e0a9073bf0"), "empno" : 7934 }
{ "_id" : ObjectId("5019dd5c2bffb7e0a9073bef"), "empno" : 7902 }
{ "_id" : ObjectId("5019dd5c2bffb7e0a9073bee"), "empno" : 7900 }
{ "_id" : ObjectId("5019dd5b2bffb7e0a9073be6"), "empno" : 7566 }
```

```
{ "_id" : ObjectId("5019dd5b2bffb7e0a9073be7"), "empno" : 7654, "comm" : 1400 }
{ "_id" : ObjectId("5019dd5c2bffb7e0a9073beb"), "empno" : 7839 }
{ "_id" : ObjectId("5019dd5c2bffb7e0a9073bea"), "empno" : 7788 }
{ "_id" : ObjectId("5019dd5b2bffb7e0a9073be3"), "empno" : 7369 }
{ "_id" : ObjectId("5019dd5c2bffb7e0a9073bec"), "empno" : 7844 }
{ "_id" : ObjectId("5019dd5b2bffb7e0a9073be5"), "empno" : 7521, "comm" : 500 }
>
> db.employees.find( {ename : { $regex : 'S.*H', $options: 'i' } }, {empno:"", ename:""} )
                                              ← i : 대소문자를 구분하지 않음
{ "_id" : ObjectId("5019dd5b2bffb7e0a9073be3"), "empno" : 7369, "ename" : "SMITH" }
>
> db.employees.find( {ename : { $regex : 's.*h', $options: 'i' } }, {empno:"", ename:""} )
{ "_id" : ObjectId("5019dd5b2bffb7e0a9073be3"), "empno" : 7369, "ename" : "SMITH" }
                                              ← i : 대소문자를 구분하지 않음

> db.employees.find({ ename : { $regex : 'S.*H', $options: 'm' } },  {empno:"", ename:""} )
                                              ← m : 대소문자를 구분함
{ "_id" : ObjectId("5019dd5b2bffb7e0a9073be3"), "empno" : 7369, "ename" : "SMITH" }
>
> db.employees.find( {ename : { $regex : 's.*h', $options: 'm' } }, {empno:"", ename:""} )
                                              ← m : 대소문자를 구분함
```

잠깐 : SQL 문법과 MongoDB 문법 비교분석

대부분의 개발자들은 기존의 관계형 데이터베이스의 SQL문법에 익숙해 있으실 것입니다. 다음은 SQL 문법과 비교한 MongoDB의 문법입니다.

```
> use test
switched to db test
>
> db.members.insert({_id: ObjectId("201301010000000000000001"),
                    mem_no : "T20130001",
                    age     : 49,
                    type     : "ACE" })
```

1) Create & Alter문

SQL문장	MongoDB 스키마 문장
CREATE TABLE members (mem_no varchar(30), age number, type char(1), **PRIMARY KEY** (mem_no));	db.members.insert({ mem_no : "T20130001", age : 49, type : "ACE" }) 또는 db.createCollection("members")
ALTER TABLE members **ADD** regist_date DATE;	
ALTER TABLE memebers **DROP COLUMN** regist_date;	
CREATE INDEX i_memebers_type **ON** memebers(type);	db.members.ensureIndex({ type : 1 })
CREATE INDEX I_members_type_no **ON** members(type, mem_no **DESC**);	db.members.ensureIndex({ type: 1, mem_no: -1 })
DROP TABLE members;	db.members.drop()

2) Insert문

SQL문장	MongoDB 스키마 문장
INSERT INTO members(mem_no, age, type) **VALUES** ("T20130102",, 35, "GOLD");	db.members.insert({ mem_no: "T20130102", age: 35, type: "GOLD" })

3) Select문

SQL문장	MongoDB 스키마 문장
SELECT * **FROM** members;	db.members.find()

SQL문장	MongoDB 스키마 문장

SELECT **rowid**,mem_no,type
FROM members;
	db.members.find(
	    { },
	    { mem_no:1, type: 1 }
	)

SELECT mem_no, type
FROM members;
	db.members.find(
	    { },
	    { mem_no: 1, type: 1, _id: 0 }
	)

SELECT * FROM members WHERE type = "ACE";	db.members.find({ type: "ACE" })

SELECT mem_no, type
FROM members
WHERE type = "ACE";
	db.members.find(
	    { type: "ACE" },
	    { mem_no: 1, type: 1, _id: 0 }
	)

SELECT * FROM members WHERE type != "ACE";	db.members.find({ type: { $ne: "ACE" } })

SELECT *
FROM members
WHERE type = "ACE"
AND age = 49;
	db.members.find(
	    { type: "ACE",
	      age: 49 }
	)

SELECT *
FROM members
WHERE type = "ACE"
OR age = 49;
	db.members.find(
	    { $or: [{ type: "ACE" } ,
	              { age: 49 }] }
	)

SELECT * FROM members WHERE age > 45;	db.members.find({ age: { $gt: 45 } })
SELECT * FROM members WHERE age < 55;	db.members.find({ age: { $lt: 55 } })
SELECT * FROM members WHERE age > 45 AND age <= 55;	db.members.find({ age: { $gt: 45, $lte: 55 } })

SQL문장	MongoDB 스키마 문장
SELECT * FROM members WHERE mem_no like "%2013%";	db.members.find({ mem_no: /2013/ })
SELECT * FROM members WHERE mem_no like "T%";	db.members.find({ mem_no: /^T/ })
SELECT * FROM members WHERE type = "ACE" ORDER BY mem_no ASC;	db.members.find({ type: "ACE" }).sort({ mem_no: 1 })
SELECT * FROM members WHERE type = "ACE" ORDER BY mem_no DES;	db.members.find({ type: "ACE" }).sort({ mem_no: -1 })
SELECT COUNT(*) FROM members;	db.members.count() db.members.find().count()
SELECT COUNT(mem_no) FROM members;	db.members.count({ mem_no: { $exists: true } }) db.members.find({ mem_no: { $exists: true } }).count()
SELECT COUNT(*) FROM members WHERE age > 45;	db.members.count({ age: { $gt: 45 } }) db.members.find({ age: { $gt: 45 } }).count()
SELECT DISTINCT type FROM members;	db.members.distinct("type")
SELECT * FROM members WHERE rownum = 1;	db.members.findOne() db.members.find().limit(1)
EXPLAIN PLAN SELECT * FROM members WHERE type = "ACE"	db.members.find({ type: "ACE" }).explain()

4) Update Records문

SQL문장	MongoDB 스키마 문장
UPDATE members **SET** type = "GOLD" **WHERE** age > 45	db.members.update({ age: { $gt: 45 } }, { $set: { type: "GOLD" } }, { multi: true })
UPDATE members **SET** age = age + 3 **WHERE** type = "ACE"	db.members.update({ type: "ACE" }, { $inc: { age: 3 } }, { multi: true })

5) Delete Records문

SQL문장	MongoDB 스키마 문장
DELETE FROM members **WHERE** type = "ACE"	db.members.remove({ type: "ACE" })
DELETE FROM members	db.members.remove( )

관계형 DB에서 데이터를 처리할 수 있는 Structure Query Language와 MongoDB의 MongoDB Query Language는 구조적으로 완전히 다른 문법 체계를 가지고 있지만 여러 개의 문법 절을 이용하여 구조적으로 작성할 수 있다는 공통점을 가지고 있습니다. 완전히 다른 문법(Sybtax)을 제공하기 때문에 처음에는 다소 어려움이 있겠지만 문법은 자주 사용할수록 익숙해지는 특징을 가지고 있으므로 꾸준한 노력이 필요할 것입니다.

잠깐 : _id 필드 값을 출력할 필요가 없다면

MongoDB에서 Find 함수를 통해 데이터를 검색할 때 _id 필드를 지정하지 않더라도 정의된 필드 값들이 검색될 때 내부적으로는 함께 검색됩니다.
이것은 불필요한 DISK IO 증가와 Memory 효율성을 떨어뜨리기 때문에 되도록 지양해야 합니다.

```
db.members.find( {}, {mem_no : 1, type : 1, _id : 0} )
```

_id 필드가 0으로 정의되었기 때문에 내부적으로 검색되지 않습니다.

```
db.members.find( {}, {mem_no : 1, type : 1} )
```

_id 필드가 정의되지는 않았지만 내부적으로 검색됩니다.

잠깐 : 여러 개의 Document를 Update해야 하는 경우

MongoDB에서 Update 함수를 통해 데이터를 변경하면 기본적으로는 조건을 만족하는 첫 번째 Document만 변경됩니다.
이 경우, 모든 Document를 변경해야 한다면 {multi : true}절을 반드시 사용해야 합니다.

```
db.members.update( { age : { $gt : 45 }, { $set : { type : “GOLD”} },
                  { multi : true })
```

2.3.7 빅 데이터의 추출과 분석

1) MongoDB의 Aggregation Framework 함수를 이용한 빅 데이터의 추출
2) MongoDB의 Map/Reduce 기능을 이용한 빅 데이터의 추출
3) MongoDB와 Hadoop의 Map-Reduce를 연동한 빅데이터의 추출

대표적인 빅 데이터 솔루션 중에 하나 인 MongoDB는 수집 및 저장된 데이터로부터 빠른 읽기를 통한 데이터의 분석 및 가공 처리를 위한 3가지 기능들을 제공하고 있습니다.

1) Aggregation FrameWork 함수

MongoDB 2.2 버전부터 제공된 Aggregation FrameWork는 MongoDB의 MapReduce와 Hadoop MapReduce를 통한 데이터 추출 방법이 가지고 있는 과다한 프로그래밍을 통한 비용과 시간 낭비문제를 최소화시키고 최소한의 코딩과 빠른 읽기 작업을 가능하게 만든 대표적인 빅 데이터 추출 기능 중에 하나입니다.

2) MongoDB의 MapReduce

MongoDB 초기 버전 때부터 제공되었던 Mao 함수와 Reduce 함수를 이용하여 JavaScript 형태로 제공되는 문법을 통해 컬렉션 내의 데이터를 빠르게 읽고 가공 처리할 수 있는 기능입니다.

하지만, 2.2 버전 이전까지 제공되었던 MapReduce 기능은 다소 제한적인 기능으로 인해 사용상에 불편한 점도 있었지만 2.2 버전 이후에는 많은 기능 보강을 통해 안정화된 분산, 병렬 처리도 가능해졌습니다.

3) Hadoop Map/Reduce와 MongoDB를 연동하는 방법

MapReduce 기술은 Google에 의해 최초 개념 정리가 된 후 다양한 기업들에 의해 파생 발전되어 왔습니다. Hadoop 또한 Map/Reduce 함수들을 제공하는데 이 기능을 MongoDB와 연동하여 처리할 수도 있습니다.

MongoDB로부터 데이터를 읽은 다음 Hadoop MapReduce를 이용하여 데이터를 분석, 가공 처리하는 방법입니다.

MongoDB 서버로 만 구축된 빅 데이터 플랫폼 환경에서 이러한 조합의 솔루션을 반드시 선택할 필요는 없으며 일반적으로 Hadoop System이 도입되어 시스템에 구축된 빅 데이터 플랫폼 환경에 MongoDB를 추가로 도입하는 경우에 기존에 개발된 애플리케이션을 재활용해야 하는 기업 환경에서 선택할 수 있는 방법이라 볼 수 있습니다.

다음은 MongoDB 4.2 버전에서 추가된 연산자입니다.

 잠깐 : Operators(v4.2)

Method	설명
$sin	radian 단위로 측정 된 값의 sine 값을 반환합니다.
$cos	radian 단위로 측정 된 값의 coine 값을 반환합니다.
$tan	redian 단위로 측정 된 값의 tangent 값을 반환합니다.
$asin	radian 단위로 측정 된 값의 역 sine (Arc Sine) 값을 반환합니다.
$acos	radian 단위로 측정 된 값의 역 cosine (Arc coSine) 값을 반환합니다.
$atan	radian 단위로 측정 된 값의 역 tangent (Arc tangent) 값을 반환합니다.
$atan2	y/x의 역 탄젠트(아크 탄젠트)를 라디아 단위로 반환합니다. 여기서 y와 x는 각각 표현식에 전달 된 첫 번째 값과 두 번째 값입니다.
$asinh	라디안 단위의 값의 역 쌍곡 사인(쌍곡선 사인)을 반환합니다.
$acosh	라디안 단위의 값의 역 쌍공 코사인(쌍곡선 아크 코사인)을 반환합니다.
$atanh	값의 역 쌍곡선 탄젠트(쌍곡선 탄젠트)를 라디안 단위로 반환합니다.
$degressToRadians	각도를 라디안으로 변환합니다.
$radiansToDegrees	라디안으로 각도로 변환합니다.

2.3.7.1 Aggregation FrameWork

```
db.weather_history.aggregate(
{ $match :
  {co2 : { $gte : 0.00, $lte : 9.99 } },
{ $project :
  { _id  : 1,   co2 : 1  } },
{ $group :
  { _id   :   { $year : "$_id" },
    value :  { $avg : "$co2" } } },
{ $sort :
  {  _id : 1  } } )
```

```
SELECT      year, avg(co2)
FROM        weather_history
WHERE       co2 >= 0.00
            and co2 <= 9.99
GROUP BY    year
ORDER BY    id asc;
```

다음은 Aggregation FrameWork의 주요 특징입니다.

① Aggregation Framework는 빅 데이터의 추출에 최적화 되어 만들어진 기능이며 V 2.2 부터 지원되었습니다.

② Aggregation FrameWork를 실행하면 내부적으로 MongoDB의 MapReduce를 사용하게 되며 빠른 성능을 보장합니다.

③ Aggregation FrameWork는 MapReduce를 이용한 JavaScript로 생성되어 있습니다.

④ Aggregation FrameWork는 외부 데이터 처리에는 제한적이며 MongoDB 내의 데이터 만 처리할 수 있습니다.

⑤ Aggregation FrameWork 함수는 $project, $match, $group, $sort, $limit, $skip 6개의 연결 연산자로 구성되며 관계형 데이터베이스의 SELECT, WHERE, GROUP BY, ORDER BY 등과 같은 형태로 문장 작성을 할 수 있도록 만들어져서 사용하기 매우 편리합니다.

(위 그림의 예제는 MongoDB Query 문장과 관계형 DB의 QUERY 문장을 매핑한 것입니다.)

```
$project → SELECT 절, $match → WHERE 절, $group → GROUP BY절
```

잠깐 SQL 문법과 MongoDB Aggregate Frame Work 문법 비교분석

```
> db.order.drop()
> db.order.insert( { cust_id : "A2012001",
                     order_date: new Date("Oct 01, 2012"),
                     status: "A",
                     price: 250,
                     items: [ { item_name: "Bunny Boots", qty: 5, price: 2.5 },
                              { item_name: "Sky Pole",    qty: 5, price: 2.5 } ] })
>
> db.order.insert( { cust_id : "A2012001",
                     order_date: new Date("Sep 15, 2012"),
                     status: "A",
                     price: 1125,
                     items: [ { item_name: "Bunny Boots", qty: 15, price: 2.5 },
                              { item_name: "Sky Pole",    qty:  5, price: 2.5 } ] })
>
```

SQL문장	MongoDB 스키마 문장	
SELECT COUNT(*) AS count FROM order	db.order.aggregate([{ $group: { _id: null, count: { $sum: 1 } } }])	
SELECT SUM(price) AS total_price FROM order	db.order.aggregate([{ $group: { _id: null, total_price: { $sum: "$price" } } }])	
SELECT cust_id, SUM(price) AS total_price FROM order GROUP BY cust_id	db.order.aggregate([{ $group: { _id: "$cust_id", total_price: { $sum: "$price" } } }])	
SELECT cust_id, SUM(price) AS total_price FROM order GROUP BY cust_id ORDER BY total_price	db.order.aggregate([{ $group: { _id: "$cust_id", total_price: { $sum: "$price" } } }, { $sort: { total_price: 1 } }])	
SELECT cust_id, ord_date, SUM(price) AS total_price FROM order GROUP BY cust_id, ord_date	db.order.aggregate([{ $group: { _id: { cust_id: "$cust_id", ord_date: "$ord_date" }, total_price: { $sum: "$price" } } }])	
SELECT cust_id, count(*) FROM order GROUP BY cust_id HAVING count(*) > 1	db.order.aggregate([{ $group: { _id: "$cust_id", count: { $sum: 1 } } }, { $match: { count: { $gt: 1 } } }])	

자~ 그럼 보다 구체적으로 다음 실습을 따라 해 보십시오.

실습 따라하기

```
> db.employees.aggregate(
{$match : { $and: [{ deptno : 10 }, { sal : { $gte : 500 ,  $lte : 3000 } } ] } },
{$match : { $or : [ { job : "CLERK" }, { job : "SALESMAN" } ] } },
{$project : {
  _id         : 0,
  empno       : 1,
  ename       : { $toLower    : "$ename"},                ← 소문자로 출력
  job         : { $toUpper    : "$job"},                  ← 대문자로 출력
  substr_name : { $substr     : [ "$ename", 1 , 2]},      ← 첫 번째 위치에서 2바이트 추출
  str_compare : { $strcasecmp : [ "$ename", "JMJOO" ] },  ← ename 필드 값과 "JMJOO" 비교
  sal         : 1                                           * 같으면 1, 다르면 -1 리턴
              } }
  ).pretty()
{       "result" : [
                {
                        "empno" : 7934,
                        "ename" : "clerk",
                        "job" : "CLERK",
                        "sal" : 1300,
                        "substr_name" : "LE",
                        "str_compare" : -1    }
        ],
        "ok" : 1
}

> db.employees.aggregate(
{ $match : { deptno : 30 } },
{ $project : { _id   : 0,
               empno   : 1,
               stats   : { sal   : "$sal",         ← 가상 필드 stats 내에 sal,
                           comm :"$comm" }           comm 필드를Sub-Document로 저장
  } } ).pretty()

{
        "result" : [
                {       "empno" : 7499,
                        "stats" : { "sal" : 1600,
```

```
                                "comm" : 300   }
            },
            {       "empno" : 7521,
                    "stats" : { "sal" : 1250,
                                "comm" : 500   }
            },
            {       "empno" : 7654,
                    "stats" : { "sal" : 1250,
                                "comm" : 1400   }
            },
            {       "empno" : 7698,
                    "stats" : { "sal" : 2850    }
            },
            {       "empno" : 7844,
                    "stats" : { "sal" : 1500     }
            },
            {       "empno" : 7900,
                    "stats" : { "sal" : 950       }
            }
        ],
        "ok" : 1
}

> db.employees.aggregate(
{ $match   : { deptno : 30 } },
{ $project : {
_id     : 0,
  empno   : 1,
  ename   : 1,
  sal     : 1,
  comm    : { $ifNull: [ "$comm", 0 ] }, ← comm 필드 값이 Null이면 0으로 지정
  sum_avg_add      : { $add      : [ "$sal", { $ifNull: [ "$comm", 0 ] } ] },  ← 더하기
  sum_avg_subtract : { $subtract : [ "$sal", { $ifNull: [ "$comm", 0 ] } ] },  ← 빼기
  sum_avg_multiply : { $multiply : [ "$sal", 2 ] },                            ← 곱하기
  sum_avg_divide   : { $divide   : [ "$sal", 2 ] }                             ← 나누기
              }
  }
).pretty()
{
        "result" : [
                {       "empno" : 7499,
```

```
        "ename" : "ALLEN",
        "sal" : 1600,
        "comm" : 300,
        "sum_avg_add" : 1900,   ← comm이 Null 아니므로 정상적으로 계산
        "sum_avg_subtract" : 1300,
        "sum_avg_multiply" : 3200,
        "sum_avg_divide" : 800        },
{       "empno" : 7521,
        "ename" : "WARD",
        "sal" : 1250,
        "comm" : 500,
        "sum_avg_add" : 1750,
        "sum_avg_subtract" : 750,
        "sum_avg_multiply" : 2500,
        "sum_avg_divide" : 625        },
{       "empno" : 7654,
        "ename" : "MARTIN",
        "sal" : 1250,
        "comm" : 1400,
        "sum_avg_add" : 2650,
        "sum_avg_subtract" : -150,
        "sum_avg_multiply" : 2500,
        "sum_avg_divide" : 625          },
{       "empno" : 7698,
        "ename" : "BLAKE",
        "sal" : 2850,
        "comm" : 0,
        "sum_avg_add" : 2850,   ← comm이 Null이므로 0으로 지정한 후 계산
        "sum_avg_subtract" : 2850,
        "sum_avg_multiply" : 5700,
        "sum_avg_divide" : 1425         },
{        "empno" : 7844,
        "ename" : "TURNER",
        "sal" : 1500,
        "comm" : 0,
        "sum_avg_add" : 1500,
        "sum_avg_subtract" : 1500,
        "sum_avg_multiply" : 3000,
        "sum_avg_divide" : 750           },
{       "empno" : 7900,
        "ename" : "JAMES",
```

```
                        "sal" : 950,
                        "comm" : 0,
                        "sum_avg_add" : 950,
                        "sum_avg_subtract" : 950,
                        "sum_avg_multiply" : 1900,
                        "sum_avg_divide" : 475          }
        ],
        "ok" : 1
}

> db.employees.aggregate(
{ $project : { _id  : 0,
               empno : 1,
               ename : 1,
               sal   : 1,
               comm  : { $ifNull: [ "$comm", 0 ] },
               sum_avg_add      : { $add      : [ "$sal", { $ifNull: [ "$comm", 0 ] } ] },
               sum_avg_subtract : { $subtract : [ "$sal", { $ifNull: [ "$comm", 0 ] } ] },
               sum_avg_multiply : { $multiply : [ "$sal", 2 ] },
               sum_avg_divide   : { $divide   : [ "$sal", 2 ] }
              }
 },
{ $group :
    { _id : 0,  ← 관계형 DB의 GROUP BY절에 해당하는 문법(_id:0는 전체 데이터 집계를 의미)
      numTotalAmount : { $sum   : 1},
      addTotalAmount : { $sum   : "$sal" },          ← $sum은 합계 계산
      avgTotalAmount : { $avg   : "$sal" },          ← $avg는 평균 계산
      maxAmount      : { $max   : "$sal" },          ← $max는 최대값 추출
      minAmount      : { $min   : "$sal" },          ← $min은 최소값 추출
      fristEmpno     : { $first : "$empno" },        ← $first는 첫 번째 값 추출
      lastEmpno      : { $last  : "$empno" },        ← $last는 마지막 값 추출
      addAmount      : { $sum   : "$sum_avg_add" },
      subtractAmount : { $sum   : "$sum_avg_subtract" },
      multiplyAmount : { $sum   : "$sum_avg_multiply" },
      divideAmount   : { $sum   : "$sum_avg_divide" }
     }
  }
 ).pretty()
{
        "result" : [
                {       "_id" : 0,
```

```
                "numTotalAmount" : 14,
                "addTotalAmount" : 29025,
                "avgTotalAmount" : 2073.214285714286,
                "maxAmount" : 5000,
                "minAmount" : 800,
                "fristEmpno" : 7369,
                "lastEmpno" : 7934,
                "addAmount" : 31225,
                "subtractAmount" : 26825,
                "multiplyAmount" : 58050,
                "divideAmount" : 14512.5
            }
        ],
        "ok" : 1
}

> db.employees.aggregate(
{ $group :
   { _id : "$deptno",                      ← 관계형 DB의 GROUP BY절에 해당하는 문법
     numTotalAmount : { $sum   : 1},         (_id:deptno는 부서별  데이터 집계를 의미)
     addTotalAmount : { $sum   : "$sal" },
     avgTotalAmount : { $avg   : "$sal" },
     maxAmount      : { $max   : "$sal" },
     minAmount      : { $min   : "$sal" },
     fristEmpno     : { $first : "$empno" },
     lastEmpno      : { $last  : "$empno" }
    }
  }
).pretty()
{
        "result" : [
                {       "_id" : 10,
                        "numTotalAmount" : 3,
                        "addTotalAmount" : 8750,
                        "avgTotalAmount" : 2916.6666666666665,
                        "maxAmount" : 5000,
                        "minAmount" : 1300,
                        "fristEmpno" : 7782,
                        "lastEmpno" : 7934       },
                {       "_id" : 30,
                        "numTotalAmount" : 6,
```

```
                    "addTotalAmount" : 9400,
                    "avgTotalAmount" : 1566.6666666666667,
                    "maxAmount" : 2850,
                    "minAmount" : 950,
                    "fristEmpno" : 7499,
                    "lastEmpno" : 7900        },
            {       "_id" : 20,
                    "numTotalAmount" : 5,
                    "addTotalAmount" : 10875,
                    "avgTotalAmount" : 2175,
                    "maxAmount" : 3000,
                    "minAmount" : 800,
                    "fristEmpno" : 7369,
                    "lastEmpno" : 7902        }
        ],
        "ok" : 1
}

> db.employees.aggregate(
  { $group :
      { _id : "$deptno",                          ← _id:deptno는 부서별 데이터 집계를 의미
        enames : { $addToSet  :  "$ename" } }  ← $addToSet은 배열 생성을 의미
  }
).pretty()
{
        "result" : [
            {       "_id" : 10,
                    "enames" : [                  ← 10번 부서 사원명을 배열 내에 저장
                            "CLERK",
                            "PRESIDENT",
                            "CLARK"        ]
            },
            {       "_id" : 30,
                    "enames" : [                  ← 30번 부서 사원명을 배열 내에 저장
                            "TURNER",
                            "BLAKE",
                            "JAMES",
                            "MARTIN",
                            "WARD",
                            "ALLEN"          ]
            },
```

```
                {       "_id" : 20,
                        "enames" : [          ← 20번 부서 사원명을 배열 내에 저장
                                "FORD",
                                "ADAMS",
                                "SCOTT",
                                "JONES",
                                "SMITH"            ]
                }
        ],
        "ok" : 1
}

> db.employees.aggregate(
{ $match   : { deptno : 30 } },
{ $sort    : { empno : 1}},                   ← 관계형 DB의 ORDER BY절에 해당(Sorting)
{ $project : { _id : 0,  empno : 1, ename : 1  } }
).pretty()
{
        "result" : [
                {       "empno" : 7499,
                        "ename" : "ALLEN"     },
                {       "empno" : 7521,
                        "ename" : "WARD"      },
                {       "empno" : 7654,
                        "ename" : "MARTIN"    },
                {       "empno" : 7698,
                        "ename" : "BLAKE"     },
                {       "empno" : 7844,
                        "ename" : "TURNER"    },
                {       "empno" : 7900,
                        "ename" : "JAMES"     }
        ],
        "ok" : 1
}

> db.employees.aggregate(
{ $limit : 5},         ← 검색 대상은 전체 5개 Document 내에서 추출
{ $skip : 1},          ← 첫 번째 Document는 제외하고 두 번째 Document부터  추출
{ $sort : { empno : 1}},
{ $project : { _id : 0, empno : 1, ename : 1 } }
).pretty()
```

```
{
        "result" : [
                {       "empno" : 7499,
                        "ename" : "ALLEN"      },
                {       "empno" : 7521,
                        "ename" : "WARD"       },
                {       "empno" : 7566,
                        "ename" : "JONES"       },
                {       "empno" : 7654,
                        "ename" : "MARTIN"      }
        ],
        "ok" : 1
}

> db.employees.aggregate(
    {$match   : { deptno : 30 }},
    {$project : {
          _id        : 0,
          empno    : 1,
          ename    : 1,
          job        : 1,
          comm    : 1,
          condition : { $cond : [ "$comm", 1 , 0 ] }, ← comm필드 값이 Null 아니면 1(참)
               }                                              Null이면 0(거짓)
  }
).pretty()
{
        "result" : [
                {
                        "empno" : 7499,
                        "ename" : "ALLEN",
                        "job" : "SALESMAN",
                        "comm" : 300,
                        "condition" : 1              ← comm이 Null 아니므로 1(참)
                },
                {
                        "empno" : 7521,
                        "ename" : "WARD",
                        "job" : "SALESMAN",
                        "comm" : 500,
                        "condition" : 1    ← comm이 Null 아니므로 1(참)
```

```
                },
                {
                        "empno" : 7654,
                        "ename" : "MARTIN",
                        "job" : "SALESMAN",
                        "comm" : 1400,
                        "condition" : 1   ← comm이 Null 아니므로 1(참)
                },
                {
                        "empno" : 7698,
                        "ename" : "BLAKE",
                        "job" : "MANAGER",
                        "condition" : 0   ← comm이 Null이므로 0(거짓)
                },
                {
                        "empno" : 7844,
                        "ename" : "TURNER",
                        "job" : "SALESMAN",
                        "condition" : 0   ← comm이 Null이므로 0(거짓)
                },
                {
                        "empno" : 7900,
                        "ename" : "JAMES",
                        "job" : "CLERK",
                        "condition" : 0   ← comm이 Null이므로 0(거짓)
                }
        ],
        "ok" : 1
}
>
> db.employees.aggregate(
    {$match   : { deptno : 30 }},
    {$project : {
       _id    : 0,
       Empno  : 1,
       ename  : 1,
       job    : 1,
       comm   : 1,
       boolean_condition : { $cond   : [ "$comm", 1 , 0 ] }, ← comm Null이면 1, 아니면 0
       ifNull_condition :{$ifNull:[ "$comm", 0 ] }    ← comm Null이면 0, 아니면 데이터
   }
```

```
 }
).pretty()
{
        "result" : [
                {
                        "empno" : 7499,
                        "ename" : "ALLEN",
                        "job" : "SALESMAN",
                        "comm" : 300,
                        "boolean_condition" : 1,
                        "ifNull_condition" : 300     ← comm이 Null 아니므로 300 출력
                },
                {
                        "empno" : 7521,
                        "ename" : "WARD",
                        "job" : "SALESMAN",
                        "comm" : 500,
                        "boolean_condition" : 1,
                        "ifNull_condition" : 500     ← comm이 Null 아니므로 500 출력
                },
                {
                        "empno" : 7654,
                        "ename" : "MARTIN",
                        "job" : "SALESMAN",
                        "comm" : 1400,
                        "boolean_condition" : 1,
                        "ifNull_condition" : 1400    ← comm이 Null 아니므로 1400 출력
                },
                {
                        "empno" : 7698,
                        "ename" : "BLAKE",
                        "job" : "MANAGER",
                        "boolean_condition" : 0,
                        "ifNull_condition" : 0       ← comm이 Null이므로 0 출력
                },
                {
                        "empno" : 7844,
                        "ename" : "TURNER",
                        "job" : "SALESMAN",
                        "boolean_condition" : 0,
                        "ifNull_condition" : 0       ← comm이 Null이므로 0 출력
```

```
                },
                {
                        "empno" : 7900,
                        "ename" : "JAMES",
                        "job" : "CLERK",
                        "boolean_condition" : 0,
                        "ifNull_condition" : 0        ← comm이 Null이므로 0 출력
                }
        ],
        "ok" : 1
}
```

** 실습 전에 EMPLOYEES 컬렉션의 HIREDATE 필드가 DATE 타입으로 데이터를 초기화 하십시오. (employees 컬렉션을 먼저 drop한 후 EMPLOYEES.JSON 파일을 참조하여 hiredate 필드를 날자값으로 insert하는 문장을 실행한 후 다음 문장을 실행하십시오.)

```
> db.employees.aggregate(
  {$match : { empno : 7782 } },
  {$project : {
          _id                     : 0,
                empno               : 1,
                ename               : 1,
                year_hiredate       : { $year   : "$hiredate"},
                month_hiredate      : { $month  : "$hiredate"},
                week_hiredate       : { $week   : "$hiredate"},
                hour_hiredate       : { $hour   : "$hiredate"},
                minute_hiredate     : { $minute : "$hiredate"},
                second_hiredate     : { $second : "$hiredate"},
                dayOfYear_hiredate  : { $dayOfYear  : "$hiredate"},    ← 줄리안 DATE
                dayOfMonth_hiredate : { $dayOfMonth : "$hiredate"},    ← 일
                dayOfWeek_hiredate  : { $dayOfWeek  : "$hiredate"}     ← 월
          }
  }
 ).pretty()
{
        "result" : [
                {       "empno" : 7782,
                        "ename" : "CLARK",
                        "year_hiredate" : 2013,
                        "month_hiredate" : 12,
                        "week_hiredate" : 52,
```

```
                        "hour_hiredate" : 6,
                        "minute_hiredate" : 54,
                        "second_hiredate" : 6,
                        "dayOfYear_hiredate" : 364,        ← 줄리안 DATE
                        "dayOfMonth_hiredate" : 30,
                        "dayOfWeek_hiredate" : 2
                }
        ],
        "ok" : 1
}
>

** 다음은 $redact 연산자를 이용하는 배열 검색 예제입니다.
   ($$DESCEND, $$PRUNE, $$KEEP 연산자)

>db.books.insert({
  _id: 1,
  title: "mongoDB Master가 해설하는 NoSQL & mongoDB",
  tags: [ "NOSQL", "MQL" ],
  author: "주종면",
  year: 2018,
  subsections: [
    {
      subtitle: "Chapter 1: 빅데이터 개요와 개념",
      tags: [ "NOSQL", "HADOOP" ],
      content: "Chapter 1: NoSQL과 mongoDB 사용에 대한 기술적 개념 소개"
    },
    {
      subtitle: "Chapter 2: MQL과 트랜잭션 제어",
      tags: [ "NOSQL", "MQL", "COMMIT", "ROLLBACK" ],
      content: "Chapter 2: MongoDB 데이터 처리문법과 트랜잭션 제어방법 소개"
    },
    {
      subtitle: "Chapter 3: 데이터 모델링",
      tags: [ "DATA MODELING" ],
      content: {
                text: "Chapter 3: Document DB 구축을 위한 분석, 설계 기술 소개",
                tags: [ "COLLECTION DIAGRAM" ]
               }
     },
    {
```

```
      subtitle: "Chapter 4: 논리적구조와 물리적구조",
      tags: [ "STORAGE ENGINE", "WIRTEDTIGER", "MEMORY MAPPING", "INMEMORY" ],
      content: "Chapter 4: MongoDB 논리적 구조와 물리적 구조에 대한 학습"
    }
  ]
 }
)
>
> db.books.find().pretty()
{
        "_id" : 1,
        "title" : "mongoDB Master가 해설하는 NoSQL & mongoDB",
        "tags" : [
                "NOSQL",
                "MQL"
        ],
        "author" : "주종면",
        "year" : 2018,
        "subsections" : [
                {
                        "subtitle" : "Chapter 1: 빅데이터 개요와 개념",
                        "tags" : [
                                "NOSQL",
                                "HADOOP"
                        ],
                        "content" : "Chapter 1: NoSQL과 mongoDB 사용에 대한
                              기술적 개념 소개"
                },
                {
              "subtitle" : "Chapter 2: MQL과 트랜잭션 제어",
              "tags" : [
                                "NOSQL",
                                "MQL",
                                "COMMIT",
                                "ROLLBACK"
                        ],
              "content" : "Chapter 2: MongoDB 데이터 처리문법과 트랜잭션 제어방법 소개"
                },
                {
                        "subtitle" : "Chapter 3: 데이터 모델링",
                        "tags" : [
```

```
                        "DATA MODELING"
                ],
               "content" : {
               "text" : "Chapter 3: Document DB 구축을 위한 분석, 설계 기술 소개",
               "tags" : [
                                "COLLECTION DIAGRAM"
                        ]
                }
        },
        {
         "subtitle" : "Chapter 4: 논리적구조와 물리적구조",
         "tags" : [
                        "STORAGE ENGINE",
                        "WIRTEDTIGER",
                        "MEMORY MAPPING",
                        "INMEMORY"
                ],
         "content" : "Chapter 4: MongoDB 논리적 구조와 물리적 구조에 대한 학습"
        }
    ]
}
>
> var tagAccess = [ "NOSQL" ]
>
> db.books.aggregate(
  [
    { $match: { author: "주종면" } },
    { $redact: {                          ← $redact는 배열에서 조건 검색하는 연산자
       $cond: {
          if: { $gt: [ { $size: { $setIntersection: [ "$tags", tagAccess ] } }, 0 ]
},then: "$$DESCEND", else: "$$PRUNE"    ← $DESCEND는 조건을 만족하는 데이터 만 검색
         }                                다음 결과를 확인해 보면 Chapter1, Chapter2 만
      }                                   검색되었음(tags 필드가  "NOSQL"인 배열 데이터)
    }
  ]
).pretty()
{
        "_id" : 1,
        "title" : "mongoDB Master가 해설하는 NoSQL & mongoDB",
        "tags" : [
                "NOSQL",
```

```
                "MQL"
        ],
        "author" : "주종면",
        "year" : 2018,
        "subsections" : [
                {
                        "subtitle" : "Chapter 1: 빅데이터 개요와 개념",
                        "tags" : [
                                "NOSQL",
                                "HADOOP"
                        ],
                        "content" : "Chapter 1: NoSQL과 mongoDB 사용에 대한
                                     기술적 개념 소개"
                },
                {
                        "subtitle" : "Chapter 2: MQL과 트랜잭션 제어",
                        "tags" : [
                                "NOSQL",
                                "MQL",
                                "COMMIT",
                                "ROLLBACK"
                        ],
                        "content" : "Chapter 2: MongoDB 데이터 처리문법과
                                     트랜잭션 제어방법 소개"
                }
        ]
}
>
> db.books.aggregate(
   [
     { $match: { author: "주종면" } },
     { $redact: {
        $cond: {
           if: { $gt: [ { $size: { $setIntersection: [ "$tags", tagAccess ] } }, 0 ]
},then: "$$KEEP", else: "$$PRUNE"        ← $KEEP는 모든 데이터를  검색
         }                                 다음 결과를 확인해 보면 Chapter1 ~ Chapter4
       }                                   모든 결과가 출력되었음
     }
   ]
).pretty()
{
```

```
        "_id" : 1,
        "title" : "mongoDB Master가 해설하는 NoSQL & mongoDB",
        "tags" : [
                "NOSQL",
                "MQL"
        ],
        "author" : "주종면",
        "year" : 2018,
        "subsections" : [
                {
                        "subtitle" : "Chapter 1: 빅데이터 개요와 개념",
                        "tags" : [
                                "NOSQL",
                                "HADOOP"
                        ],
                        "content" : "Chapter 1: NoSQL과 mongoDB 사용에 대한
                                기술적 개념 소개"
                },
                {
                        "subtitle" : "Chapter 2: MQL과 트랜잭션 제어",
                        "tags" : [
                                "NOSQL",
                                "MQL",
                                "COMMIT",
                                "ROLLBACK"
                        ],
                        "content" : "Chapter 2: MongoDB 데이터 처리문법과
트랜잭션 제어방법 소개"
                },
                {
                        "subtitle" : "Chapter 3: 데이터 모델링",
                        "tags" : [
                                "DATA MODELING"
                        ],
                        "content" : {
                                "text" :"Chapter 3: Document DB 구축을 위한 분석,
설계 기술 소개",
                                "tags" : [
                                        "COLLECTION DIAGRAM"
                                ]
                        }
```

```
                },
                {
                        "subtitle" : "Chapter 4: 논리적구조와 물리적구조",
                        "tags" : [
                                "STORAGE ENGINE",
                                "WIRTEDTIGER",
                                "MEMORY MAPPING",
                                "INMEMORY"
                        ],
                        "content" : "Chapter 4: MongoDB 논리적 구조와
                                     물리적 구조에 대한 학습"
                }
        ]
}

** 다음은 $replacewith 연산자와 배열값에 대한 집계관련 에제입니다.

> db.school_person.drop()
> db.school_person.insertMany([
    { "_id" : 1101, "name" : "JM Joo",       "age" : 44, "type" : { "professor" : 1,
"employees" : 0 } },
    { "_id" : 1102, "name" : "YH Joo",      "age" : 21, "type" : { "student"   : 3 } },
    { "_id" : 1103, "name" : "Maria Choi", "age" : 55, "type" : { "lecturer"  : 2,
"employees" : 0 } }
   ])
{ "acknowledged" : true, "insertedIds" : [ 1101, 1102, 1103 ] }
>
> db.school_person.aggregate( [
    { $match: { type: { $exists: true, $not: { $type: "array" }, $type: "object" } }
},
    { $replaceWith: "$type" }
 ] )
{ "professor" : 1, "employees" : 0 }
{ "student" : 3 }
{ "lecturer" : 2, "employees" : 0 }

> db.school_rank.drop()
> db.school_rank.insertMany([
    { _id: 1101, name: "Jimmy", scores: [ 77, 85, 90 ], pratice: [ 10 ] },
    { _id: 1102, name: "Adam",  scores: [ 95, 73, 55 ], pratice: [ 18, 8 ] }
 ])
```

```
{ "acknowledged" : true, "insertedIds" : [ 1101, 1102 ] }
>
> db.school_rank.aggregate( [{ $set:{ total_scores   : { $sum: "$scores" },
                                      total_practice : { $sum: "$practice" } } },
                             { $set:{ total_amount   : { $add: [ "$total_scores",
                                                                 "$total_practice" ] } }
} ] ).pretty()
{
        "_id" : 1101,
        "name" : "Jimmy",
        "scores" : [
                77,
                85,
                90
        ],
        "pratice" : [
                10
        ],
        "total_scores" : 252,
        "total_practice" : 0,
        "total_amount" : 252
}
{
        "_id" : 1102,
        "name" : "Adam",
        "scores" : [
                95,
                73,
                55
        ],
        "pratice" : [
                18,
                8
        ],
        "total_scores" : 223,
        "total_practice" : 0,
        "total_amount" : 223
}
```

2.3.8 MapReduce 기능

1) 구글에서 대용량 데이터 처리(Batch Processing) 및 집합(Aggregation)을 위해 만들어 졌으며 비공유 구조로 연결된 여러 개의 노드에서 병렬 처리 방식으로 대용량 데이터를 처리할 수 있습니다.
2) MAP과 REDUCE 함수 만으로 병렬 프로그래밍이 가능합니다.

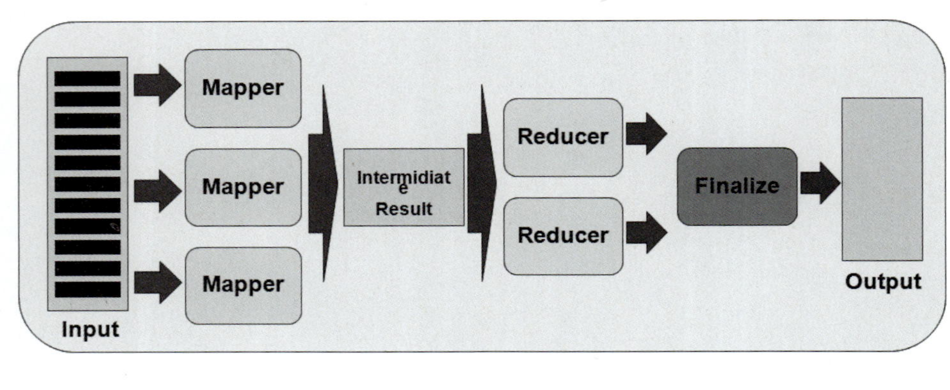

1) MapReduce 란?

MapReduce는 최초 구글에서 대용량 데이터의 효율적인 처리(Batch Processing) 및 데이터의 집합(Aggregation)을 위해 만들어 졌으며 공유되지 않은 여러 개의 노드에서 동시에 병렬 처리 방식으로 빅 데이터에 대한 처리가 가능한 기능입니다.

MongoDB에서 MapReduce 기능 또한 빅 데이터에 대한 빠른 읽기 및 집계를 통해 통계 정보를 분석하고 추출하는 용도로 사용됩니다.

현재, MongoDB는 빅 데이터 처리를 위한 다양한 기능을 제공하고 있지만 관계형 데이터베이스처럼 다양한 데이터 집계 함수(CASE WHEN문, AVG, RANK, DENSE_RANK 등) 제공하고 있지는 않습니다. 개발자의 입장에서 본다면 관계형 데이터베이스 보다 데이터를 검색하고 분석할 때 많이 불편하다고 느낄 수 도 있을 것 입니다.

하지만, 관계형 데이터베이스 기술이 도입되기 시작한 1980년 중반에 관계형 DBMS도 지금처럼 이렇게 많고 다양한 집계 함수들을 제공했던 것은 아닙니다. 사용자들의 끈임없는 불만과 요구 속에 현재의 모습으로 발전한 것이라고 볼 수 있습니다. NoSQL의 대표 주자인 MongoDB는 아직도 성장하고 있는 기술이기 때문에 현재의 관계형 DBMS와 기술적으로 비교해서는 안 된다고 봅니다. 새로운 버전이 제공될 때마다 더 많고 다양한 함수들이 제공되고 있기 때문에 좀 더 여유로운 마음으로 지켜봐야 할 것입니다.

하지만, 현실적으로 빅 데이터에 대한 빠른 데이터 분석이 수행되기 위해서는 개발자가 직접 프로그래밍을 통해 함수를 생성하여 사용해야 합니다.

이것을 가능하게 해 줄 수 있는 기능이 MongoDB의 MapReduce 입니다. 다음은 MapReduce 문법입니다.

문법

```
db.collection_name.mapReduce(
                    <map>,              ← map 함수 이름
                    <reduce>,           ← reduce 함수 이름
                    {
                      <out>,            ← 실행결과를 저장할 collection명
                      <query>,          ← 검색 조건
                      <sort>,           ← sorting 조건
                      <limit>,          ← 데이터 검색조건
                      <finalize>,       ← 실행결과를 집계하게될 함수이름
                      <scope>,
                      <jsMode>,
                      <verbose> } )
.
```

① Map Function : 해당 컬렉션에서 분석 대상 필드를 emit 함수를 이용하여 정의하는 함수입니다.

② Reduce Function : 컬렉션에서 데이터를 분석 및 통계 작업을 수행하는 함수입니다.

③ Finalize : 처리된 결과를 집계하는 함수입니다.

④ MapReduce 함수 : Map Function과 Reduce Function에 의해 리턴된 데이터를 이용해 결과(Output)를 출력하는 함수입니다.

다음 예제는 ORDER 컬렉션에서 A2012001 (고객번호)를 가진 고객이 주문한 총 금액을 집계하는 MapReduce 입니다.(ORDER 컬렉션에 대한 구조는 "4장 MongoDB 설계구조의 주요특징" 참조)

실습 따라하기

```
> db.order.drop()
> db.order.insert( { cust_id : "A2012001",                  ← 주문 정보
                  order_date: new Date("Oct 01, 2012"),
                  status: "A",
                  price: 250,
                  items: [ { item_name: "Bunny Boots", qty: 5, price: 2.5 },
                           { item_name: "Sky Pole",    qty: 5, price: 2.5 } ] })
>
> db.order.insert( { cust_id : "A2012001",                  ← 주문 정보
                  order_date: new Date("Sep 15, 2012"),
                  status: "A",
                  price: 1125,
                  items: [ { item_name: "Bunny Boots", qty: 15, price: 2.5 },
                           { item_name: "Sky Pole",    qty:  5, price: 2.5 } ] })
>
> var map_function = function() { emit(this.cust_id, this.price); }
>                          ← 집계 대상은 CUST_ID와 PRICE 필드입니다.(MAP 함수)
>
> var reduce_function = function(keyCustId, valuesPrices) {
return Array.sum(valuesPrices); };
>                          ← CUST_ID 별로 PRICE 필드값을 집계합니다.(REDUCE 함수)
> db.order.mapReduce(
                    map_function,
                    reduce_function,
                    { out: "order_cust_total" } )
← map_function과 reduce_function을 실행하고 집계 결과는 ORDER_CUST_TOTAL 컬렉션에
  저장됩니다.
```

```
{
        "result" : "order_cust_total",          ← 분석결과가 저장될 collection 명
        "timeMillis" : 25,                      ← 작업 처리 소요시간
        "counts" : {                            ← 2개의 Document를 Read
                "input" : 2,                    ← map_function이 처리한 Document수
                "emit" : 2,                     ← reduce_function이 처리한 Document수
                "reduce" : 1,
                "output" : 1
        },
        "ok" : 1,
}
>
> db.order_cust_total.find()
{ "_id" : "A2012001", "value" : 1375 }          ← 고객번호별 주문 총 금액 집계 결과
> db.order_cust_total.drop()
> db.order.drop()
```

다음 예제는 주문 항목의 제품명(item_name) 별 주문 수량(qty) 평균을 집계하는 Map-Reduce 입니다.

실습 따라하기

```
> var map_function = function() {               ← map_function 함수 실행
                  for (var idx = 0; idx < this.items.length; idx++) {
                      var key = this.items[idx].item_name;
                      var value = {
                                  count: 1,
                                  qty: this.items[idx].qty
                              };
                      emit(key, value);
                  }
              }
> var reduce_function = function(keySKU, valuesCountObjects) {      ← reduct_function
                  reducedValue = { count: 0, qty: 0 };                 함수실행
                    for (var idx = 0; idx < valuesCountObjects.length; idx++) {
                        reducedValue.count += valuesCountObjects[idx].count;
                        reducedValue.qty += valuesCountObjects[idx].qty;
```

```
                        }
                        return reducedValue;
                    }
>
> var finalize_function = function (key, reducedValue) {
                reducedValue.average = reducedValue.qty/reducedValue.count;
                return reducedValue;
                    }
>
> db.order.mapReduce(
        map_function,
        reduce_function,
      {
         out: { merge: "map_reduce_example" },
         query: { order_date: { $gt: new Date('01/01/2012') } },
         finalize: finalize_function
      }
                )
{
         "result" : "map_reduce_example",
         "timeMillis" : 51,
         "counts" : {
                 "input" : 2,                ← 2개의 Document를 read
                 "emit" : 4,                 ← map_function이 처리한 Document수
                 "reduce" : 2,               ← reduce_function이 처리한 Document수
                 "output" : 2
         },
         "ok" : 1,
}
> db.map_reduce_example.find()
{ "_id" : "Bunny Boots", "value" : { "count" : 2, "qty" : 20, "average" : 10 } }
{ "_id" : "Sky Pole", "value" : { "count" : 2, "qty" : 10, "average" : 5 } }
> db.mqp_reduce_example.drop()
```

다음 예제는 사용자가 데이터베이스에 접속할 때마다 접속 시간로그 정보를 저장하는 컬렉션입니다. 각 사용자별로 총 접속회수, 접속 총 시간, 접속 평균 시간을 분석하는 MapReduce입니다.

실습 따라하기

먼저, userid별로 접속시간정보와 접속시간 data를 입력하십시오.

```
> db.log_session.save({userid:"T2013001",ts:ISODate("2013-01-03 15:07:00"), length: 88 } );
> db.log_session.save({userid:"T2013002",ts:ISODate("2013-01-03 15:13:00"), length: 10 } );
> db.log_session.save({userid:"T2013003",ts:ISODate("2013-01-03 16:12:00"), length: 120 }
);
> db.log_session.save({userid:"T2013004",ts:ISODate("2013-01-03 17:35:00"), length: 35 } );
> db.log_session.save({userid:"T2013001",ts:ISODate("2013-01-04 12:15:00"), length: 125 } );
> db.log_session.save({userid:"T2013002",ts:ISODate("2013-01-04 14:04:00"), length: 110 } );
> db.log_session.save({userid:"T2013003",ts:ISODate("2013-01-04 18:50:00"), length: 135 } );
> db.log_session.save({userid:"T2013004",ts:ISODate("2013-01-04 16:27:00"), length: 85 });
>
> var map_function = function() {               ← map_function 함수 실행
                var key = this.userid;
                var value = {
                        userid    : this.userid,      ← 사용자 id
                        total_time: this.length,      ← 접속 시간
                        count     : 1,                ← 접속 총 횟수
                        avg_time  : 0                 ← 접속 평균 시간
                        };
                emit( key, value );
            }
>
> var reduce_function = function(key, values) {    ← reduce_function 함수 실행
                 var reducedObject = {
                                userid: key,
                                total_time: 0,
                                count:0,
                                avg_time:0
                              };
                 values.forEach( function(value) {
                             reducedObject.total_time += value.total_time;
                             reducedObject.count += value.count;
                              }
                         );
                return reducedObject;
               }
>
```

```
> var finalize_function = function (key, reducedValue) {  ← finalize_function 함수 실행
          if (reducedValue.count > 0)
              reducedValue.avg_time = reducedValue.total_time / reducedValue.count;
          return reducedValue;
      }
>
> db.log_session.mapReduce( map_function,
                        reduce_function,
                        {
                          out: { reduce: "session_stat" },
                          finalize: finalize_function
                        }
                       )
{
        "result" : "session_stat",
        "timeMillis" : 177,
        "counts" : {
                "input" : 8,            ← 8개의 Document를 Read
                "emit" : 8,             ← map_function이 처리한 Document 수
                "reduce" : 4,           ← reduce_function이 처리한 Document 수
                "output" : 4            ← 분석 결과 Document 수
        },
        "ok" : 1,
}
> db.session_stat.find()
{"_id":"T2013001","value":{"userid":"T2013001","total_time":213,"count":2,"avg_time":106.5 } }
{"_id":"T2013002","value":{"userid":"T2013002","total_time":120,"count":2,"avg_time":60 } }
{"_id":"T2013003","value":{"userid":"T2013003","total_time":255,"count":2,"avg_time":127.5 } }
{"_id":"T2013004","value":{"userid":"T2013004","total_time":120,"count":2,"avg_time":60 } }
>
> db.log_session.drop()
true
>
> db.session_stat.drop()
true
```

2) SQL문과 MapReduce 비교

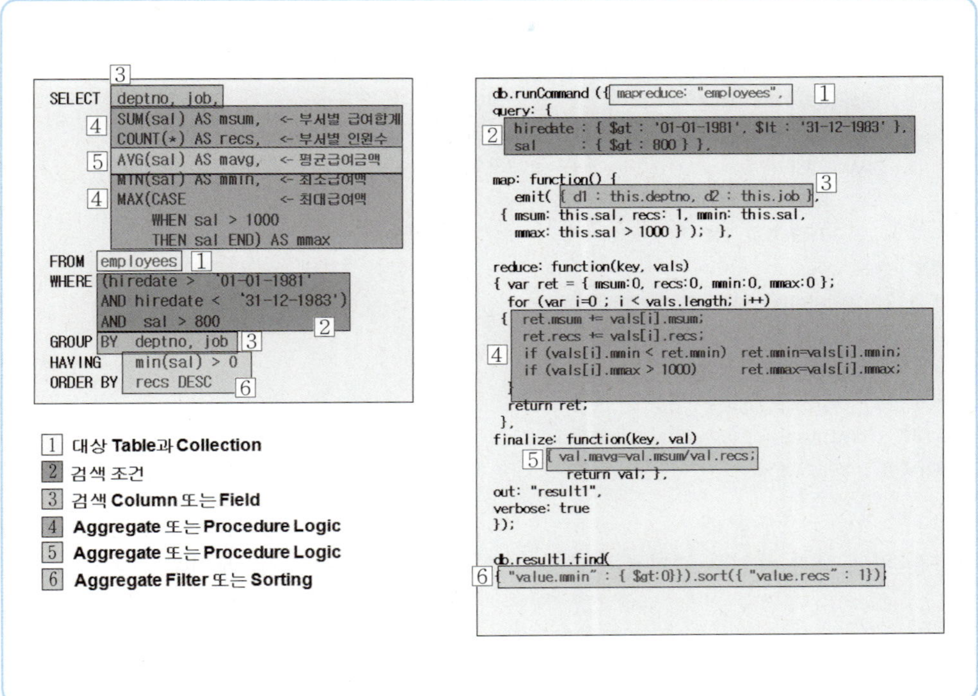

관계형 DBMS는 다양한 데이터 추출 및 집계 함수들을 제공합니다. 하지만, MongoDB는 아직은 관계형 DBMS 만큼 많은 함수들이 제공되고 있지 못한 것이 현실입니다. 하지만, 자바 스크립트를 이용하여 관계형 DBMS와 동일하게 데이터를 추출 및 집계할 수 있습니다. 다음은 오라클 SQL문과 MapReduce 문을 통해 집계 결과를 추출하는 예제입니다.

다음 문장은 1981년 1월 1일 이후에 입사하고 1983년 12월 31일 이전에 입사한 사원들 중에서 급여(SAL)가 1,000 만원 이상인 사원들에 대해 부서별 급여합계, 부서별 인원수 등을 집계하는 SQL문입니다.

SQL 문법

```
SELECT  deptno, job,
        SUM(sal) AS msum,           ← 부서별 급여합계
        COUNT(*) AS recs,           ← 부서별 인원수
        AVG(sal) AS mavg,           ← 평균급여금액
        MIN(sal) AS mmin,           ← 최소급여액
        MAX(CASE                    ← 최대급여액
            WHEN sal > 1000
            THEN sal END) AS mmax
FROM  employees
WHERE (hiredate > '01 - 01 - 1981'
      AND hiredate < '31 - 12 - 1983')
      AND  sal > 800
GROUP BY  deptno, job
HAVING    min(sal) > 0
ORDER BY  recs DESC
```

다음은 위 문장과 동일한 결과를 추출할 수 있는 MongoDB Query 문장입니다.

실습 따라하기

```
> db.runCommand ({ mapreduce: "employees",                         ← 검색 대상 컬렉션
query: {
        hiredate : { $gt : '01 - 01 - 1981', $lt : '31 - 12 - 1983' }, ← 검색 대상 조건
        sal      : { $gt : 800 } },
map: function() {
        emit( { d1 : this.deptno, d2 : this.job },                 ← 검색 대상 필드
              { msum: this.sal, recs: 1, mmin: this.sal,
                mmax: this.sal > 1000 ? this.sal: 0 } );  },
reduce: function(key, vals)                                        ← 집계 프로그램
{ var ret = { msum:0, recs:0, mmin:0, mmax:0 };
          for (var i=0 ; i < vals.length; i++)
             {  ret.msum += vals[i].msum;
                ret.recs += vals[i].recs;
          if (vals[i].mmin < ret.mmin)  ret.mmin=vals[i].mmin;
          if ((vals[i].mmax > 1000)  && (vals[i].mmax > ret.mmax))
               ret.mmax=vals[i].mmax;
             }
  return ret;
 },
finalize: function(key, val)                     ← SQL문의 AVG(SAL)에 해당하는 문장
```

```
        { val.mavg=val.msum/val.recs;
          return val; },
out: "result1",
verbose: true
})

{
        "result" : "result1",
        "timeMillis" : 2589,
        "timing" : {
                "mapTime" : NumberLong(15),
                "emitLoop" : 2589,
                "reduceTime" : NumberLong(0),
                "mode" : "mixed",
                "total" : 2589
        },
        "counts" : {
                "input" : 13,
                "emit" : 13,
                "reduce" : 2,
                "output" : 8
        },
        "ok" : 1
}
>
> db.result1.find( { "value.mmin": { $gt:0}}).sort({ "value.recs": 1})
                                          ← SQL문의 HAVING절에 해당하는 문장
{ "_id" : { "d1" : 10, "d2" : "CEO" },
"value" : { "msum" : 5000, "recs" : 1, "mmin" : 5000, "mmax" : 5000, "mavg" : 5000 } }
{ "_id" : { "d1" : 10, "d2" : "CLERK" },
"value" : { "msum" : 1300, "recs" : 1, "mmin" : 1300, "mmax" : 1300, "mavg" : 1300 } }
{ "_id" : { "d1" : 10, "d2" : "MANAGER" },
"value" : { "msum" : 2450, "recs" : 1, "mmin" : 2450, "mmax" : 2450, "mavg" : 2450 } }
{ "_id" : { "d1" : 20, "d2" : "CLERK" },
"value" : { "msum" : 1100, "recs" : 1, "mmin" : 1100, "mmax" : 1100, "mavg" : 1100 } }
{ "_id" : { "d1" : 20, "d2" : "MANAGER" },
"value" : { "msum" : 2975, "recs" : 1, "mmin" : 2975, "mmax" : 2975, "mavg" : 2975 } }
{ "_id" : { "d1" : 30, "d2" : "CLERK" },
"value" : { "msum" : 950, "recs" : 1, "mmin" : 950, "mmax" : 0, "mavg" : 950 } }
{ "_id" : { "d1" : 30, "d2" : "MANAGER" },
"value" : { "msum" : 2850, "recs" : 1, "mmin" : 2850, "mmax" : 2850, "mavg" : 2850 } }
> db.result1.drop()
```

잠깐 MongoDB에서 제공하는 Aggregation Methods에 대한 비교 분석

구분	Aggregate	MapReduce	Group
설명	① v2.2 New Feature이며 빠른 성능과 효율적인 사용을 위해 제공되었으며 pipeline 연산자를 제공 ($group, $match, $project 등) ② Pipeline 연산자는 필요한 만큼 반복적으로 사용할 수 있다.	① Large Data Sets의 빠른 처리를 위해 map과 reduce 함수 제공 ② 복잡한 추출 작업을 위한 여러 개의 grouping 함수를 실행해야 한다.	① Grouping 함수로 제공되며 Aggregate 보다 성능이 다소 떨어지고 MapReduce 보다 문법이 구조적이지 못함. ② 사용자가 정의하는 Key 또는 존재하는 field를 이용하여 함수로 정의할 수 있다.
결과 출력	Bson 타입의 inline Result 결과로 출력되며 크기가 제한된다.	다양한 Result(inline, New Collection, merge 등) 결과로 출력할 수 있다. (v2.2 Shard MapReduce 지원)	배열 형태의 Inline Result 결과로 출력된다. (v2.2 20,000개 지원)
Shardling	Shared and Non Sharded input Collection 지원	Shared and Non Sharded input Collection 지원	Shared input Collection을 지원하지 않음.
기타		V2.4 이전 버전에서 Java-Script 코드는 Single Thread로 실행됨	V2.4 이전 버전에서 Java-Script 코드는 Single Thread로 실행됨

3) JavaScript 함수

1) 비 저장형(Non-Storing JavaScript Function)

```
> function del_document() { db.test.find();
                            db.test.remove({})
                          }
> del_document()
> db.eval(del_document)
```

2) 저장형(Storing JavaScript Function)

```
> db.system.js.save( { _id : "calculate_function" , value : function( x , y, z )
                     { return x + y * z; }
                   })
> db.eval("calculate_function(10, 20, 3)")
70
>
> db.system.js.find()
{ "_id" : "calculate_function", "value" : function __cf__1__f__anonymous_
function(x, y, z) {
    return x + y * z;
} }
```

MongoDB에서는 자주 사용되는 프로그램을 데이터베이스 내에 저장해 두었다가 필요에 따라 호출하여 실행할 수도 있고 자주 실행되지 않는 프로그램의 경우에는 실행할 때마다 작성 후 실행할 수도 있습니다. 관계형 데이터베이스에서 제공하는 저장형 함수(Stored Function), 이름이 없는 함수(Anonymous Function)와 유사한 구조라고 설명할 수 있습니다.

(1) 비 저장형(Non-Storing) JavaScript 함수

이 함수는 MongoDB 내에 영원히 저장되지 않으며 필요에 따라 작성된 프로그램을 호출하여 실행하며 반드시 db.eval 함수로 실행됩니다.

실습 따라하기

```
> db.test.insert({ name : "Jimmy Joo"})
>
> db.test.find()
{ "_id" : ObjectId("50fd3f644b19f745940a0ee2"), "name" : "Jimmy Joo" }
>
> function del_document() { return db.test.count(); }
>
> del_document()
> 15
> db.eval(del_document)      ← del_document 함수를 db.eval 함수로 호출하여 실행합니다.
15

> db.test.drop()
true
```

(2) 저장형(Storing) JavaScript 함수

자주 실행되는 프로그램의 경우에는 데이터베이스 내에 컴파일(Complie)된 실행 코드를 저장해 두고 필요할 때 마다 호출하여 실행하는 방법입니다.

실습 따라하기

```
> db.system.js.save( { _id : "calculate_function" , value : function( x , y, z ){
return x + y * z; } } )
>
> db.eval("calculate_function(10, 20, 3)")
70
>
> db.system.js.find()
{ "_id" : "calculate_function", "value" : function ( x , y, z ){ return x + y * z; } }
            ← MongoDB 내의 저장형 함수의 상태를 확인할 수 있습니다.
>
```

2.4 Lock 정책

1) 읽기 일관성과 데이터 공유를 위해 **V 1.8**까지 **Global Lock**을 제공하였으며 **V 2.2**부터 **Database Lock**을 제공한다.

2) 향후 새로운 버전에서는 **Collection Level Lock**을 지원할 예정이다.

3) Lock 문제로 인한 성능 지연 문제 해소를 위해 **PageFaultException** 기능을 추가로 제공한다. **(V 2.2)**

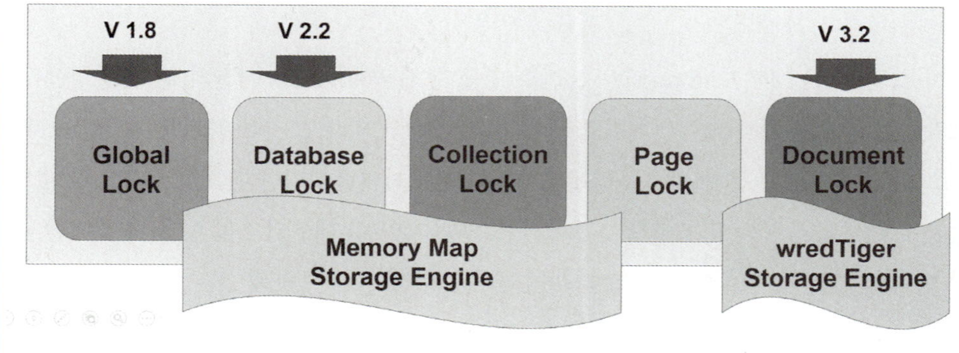

DBMS(Data Management System) 기술의 대표적인 특징 중에 하나는 많은 사용자들이 데이터를 공유할 수 있고 이를 통해 저장 공간의 효율성을 향상시킬 수 있고 관리 비용을 줄일 수 있다는 장점을 가지고 있습니다. 이와 같이 데이터 공유를 위해 제공되는 대표적인 기능 중에 하나가 Lock 메커니즘 입니다.

기존의 관계형 데이터베이스는 수많은 사용자들이 동시에 입력, 수정, 삭제, 조회하는 트랜잭션 위주의 데이터들이라면 MongoDB와 같은 NoSQL은 소수의 사용자들이 동시에 발생하는 빅 데이터를 빠르게 쓰고/읽기 위주의 데이터라고 설명할 수 있습니다. 결론적으로 관계형 데이터베이스 기술에서 데이터를 공유하는 방법과 MongoDB에서 데이터를 공유하는 방법은 업무 성격 상 다르다고 볼 수 있으며 이에 맞는 각각에 맞는 공유 기술이 필요할 수밖에 없습니다.

MongoDB는 1.x 버전에서 글로벌-락(Global Lock)을 최초 제공했으며 2.2 버전 때에는 데이터베이스-락(Database Lock), 3.2 버전 때에 이르러 도큐멘트-락(Document Lock)을 제공하고 있습니다.

최근 MongoDB 3.2 버전을 기준으로 제공되고 있는 도큐멘트-락은 기존 관계형 데이터베이스와 비교하여 설명한다면 행레벨-락(Row Level Lock)과 동일한 수준의 락 메커니즘 입니다.

앞서 설명 드린 "2.1.3 MongoDB 발전추이"를 통해 MongoDB 기술의 발전 방향에서도 보았듯이 글로벌-락과 데이터베이스-락은 빅 데이터의 빠른 쓰기와 읽기가 요구되는 비즈니스 환경에서도 큰 문제없이 운영될 수 있는 락 메커니즘이지만 관계형 데이터베이스와 같은 트랜잭션 위주의 비즈니스 환경에서는 성능 지연 및 데이터 일관성 문제들이 발생할 수 있기 때문에 컬렉션-락, 도큐멘트-락으로 기술이 발전될 수밖에 없는 것입니다.

이와 같이 MongoDB 락 정책의 발전은 MongoDB 기술이 빅 데이터 솔루션으로써의 가치뿐만 아니라 기존 관계형 데이터베이스의 대체 기술로써 훌륭한 대안 이 될 수 있음을 보여준다고 할 수 있습니다.

MongoDB의 경우, 1.x, 2.x 버전은 메모리 매핑(Memory Mapping) 저장구조 엔진 기반이며 3.x 버전은 와이드타이거(wiredTiger) 저장구조 엔진 기반인데 저장구조 엔진의 변화와 락-메커니즘의 변화는 기술적으로 매우 밀접하게 관련이 있다 할 수 있습니다.

2.4.1 Isolation과 Transaction

1) Isolation 유형

iSolation 타입	Dirty Read	Unrepeatable Read	Phantom Read	비고
Read Uncommitted	Y	Y	Y	Dirty Read 연산을 허용, 잠금/해제가 발생하지 않음
Read Committed	N	Y	Y	Unrepeatable와 Phantom 연산을 허용함
Repeatable Read	N	N	Y	Phantom Read 연산 만 허용함
Serializable	N	N	N	데이터 일관성을 완벽하게 보장하지만 동시성은 떨어짐

* **Dirty Read** : **commit** 되지 않은 데이터를 **Read** 할 수 있다.
* **Unrepeatable Read** : 하나의 트랜잭션에서 하나의 컬렉션을 **2**번 검색할 때 **Field**의 변경된 다른 값을 **Read**할 수 있다.
* **Phantom Read** : 하나의 트랜잭션에서 하나의 컬렉션을 **2**번 검색할 때 추가된 **Document** 값을 **Read**할 수 있다.

모든 DBMS는 하나의 데이터를 많은 사용자들이 동시에 입력, 수정, 삭제, 조회를 하다 보면 발생하는 데이터의 무결성 문제를 보장하기 위해서 기본적으로 고립화(isolation) 기능을 제공하고 있는데 기존의 관계형 데이터베이스는 "Read Committed" 타입의 메커니즘이 제공됩니다.

예를 들어, 하나의 행을 A 사용자가 UPDATE 하게 되면 해당 행에는 Lock이 발생합니다. 이때, B 사용자가 동일한 행을 DELETE 하게 되면 잠금(Lock) 상태에 빠지게 됩니다. 그것은, A 사용자의 트랜잭션이 정상 종료(COMMIT 또는 ROLLBACK)되지 않았고 트랜잭션이 진행 중인 상태이기 때문입니다.

이 경우, C 사용자가 해당 행을 SELECT하게 되면 A 사용자의 변경 후 데이터를 참조하는 것이 아니라 변경 전 데이터를 참조하게 됩니다.

이와 같은 형태로 데이터 값의 상태를 고립화시키는 유형을 "Read Committed"이라고 합니다.

일반적으로 관계형 데이터베이스는 트랜잭션을 효율적으로 처리하기 위해 만들어진 데이터 저장 기술이기 때문에 "Read Committed"를 기본적으로 제공하고 있습니다. 반면에, MongoDB는 빅 데이터의 빠른 쓰기와 읽기 성능을 보장하기 위한 데이터 저장 기술이기 때문에 입력, 수정, 삭제 작업을 수행하게 되면 Auto-Commit을 동반하게 되고 다른 사용자들은 항상 변경 후 데이터 만을 참조할 수밖에 없게 되는데 이와 같은 고립화 정책을 "Read Uncommitted"라고 합니다. 대부분의 NoSQL 제품들은 "Read Uncommitted" 타입의 고립화 정책을 기반으로 만들어진 저장 기술들입니다.

이와 같이 MongoDB의 고립화 정책이 "Read Uncommitted" 유형인 이유는 빅 데이터의 빠른 쓰기와 읽기작업에서 "Read Committed"에 비해 보다 유리하기 때문입니다.

2) Multi-Document Transaction

1) MongoDB 버전 4.0부터 제공되었지만 ReplicaSets 환경에서만 지원되었으며 버전 4.2부터 Shard-Cluster 환경에서도 지원됩니다.
2) Multi-Document Transaction은 여러 작업, Collection, DB에 적용할 수 있으며 트랜잭션이 Commit되면 변경된 모든 데이터를 저장하고 Rollback되면 모든 데이터의 변경을 취소합니다.
3) Embedded Document 및 Array 구조와 같은 단일-Document Transaction에 비해 성능지연 문제가 발생할 가능성이 있기 때문에 이를 대체하면 안됩니다.
4) featureCompatibilityVersion(fCV) 4.0 이후 환경에서 사용할 수 있으며 wiredTiger 저장엔진과 In-Memory 저장엔진에서만 사용할 수 있습니다.(admin DB에서 설정 가능)
```
db.adminCommand({setFeatureCompatibilityVersion:"4.2"})
db.adminCommand({getParameter: 1, featureCompatibilityVersion: 1})
```
5) config, admin, local DB의 Collection을 읽기/쓰기 할 수 없으며 system.* 컬렉션은 쓰기 작업을 수행할 수 없습니다. 또한 다중 트랜잭션이 진행 중인 Collection은 인덱스를 추가 및 삭제할 수 없습니다.
6) 트랜잭션 총크기가 16MB 이상인 경우에도 필요한 만큼의 Oplog를 생성하여 처리할 수 있습니다.
7) Transaction을 진행하기 전에 안전하게 write concern을 majority를 설정하는 것이 좋습니다.
8) Wired Tiger인 Primary Server와 In-memory인 Secondary Server 환경에서도 트랜잭션을 지원합니다.

2009년 MongoDB가 처음 배포된 당시에는 빅데이터의 빠른 쓰기와 읽기를 통해 통계 및 분석작업의 효율성 향상을 위해 MongoDB를 주로 사용하였으며 이와 같은 목적에 부합될 수 있도록 Auto-Commit을 기반으로 하는 일관성(Read Consistency)을 제공해 왔습니다. 하지만 빅데이터 시장 만으로 기술을 확대해 나가는 것은 한계가 있을 수밖에 없고 기존 관계형 DBMS 사용자들 중에 일부는 MongoDB를 대체 및 보완 기술로 선택하려는 적극적인 요구에 힘입어 MongoDB 4.0 버전에서는 사용자가 보다 쉽고 간편하게 트랜잭션을 제어할 수 있도록 MTDT(Multi Document Transaction) 기능을 제공하고 있으며 이를 통해 관계형 DBMS처럼 사용자가 직접 COMMIT, ROLLBACK을 실행할 수 있습니다. 다음은 MTDT 주요 특징입니다.

① MongoDB 버전 4.0부터 제공되었으며 복제-셋(ReplicaSets) 서버 환경에서 만 사용할 수 있고 Shard-Cluster 환경은 버전 4.2부터 지원됩니다. MongoDB는 내장형 도큐멘트(Embedded Document) 및 배열(Array) 구조를 통해 단일 도큐멘트 구조를 제공하므로 이와 같은 경우에는 반드시 트랜잭션 제어 방법이 요구되지 않기 때문에 선택적으로 사용하는 것이 좋습니다.

② Multi-Document Transaction은 여러 개의 작업(Insert, Update, Delete), 여러 개의 Collection, 여러 개의 DB에 적용할 수 있으며 트랜잭션이 Commit 되면 변경 후 모든 데이터를 저장하고 Rollback(abort)하면 모든 데이터의 변경을 취소합니다. Commit이 확정될 때까지 변경 중인 데이터는 누구도 참조할 수 없으며 이와 같은 iSolation(고립화) 정책을 Dirty_read : No라고 표현합니다.

③ 내장형 도큐멘트(Embedded Document) 및 배열(Array) 구조와 같은 단일 도큐멘트 트랜잭션에 비해 성능지연 문제가 발생할 가능성이 매우 높기 때문에 사용을 지양하는 것이 좋습니다.

④ featureCompatibilityVersion (fCV) 4.0 이후 환경에서 사용할 수 있으며 wiredTiger 저장엔진과 In-Memory 저장엔진에서 만 사용할 수 있습니다.
(예) db.adminCommand({ getParameter: 1, featureCompatibilityVersion: 1 })

⑤ config, admin, local DB의 Collecton에 대해서는 읽기/쓰기 할 수 없으며 system.* 컬렉션은 쓰기 작업을 수행할 수 없습니다. 또한 다중 트랜잭션이 진행 중인 Collection은 인덱스를 추가 및 삭제할 수 없습니다.

⑥ 트랜잭션의 총 크기가 16MB를 초과하는 경우에도 제한없이 처리할 수 있습니다. 이는 Oplog 내에 충분한 크기의 공간할당을 통해 가능합니다.

⑦ Transaction을 진행하기 전에 안전하게 write concern을 majority를 설정하는 것이 좋습니다.

⑧ wiredTiger 저장엔진의 Primary 서버와 in-memory 저장엔진의 Secondary 서버 환경에서도 트랜잭션 처리가 가능합니다.

다음은 MDMT 실습 예제입니다. 2개의 터미널(또는 명령프롬프트) 창을 열고 session-1과 session-2 작업을 순차적으로 실행하십시오. 또한 실습은 반드시 mongos를 통해 실행해야 합니다.(mongos에 대한 자세한 설명은 6장 참조)

실습 따라하기

```
< session 1 >
mongos> use admin                               ← admin DB에서 실행해야 함.
mongos> session = db.getMongo().startSession( { mode: "primary" } );
session { "id" : UUID("c0d469fd-9d0d-4702-b033-2b9a74171ede") }
mongos>
mongos> employeesCollection = session.getDatabase("test").employees;
test.employees

mongos> session.startTransaction( { readConcern: { level: "snapshot" },
                                 writeConcern: { w: "majority" } } );
                                 ← 트랜잭션 시작
mongos>
mongos> employeesCollection.updateOne( { empno: 7900 },
                                 { $set: { status: "Inactive" } } );
{ "acknowledged" : true, "matchedCount" : 1, "modifiedCount" : 1 }

< session 2 >
mongos> db.employees.find({ empno : 7900 }).pretty() ← 트랜잭션이 진행중인 데이터 조회
{
        "_id" : ObjectId("5b39c80cc4038441017e2da1"),
        "empno" : 7900,
        "ename" : "JAMES",
        "job" : "CLERK",
        "manager" : "BLAKE",
        "hiredate" : "03-12-1981",
        "sal" : 950,
        "deptno" : 30
}

< session 1 >
mongos> session.commitTransaction();            ← 트랜잭션 종료

< session 2 >
```

```
mongos> db.employees.find({ empno : 7900 }).pretty()
{
        "_id" : ObjectId("5b39c80cc4038441017e2da1"),
        "empno" : 7900,
        "ename" : "JAMES",
        "job" : "CLERK",
        "manager" : "BLAKE",
        "hiredate" : "03-12-1981",
        "sal" : 950,
        "deptno" : 30,
        "status":"Inactive"                    ← 새롭게 변경된 필드 확인
}
```

위 예제와 같이 사용자가 직접 트랜잭션을 제어하기 위해서는 다음과 같은 환경 설정이 반드시 요구됩니다.

① MongoDB 4.0 이상

② 복제 시스템(ReplicaSets) 또는 분산복제 시스템(Shard Cluster)

③ 클라이언트 드라이버 버전

- JAVA 3.8.0
- C# 2.7
- Perl 2.0.0
- Python 3.7.0
- Node 3.1.0
- PHPC 1.5.0
- C 1.11.0
- Ruby 2.9.0
- Scala 2.4.0

다음은 다중-도큐멘트 트랜잭션 기능을 사용할 수 있는 Aggregation Frame Work 관련 문법들입니다.

Method	command	비고
db.coll.aggregate	aggregate	$collStats $currentOp $indexStats $listLocalSessions $listSessions $out
db.coll.distenct	distinct	
db.coll.find	find geoSearch	
db.coll.remove db.coll.deleteone db.coll.deleteMany	delete	
db.coll.insert db.coll.insertOne dbcoll.insertMany	Insert	
db.findOneAndUptate db.findOneAndReplace db.findOneAndDelete	findAndUpdate	
db.coll.bulkWrite db.coll.save		

3) Read/Write Concern

하나의 트랜잭션에서 동시에 **Read/Write**가 실행되는 경우 발생하는 일관성 보장을 위한 트랜잭션 제어 방법을 의미합니다.
Lock이 발생하면 기본적으로 **5 millsecond** 대기하며 **Lock**을 획득하지 못하는 경우 트랜잭션은 취소됩니다.

```
session.startTransaction( {
  readConcern: { level: <level> },
  writeConcern: { w: <value>,
                  j: <boolean>,
                  wtimeout: <number> } } );
```

ReadConcern	
Majority	writeconcern=majority와 함께 트랜잭션이 committed 되면 committed 된 데이터에 대한 읽기작업이 보장된다. 반면에 readconcern=majority인 경우에는 committed 된 데이터에 대한 읽기 작업이 보장되지 않는다.
Local	"
Snapshot	writeconcern=majority와 함께 트랜잭션이 committed 되면 committed 된 데이터의 snapshot을 이용하여 읽기작업이 보장된다. 반면에 readconcern=majority인 경우에는 committed 된 데이터에 대하여 snapshot을 이용한 읽기 작업이 보장되지 않는다. Multi-document Transaction에서 만 사용 가능하다.

writeConcern	
Majority	트랜잭션이 발생하는 경우 committed되 데이터에 대한 쓰기 작업이 보장된다.
1	Failover가 발생하는 경우 Rollback 발생한다.
0	Transaction을 재공하지 않는다..

다중-도큐멘트 트랜잭션(Multi-Document Transaction) 환경에서 하나의 도큐멘트를 여러 명의 사용자가 동시에 Insert, Update, Delete를 수행할 때 발생하는 데이터 일관성(Read Consistency)은 트랜잭션 제어에 있어서 매우 중요한 핵심 포인트 중에 하나입니다. 앞서 고립화(iSolation)에서 설명되었던 것처럼 하나의 도큐멘트를 누군가가 Update하고 Commit 하지 않은 상태에서 또 다른 사용자가가 동일한 도큐멘트를 Update하게 되면 두 번째 사용자의 트랜잭션은 정상적으로 수행될 수 없을 것입니다. 그 이유는 첫 번째 사용자가 트랜잭션을 먼저 실행했기 때문에 해당 작업에 대한 우선권을 보장하기 위해 MongoDB 서버는 락(Lock)을 설정하기 때문입니다. MongoDB는 기본적으로 트랜잭션이 발생하면 5초 동안 락을 유발시키며 Lock을 획득 할 수 없는 경우에 해당 Lock Event는 자동 취소됩니다.

이와 같이 다중-도큐멘트 트랜잭션 환경에서는 일관성 보장을 위한 고립화 및 락 현상들이 빈번하게 발생할 수밖에 없고 이 경우 읽기와 쓰기 작업을 동시에 수행했을 때 데이터의 신뢰성 보장을 위한 기능이 반드시 필요할 수밖에 없을 것입니다. 위 그림에서 Session.StartTransaction은 최초 트랜잭션을 시작할 때 실행하는 메소드입니다. 이 경우 읽게 될 데이터와 쓰게 될 데이터의 일관성 및 신뢰성 보장을 위해 ReadConcern과 WriteConcern 옵션 절을 설정할 수 있습니다.

다음은 ReadConcern 옵션 절에 대한 설명입니다.

ReadConcern	
Majority	writeconcern=majority와 함께 트랜잭션이 committed 되면 committed 된 데이터에 대한 읽기작업이 보장됩니다. 반면에readconcern=majority인 경우에는 committed 된 데이터에 대한 읽기 작업이 보장되지 않습니다.
Local	Majority와 동일
Snapshot	writeconcern=majority와 함께 트랜잭션이 committed 되면 committed 된 데이터의 snapshot을 이용하여 읽기작업이 보장됩니다. 반면에 readconcern=majority인 경우에는 committed 된 데이터에 대하여 snapshot을 이용한 읽기 작업이 보장되지 않습니다. Multi-document Transaction에서 만 사용 가능합니다.

다음은 WriteConcern 옵션 절에 대한 설명입니다.

WrireConcern	
WrireConcern	
Majority	트랜잭션이 발생하는 경우 committed되 데이터에 대한 쓰기 작업이 보장됩니다.
1	Failover가 발생하는 경우 Rollback을 수행합니다.

다음은 다중-도큐멘트 트랜잭션 관련 환경설정 파라메터입니다.

1) Multi-Document Transaction이 트랜잭션 제어를 위해 Lock을 확보하기 위해 대기해야 하는 시간(millisecond)입니다. 해당 시간 동안 대기했다가 Lock을 획득할 수 없는 경우에는 트랜잭션은 중단됩니다. (0 : 즉시 중단, -1 : 작업 특정 시간 초과)

```
mongod -setParameter "maxTransactionLockRequestTimeoutMillis=5"
```

2) Multi-Document Transaction의 수명을 결정합니다. 이 한도를 초과하는 경우 트랜잭션은 만료된 것으로 간주되고 중지됩니다. 중지 프로세스는 60초에 한번씩 작동됩니다.

```
mongod  - setParameter "transactionLifetimeLimitSeconds=60"
```

 **잠깐**

트랜잭션 중에서 Lock을 보유하고 있으면서 Idle 세션을 포함한 모든 세션을 추출한 다음 active 상태가 아닌 비활성 세션 만 필터링 해주는 방법입니다.

```
> use admin
> db.aggregate( [
            { $currentOp : { allUsers: true, idleSessions: true } },
            { $match : { active: false, txnNumber : { $exists: true } } } ] )

{  "host" : " 192.168.9.128:5001",
   "desc" : "inactive transaction",         ← 해당 세션의 트랜잭션 상태
   "lsid" : {
      "id" : UUID("02039c77-3f05-4dd6-a42d-d2168a73fc95"),
      "uid" : BinData(0,"47DEQpj8HBSa+/TImW+5JCeuQeRkm5NMpJWZG3hSuFU=")
   },
   "txnNumber" : NumberLong(4),
   "waitingForLock" : false,
   "active" : false,
   "locks" : {
      "Global" : "w",
      "Database" : "w",
      "Collection" : "w"
   },
   ......................................
```

4) Snapshot & Committed Data

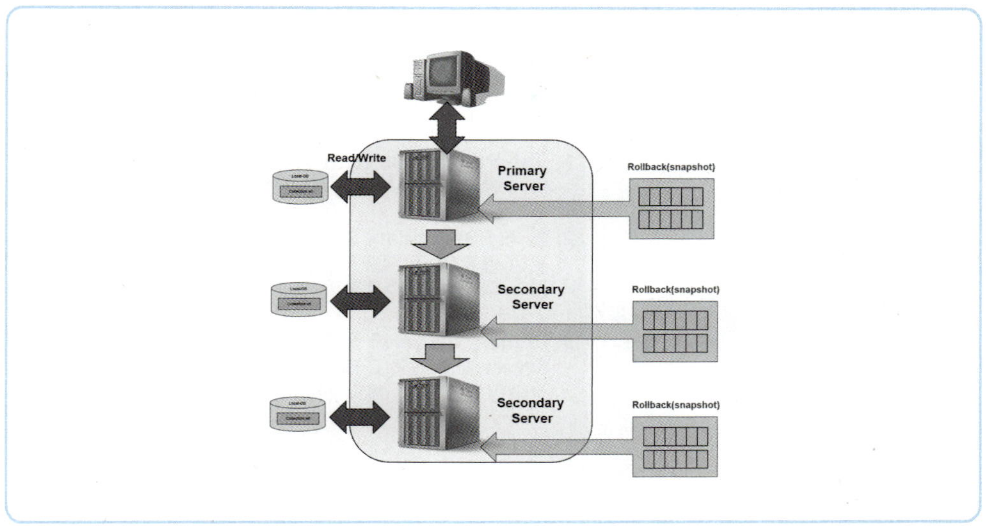

MongoDB 4.0 버전의 최대 장점 중에 하나는 다중-도큐멘트 트랜잭션 기능을 제공한다는 것입니다. 사실 NoSQL 기술에 있어서 사용자가 직접 트랜잭션을 제어할 수 있다는 것은 매우 획기적인 변화라고 표현할 수 있는데 그 이유는 빅데이터 빠른 쓰기와 읽기를 목적으로 개발된 취지와 맞지 않기 때문입니다. 하지만 필자는 이러한 기술 전환은 매우 긍정적이며 바람직한 방향이라 생각합니다. 기술은 제품을 만든 기업이 주도하는 것 아니라 그 시대 사용자들의 요구를 반영하여 기업들이 개발하는 것이고 그 제품들이 보편화된 기술이 되기 위해서는 사용자들의 관심을 받아야 만 발전할 수 있기 때문입니다. 인류는 40년 세월 동안 관계형 DBMS를 잘 사용해온 것은 사실이지만 최근 클라우드 컴퓨팅 환경에서 적용하기에는 많은 문제점들이 발생하고 있고 과도한 도입 비용으로 인해 기업들의 수익성이 떨어지고 있는 현 시대에 새로운 기술이 절대적으로 필요하다고 생각합니다.

이와 같이 다중-도큐멘트 트랜잭션 기능을 통해 트랜잭션을 제어하기 위해서 MongoDB 4.0 버전은 변경된 전 데이터를 임시로 저장해 둘 스냅샷(SnapShot 또는 Rollback) 데이터를 위한 별도의 저장 구조를 제공합니다. 이를 Rollback File이라고 합니다.

5) Rollback File

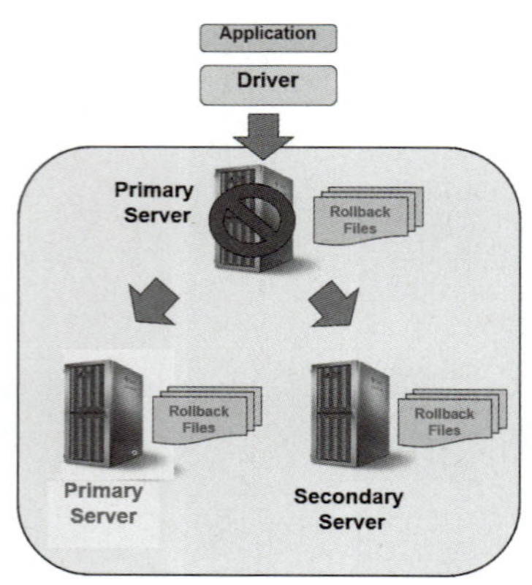

1) 기존 **Primary Server**가 장애 조치 후 **ReplicaSets**에 다시 참여할 때 기존 쓰기 작업은 모두 롤백 됩니다.

2) 롤백은 **Secondary Server**가 성공적으로 복제하지 못한 경우에 만 제한적으로 허용됩니다. 이는 각 멤버들 간에 일관성을 유지하기 위해 사용됩니다.

3) Primary Server에 장애가 발생하기 전에 **Secondary Server**에 복제되고 대다수의 멤버를 사용할 수 있는 상태인 경우에는 롤백 하지 않습니다.

*** Rollback file : /dbpath/rollback** 경로에 생성
<db-name>.<collection>.<timestamp>.bson

ex) sales.employees.2018-07-01T18-10-04.0.bson

롤백 파일(Rollback File)은 복제-셋(ReplicaSets) 시스템에서 다중-도큐멘트 트랜잭션에 의해 발생된 변경 전 데이터를 트랜잭션이 종료될 때까지 임시로 보관하는 저장 파일입니다.(복제-셋에 대한 자세한 설명은 7장을 참조해 주십시오.) 다음은 Rollbavk File의 주요 특징입니다.

1) 기존에 Primary Server에 대한 장애 조치 후 복제-셋(ReplicaSets) 서버에 다시 참여할 때 기존 쓰기 작업은 모두 롤백 됩니다.

2) 롤백은 Secondary Server가 성공적으로 복제하지 못한 경우에 만 제한적으로 허용됩니다. Rollback File은 각 멤버들 간에 일관성을 유지하기 위해 사용됩니다.

3) Primary Server에 장애가 발생하기 전에 Secondary Server에 복제 작업이 정상적으로 완료되고 대다수의 멤버를 사용할 수 있는 상태인 경우에는 롤백 작업이 수행되지 않습니다.

다음은 롤백 파일이 생성되는 경로와 기본 값입니다.

1) Rollback file은 mongod.exe 구동 시 설정한 /dbpath 경로 밑에 rollback 이름으로 생성됩니다.
   (예) c:₩mongodb₩rollback

2) Rollback File의 기본 파일명 포맷은 다음 예와 같습니다.
   (예) 〈db-name〉.〈collection〉.〈timestamp〉.bson
   sales.employees.2018-07-01T18-10-04.0.bson

잠깐

1) 다음 파라메터는 Mongod.exe를 구동할 때 Rollback File이 생성될 수 있도록 환경 설정하는 방법입니다.

```
C:\> mongod  - setParameter "createRollbackDataFiles=true"
```

또는

```
> db.adminCommand( { setParameter: 1, createRollbackDataFiles=true } )
```

2) 복제 작업이 실패할 경우 롤백되는 데이터가 보존되는 최대 기간을 지정할 수 있습니다. 롤백이 수행된 인스턴스의 마지막 시점이 다음에 지정된 값을 초과하면 롤백이 실패하게 됩니다. 만약, 무제한 롤백 기간을 설정할 때는 최대 값인 2147483647을 지정하면 되고 대략 68년 정도 지정됩니다.

```
C:\> mongod  - setParameter "rollbackTimeLimitSecs=1800"
```

또는

```
> db.adminCommand( { setParameter: 1, rollbackTimeLimitSecs: 2147483647 } )
```

CHAPTER 3

인덱스의 생성과 관리 & 사용자 관리

NoSQL & mongo DB

3.1 인덱스 생성과 관리

```
> db.emp.createIndex ({ eno: 1 }, { unique: true });
                                ← 1 (Asc), -1 (Desc)
> db.emp.createIndex ({ job : -1 });
```

```
> db.emp.getIndexes()
{           "v" : 1,
           "key" : {
                 "eno" : 1 },
           "unique" : true,
           "ns" : "test.emp",
           "name" : "eno_1"
}
> db.emp.dropIndexes();
> db.emp.dropIndex({ eno : -1 })
> db.runCommand({dropIndex:'emp', index :{eno:-1}})
```

150가지 넘는 NoSQL 관련 제품들 중에 관계형 데이터베이스에서 제공하는 인덱스와 가장 유사한 기능의 인덱스 구조를 제공하는 제품은 불과 10개 종류에 불과합니다. 그 중에서도 MongoDB는 가장 대표적인 제품 중에 하나입니다.

일반적으로 DBMS(Database Management System)에서 인덱스를 사용하는 이유는 빠른 데이터 검색을 수행하기 위함이며 MongoDB에서도 동일한 목적으로 사용됩니다.

다음은 MongoDB에서 인덱스를 생성하고 관리하는 방법입니다. db 문자열에 컬렉션명 그리고 createIndex 메소드로 생성할 수 있습니다. 그리고, 현재 컬렉션에 생성되어 있는 인덱스 종류와 개수를 확인할 때는 getIndexes 메소드를 실행합니다.

실습 따라하기

```
C:\> mongo
MongoDB shell version: 4.2.0
connecting to: test
>
> db.employees.getIndexes()        ← EMPLOYEES 컬렉션에 생성된 모든 인덱스를 출력합니다.
[
        {
                "v" : 1,
                "key" : {
                        "_id" : 1
                },
                "name" : "_id_",
                "ns" : "test.employees"
        },
        {
                "v" : 1,
                "key" : {
                        "ename" : 1
                },
                "name" : "ename_1",
                "ns" : "test.employees"
        }
]
> db.employees.dropIndex({ename:1})    ← 해당 인덱스를 삭제합니다.
{ "nIndexesWas" : 2, "ok" : 1 }
>
> db.employees.getIndexes()
[
        {
                "v" : 1,
                "key" : {
                        "_id" : 1
                },
                "name" : "_id_",
                "ns" : "test.employees"
        }
]                                 ← ENAME 필드의 인덱스가 삭제되어 출력되지 않습니다.
```

3.2 인덱스 재 구성과 삭제

```
> db.emp.dropIndexes();
> db.emp.dropIndexes({ eno : -1 })
> db.runCommand({dropIndexes:'emp', index :{eno:-1}})
```

```
> db.emp.reIndex()
> db.runCommand( { reIndex : 'emp' } )
```

1) MongoDB에서 Index의 **대소문자는 엄격히 구분**됩니다.
2) Document를 Update할 때 해당 Index Key만 변경되지만 변경되는 **Document 크기가 기존 EXTENT 공간 크기보다 큰 경우에는 더 큰 EXTENT 공간으로 마이그레이션이 될 수** 있기 때문에 성능 저하 현상이 발생할 수 있습니다.(충분한 EXTENT 크기로 설계해야 합니다.)
3) sort() 절과 limit() 절은 함께 사용하는 것이 성능에 도움이 됩니다.

MongoDB에서 제공하는 Balance*Tree 인덱스를 이용하면 데이터의 빠른 검색이 가능하지만 입력과 삭제가 빈번하게 발생하는 경우에는 인덱스 구조의 변형으로 인한 불균형으로 인해 빠른 성능이 보장되지 않을 수도 있습니다. 이런 문제점은 Balance*Tree 인덱스의 가장 일반적인 문제점 중에 하나입니다. 이 경우 문제점을 해결할 수 있는 유일한 방법은 인덱스 구조를 재구성하는 것입니다. 다음 예제는 인덱스를 재구성하는 방법입니다.

실습 따라하기

```
> db.employees.createIndex({comm : 1})
{
        "createdCollectionAutomatically" : false,
        "numIndexesBefore" : 1,
        "numIndexesAfter" : 2,
        "ok" : 1
}
```

```
> db.employees.getIndexes()
[
        {
                "v" : 1,
                "key" : {
                        "_id" : 1
                },
                "name" : "_id_",
                "ns" : "test.employees"
        },
        {
                "v" : 1,
                "key" : {
                        "comm" : 1
                },
                "name" : "comm_1",
                "ns" : "test.employees"
        }
]
> db.employees.reIndex()                    ← 기존 인덱스를 제거한 후 재생성합니다.
{
        "nIndexesWas" : 2,
        "nIndexes" : 2,
        "indexes" : [
                {
                        "key" : {
                                "_id" : 1
                        },
                        "name" : "_id_",
                        "ns" : "test.employees"
                },
                {
                        "key" : {
                                "comm" : 1
                        },
                        "name" : "comm_1",
                        "ns" : "test.employees"
                }
        ],
        "ok" : 1 }
```

```
> db.runCommand( { reIndex : 'employees' } )  ← runCommand 명령어로도 가능합니다.
{
        "nIndexesWas" : 2,
        "nIndexes" : 2,
        "indexes" : [
                {
                        "key" : {
                                "_id" : 1
                        },
                        "name" : "_id_",
                        "ns" : "test.employees"
                },
                {
                        "key" : {
                                "comm" : 1
                        },
                        "name" : "comm_1",
                        "ns" : "test.employees"
                }
        ],
        "ok" : 1
}
```

다음은 MongoDB에서 인덱스의 주요 특징입니다.

1) MongoDB에서 Index명은 대소문자를 엄격히 구분합니다.

2) 도큐멘트를 Update할 때 해당 인덱스 키(Key) 만 변경하지 않고 도큐멘트 전체를 변경하는 경우 변경된 도큐멘트 크기가 기존의 EXTENT 공간 크기보다 커지게 되는 경우에는 더 큰 EXTENT 공간으로 마이그레이션이 될 수 있기 때문에 불필요한 성능저하 현상이 발생할 수도 있습니다. 이런 문제를 해소하기 위해서는 앞서 컬렉션의 충분한 EXTENT 크기를 설정해야 하는 것처럼 충분한 인덱스 EXTENT 크기를 설정해야 합니다.(EXTENT에 대한 자세한 설명은 "5장 논리적 구조 & 물리적 구조 참조")

3) SORT() 절과 LIMIT() 절은 함께 적절하게 사용하는 것이 불필요한 데이터 검색을 피할 수 있기 때문에 성능 향상에 도움이 될 수 있습니다.

3.3 인덱스의 종류

Non-Unique/Unique Index	GeoSpatial(2d) Index
Single Field/Compound Index	GeoSpatial(2dsphere) Index
Multi Key Index	GeoHayStack Index
Background Index	Text Index
TTL Index	Hashed Index
Sparse Index	Covered Index
Partial Index	

3.3.1 Single-key 인덱스와 Compound key 인덱스

먼저, 인덱스를 생성할 때 하나의 필드로 생성되는 싱글-키 인덱스와 여러 개의 필드로 생성되는 복합-키 인덱스에 대해 알아보겠습니다.

다음 메쏘드는 MongoDB 내에 생성되어 있는 모든 인덱스의 종류와 상태를 모니터링할 때 사용 됩니다.

실습 따라하기

```
> use test
>
> db.employees.getIndexes()              ← Employees 컬렉션에 생성된 인덱스 상태 확인
[
        {
                "v" : 1,
                "key" : {
                        "_id" : 1
                },
                "name" : "_id_",
                "ns" : "test.employees"
        },
        {
                "v" : 1,
                "key" : {
                        "comm" : 1
                },
                "name" : "comm_1",
                "ns" : "test.employees"
        }
]
>
> db.employees.createIndex({empno: 1})   ← 싱글-키 인덱스(Asc:1, Desc:-1)
{
        "createdCollectionAutomatically" : false,
        "numIndexesBefore" : 2,
        "numIndexesAfter" : 3,
        "ok" : 1
}
> db.employees.createIndex({empno : 1, deptno :-1})  ← 복합-키 인덱스
{
        "createdCollectionAutomatically" : false,
        "numIndexesBefore" : 3,
        "numIndexesAfter" : 4,
        "ok" : 1
}
>
> db.employees.getIndexes()              ← TEST DB에 생성되어 있는 인덱스 상태 확인
[
```

```
        {
                "v" : 1,
                "key" : {
                        "_id" : 1
                },
                "name" : "_id_",
                "ns" : "test.employees"
        },
                "name" : "_id_"
        },
[중략]
        {
                "v" : 1,
                "key" : {
                        "empno" : 1,
                        "deptno" : -1
                },
                "name" : "empno_1_deptno_-1",
                "ns" : "test.employees"
        }
]
> db.employees.createIndex({deptno : 1})        ← deptno 필드에 인덱스 생성
{
        "createdCollectionAutomatically" : false,
        "numIndexesBefore" : 4,
        "numIndexesAfter" : 5,
        "ok" : 1
}
> db.employees.find({ deptno :10 }).pretty()   ← deptno 필드의 인덱스를 이용한 검색
{
        "_id" : ObjectId("5756831549fa9998ffcbb78d"),
        "empno" : 7782,
        "ename" : "CLARK",
        "job" : "MANAGER",
        "hiredate" : "09-06-1981",
        "sal" : 2450,
        "deptno" : 10,
        "count" : 1
}
{
```

```
        "_id" : ObjectId("5756831549fa9998ffcbb78f"),
        "empno" : 7839,
        "ename" : "PRESIDENT",
        "job" : "CEO",
        "hiredate" : "17-11-1981",
        "sal" : 5000,
        "deptno" : 10,
        "count" : 1
}
{
        "_id" : ObjectId("5756831549fa9998ffcbb794"),
        "empno" : 7934,
        "ename" : "CLERK",
        "job" : "CLERK",
        "hiredate" : "23-01-1982",
        "sal" : 1300,
        "deptno" : 10,
        "count" : 1
}
>
> db.employees.find({ deptno :10 }).explain()     ← 실행계획으로 확인
                                                   (자세한 설명은 8장에서 소개됩니다.)
{
        "queryPlanner" : {
                "plannerVersion" : 1,
                "namespace" : "test.employees",
                "indexFilterSet" : false,
                "parsedQuery" : {
                        "deptno" : {
                                "$eq" : 10
                        }
                },
                "winningPlan" : {
                        "stage" : "FETCH",
                        "inputStage" : {
                                "stage" : "IXSCAN",    ← Index 스캔 실행계획 확인
                                "keyPattern" : {
                                        "deptno" : 1
                                },
                                "indexName" : "deptno_1",
```

```
                                "isMultiKey" : false,
                                "isUnique" : false,
                                "isSparse" : false,
                                "isPartial" : false,
                                "indexVersion" : 1,
                                "direction" : "forward",
                                "indexBounds" : {
                                        "deptno" : [
                                                "[10.0, 10.0]"
                                        ]
                                }
                        }
                },
                "rejectedPlans" : [ ]
        },
        "serverInfo" : {
                "host" : "JMJOO",
                "port" : 27017,
                "version" : "4.2.0",
                "gitVersion" : "45d947729a0315accb6d4f15a6b06be6d9c19fe7"
        },
        "ok" : 1
}
>
> db.employees.find({deptno:10}).sort({empno: - 1})
{
        "_id" : ObjectId("5756831549fa9998ffcbb794"),
        "empno" : 7934,
        "ename" : "CLERK",
        "job" : "CLERK",
        "hiredate" : "23-01-1982",
        "sal" : 1300,
        "deptno" : 10,
        "count" : 1
}
{
        "_id" : ObjectId("5756831549fa9998ffcbb78f"),
        "empno" : 7839,
        "ename" : "PRESIDENT",
        "job" : "CEO",
```

```
        "hiredate" : "17-11-1981",
        "sal" : 5000,
        "deptno" : 10,
        "count" : 1
}
{
        "_id" : ObjectId("5756831549fa9998ffcbb78d"),
        "empno" : 7782,
        "ename" : "CLARK",
        "job" : "MANAGER",
        "hiredate" : "09-06-1981",
        "sal" : 2450,
        "deptno" : 10,
        "count" : 1
}
>
> db.employees.find({deptno:10}).sort({empno: - 1}).explain()      ← 실행계획으로 확인
{
        "queryPlanner" : {
                "plannerVersion" : 1,
                "namespace" : "test.employees",
                "indexFilterSet" : false,
                "parsedQuery" : {
                        "deptno" : {
                                "$eq" : 10
                        }
                },
                "winningPlan" : {
                        "stage" : "SORT",
                        "sortPattern" : {
                                "empno" : -1
                        },
                        "inputStage" : {
                                "stage" : "SORT_KEY_GENERATOR",
                                "inputStage" : {
                                        "stage" : "FETCH",
                                        "inputStage" : {
                                                "stage" : "IXSCAN", ← Index 스캔 실행계획 확인
                                                "keyPattern" : {
                                                        "deptno" : 1
```

```
                                                    },
                                                    "indexName" : "deptno_1",
                                                    "isMultiKey" : false,
                                                    "isUnique" : false,
                                                    "isSparse" : false,
                                                    "isPartial" : false,
                                                    "indexVersion" : 1,
                                                    "direction" : "forward",
                                                    "indexBounds" : {
                                                            "deptno" : [
                                                                    "[10.0, 10.0]"
                                                            ]
                                                    }
                                            }
                                    }
                            }
                    },
[중략]
        "serverInfo" : {
                "host" : "JMJOO",
                "port" : 27017,
                "version" : "4.2.0",
                "gitVersion" : "45d947729a0315accb6d4f15a6b06be6d9c19fe7"
        },
        "ok" : 1
}
>
> db.employees.dropIndex({ empno : 1})
```

3.3.2 Non-Unique 인덱스 & Unique 인덱스

다음은 유일한(Unique) 값이 저장되어 있는 필드에 생성하는 Unique 인덱스와 중복된 값이 저장되어 있는 필드에 생성하는 Non-Unique 인덱스를 생성하는 방법입니다.

실습 따라하기

```
> db.employees.createIndex({ empno : 1}, { unique : true })  ← Unique 인덱스
{
        "createdCollectionAutomatically" : false,
        "numIndexesBefore" : 4,
        "numIndexesAfter" : 5,
        "ok" : 1
}
> db.employees.createIndex({ ename : 1 })                    ← Non - Unique 인덱스
{
        "createdCollectionAutomatically" : false,
        "numIndexesBefore" : 5,
        "numIndexesAfter" : 6,
        "ok" : 1
}
> db.employees.getIndexes()                  ← TEST DB에 생성되어 있는 인덱스 상태 확인
[
        {
                "v" : 1,
                "key" : {
                        "_id" : 1
                },
                "name" : "_id_",
                "ns" : "test.employees"
        },
        {
                "v" : 1,
                "key" : {
                        "comm" : 1
                },
                "name" : "comm_1",
                "ns" : "test.employees"
```

```
        },
        {
                "v" : 1,
                "key" : {
                        "empno" : 1,
                        "deptno" : -1
                },
                "name" : "empno_1_deptno_-1",
                "ns" : "test.employees"
        },
        {
                "v" : 1,
                "key" : {
                        "deptno" : 1
                },
                "name" : "deptno_1",
                "ns" : "test.employees"
        },
        {
                "v" : 1,
                "unique" : true,
                "key" : {
                        "empno" : 1
                },
                "name" : "empno_1",
                "ns" : "test.employees"
        },
        {
                "v" : 1,
                "key" : {
                        "ename" : 1
                },
                "name" : "ename_1",
                "ns" : "test.employees"
        }
]
```

다음은 DropDups 인덱스에 대해 실습해 보겠습니다. 기존에 생성된 UNIQUE 인덱스는 삭제하고 재생성 하십시오.

```
> db.employees.dropIndex({ empno : 1 })      ← UNIQUE 인덱스 삭제
{ "nIndexesWas" : 6, "ok" : 1 }
> db.employees.insert({ empno : 7369, ename : "ADAM" })
  WriteResult({ "nInserted" : 1 })          ← 데이터 중복이 발생하도록 7369 사원번호 입력
>
> db.employees.find({ empno : 7369 }).pretty()
{
        "_id" : ObjectId("5756831449fa9998ffcbb787"),
        "empno" : 7369,
        "ename" : "SMITH",
        "job" : "CLERK",
        "hiredate" : "17-12-1980",
        "sal" : 800,
        "deptno" : 20
}
{
        "_id" : ObjectId("5758c9de7038b604e93190c5"),
        "empno" : 7369,
        "ename" : "ADAM"
}                                           ← EMPNO 필드에 동일한 사원번호 2개가 저장된 상태
```

실습 따라하기

```
>
> db.employees.createIndex({ empno : 1}, { unique : true})  ← UNIQUE 인덱스 재생성
{
        "ok" : 0,
        "errmsg" : "E11000 duplicate key error collection: Sales.employees index: empno_1
                  dup key: { : 7369.0 }",
        "code" : 11000
}      ← empno 필드에 7369가 2개 저장되기 때문에 Unique Index를 생성할 수 없습니다.
```

3.3.3 Sparse 인덱스

Sparse 인덱스는 검색 대상 필드의 값이 전체 컬렉션에서 차지하는 밀도가 낮은 경우에 생성하면 유리한 인덱스 타입 입니다. 전체를 대상으로 Full Collection 검색하는 것 보다 해당 조건을 만족하는 Document로 만 Sparse 인덱스를 생성하고 검색하기 때문에 빠른 성능을 기대할 수 있습니다.

일반적인 Balance*Tree 인덱스의 경우에는 반드시 인덱스가 생성된 검색 조건으로 데이터를 검색했을 때 인덱스 스캔이 가능합니다. 하지만, Sparse Index의 경우에는 검색 조건 없이 전체 Collection에 대한 검색문장 만으로도 인덱스 스캔이 가능합니다. 이 경우 데이터 양과 밀도가 넓은 조건의 데이터라면 인덱스 스캔보다 전체 스캔이 더 유리해질 수도 있기 때문에 성능 기대 효과를 볼 수 없을 수도 있습니다. 결론적으로 이런 경우에는 Sparse 인덱스가 적합하지 않으며 전체 데이터 중에서 조건을 만족하는 데이터 양과 밀도가 낮은 데이터의 경우에는 IO를 줄일 수 있기 때문에 Sparse Index를 생성하는 것이 유리한 경우입니다.

실습 따라하기

```
> db.employees.dropIndex({comm : 1})
> db.employees.createIndex({ comm : 1 }, { sparse : true })
>                    ← COMM 필드의 값이 존재하는 Document 들만으로 인덱스가 생성됩니다.
>
> db.employees.find({comm : 300}).pretty()
>                    ← SPARSE 인덱스가 생성된 필드로 전체 검색을 수행하면
>                      SPARSE 인덱스에 생성되어 있는 Document들 만 출력됩니다.
{
        "_id" : ObjectId("5756831449fa9998ffcbb788"),
        "empno" : 7499,
        "ename" : "ALLEN",
        "job" : "SALESMAN",
        "hiredate" : "20-02-1981",
        "sal" : 1600,
        "comm" : 300,
        "deptno" : 30 }
```

```
>
> db.employees.find({comm : 300}).explain()
{
        "queryPlanner" : {
                "plannerVersion" : 1,
                "namespace" : "test.employees",
                "indexFilterSet" : false,
                "parsedQuery" : {
                        "comm" : {
                                "$eq" : 300
                        }
                },
                "winningPlan" : {
                        "stage" : "FETCH",
                        "inputStage" : {
                                "stage" : "IXSCAN",
                                "keyPattern" : {
                                        "comm" : 1
                                },
                                "indexName" : "comm_1",
                                "isMultiKey" : false,
                                "isUnique" : false,
                                "isSparse" : true,      ← Sparse Index Scan 실행계획
                                "isPartial" : false,
                                "indexVersion" : 1,
                                "direction" : "forward",
                                "indexBounds" : {
                                        "comm" : [
                                                "[300.0, 300.0]"
                                        ]
                                }
                        }
                },
                "rejectedPlans" : [ ]
        },
[중략]
}
> db.employees.dropIndex({ comm : 1 })
{ "nIndexesWas" : 2, "ok" : 1 }
```

3.3.4 Partial 인덱스

일반적인 B*Tree 인덱스는 특정 컬럼을 대상으로 인덱스를 생성하게 됩니다. 대용량 데이터가 저장되어 있는 경우 인덱스의 크기도 상대적으로 클 수밖에 없고 데이터를 검색할 때도 검색 범위가 넓어질 수밖에 없기 때문에 저장 공간의 효율성 및 성능도 떨어질 수밖에 없습니다. 만약 데이터 검색 방법이 특정 컬럼에서 조건을 만족하는 데이터 만 검색하는 것이 아니라 그 조건에서 다시 특정 값만 가진 데이터 들을 추가로 조건 검색하는 경우라면 Partial 인덱스의 생성을 권장합니다. 이 경우 Partial 인덱스를 생성하게 되면 B*Tree 인덱스에 비해 현저히 적은 저장 공간으로 인덱스를 생성할 수 있을 뿐만 아니라 검색 시에도 좁은 범위의 인덱스만을 검색할 수 있기 때문에 보다 빠른 성능이 보장됩니다.

실습 따라하기

```
> db.employees.createIndex( { deptno: 1, ename: 1 },
                                                  { partialFilterExpression: { sal: { $gt: 500} } } )
{
        "createdCollectionAutomatically" : false,
        "numIndexesBefore" : 4,
        "numIndexesAfter" : 5,
        "ok" : 1
}
> db.employees.getIndexes()
[
        {
                "v" : 1,
                "key" : {
                        "_id" : 1
                },
                "name" : "_id_",
                "ns" : "test.employees"
        },
      [중략]
        {
                "v" : 1,
```

```
                "key" : {
                        "deptno" : 1,
                        "ename" : 1
                },
                "name" : "deptno_1_ename_1",
                "ns" : "test.employees",
                "partialFilterExpression" : {
                        "sal" : {
                                "$gt" : 500
                        }
                }
        }
]
> db.employees.find( { deptno: 10, sal: { $gte: 2500 } } ).pretty()
{
        "_id" : ObjectId("5756831549fa9998ffcbb78f"),
        "empno" : 7839,
        "ename" : "PRESIDENT",
        "job" : "CEO",
        "hiredate" : "17-11-1981",
        "sal" : 5000,
        "deptno" : 10,
        "count" : 1
}
> db.employees.find( { deptno: 10, sal: { $gte: 2500 } } ).explain()
{
        "queryPlanner" : {
                "plannerVersion" : 1,
                "namespace" : "test.employees",
                "indexFilterSet" : false,
                "parsedQuery" : {
                        "$and" : [
                                {
                                        "deptno" : {
                                                "$eq" : 10
                                        }
                                },
                                {
                                        "sal" : {
                                                "$gte" : 2500
```

```
                                        }
                                }
                        ]
                },
[중략]
                "rejectedPlans" : [
                        {
                                "stage" : "FETCH",
                                "filter" : {
                                        "sal" : {
                                                "$gte" : 2500
                                        }
                                },
                                "inputStage" : {
                                        "stage" : "IXSCAN",
                                        "keyPattern" : {
                                                "deptno" : 1,
                                                "ename" : 1
                                        },
                                        "indexName" : "deptno_1_ename_1",
                                        "isMultiKey" : false,
                                        "isUnique" : false,
                                        "isSparse" : false,
                                        "isPartial" : true,  ← Partial Index 스캔 실행계획
                                        "indexVersion" : 1,
                                        "direction" : "forward",
                                        "indexBounds" : {
                                                "deptno" : [
                                                        "[10.0, 10.0]"
                                                ],
                                                "ename" : [
                                                        "[MinKey, MaxKey]"
                                                ]
                                        }
                                }
                        }
              [중략]
```

3.3.5 Background 인덱스

INDEX 타입	설 명
Background Index	일반적으로 Index의 생성은 데이터베이스 전체의 성능 지연 현상을 유발시킬 수 있다. V1.3.2부터 Background에서 Index를 생성할 수 있습니다. (예) db.people.createIndex({ idate : 1 }, {background : true })

Covered Index	여러 개의 Field로 생성된 Index를 검색할 때 Index 만의 검색 만으로도 조건을 만족하는 Document를 추출할 수 있는 타입입니다.
	(예)
	`db.users.createIndex( { username : 1, password : 1, roles : 1 } );`
	`db.users.save ( {username: "joe", password: "pass", roles: 2 })`
	`db.users.save ( {username: "liz", password: "pass2", roles: 4 })`
	`db.users.find ( {username: "joe" }, {_id: 0, roles: 1 })`
	`{ "roles" : 2 }`
	`db.users.find ( {username: "joe" }, {_id: 0, roles: 1 }).explain()`
	`{ "cursor" : "BtreeCursor username_1_password_1_roles_1", ...`
	`"indexOnly" : true }`

TTL Index	일정 시점이 지난 인덱스 데이터는 자동 삭제할 수 있다. `db.users.createIndex( { "LogDate": 1 }, { expireAfterSeconds: 3600 } )`
GeoSpatial Index	좌표로 구성되는 2차원 구조로 하나의 Collection에 하나의 2D Index를 생성할 수 있다.(다음 페이지에서 자세히 소개됨)

빅 데이터에 대해 인덱스를 생성하면 그 크기 만해도 몇 백, 몇 GB가 될 만큼 대용량의 인덱스가 생성될 수 있으며 그 인덱스를 생성하는데도 많은 시스템 자원이 요구될 수 밖에 없을 것 입니다. 이것은 시스템의 성능 저하현상을 유발시킬 수 있는 원인이 될 수 도 있는데 이런 문제점을 개선시킬 수 있는 인덱스 유형이 Background 인덱스입니다.

백그라운드 인덱스 생성 명령어를 실행하면 MongoDB는 가장 먼저 시스템 자원을 활용하여 인덱스를 생성 및 재구성 하게 되며 빠른 성능이 보장됩니다. 시스템 자원이 충분하지 않은 서버 환경 또는 빅 데이터 컬렉션에 대한 효율적인 인덱스 생성이 요구되는 서버 환경에서 적절하게 활용할 수 있습니다.

MongoDB 버전 1.3.2부터 Background으로부터 인덱스를 생성할 수 있습니다.

실습 따라하기

```
> db.employees.createIndex({hiredate : 1}, {background : true})  ← Background 인덱스 생성
>
> db.employees.find({ hiredate : "20 - 02 - 1981" })
{
        "_id" : ObjectId("5756831449fa9998ffcbb788"),
        "empno" : 7499,
        "ename" : "ALLEN",
        "job" : "SALESMAN",
        "hiredate" : "20-02-1981",
        "sal" : 1600,
        "comm" : 300,
        "deptno" : 30
}
>
> db.employees.find({ hiredate : "20 - 02 - 1981" }).explain()  ←실행계획으로 확인
{
        "queryPlanner" : {
                "plannerVersion" : 1,
                "namespace" : "test.employees",
                "indexFilterSet" : false,
                "parsedQuery" : {
                        "hiredate" : {
                                "$eq" : "20-02-1981"
                        }
                },
                "winningPlan" : {
                        "stage" : "FETCH",
                        "inputStage" : {
                                "stage" : "IXSCAN",          ← Index 스캔 실행계획
                                "keyPattern" : {
                                        "hiredate" : 1
                                },
                                "indexName" : "hiredate_1",
                                "isMultiKey" : false,
                                "isUnique" : false,
        [중략]
```

3.3.6 Covered 인덱스

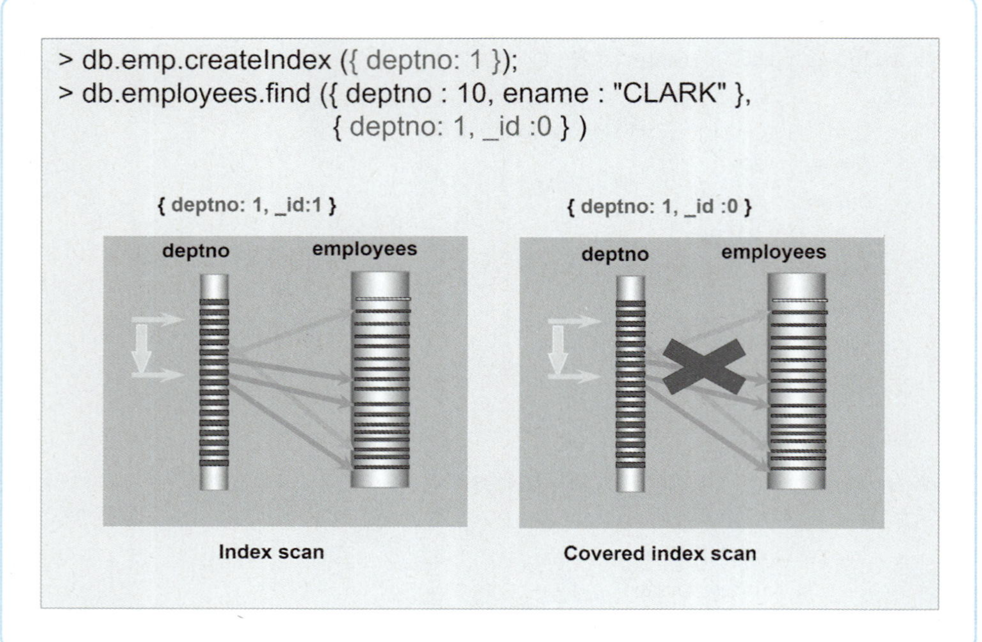

인덱스 스캔의 경우 먼저, 인덱스를 통해 조건을 만족하는 데이터를 검색한 후 컬렉션에 대한 추가 검색을 통해 데이터를 검색하는데 빅 데이터가 저장되어 있는 컬렉션의 경우 이러한 검색 방법은 불필요한 I/O 문제로 인한 성능 지연 현상이 발생할 수도 있습니다.

이런 경우 조건을 만족하는 대상 필드 만으로 COVERED 인덱스를 생성하고 해당 인덱스 만 검색하여 데이터를 검색하게 한다면 보다 빠른 검색도 가능할 수 있습니다.

실습 따라하기

```
> db.employees.dropIndex( { deptno : 1, ename : 1 } )
> db.employees.createIndex( { deptno : 1, ename : 1 } )
> db.employees.find ({ deptno : 10, ename : "CLARK" }, {_id: 0, ename : 1})
{ "ename" : "CLARK" }
```

```
>
> db.employees.find ({ deptno : 10, ename : "CLARK" }, {_id: 0, ename : 1}).explain()
{
        "queryPlanner" : {
                "plannerVersion" : 1,
                "namespace" : "test.employees",
                "indexFilterSet" : false,
                "parsedQuery" : {
                        "$and" : [
                                {
                                        "deptno" : {
                                                "$eq" : 10
                                        }
                                },
                                {
                                        "ename" : {
                                                "$eq" : "CLARK"
                                        }
                                }
                        ]
                },
                "winningPlan" : {
                        "stage" : "PROJECTION",
                        "transformBy" : {              ← Covered Index Scan 실행계획
                                "_id" : 0,
                                "ename" : 1
                        },
                        "inputStage" : {
                                "stage" : "IXSCAN",
                                "keyPattern" : {
                                        "deptno" : 1,
                                        "ename" : 1
                                },
                                "indexName" : "deptno_1_ename_1",
                                "isMultiKey" : false,
                                "isUnique" : false,
                                "isSparse" : false,
```

```
                                        "isPartial" : false,
                                        "indexVersion" : 1,
                                        "direction" : "forward",
                                        "indexBounds" : {
                                                "deptno" : [
                                                        "[10.0, 10.0]"
                                                ],
                                                "ename" : [
                                                        "[\"CLARK\", \"CLARK\"]"
                                                ]
                                        }
                                }
                        },
                                      "CLARK",
                                       "CLARK"
                               ]
                        ]
                }
        }
>
```

결과에서 보는바와 같이 "index Only: true"의 의미는 조건을 만족하는 데이터를 검색하기 위해 해당 인덱스 만을 검색한 것이며 이러한 검색 방법은 컬렉션에 대한 추가 검색을 피할 수 있기 때문에 I/O를 최소화하여 성능을 개선시킬 수 있습니다.

3.3.7 GeoSpatial 인덱스

좌표에 의해 구성되는 2차원 구조로 하나의 Collection에 하나의 2D Index를 생성할 수 있습니다.

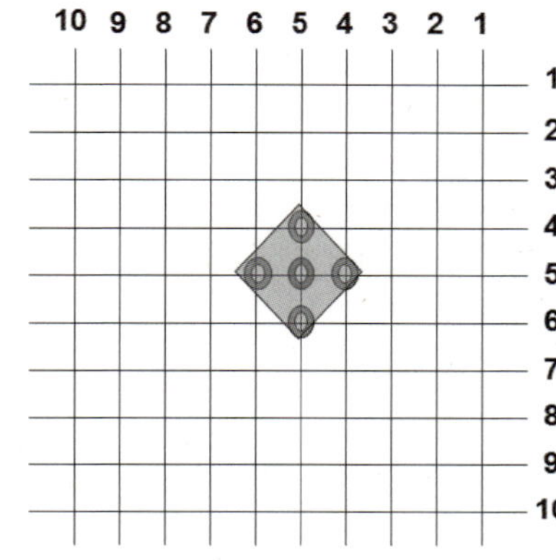


```
> for ( var i = 0; i < 10; i++)
    db.spatial.insert ({
            pos : [ i % 10, Math.floor( i / 10 ) ] } )
> db.spatial.ensureIndex ({ pos : "2d" })
> db.spatial.find({ pos : { $near : [5, 5] } }).limit(5)
{ "pos" : [ 5, 5 ] }
{ "pos" : [ 5, 4 ] }
{ "pos" : [ 4, 5 ] }
{ "pos" : [ 5, 6 ] }
{ "pos" : [ 6, 5 ] }
```

관계형 DBMS 기술이 요구되었던 1980년대에 데이터는 문자, 숫자, 날자 유형이 대부분이었지만 NoSQL이 요구되는 2000년대에는 문자, 숫자, 날자 뿐만 아니라 사진, 음악, 동영상, 지도와 같은 다양한 이미지 데이터에 대한 효율적인 저장과 관리가 요구되어지고 있습니다.

또한, 최근 모바일 장치(스마트 폰, 태블릿 등)를 통한 무선 인터넷 환경이 급속도로 발전하면서 사용자들은 다양한 위치 정보를 검색하는 경우들이 빈번해진 것이 현실입니다.

예를 들어, 오늘 저는 MongoDB 교육을 수강하기 위해 종로에 있는 교육 센터를 방문했습니다. 점심 시간에 식당을 검색하기 위해 스마트 폰 용 애플리케이션을 통해 반경 1 KM 내의 맛 집을 검색하려고 합니다. 이 경우, 현재 좌표 위치를 기준으로 가장 가깝게 등록된 맛 집 좌표를 검색해야 하는데 이런 경우, GeoSpatial 인덱스를 활용할 수 있습니다. GeoSpatial 인덱스는 일반적인 관계형 데이터베이스에는 존재하지 않는 MongoDB 만의 대표적인 특징 중에 하나입니다.

1) $near 비교 연산자

$near 연산자는 해당 좌표를 기준으로 가장 가까운 좌표를 검색할 때 사용되는 인덱스입니다.

실습 따라하기

```
> for ( var i = 0; i < 100; i++) db.spatial.insert ({pos : [ i % 10, Math.floor( i / 10 ) ] } )
>
> db.spatial.ensureIndex ({ pos : "2d" })                ← 2D 인덱스 생성
> db.spatial.find({ pos : { $near : [5, 5] } }).limit(5)  ← 좌표기준 가장 가까운 좌표 5개
{ "_id" : ObjectId("5758e2c37038b604e93190fd"), "pos" : [ 5, 5 ] }
{ "_id" : ObjectId("5758e2c37038b604e93190fc"), "pos" : [ 4, 5 ] }
{ "_id" : ObjectId("5758e2c37038b604e9319107"), "pos" : [ 5, 6 ] }
{ "_id" : ObjectId("5758e2c37038b604e93190f3"), "pos" : [ 5, 4 ] }
{ "_id" : ObjectId("5758e2c37038b604e93190fe"), "pos" : [ 6, 5 ] }
```

2) $center 비교 연산자

$center 연산자는 해당 좌표를 기준으로 가장 가까운 원형 좌표를 검색할 때 사용되는 인덱스입니다.

실습 따라하기

```
> db.spatial.find( { pos : { $within : { $center : [  [5, 5], 2 ] }}}, { _id : 0 })
{ "pos" : [ 4, 4 ] }
{ "pos" : [ 3, 5 ] }
{ "pos" : [ 4, 5 ] }
{ "pos" : [ 5, 3 ] }
{ "pos" : [ 5, 4 ] }
{ "pos" : [ 5, 5 ] }
{ "pos" : [ 4, 6 ] }
{ "pos" : [ 5, 6 ] }
{ "pos" : [ 5, 7 ] }
{ "pos" : [ 6, 4 ] }
{ "pos" : [ 6, 5 ] }
{ "pos" : [ 7, 5 ] }
{ "pos" : [ 6, 6 ] }
```

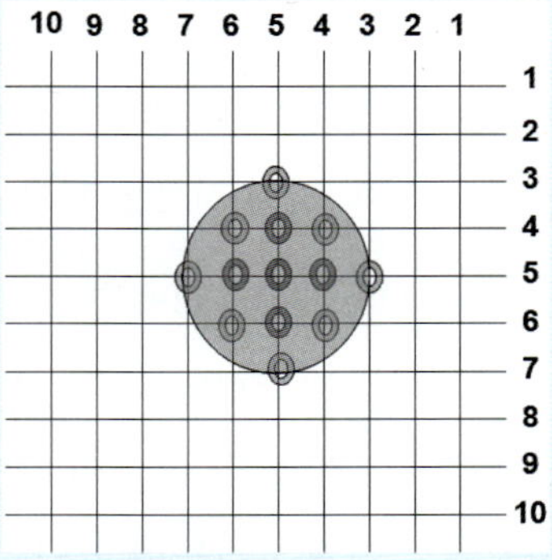

3) $box 비교 연산자

$box 연산자는 해당 좌표를 기준으로 가장 가까운 Box형 좌표를 검색할 때 사용되는 인덱스입니다.

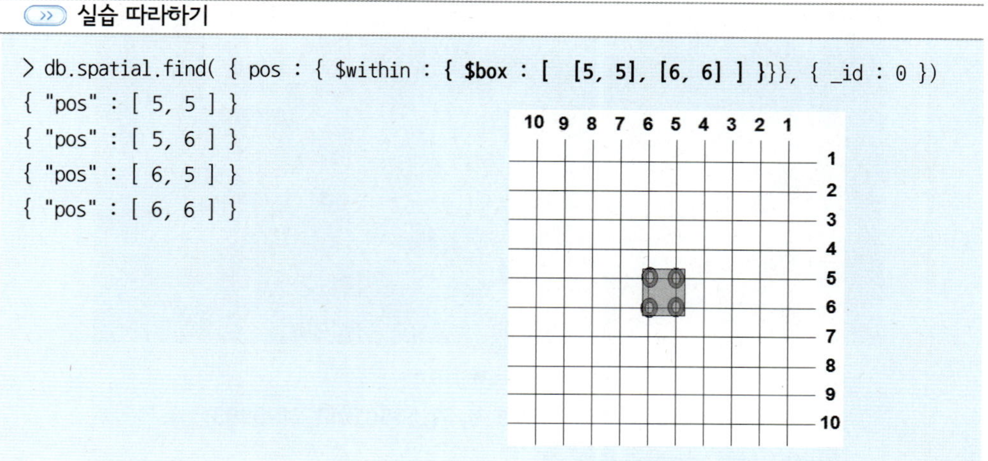

실습 따라하기

```
> db.spatial.find( { pos : { $within : { $box : [  [5, 5], [6, 6] ] }}}, { _id : 0 })
{ "pos" : [ 5, 5 ] }
{ "pos" : [ 5, 6 ] }
{ "pos" : [ 6, 5 ] }
{ "pos" : [ 6, 6 ] }
```

4) $polygon 비교 연산자

$polygon 연산자는 해당 좌표를 기준으로 가장 가까운 다면형 좌표를 검색할 때 사용되는 인덱스입니다.

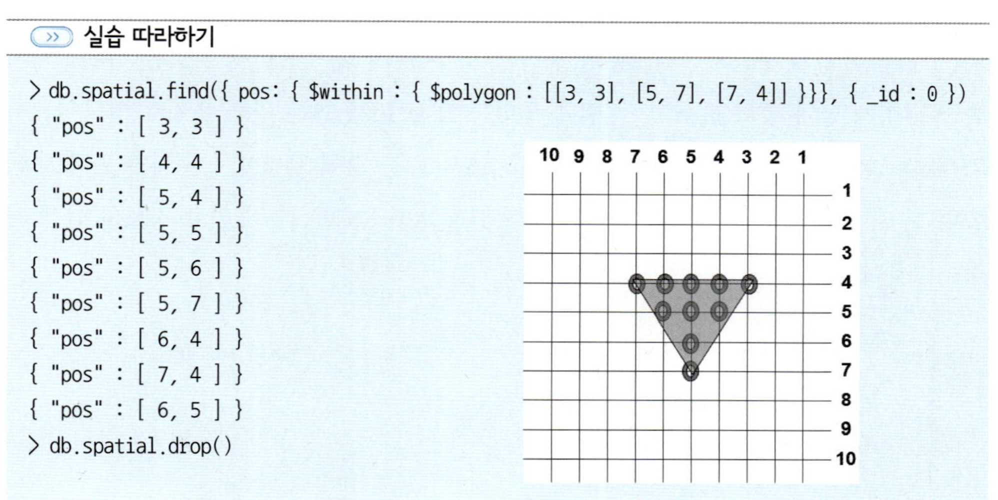

실습 따라하기

```
> db.spatial.find({ pos: { $within : { $polygon : [[3, 3], [5, 7], [7, 4]] }}}, { _id : 0 })
{ "pos" : [ 3, 3 ] }
{ "pos" : [ 4, 4 ] }
{ "pos" : [ 5, 4 ] }
{ "pos" : [ 5, 5 ] }
{ "pos" : [ 5, 6 ] }
{ "pos" : [ 5, 7 ] }
{ "pos" : [ 6, 4 ] }
{ "pos" : [ 7, 4 ] }
{ "pos" : [ 6, 5 ] }
> db.spatial.drop()
```

5) $centerSphere 비교 연산자

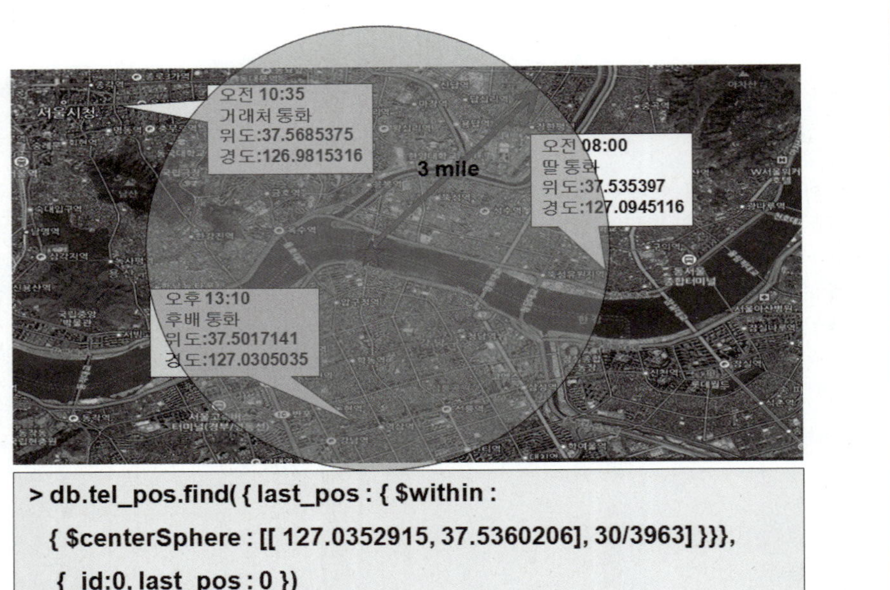

다음 예제는 Multi-Location Document의 데이터 검색과 관련된 예제입니다.

저는 오늘 아침에 출근하면서 3통의 전화를 사용했습니다. 첫 번째 통화는 아침 8시에 출근길에 제 딸과 통화를 했고 두 번째 통화는 오전 10시 35분 경에 을지로 입구역에서 거래처와 통화를 했고 세 번째 통화는 오후 13시 10분 경에 강남에서 후배와 통화를 했습니다. 각 위치의 통화 내역은 다음과 같이 TEL_POS Collection에 좌표 정보와 함께 저장되었습니다.

실습 따라하기

```
> db.tel_pos.save ({ mobile_no : "01038641858",
                     last_pos  : [[ 127.0945116, 37.5353970],   ← 오전 08:00 통화내역
                                  [ 126.9815316, 37.5685375],   ← 오전 10:35 통화내역
                                  [ 127.0305035, 37.5017141]]}) ← 오후 13:10 통화내역
> db.tel_pos.save ({ mobile_no : "01075993678",
                     last_pos  : [[ 127.1353452, 37.4576521],
                                  [ 127.1359081, 37.4512311],
                                  [ 125.7823091, 36.3339801]]})
> db.tel_pos.save ({ mobile_no : "01071229021",
                     last_pos  : [[ 126.3411234, 36.1098761],
                                  [ 124.3410922, 37.3409901],
                                  [ 127.2223331, 37.0912090]]})
>
> db.tel_pos.ensureIndex({ last_pos : "2d" })   ← 2D 인덱스를 생성
```

다음은 성수대교 좌표 [127.0352915, 37.5360206]를 기준으로 반경 3 Mile 이내(30/3963)에서 통화했던 내역을 검색 합니다.

$centerShpere 연산자의 경우에는 해당 좌표를 기준으로 3 Mile 내의 좌표를 검색하기 때문에 반드시 $within 연산자와 함께 검색해야 하며 중복 조건을 만족하는 경우에는 오직 하나의 Document 결과만을 리턴합니다.

실습 따라하기

```
> db.tel_pos.find( { last_pos : { $within :
                   { $centerSphere : [[ 127.0352915, 37.5360206], 30/3963] }}},
                   { _id : 0, mobile_no : 1, last_pos : 1 }).pretty()
{
        "mobile_no" : "01038641858",
        "last_pos" : [
                      [
                        127.0945116,
                        37.535397
                      ],
                      [
                       126.9815316,
```

```
                                37.5685375
                              ],
                              [
                                127.0305035,
                                37.5017141
                              ]
                            ]
}
{       "mobile_no" : "01075993678",
        "last_pos" : [
                [
                        127.1353452,
                        37.4576521
                ],
                [
                        127.1359081,
                        37.4512311
                ],
                [
                        125.7823091,
                        36.3339801
                ]
        ]
}
>
```

6) $nearSphere 비교 연산자

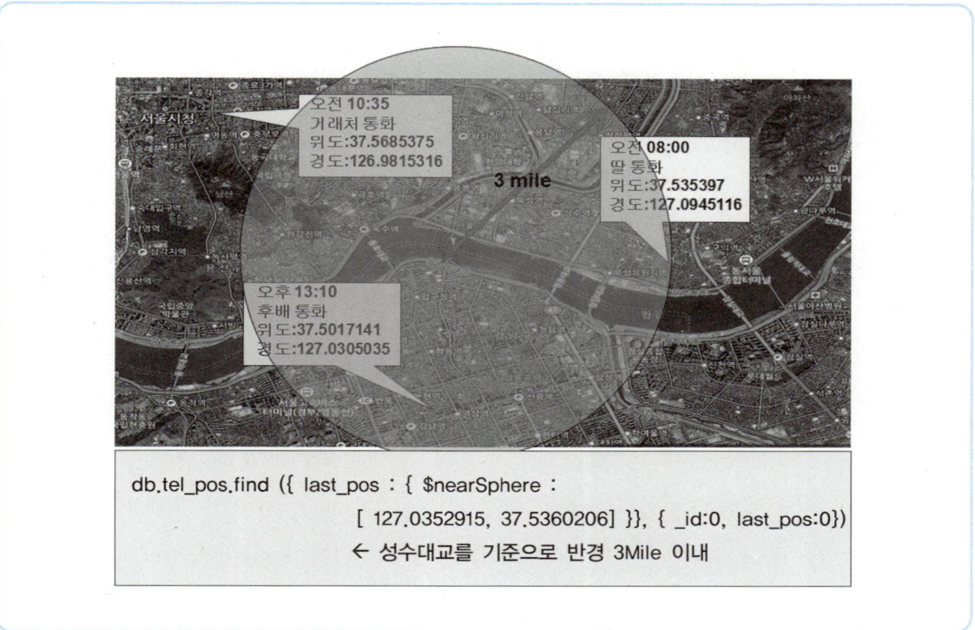

다음은 성수대교 좌표 [127.0352915, 37.5360206]를 기준으로 가장 가까운 곳에서 통화했던 내역을 검색 합니다. $nearShpere 연산자의 경우에는 중복 조건을 만족하는 도큐멘트가 여러 개인 경우에는 모든 결과를 리턴 합니다.

실습 따라하기

```
> db.tel_pos.find( { last_pos :
                   { $nearSphere : [ 127.0352915, 37.5360206] }},
                   { _id : 0, mobile_no : 1, last_pos : 1 }).limit(2).pretty()
{
        "mobile_no" : "01038641858",
        "last_pos" : [
                [
                        127.0945116,
                        37.535397
```

```
                ],
                [
                        126.9815316,
                        37.5685375
                ],
                [
                        127.0305035,
                        37.5017141
                ]
        ]
}
{
        "mobile_no" : "01075993678",
        "last_pos" : [
                [
                        127.1353452,
                        37.4576521
                ],
                [
                        127.1359081,
                        37.4512311
                ],
                [
                        125.7823091,
                        36.3339801
                ]
        ]
}
> db.tel_pos.drop()
```

3.3.8 GeoMetry 인덱스

. **geoJSON**은 직선 또는 곡선의 교차에 의하여 이루어지는 추상적인 구조나 다각형**(Polygon)**과 같은 기하학**(geoMetry)** 구조를 일컫는 말이다.

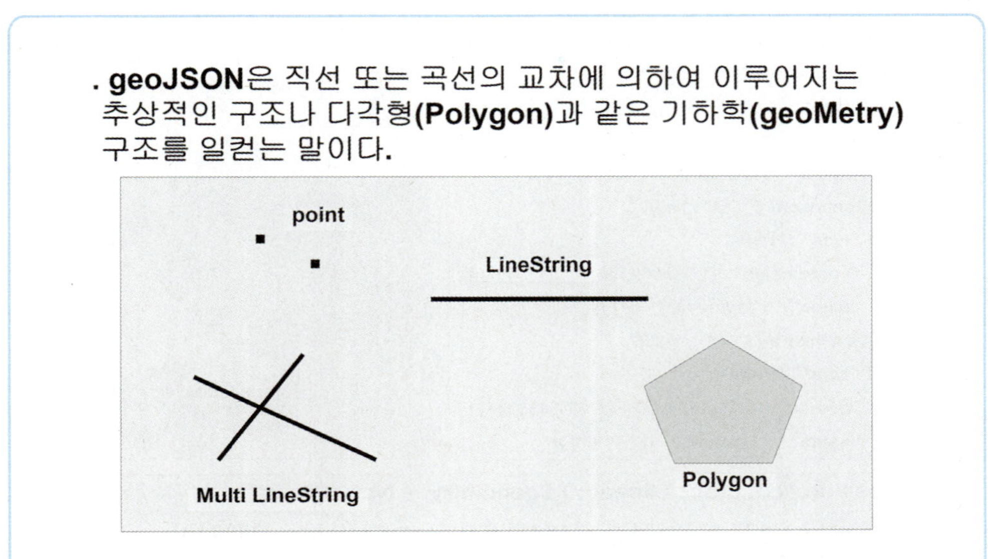

MongoDB에서 geoJSON은 직선 또는 곡선의 교차에 의하여 이루어지는 추상적인 구조나 다각형과 같은 기하학(geometry) 구조를 일컫는 말이며 이러한 구조에 만들어지는 인덱스 구조를 geometry 인덱스라고 합니다.

여기서,geometry에 대한 개념을 좀 더 자세히 알아보도록 하겠습니다. 위 그림을 보면 두 개의 포인트를 보실 수 있을 것입니다. 각 포인터가 가지고 있는 의미는 무엇일까요 ? 예를 들어, 내가 자주 다니는 단골 식당의 위치라고 말하는 사람도 있을 수 있고, 내가 근무하고 있는 회사 위치와 집이라고 말하는 사람도 있을 것 입니다. 또한, 교차된 2개의 선분과 하나의 선분 그리고 다각형이 가지고 있는 의미까지…. 이와 같이, 각각의 추상 구조가 의미하는 구체적인 설명을 듣지 않고서는 그 의미를 정확히 파악한다는 것은 결코 쉬운 일이 아닐 것입니다. MongoDB에서 제공하는 GeoMetry 인덱스는 3가지 타입을 제공합니다.

1) Point Type

```
db.position.ensureIndex({ loc : "2dsphere"})
db.position.insert( { "_id" : "m91",
"loc" : { "type" : "Point",
        "coordinates" : [127.0980748, 37.5301218] },
        "name" : [ "name=동서울터미널" ] })
db.position.insert( { "_id" : "m90",
"loc" : { "type" : "Point",
        "coordinates" : [127.0952154, 37.5398467] },
        "name" : [ "name=강변역"] })
db.position.insert( { "_id" : "m89",
"loc" : { "type" : "Point",
        "coordinates" : [127.0742172, 37.5419541] },
        "name" : [ "name=건대입구역" ] })
```



```
db.position.find( { loc : { $near : { $geometry : { type : "Point" ,
 coordinates: [127.1058431, 37.5164113] }}, $maxDistance : 2000 } })
```

먼저, Point Type의 GeoMetry 인덱스에 대해 알아보겠습니다.

위 그림의 오른쪽 지도를 보면 4개의 포인터 정보를 확인하실 수 있을 것입니다. 한강을 기준으로 아래 별표 지점(잠실역)부터 한강 북쪽 별표 지점(동서울터미널, 강변역, 건대역)의 각 위치 좌표는 아래와 같습니다.

잠실역　경도 = 37.5164113, 위도 = 127.1058431
강변역　경도 = 37.5398467, 위도 = 127.0952154
동서울　경도 = 37.5301218, 위도 = 127.0980748
건대역　경도 = 37.5419541, 위도 = 127.0742172

여기서, 4개의 좌표(포인터) 중에 잠실역을 기준 좌표로 했을 때 2 km 범위 내의 포함되는 좌표(포인터)를 검색하려면 다음과 같은 문장을 실행할 수 있습니다.

```
db.position.find( { loc :
{ $near :
{ $geometry :
 { type       : "Point" ,                          ← 포인터 타입
   coordinates: [127.1058431, 37.5164113] }},      ← 잠실역 좌표
   $maxDistance : 2000 } }).pretty()               ← 2000 m (2 Km)
```

그럼, 실습 예제를 통해 구체적으로 알아보겠습니다.

실습 따라하기

```
> db.position.drop()
> db.position.ensureIndex({ loc : "2dsphere"})

> db.position.insert( { "_id" : "m239092", "data_type" : NumberLong(1),
                                  "loc" : { "type" : "Point",
                                  "coordinates" : [127.1058431, 37.5164113] },
                                  "pos_name"  : [ "name=잠실역 2호선",
                                  "trans_type=지하철" ] })
> db.position.insert( { "_id" : "m239091", "data_type" : NumberLong(1),
                                  "loc" : { "type" : "Point",
                                  "coordinates" : [127.0980748, 37.5301218] },
                                  "pos_name"  : [ "name=동서울 터미널",
                                  "trans_type=버스터미널" ] })
> db.position.insert( { "_id" : "m239090", "data_type" : NumberLong(1),
                                  "loc" : { "type" : "Point",
                                  "coordinates" : [127.0952154, 37.5398467] },
                                  "pos_name"  : [ "name=강변역 2호선",
                                  "trans_type=지하철" ] })
> db.position.insert( { "_id" : "m239089", "data_type" : NumberLong(1),
                                 "loc" : { "type" : "Point",
                                 "coordinates" : [127.0742172, 37.5419541] },
                                 "pos_name"  : [ "name=건국대학역 2호선",
                                 "trans_type=지하철" ] })

> db.position.find( { loc : { $near :
                                    { $geometry : { type : "Point" ,
                                      coordinates: [127.1058431, 37.5164113] },
                                      $maxDistance : 2000 } } }).pretty()
{
```

```
        "_id" : "m239092",
        "data_type" : NumberLong(1),
        "loc" : {
                "type" : "Point",
                "coordinates" : [
                        127.1058431,
                        37.5164113
                ]
        },
        "pos_name" : [
                "name=잠실역 2호선",
                "trans_type=지하철"
        ]
}
{
        "_id" : "m239091",
        "data_type" : NumberLong(1),
        "loc" : {
                "type" : "Point",
                "coordinates" : [
                        127.0980748,
                        37.5301218
                ] },
        "pos_name" : [
                "name=동서울 터미널",
                "trans_type=버스터미널"     ]}

> db.position.find( { loc : { $near :
                                    { $geometry : { type : "Point" ,
                                      coordinates: [127.1058431, 37.5164113] },
                                      $maxDistance : 3000 } } }).pretty() ← 3 Km 범위 검색
{
        "_id" : "m239092",
        "data_type" : NumberLong(1),
        "loc" : {
                "type" : "Point",
                "coordinates" : [
                        127.1058431,
                        37.5164113
                ]
```

```
        },
        "pos_name" : [
                "name=잠실역 2호선",
                "trans_type=지하철"
        ]
}
{
        "_id" : "m239091",
        "data_type" : NumberLong(1),
        "loc" : {
                "type" : "Point",
                "coordinates" : [
                        127.0980748,
                        37.5301218
                ]
        },
        "pos_name" : [
                "name=동서울 터미널",
                "trans_type=버스터미널"
        ]
}
{
        "_id" : "m239090",
        "data_type" : NumberLong(1),
        "loc" : {
                "type" : "Point",
                "coordinates" : [
                        127.0952154,
                        37.5398467
                ]
        },
        "pos_name" : [
                "name=강변역 2호선",
                "trans_type=지하철"
        ]
}
```

2) LineString Type

```
db.position.ensureIndex({ loc : "2dsphere"})
db.position.insert( {
"_id" : "w34284",
"loc" : { "type" : "LineString",
"coordinates" : [ [127.1058431, 37.5164113],
                  [127.0846600, 37.5120906],
                  [127.0740075, 37.5133497],
                  [127.0847829, 37.5105344]] },
"pos_name"   :
        [ "start_name=SamSung Station",
          "route1=Complex Stadium Station",
          "route2=SinCheon Station",
          "end_name=JamSil Station" ] })
```

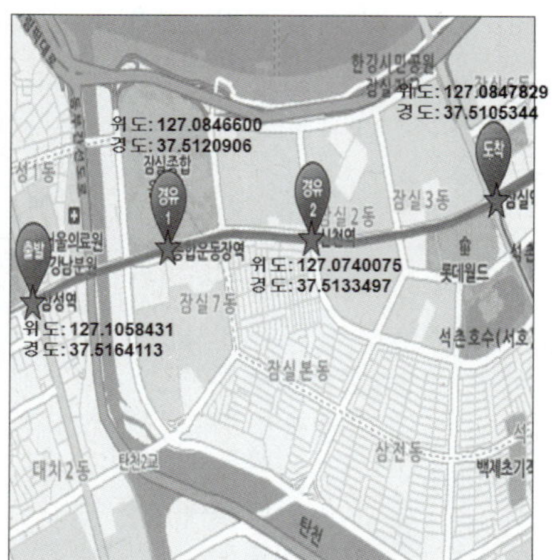


```
db.position.find( { loc : { $geoIntersects : { $geometry : { type : LineString" ,
   coordinates: [ [127.1058431, 37.5164113], [127.0847829, 37.5105344]]}}}})
```

다음은 LineString Type의 GeoMetry 인덱스에 대해 알아보겠습니다.

위 그림의 오른쪽 지도를 보면 4개의 포인터 정보를 확인하실 수 있을 것 입니다.

가장 왼쪽에 삼성역 인근 좌표가 출발 지점이고 도착지점은 가장 오른쪽에 있는 잠실역 인근 좌표입니다. 출발 지점과 도착 지점 사이에는 경유 1과 경유 2를 통해 도착 지점에 갈 수 있는 선분(LinsString) 정보를 가지고 있습니다.

다음은 이동하게 될 경로 상의 좌표정보 입니다.

삼성역 인근좌표 경도 = 37.5105344, 위도 = 127.0847829
경로1 경도 = 37.5133497, 위도 = 127.0740075 ← 종합운동장역 인근 좌표
경로2 경도 = 37.5120906, 위도 = 127.0846600 ← 신천역 인근 좌표
잠실역 인근좌표 경도 = 37.5164113, 위도 = 127.1058431

다음은, 삼성역 인근 지점에서 출발하여 잠실역 인근 지점까지 도착하는 코스로 이동했을 때 해당 선분에 위치하고 있는 지하철 역을 검색하는 문장입니다.

```
db.position.find( { loc :
                  { $geoIntersects :
                    { $geometry :
                      { type : "LineString" ,
                        coordinates: [ [127.1058431, 37.5164113],        ← 잠실역
                                       [127.0846600, 37.5120906],        ← 신천역
                                       [127.0740075, 37.5133497],        ← 종합운동장역
                                        [127.0847829, 37.5105344]        ← 삼성역
                                     ]
                } } } } ).pretty()
```

그럼, 실습 예제를 통해 구체적으로 알아 보겠습니다.

실습 따라하기

```
> db.position.insert( { "_id" : "m239093", "data_type" : NumberLong(1),
                        "loc" : { "type" : "Point",
                        "coordinates" : [127.0846600, 37.5120906] },
                        "pos_name"  : [ "name=신천역 2호선",
                        "trans_type=지하철" ] })
> db.position.insert( { "_id" : "m239094", "data_type" : NumberLong(1),
                        "loc" : { "type" : "Point" ,
                        "coordinates" : [127.0740075, 37.5133497] },
                        "pos_name"  : [ "name=종합운동장역 2호선",
                        "trans_type=지하철" ] })
> db.position.insert( { "_id" : "m239095", "data_type" : NumberLong(1),
                        "loc" : { "type" : "Point",
                        "coordinates" : [127.0847829, 37.5105344] },
                        "pos_name"  : [ "name=삼성역 2호선",
                        "trans_type=지하철" ] })

> db.position.createIndex({ loc : "2dsphere"})
>
> db.position.find( { loc :
                    { $geoIntersects :
```

```
                 { $geometry :
                   { type : "LineString" ,
                     coordinates: [ [127.1058431, 37.5164113],
                                    [127.0846600, 37.5120906],
                                    [127.0740075, 37.5133497],
                                    [127.0847829, 37.5105344]
                                  ]
             } } } } ).pretty()
{
        "_id" : "m239094",
        "data_type" : NumberLong(1),
        "loc" : {
                "type" : "Point",
                "coordinates" : [
                        127.0740075,     ← 종합운동장역 좌표
                        37.5133497
                ]
        },
        "pos_name" : [
                "name=Complex Stadium Station 2 Line",
                "trans_type=Subway"
        ]
}
{
        "_id" : "m239092",
        "data_type" : NumberLong(1),
        "loc" : {
                "type" : "Point",
                "coordinates" : [
                        127.1058431,     ← 잠실역 좌표
                        37.5164113
                ]
        },
        "pos_name" : [
                "name=JamSil Station 2 Line",
                "trans_type=Subway"
        ]
}
{
        "_id" : "m239093",
```

```
        "data_type" : NumberLong(1),
        "loc" : {
                "type" : "Point",
                "coordinates" : [
                        127.08466,        ← 신천역 좌표
                        37.5120906
                ]
        },
        "pos_name" : [
                "name=ShinCheon Station 2 Line",
                "trans_type=Subway"
        ]
}
{
        "_id" : "m239095",
        "data_type" : NumberLong(1),
        "loc" : {
                "type" : "Point",
                "coordinates" : [
                        127.0847829,      ← 삼성역 좌표
                        37.5105344
                ]
        },
        "pos_name" : [
                "name=SanSung Station 2 Line",
                "trans_type=Subway"
        ]
}
```

3) Polygon Type

```
db.position.insert( { "_id" : "p12987",
"loc" : { "type" : "Polygon",
"coordinates" : [[[127.1261076, 37.5191452],
                  [127.1220412, 37.5221428],
                  [127.1224733, 37.5239739],
                  [127.1269535, 37.5231093],
                  [127.1290333, 37.5179105],
                  [127.1239271, 37.5116750],
                  [127.1261076, 37.5191452]]]
                  },
"pos_name"    : [ "add_name=올림픽 공원",
                  "add_type=공원" ] })
```

```
db.polygon.find({ "loc" : { $geoWithin : { $geometry : { "type" : "Polygon",
"coordinates":[[[127.1261076,37.5191452]... [127.1239271,37.5116750]]] } } } })
```

다음은 Polygon Type의 GeoMetry 인덱스에 대해 알아보겠습니다.

위 그림의 오른쪽 지도는 올림픽 공원 지역을 나타내고 있으며 6개의 좌표로 구획된 다각형(Polygon) 지리 정보를 확인하실 수 있을 것 입니다.

가장 첫 번째 좌표, 몽촌토성역을 시작으로 총 6개의 좌표 정보는 다음과 같습니다.

경도 = 37.5191452, 위도 = 127.1261076 ← 몽촌토성역 좌표
경도 = 37.5221428, 위도 = 127.1220412
경도 = 37.5239739, 위도 = 127.1224733
경도 = 37.5231093, 위도 = 127.1269535
경도 = 37.5179105, 위도 = 127.1290333
경도 = 37.5116750, 위도 = 127.1239271

총 6개의 좌표로 구성된 올림픽 공원 내에 배치되어 있는 시설물 중에 올림픽 수영장의 위치 정보를 검색하려면 다음과 같은 문장을 실행할 수 있습니다.

그럼, 실습 예제를 통해 구체적으로 알아보겠습니다. 먼, 올림픽 공원 내에 배치되어 있는 2개의 시설물 정보를 입력해 보겠습니다.

실습 따라하기

```
경도 = 37.5140978, 위도 = 127.126178    ← 올림픽 수영장
경도 = 37.5239739] 위도 = 127.1224733   ← 카페

> db.position.insert( { "_id" : "m12901",
                        "loc" : { "type" : "Point",
                                  "coordinates" : [ 127.1224733, 37.5239739] },
                        "pos_name"  : [ "add_name=올림픽 수영장",
                                        "add_type=Public Sport" ]
                      })
>
> db.position.insert( { "_id" : "m12902",
                        "loc" : { "type" : "Point",
                                  "coordinates" : [127.126178, 37.5140978] },
                        "pos_name"  : [ "add_name=카페",
                                        "add_type=Resturant" ]
                    })
> db.position.find({ "loc" :
                  { $geoWithin :
                    { $geometry :
                      { "type" : "Polygon",
                        "coordinates" : [[[127.1261076, 37.5191452],    ← 몽촌토성역 좌표
                                          [127.1220412, 37.5221428],
                                          [127.1224733, 37.5239739],
                                          [127.1269535, 37.5231093],
                                          [127.1290333, 37.5179105],
                                          [127.1239271, 37.5116750],
                                          [127.1261076, 37.5191452] ]] ← 몽촌토성역 좌표
                  } } } }).pretty()
{
        "_id" : "m12902",
        "loc" : {
```

```
			"type" : "Point",
			"coordinates" : [
				127.1224733,
				37.5239739
			]
		},
		"pos_name" : [  "add_name=카페",
				"add_type=Resturant"
		]
}
```

← 카페의 위치 정보는 6개의 좌표로 구성된 다각형(Polygon) 외에 위치하고 있는 시설물이기 때문에 검색 결과에서 누락된 것 입니다.

잠깐 GeoMetry 인덱스의 활용 범위

앞서 소개해 드린 3가지 유형의 GeoMetry 인덱스는 MongoDB 2.4 버전부터 제공되었으며 기존의 관계형 데이터베이스에서 일부 제공되었던 위치 정보 기반의 데이터 저장 방법보다 저장과 검색이 용이한 장점을 가지고 있으며 Open Source와 비용 절감의 장점까지 더 한다면 그 활용 범위는 보다 광범위할 것으로 판단됩니다.

3.3.9 wildCard Index

다음은 MongoDB 4.2에서 새롭게 추가된 wildcard Index입니다. MongoDB는 동적인 스키마 구조(Dynamic Schema)를 제공하기 때문에 애플리케이션 레벨에서 어떤 필드를 어떤 조건으로 검색하게 될지 알 수 없는 경우가 종종 발생합니다. (기존 관계형 DB 경우에는 하나의 테이블은 정형화된 컬럼들로 설계되기 때문에 검색 컬럼을 개발자가 알 수 있습니다.) 하지만 MongoDB 경우에는 비정형 데이터구조이기 때문에 알 수 없으며 유연성 있는 데이터 검색을 위해 Wildcard Index를 제공합니다.

다음은 wildcard index의 주요 특징입니다.

- Wildcard Index는 MongoDB 4.2 버전부터 제공됩니다.
- compound, unique, 2d, 2dsphere, TTL, Text index 유형에는 생성할 수 없습니다.
- featureCompatibilityVersion(기능호환버전)이 설정되어야 wildcard index를 생성할 수 있습니다.
- _id 필드를 제외한 모든 필드에 wildcard index를 생성할 수 있습니다.
- 여러 특정 필드에 wildcard index를 생성할 때는 "wildcardProjection" 옵션절을 사용합니다.
- 하나의 컬렉션에 여러 개의 wildcard index를 생성할 수 있습니다.
- Wildcard index는 sparse index 타입으로 생성됩니다.

실습 따라하기

```
> db.product.drop()
> db.product.insert( { p_code       :  518,
                       p_category    : {
                              p_category_top     : '스포츠',
                              p_category_middle  : '자전거',
                              p_category_bottom  : '전기자전거' ,
                              p_detail            : {
                                     p_name            : '베리벨로프라임' ,
                                     p_unit             : 'EA',
                                     p_inventory_status : 'Y' }
```

```
                                    },
                   p_text_explain     : 'MTB / 프레임: 알루미늄 / 기어: 21단 ' })
> db.product.insert( { p_code         :  933,
                  p_category     : {
                                p_category_top      : '가전',
                                p_category_middle   : '생활',
                                p_category_bottom   : '세탁기',
                                p_detail            : {
                                               p_name           : '트롬17',
                                               p_color           : 'Silver',
                                               p_inventory_status : 'Y' }
                                    },
                   p_text_explain     : 'Drum / 세탁전용 / 세탁용량: 17kg ' })

> db.product.createIndex( { "p_category.$**" : 1 } )     ← wildcard Index 생성
{
        "raw" : {
                "rpt3/localhost:50001,localhost:50002" : {
                        "createdCollectionAutomatically" : false,
                        "numIndexesBefore" : 1,
                        "numIndexesAfter" : 2,
                        "ok" : 1
                }
        },
        "ok" : 1,
        "operationTime" : Timestamp(1560235286, 2),
        "$clusterTime" : {
                "clusterTime" : Timestamp(1560235286, 2),
                "signature" : {
                        "hash" : BinData(0,"AAAAAAAAAAAAAAAAAAAAAAAAAAA="),
                        "keyId" : NumberLong(0)
                }
        }
}
> db.product.createIndex( { "$**" : 1 },              ← wildcard Index 생성
 { "wildcardProjection" : { "p_category" : 0,
"p_detail.p_color" :  0 } } )
{
        "raw" : {
                "rpt3/localhost:50001,localhost:50002" : {
```

```
                "createdCollectionAutomatically" : false,
                "numIndexesBefore" : 2,
                "numIndexesAfter" : 3,
                "ok" : 1
            }
        },
        "ok" : 1,
        "operationTime" : Timestamp(1560236466, 2),
        "$clusterTime" : {
            "clusterTime" : Timestamp(1560236466, 2),
            "signature" : {
                "hash" : BinData(0,"AAAAAAAAAAAAAAAAAAAAAAAAAAA="),
                "keyId" : NumberLong(0)
            }
        }
}
```

3.4 사용자 생성과 관리

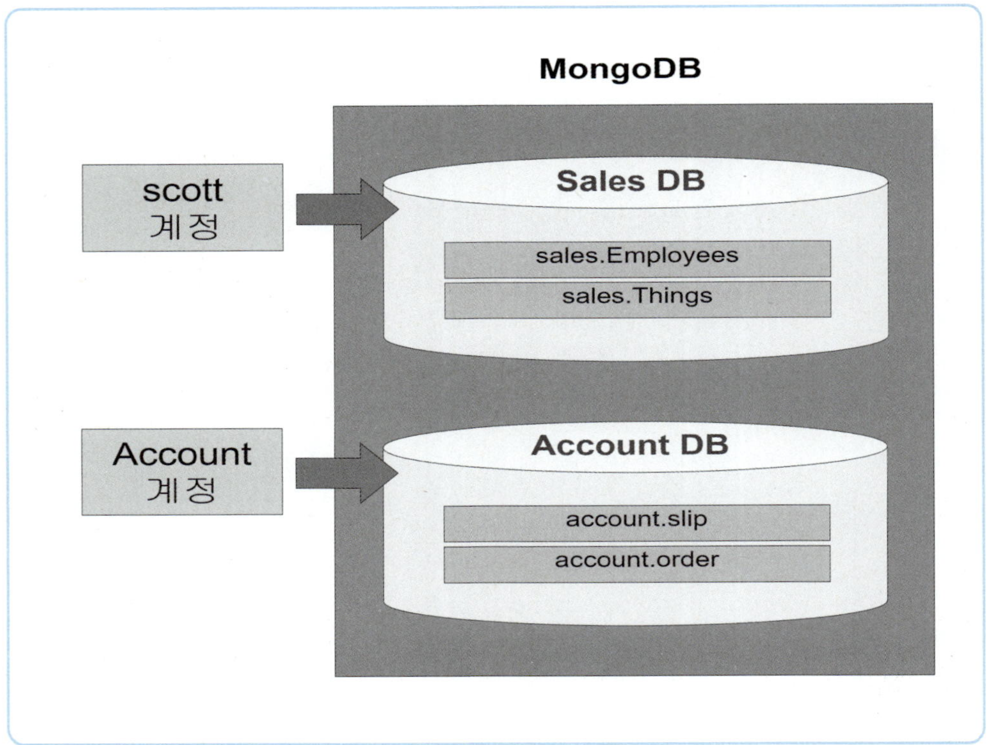

다음은 MongoDB에서 사용자를 생성하고 관리하는 방법에 대해 알아보도록 하겠습니다. 관계형 데이터베이스에서 스키마(SCHEMA)는 데이터베이스 내에서 생성되는 테이블과 인덱스의 이름을 결정하는 기준이 되기도 하는데 이를 스키마 구조라고 합니다. 예를 들어, SALES.EMPLOYEES는 SALES 사용자가 생성한 EMPLOYEES 테이블을 의미합니다. 하지만, MongoDB는 관계형 DBMS와는 달리 스키마 구조를 제공하지 않습니다. 사용자 계정은 데이터베이스에 접속한 사용자가 데이터를 입력, 수정, 삭제, 조회할 수 있는 인가된 사용자인지 아닌지 여부를 판단하는 인증 기준으로 만 사용될 뿐 컬렉션의 이름을 결정하는 것과는 전혀 상관없이 사용됩니다.

다음은 MongoDB에서 제공하는 2가지 인증 방법에 대한 설명이며 첫 번째 방식은 DB 인증 방식입니다.

기존 관계형 DBMS에서는 사용자가 DBMS에 접속하기 위해서 사전에 사용자 ID와 암호를 데이터베이스 내에 생성한 후 접속할 때 인증 받는 방식을 DB 인증 방식이라고 합니다. MongoDB 역시 가장 보편적인 DB 인증 방식을 기본적으로 제공하고 있습니다. 또한, MongoDB 2.4 버전부터 제공되는 롤(Role) 기능을 통해 해당 사용자 계정이 데이터베이스 내에서 어떤 권한으로 어떤 범위의 작업들을 수행할 수 있는지를 제어할 수 있는 기능도 제공하고 있습니다. (“3.5 사용자 권한 롤” 참조)

두 번째는 OS 인증 방식입니다. MongoDB 인스턴스를 시작할 때 —bind_ip 또는 —bind_ip_all 옵션 절을 통해 MongoDB 서버에 접속할 수 있는 클라이언트의 IP-Address를 직접 지정하는 방법이며 MongoDB 2.4 버전부터는 서버에서 발행되는 인증서를 통해 해당 클라이언트가 서버에 접속할 수 있도록 하는 KEROBOS 인증 방식도 있습니다. 이 인증 방식은 MongoDB 인스턴스로 부터 사전에 인증키를 클라이언트에 발급한 후 접속 시 발급된 인증키인지 여부를 확인하는 방법입니다.

먼저, DB 인증 방법을 위한 문법과 실습 따라하기 입니다.

- 문법

```
db.createuser (
{ user : "<name>",
  pwd  : "<cleartext password>",
  customData: { <any information> },
  roles: [ { role: "<role>", db: "<database>" } | "<role>", ... ],
  authenticationRestrictions: [
         { clientSource: ["<IP>" | "<CIDR range>",..]
           serverAddress: ["<IP>" | "<CIDR range>", ...] }, ... ] })
```

■ 예

```
db.createUser( {
         user            : "salesAdmin",
         pwd             : "manager",
         roles: [ { role : "clusterAdmin",    db: "admin" },
                    { role: "readAnyDatabase", db:"sales" },
                     "readWrite"  ] },
         authenticationRestrictions:
                              [{clientSource : ["192.0.2.0"],
                                serverAddress: ["198.51.100.0"] )
```

다음은 DB 인증방식을 위한 실습 따라하기 입니다.

실습 따라하기

```
C:\MONGODB> mongo
Connecting to: test
> use admin
switched to db admin
>
> show users              ← 현재 생성되어 있는 사용자 계정을 출력해 줍니다.
>                           최초 MongoDB 설치하는 사용자 계정이 생성되어 있지 않습니다.
>
> db.createUser({user:"system", pwd:"manager", roles: [ "dbAdminAnyDatabase" ]} )
    Successfully added user                 ← 사용자 ID는 system, 암호는 manager
>
> db = db.getSiblingDB('admin')
admin
> db.shutdownServer()
server should be down...
2017-01-19T14:47:07.444+0900 I NETWORK  [thread1] trying reconnect to 127.0.0.1:27017
(127.0.0.1) failed
2017-01-19T14:47:08.447+0900 W NETWORK  [thread1] Failed to connect to 127.0.0.1:27017,
reason: errno:10061 대상 컴퓨터에서 연결을 거부했으므로 연결하지 못했습니다. 2017-01-19T14:
47:08.448+0900 I NETWORK  [thread1] reconnect 127.0.0.1:27017 (127.0.0.1) failed failed

C:\MONGODB> mongod --dbpath c:\mongodb\test --auth
```

```
2017-06-09T10:02:53.188+0900 I CONTROL  [initandlisten] MongoDB starting : pid=1512
port=27017 dbpath=c:\mongodb\test 64-bit host=JMJ00
2017-06-09T10:02:53.194+0900 I CONTROL  [initandlisten] targetMinOS: Windows
Vista/Windows Server 2008
2017-06-09T10:02:53.197+0900 I CONTROL  [initandlisten] db version v3.4.0
2017-06-09T10:02:53.199+0900 I CONTROL  [initandlisten] git version:
45d947729a0315accb6d4f15a6b06be6d9c19fe7
2017-06-09T10:02:53.202+0900 I CONTROL  [initandlisten] allocator: tcmalloc
2017-06-09T10:02:53.204+0900 I CONTROL  [initandlisten] modules: none
2017-06-09T10:02:53.206+0900 I CONTROL  [initandlisten] build environment:
2017-06-09T10:02:53.209+0900 I CONTROL  [initandlisten] distarch: x86_64
2017-06-09T10:02:53.244+0900 I CONTROL  [initandlisten] target_arch: x86_64
(생략)

C:\MONGODB\BIN> mongo
>
> use admin
switched to db admin
>
> db.auth("system","manager")
1                                   ← ADMIN DB에 대한 system 사용자 권한 인증
>
> show collections
system.roles
system.users
system.version
>
> db.getSiblingDB('test').employees.find().pretty()
Error: error: {
        "ok" : 0,
        "errmsg" : "not authorized on test to execute command { find: \"employees\",
filter: {}, $db: \"test\" }",
        "code" : 13,
        "codeName" : "Unauthorized"
}
← system 계정은 TEST DB의 employees 컬렉션을 검색할 수 있는 권한이 없기 때문에 에러
>
> exit

C:\MONGODB> mongo -u system -p manager1 admin     ← 잘못 입력된 암호로 접속 거부
```

```
MongoDB shell version: 4.2.0
connecting to: admin
2018-06-09T14:32:49.753+0900 E QUERY    [thread1] Error: Authentication failed. :
DB.prototype._authOrThrow@src/mongo/shell/db.js:1395:16
@(auth):6:1
@(auth):1:2
exception: login failed

C:\MONGODB\BIN> mongo -u system -p manager admin ← 정상 접속 가능
MongoDB shell version: 4.2.0
connecting to: admin
>
> show collections
system.roles
system.users
system.version
>
> db.shutdownServer()
server should be down...
2017-01-19T14:47:07.444+0900 I NETWORK  [thread1] trying reconnect to 127.0.0.1:27017
(127.0.0.1) failed
2017-01-19T14:47:08.447+0900 W NETWORK  [thread1] Failed to connect to 127.0.0.1:27017,
reason: errno:10061 대상 컴퓨터에서 연결을 거부했으므로 연결하지 못했습니다. 2017-01-
19T14:47:08.448+0900 I NETWORK  [thread1] reconnect 127.0.0.1:27017 (127.0.0.1) failed
failed
```

다음은 OS 인증 방법에 대한 설명입니다.

--bind_ip 또는 —bind_ip_all 옵션절에 정의된 클라이언트 또는 서버에 대해서 만 제한적으로 접속을 허용하는 방법입니다.

실습 따라하기

```
C:\> ipconfig
Windows IP 구성
무선 LAN 어댑터 Wi-Fi:
   연결별 DNS 접미사. . . . : netis
   링크-로컬 IPv6 주소 . . . : fe80::5092:7cb8:e73e:d13c%15
   IPv4 주소 . . . . . . . .   : 192.168.1.2     ← 현재 클라이언트 IP 확인
   서브넷 마스크 . . . . . . . : 255.255.255.0
   기본 게이트웨이 . . . . . .: 192.168.1.1

C:\> mongod --dbpath c: \mongodb\test --bind_ip 192.168.1.2   ← IP Address 지정
2017-06-09T10:02:53.188+0900 I CONTROL  [initandlisten] MongoDB starting : pid=1512
port=27017 dbpath=c:\mongodb\test 64-bit host=JMJOO
2017-06-09T10:02:53.194+0900 I CONTROL  [initandlisten] targetMinOS: Windows Vista/
Windows Server 2008
2017-06-09T10:02:53.197+0900 I CONTROL  [initandlisten] db version v3.4.0
2017-06-09T10:02:53.199+0900 I CONTROL  [initandlisten] git version:
45d947729a0315accb6d4f15a6b06be6d9c19fe7
2017-06-09T10:02:53.202+0900 I CONTROL  [initandlisten] allocator: tcmalloc
2017-06-09T10:02:53.204+0900 I CONTROL  [initandlisten] modules: none
(생략)

C:\> mongo localhost:27017                    ← localhost로는 OS 인증에 실패한 경우
connecting to: mongodb://localhost:27017/test
2018-01-29T10:48:01.500+0900 W NETWORK  [thread1] Failed to connect to 127.0.0.1:27017
after 5000ms milliseconds, giving up.
2018-01-29T10:48:01.504+0900 E QUERY    [thread1] Error: couldn't connect to server
localhost:27017, connection attempt failed :
connect@src/mongo/shell/mongo.js:251:13
@(connect):1:6
exception: connect failed

C:\>mongo 192.168.1.2:27017                   ← IP-Address를 정확히 지정한 경우
MongoDB shell version v4.2.0
```

```
connecting to: mongodb://192.168.0.14:27017/test
MongoDB server version: 4.2.0
Server has startup warnings:
2018-12-27T05:01:24.941-0700 I CONTROL  [initandlisten]
See http://dochub.mongodb.org/core/wt-windows-system-file-cache
2018-12-27T05:01:24.941-0700 I CONTROL  [initandlisten]
> use admin
> db.shutdownServer()
server should be down...
2017-01-19T14:47:07.444+0900 I NETWORK  [thread1] trying reconnect to 127.0.0.1:27017
(127.0.0.1) failed
2017-01-19T14:47:08.447+0900 W NETWORK  [thread1] Failed to connect to 127.0.0.1:27017,
reason: errno:10061 대상 컴퓨터에서 연결을 거부했으므로 연결하지 못했습니다.
2017-01-19T14:47:08.448+0900 I NETWORK  [thread1] reconnect 127.0.0.1:27017
(127.0.0.1) failed failed

C:\MONGODB> mongod --dbpath c:\mongodb\test

2017-06-09T10:02:53.188+0900 I CONTROL  [initandlisten] MongoDB starting : pid=1512
port=27017 dbpath=c:\mongodb\test 64-bit host=JMJOO
2017-06-09T10:02:53.194+0900 I CONTROL  [initandlisten] targetMinOS: Windows
Vista/Windows Server 2008
2017-06-09T10:02:53.197+0900 I CONTROL  [initandlisten] db version v3.4.0
2017-06-09T10:02:53.199+0900 I CONTROL  [initandlisten] git version:
45d947729a0315accb6d4f15a6b06be6d9c19fe7
2017-06-09T10:02:53.202+0900 I CONTROL  [initandlisten] allocator: tcmalloc
2017-06-09T10:02:53.204+0900 I CONTROL  [initandlisten] modules: none
2017-06-09T10:02:53.206+0900 I CONTROL  [initandlisten] build environment:
2017-06-09T10:02:53.209+0900 I CONTROL  [initandlisten] distarch: x86_64
2017-06-09T10:02:53.244+0900 I CONTROL  [initandlisten] target_arch: x86_64
(생략)
```

3.4.1 passwordPrompt() 메쏘드

MongoDB 4.2에서는 사용자 계정을 생성할 때 암호 값을 직접 입력하지 않고 "Enter passwprd:" 메시지와 함께 "*****"로 처리된 값으로 입력할 수 있습니다.

실습 따라하기

```
> db.createUser( {
              user: "sales",
              pwd: passwordPrompt(),      → 사용자가 직접 설정하지 않음
              roles:[ "readWrite" ]
           } )
Enter password: *****                      → 프롬프트에 암호 입력
Successfully added user: { "user" : “ sales", "roles" : [ "readWrite" ] }
```

3.5 시스템 롤과 사용자 롤

Database User Role	DB Administration Role	Administrative Role	Any Database Role
Aggregate collStats Count dbStats distinct ..... group mapReduce Text cloneCollection convertToCapped create drop() dropIndexes ensureIndex() findAndModify mapReduce renameCollection	<dbAdmin> clean collMod collStats compact convertToCapped create db.createCollection dbStats drop() dropIndexes ensureIndex() indexStats profile reIndex renameCollection <userAdmin>	<clusterAdmin> addShard hostInfo db.currentOp() db.killOp() listDatabases listShards logRotate moveChunk movePrimary ..... shutdown splitChunk splitVector split top touch unsetSharding	read AnyDatabase readAnyWrite-Database userAdminAny-Database dbAdminAny-Database

사용자 계정을 생성하게 되면 해당 사용자가 수행할 수 있는 권한의 범위를 결정해야 하는데 이를 통해 MongoDB 서버의 효율적인 운영과 관리 그리고 적절한 제어가 가능해집니다. MongoDB는 서버를 설치하면 기본적으로 제공되는 시스템 롤과 사용자가 직접 생성해서 사용할 수 있는 사용자 롤, 2가지 유형이 있습니다. 다음은 서버가 제공하는 시스템 롤 4가지 유형입니다.

1) Database User Role

가장 기본적인 권한으로 MongoDB 접속 및 해제할 수 있으며 Create, Update, Delete, Find 작업을 수행할 수 있습니다.

2) DB Administration Role

MongoDB를 기본적으로 관리할 수 있는 권한이 부여됩니다.

3) Administrative Role

DB Administration Role 권한과 더불어 샤드(Shard) 시스템과 복제(Replication) 시스템을 구축 및 관리할 수 있는 권한이 부여됩니다.

4) Any Database Role

MongoDB에서 제공되는 사용자 롤에서 최상위 권한들이 부여됩니다.

다음은 사용자가 직접 생성하는 사용자 롤 관련 문법입니다.

■ 문법

```
db.createRole (
{ role : "<name>",
  privileges:  [ { resource: { <resource> },
  actions: [ "<action>", ... ] }, ... ],
  roles: [ { role: "<role>", db: "<database>" } ¦ "<role>", ... ],
  authenticationRestrictions: [ {
                clientSource: ["<IP>" ¦ "<CIDR range>",
                serverAddress: ["<IP>" ¦ "<CIDR range>", ...] }] })
```

■ 예

```
db.createRole( {
        role       : "myClusterAdmin",
        privileges :
           [ { resource: { cluster: true },
               actions : [ "addShard" ] },
             { resource: { db: "sales", collection: "employees" },
               actions : [ "find", "update", "insert", "remove" ] },
             { resource: { db: “test", collection: "department" },
               actions : [ "update", "insert", "remove" ] },
             { resource: { db: "", collection: "" },
               actions : [ "find" ] } ],
         roles      : [ { role: "read", db: "admin" } ] },
         { w: "majority" , wtimeout: 5000 } )
```

다음은 시스템 롤과 사용자 롤에 대한 실습 따라하기입니다.

실습 따라하기

```
C:\MONGODB> mongo
Connecting to: test
> use admin
switched to db admin
>
> show users               ← 현재 생성되어 있는 사용자 계정을 출력해 줍니다.
{
        "_id" : "admin.system",
        "user" : "system",
        "db" : "admin",
        "roles" : [
                {
                        "role" : "dbAdminAnyDatabase",
                        "db" : "admin"
                }
        ]
}
>
> db.system.users.find()
{
        "_id" : "admin.system",
        "user" : "system",
        "db" : "admin",
        "credentials" : {
                "SCRAM-SHA-1" : {
                        "iterationCount" : 10000,
                        "salt" : "AY2w/o4iHe0E17kDSPZLMg==",
                        "storedKey" : "jM/uaBsShxgwAehW3Vx/2rVUPhk=",
                        "serverKey" : "qx17cwavvnCZRj5nvRS6o0PS6xs="
                }
        },
        "roles" : [
                {
                        "role" : "dbAdminAnyDatabase",
                        "db" : "admin"
                }
        ]
}
```

```
> db.dropRole( "myClusterAdmin" )            ← 관련된 Role 삭제하는 명령어
false
>
> db.createRole( { role  : "myClusterAdmin",
                          privileges : [ { resource : { cluster: true },
                             actions : [ "addShard" ] },
                          { resource : { db: "sales", collection: "employees"  },
                             actions : [ "find",   "update", "insert", "remove" ] },
                          { resource : { db: "test",  collection: "department" },
                             actions : [ "update", "insert", "remove" ] },
                          { resource : { db: "", collection: "" },
                             actions : [ "find" ] } ],
                          roles      : [ { role     : "readWrite", db : "admin" },
                          { role     : "readWrite", db : "sales" } ] },
                          { w: "majority" , wtimeout: 5000 } )
{
        "role" : "myClusterAdmin",
        "privileges" : [
                {
                        "resource" : {
                                "cluster" : true
                        },
                        "actions" : [
                                "addShard"
                        ]
                },
[중략]
        "roles" : [
                {
                        "role" : "readWrite",
                        "db" : "admin"
                },
                {
                        "role" : "readWrite",
                        "db" : "sales"
                }
        ]
}
> use sales
>
> db.dropUser( "salesAdmin" )
```

```
false
> db.dropUser( "salesDev" )
false
>
> db.dropUser( "jjm" )
false
> db.createUser( { user   : "salesAdmin",
                   pwd    : "manager",
                   roles  : [ { role : "myClusterAdmin",  db : "admin" },
                              { role : "readAnyDatabase", db : "admin" },
                              { role : "readWrite",       db : "sales" },
                              { role : "readWrite",       db : "test"  },
                                       "readWrite"  ] })
>
> db.createUser( { user            : "salesDev",
                   pwd             : "manager",
                   customData   : { employeeId : 12345 },
                   roles           : [ { role     : "readWrite", db : "sales" },
                                       { role     : "read",      db : "test"  },
                                         "readWrite"] },
                                       { w: "majority" , wtimeout: 5000 } )
>
> db.createUser( { user   : "jjm",
                   pwd    : "jjm123",
                   roles   : [ ],
                   authenticationRestrictions : [ { clientSource  :
                                                    ["192.168.0.1"],
                   serverAddress : ["192.168.0.14"] } ] } )
>
> use admin
> db.shutdownServer()
server should be down...
2017-01-19T14:47:07.444+0900 I NETWORK  [thread1] trying reconnect to 127.0.0.1:27017
(127.0.0.1) failed
2017-01-19T14:47:08.447+0900 W NETWORK  [thread1] Failed to connect to 127.0.0.1:
27017, reason: errno:10061 대상 컴퓨터에서 연결을 거부했으므로 연결하지 못했습니다.
2017-01-19T14:47:08.448+0900 I NETWORK  [thread1] reconnect 127.0.0.1:27017 (127.0.0.1)
failed failed

C:\MONGODB> mongod --dbpath c:\mongodb\test --auth
2018-06-09T10:02:53.188+0900 I CONTROL  [initandlisten] MongoDB starting : pid=1512
```

```
port=27017 dbpath=c:\mongodb\test 64-bit host=JMJOO
2018-06-09T10:02:53.194+0900 I CONTROL [initandlisten] targetMinOS: Windows
Vista/Windows Server 2008
2018-06-09T10:02:53.197+0900 I CONTROL [initandlisten] db version v4.2.0
2018-06-09T10:02:53.199+0900 I CONTROL [initandlisten] git version:
45d947729a0315accb6d4f15a6b06be6d9c19fe7
2018-06-09T10:02:53.202+0900 I CONTROL [initandlisten] allocator: tcmalloc
2018-06-09T10:02:53.204+0900 I CONTROL [initandlisten] modules: none
2018-06-09T10:02:53.206+0900 I CONTROL [initandlisten] build environment:
2018-06-09T10:02:53.209+0900 I CONTROL [initandlisten] distarch: x86_64
2018-06-09T10:02:53.244+0900 I CONTROL [initandlisten] target_arch: x86_64

C:\>mongo localhost:27017 --username salesAdmin —password manager1
--authenticationDatabase sales
MongoDB shell version v4.2.0
connecting to: mongodb://localhost:27017/test
MongoDB server version: 4.2.0
2018-01-29T11:36:36.116+0900 E QUERY    [thread1] Error: Authentication failed. :
DB.prototype._authOrThrow@src/mongo/shell/db.js:1608:20
@(auth):6:1
@(auth):1:2
exception: login failed

C:\>mongo localhost:27017 --username salesAdmin —password manager
--authenticationDatabase sales
MongoDB shell version v4.2.0
connecting to: mongodb://localhost:27017/test
MongoDB server version: 4.2.0
>
>  db.employees.count()
14
>
> use admin
> db.shutdownServer()
server should be down...
2017-01-19T14:47:07.444+0900 I NETWORK  [thread1] trying reconnect to 127.0.0.1:27017
(127.0.0.1) failed
127.0.0.1:27017, reason: errno:10061 대상 컴퓨터에서 연결을 거부했으므로 연결하지 못했
습니다. 2017-01-19T14:47:08.448+0900 I NETWORK  [thread1] reconnect 127.0.0.1:27017
(127.0.0.1) failed failed
```

3.6 Auditing 기능

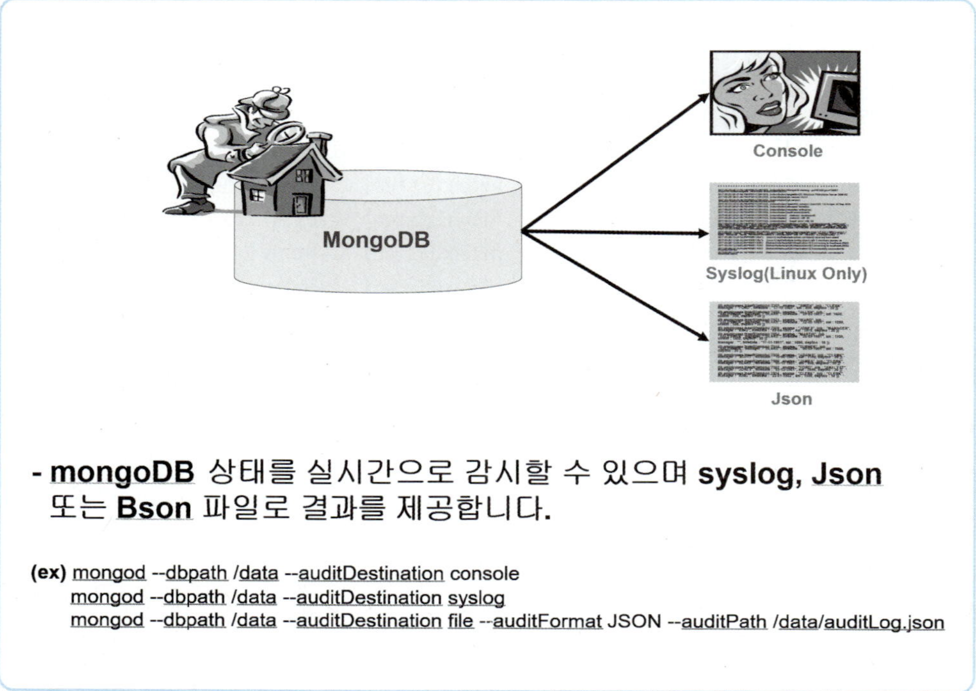

최근 다양한 유무선 인터넷망을 통해 기업의 데이터베이스는 불순한 의도를 가진 해커들에 의해 빈번한 공격을 당하고 있는 것이 현실입니다. 이에 MongoDB 3.6 버전부터 서버 내에서 주요 이벤트(컬렉션 및 DB 생성, 삭제, 변경, 서버시작 및 종료 등)가 발생하는 경우 관련 정보를 서버 내에 저장 관리해 주는 Audit 기능을 제공하고 있습니다. 이를 통해 언제, 어디서, 누가, 어떤 데이터를 어떻게 조작했는지를 확인할 수 있습니다. 이 기능은 기존의 RDBMS에서는 보편적으로 사용되었던 기능이며 MongoDB에서도 사용 가능합니다.

감시 및 추적된 결과는 Console로 직접 모니터링할 수 있으며 필요하다면 syslog(Linux Only), JSON 타입으로 그 결과를 확인할 수 있습니다.

■ 예

```
mongod --dbpath /data --auditDestinationconsole
mongod --dbpath /data --auditDestinationsyslog
mongod --dbpath /data --auditDestinationfile --auditFormatJSON
                      --auditPath /data/auditLog.json
```

다음은 Audit 기능 설정 후 생성된 JSON 결과 파일 내용입니다.

```
{  "atype"  : "createCollection",
   "ts"     : { "$date" :"2018-01-05T13:33:41.837+0900" },
   "local"  : { "ip" : "192.168.0.10","port" : 27017 },
   "remote" : { "ip" : "192.168.0.20","port" : 60293 },
   "users"  : [],
   "roles"  : [],
   "param"  : { "ns" :"test.b" },
   "result" : 0
}
```

다음은 위 결과에 대한 포맷과 해석 방법입니다.

```
{ atype  : <String>,                                   ← 실행된 명령어 타입
  ts     : { "$date": <timestamp> },                   ← 실행시간
  local  : { ip : <String>, port: <int> },             ← Local IP Address
  remote : { ip : <String>, port: <int> },             ← Remote IP Address
  users  : [ { user : <String>, db  : <String> }, ... ],  ← 사용자 계정
  roles  : [ { role : <String>, db  : <String> }, ... ],  ← Role 유형
  param  : <document>, result : <int> }                ← 대상 Collection
```

다음은 각 필드에 대한 설명입니다.

Field	
name	Description
atype	Action Type
ts	timestamp
local	Local Ip-address
remote	Remote IP-Address
users	각 DB별 접속 사용자계정
roles	Rode 정보
param	파라메터 유형

atype	
Param	result
authnticate	0-Success 18-Authentication Falied
createCollection	0-Sucess
createDatabase	0-Sucess
Drop Collection	0-Sucess
addShard	0-Sucess
removeShard	0-Sucess
Shutdown	0-Sucess

이제 실습을 통해 Audit 기능을 적용해 보고 결과를 확인해 보겠습니다.

실습 따라하기

```
C:\MONGODB> mongod --dbpath c:\mongodb\test --auditDestination file
                          --auditFormat JSON  --auditPath c:\mongodb\auditLog.json

2018-06-09T10:02:53.188+0900 I CONTROL  [initandlisten] MongoDB starting : pid=1512
port=27017 dbpath=c:\mongodb\test 64-bit host=JMJOO
2018-06-09T10:02:53.194+0900  I  CONTROL   [initandlisten]  targetMinOS:  Windows
Vista/Windows Server 2008
2018-06-09T10:02:53.197+0900 I CONTROL  [initandlisten] db version v4.2.0
2018-06-09T10:02:53.199+0900   I   CONTROL    [initandlisten]   git   version:
45d947729a0315accb6d4f15a6b06be6d9c19fe7
2018-06-09T10:02:53.202+0900 I CONTROL  [initandlisten] allocator: tcmalloc
2018-06-09T10:02:53.204+0900 I CONTROL  [initandlisten] modules: none
2018-06-09T10:02:53.206+0900 I CONTROL  [initandlisten] build environment:
2018-06-09T10:02:53.209+0900 I CONTROL  [initandlisten] distarch: x86_64
2018-06-09T10:02:53.244+0900 I CONTROL  [initandlisten] target_arch: x86_64

C:\> mongo localhost:27017 --username salesAdmin —password manager
--authenticationDatabase sales
MongoDB shell version v4.2.0
```

```
>
> db.createCollection("audit_emp")
> exit

C:\> cd c:\mongodb
C:\> dir auditLog.json
 c:\mongodb 디렉터리

2018-01-29  오전 11:52            1,890 auditLog.json

C:\> more  auditLog.json
{  "atype"  : "createCollection",
   "ts"     : { "$date" :"2018-01-05T13:33:41.837+0900" },
   "local"  : { "ip" : "192.168.0.10","port" : 27017 },
   "remote" : { "ip" : "192.168.0.20","port" : 60293 },
   "users"  : [],
   "roles"  : [],
   "param"  : { "ns" :"test.b" },
   "result" : 0
}
[중략]
```

3.7 Client Side Field Level Encryption

```
{ "name" : "Jimmy Joo",
  "address" : { "street" : "Ogeum-Ro 58",
                "city"   : "Seoul",
                "zip"    : 05010  },
  "phone"     : "82-10-3864-1858",
  "jumin_no" : BinData(6,"Sma%wp!mspY=&sdmW")      ← Binary Data로 암호화
}
```

1) MongoDB 4.2 버전부터 제공되며 현재 Beta 버전입니다.

2) MongoDB TLS(Transport Layer Security) Encryption은 MongoDB Client와 Server 간에 데이터 전송에서 발생할 수 있는 해킹으로부터 데이터를 안전하게 보호해 줍니다.

3) MongoDB Enterprise Storage Engine과는 별도로 작동됩니다.

4) MongoDB 4.2 서버는 Schema validation을 통해 암호화된 필드를 탐지할 수는 있지만 데이터를 해독할 수는 없습니다. MongoDB 4.2 Series Driver를 사용하시면 3rd party CMK (Customer Master Key)와 KMS (Key Management Service) 기능을 통해 암호화 및 해독 작업을 수행합니다.

5) Community 버전은 사용자가 명시적으로 암호화할 수 있으며 Enterprise는 Json Schema와 암호화 키워드를 사용하여 자동으로 암호화를 설정할 수 있습니다. (mongocryptd는 자동 암호화 데몬이며 Enterprise에서 만 제공됩니다.)

6) 단일 필드에 만 암호화할 수 있으며 Document 전체 암호화는 필드 단위로 구현해야 합니다.

대부분 오픈소스로 시작한 NoSQL의 가장 큰 장점은 쉽고 간단한 설치와 운영 그리고 관리라고 설명한다면 가장 큰 단점은 보안과 인증에 취약하다는 점이었습니다. 하지만 기술 초입단계와 도입단계를 지난 MongoDB는 이와 같은 문제점을 불식하고자 꾸준하게 기술 개발을 수행해 왔으며 최근에는 안정성과 신뢰성을 보장하고 있는 다양한 보안 및 인증 기능을 제공하고 있습니다.

그 중에 데이터 보호를 위한 암호화((Encryption) 기술에 대해 설명 드리겠습니다. MongoDB에서제공하는 암호화 방법에는 다음과 같이 2가지 방법이 있습니다.

1) 서버 레벨 암호화 (Server Level Encryption)

- MongoDB 3.2 버전부터 wiredTiger 저장엔진을 기반으로 하는 MongoDB 서버(전체 데이 터 파일)를 암호화(Encryption) 할 수 있습니다.
- 이 기능은 Enterprise Edition에서 만 사용가능 하며 Community Edition에서는 제공하지 않습니다.
- 이 기능은 암호 해독 키를 가진 사용자 만이 데이터를 읽고 저장할 수 있습니다.
- MongoDB 4.0 버전부터 Windows용 Enterprise Edition에서는 지원하지 않으며 리눅스 환경에서 만 사용할 수 있습니다.
- MongoDB의 기본 암호 모드는 OpenSSL 기반의 AES256-CBC (or 256-bit Advanced Encryption Standard in Cipher Block Chaining mode) 입니다.
- 데이터 암호화를 위한 작업 단계는 다음과 같습니다.

  ① Master-Key 생성
  ② 각 데이터베이스 키 생성
  ③ 각 데이터베이스 키로 데이터 암호화
  ④ Master-key로 각 데이터베이스 키를 암호화

2) 애플리케이션 레벨 암호화 (Application Level Encryption)

- MongoDB 4.2 버전부터 제공되며 Beta 버전입니다.
- MongoDB TLS(Transport Layer Security) Encryption은 MongoDB Client와 Server 간에 데이터 전송에서 발생할 수 있는 해킹으로부터 데이터를 안전하게 보호해 줍니다.
- MongoDB Enterprise Storage Engine과는 별도로 작동됩니다.
- MongoDB 4.2 서버는 Schema validation을 통해 암호화된 필드를 탐지할 수는 있지만 데이터를 해독할 수 없습니다. MongoDB 4.2 Series Driver를 사용하시면 3rd party CMK (Customer Master Key)와 KMS (Key Management Service)를 통해 암호화 및 해독 작업을 수행합니다.

- Community 버전은 사용자가 명시적으로 암호화할 수 있으며 Enterprise는 Json Schema(4.5.1 $jsonSchema 연산자 참조)와 암호화 키워드를 사용하여 자동으로 암호화를 설정할 수 있습니다. (mongocryptd는 자동 암호화 데몬이며 Enterprise에서 만 제공됩니다.)
- 단일 필드에 만 암호화할 수 있으며 Document 전체 암호화는 필드단위로 구현해야 합니다.

CHAPTER 4

MongoDB를 위한 Data Modeling

NoSQL & mongo DB

4.1 MongoDB의 Data Modeling

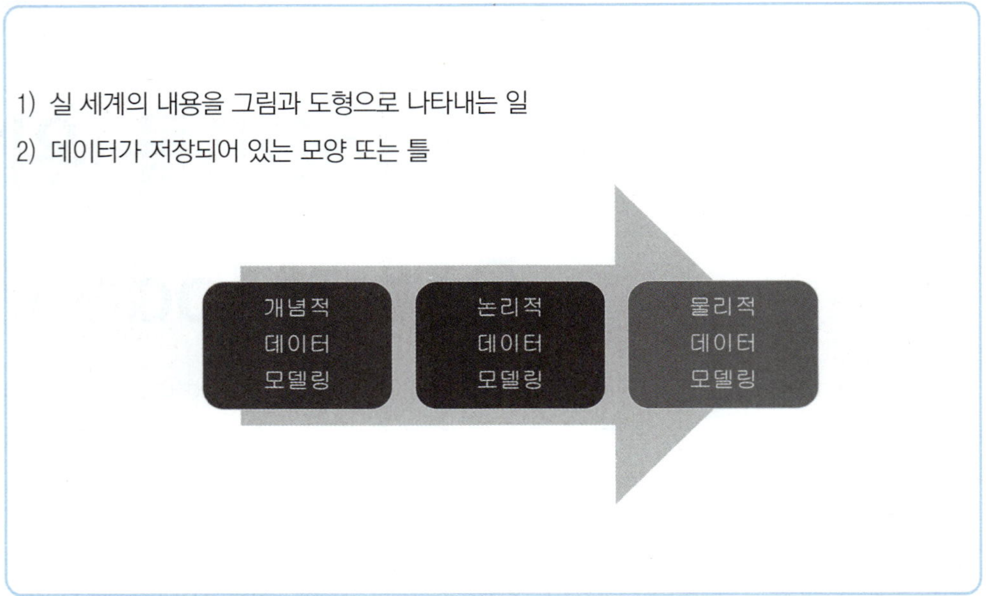

최근 NoSQL은 관계형 데이터베이스의 보완기술 또는 대체기술로써 많은 관심 받고 있는 DBMS(Database Management System) 중에 하나입니다. 기존의 관계형 데이터베이스를 구축하기 위해서는 체계적인 분석, 설계가 필요한 것처럼 MongoDB도 체계적인 분석과 설계가 반드시 필요합니다. 관계형 데이터베이스와는 데이터 저장 구조와 관리 방법의 차이점이 있을 뿐 분석, 설계와 관련된 전체적인 방법과 절차는 유사한 점이 많습니다.

1) 개념적 데이터 모델링 : 비즈니스 영역으로부터 데이터를 수집하는 단계
2) 논리적 데이터 모델링 : Document 구조에 맞게 분석, 설계하는 단계
3) 물리적 데이터 모델링 : MongoDB 물리적 구조에 맞게 설계하는 단계

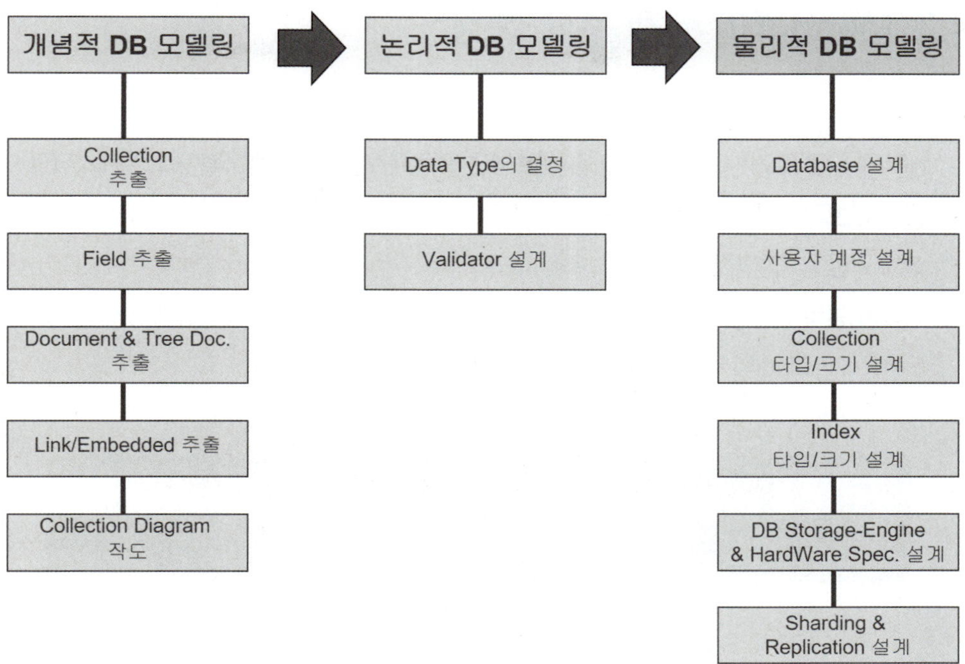

다음은 MongoDB 구축을 위한 각 단계별 수행 절차와 세부 내용입니다.

관계형 데이터베이스는 분석, 설계 후 설계도인 ERD(Entity Relationship Diagram)를 작성하는 것처럼 MongoDB의 경우에도 설계도인 CD(Collection Diagram)을 작도해야 합니다.

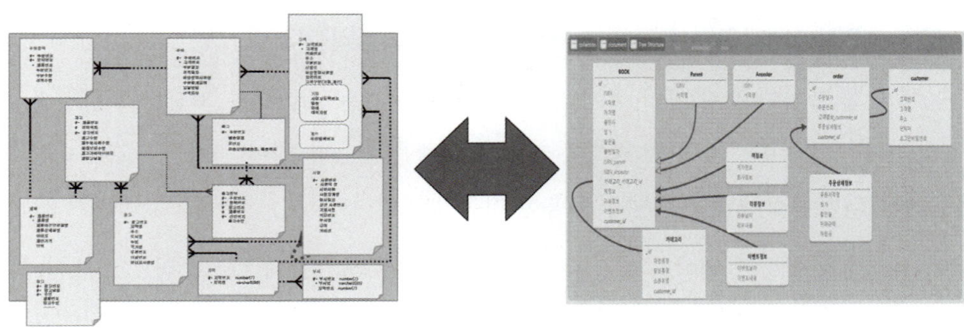

Entity Relationship Diagram **Collection Diagram**

4.2 MongoDB 설계 주요 특징

HOST 환경을 기반으로 했던 파일 시스템은 프로세스 중심의 데이터 구조 설계였다면 클라이언트/서버 환경의 관계형 DB는 트랜잭션의 효율적인 처리를 위한 Data 중심의 설계 기법을 지향하였다.

반면에 클라우드 컴퓨팅 환경의 NoSQL은 Data와 프로세스, 모두를 설계의 중심으로 둔다. (Big Data의 수집 및 저장이 중심)

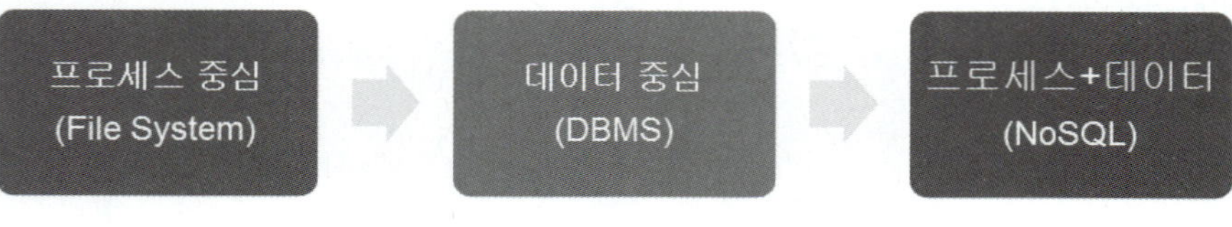

4.2.1 설계 개념

다음은 MongoDB를 설계할 때 고려해야 할 주요 개념입니다.

- MongoDB는 데이터와 프로세스 모두가 설계의 중심입니다.

1950년대 말 컴퓨터가 발명된 이래로 기업에서 발생하는 데이터를 저장하는 방법은 크게 2가지가 있습니다. 첫 번째 방법은 파일 시스템을 이용한 데이터 저장기술이며 두 번째는 데이터베이스 관리 시스템을 이용한 저장 방법입니다.

파일 시스템을 이용한 데이터 저장기술은 기업의 업무적 프로세스를 중심으로 데이터를 해석하고 구조를 설계하는 방법이었다면 데이터베이스 관리시스템을 이용한 방법은 기업에서 발생하는 데이터 중심으로 분석, 설계하는 방법입니다.

MongoDB는 기존의 RDBMS인 Oracle, DB2, Sybase, SQL-Server와 같이 하나의 데이터 저장 관리 기술(DBMS)입니다. 이것은 단순히 컬렉션을 생성하고 데이터를 저장하는 것만으로는 효율적인 운영과 관리에 문제가 발생할 수 있다는 것을 의미하기 때문에 충분한 분석과 설계가 요구되어 집니다.

클라우드 컴퓨팅 환경에서 빅 데이터의 효과적인 처리를 지향하는 NoSQL 기술에서는 기업의 업무적 프로세스와 데이터 모두를 설계의 중심으로 둠으로써 유연한 데이터 구조를 설계할 수 있고 관리할 수 있어야 합니다.

4.2.2 Rich Document 구조

관계형 DB는 정규화를 통해 데이터 중복을 제거하며 무결성을 보장하는 설계 기법을 지향하지만 NoSQL은 데이터의 중복을 허용하며 역정규화된 설계를 지향한다. (관계형 DB가 요구되었던 당시와 달리 저장장치의 비약적 발전과 저렴한 가격 요인도 설계에 중요한 요소임)

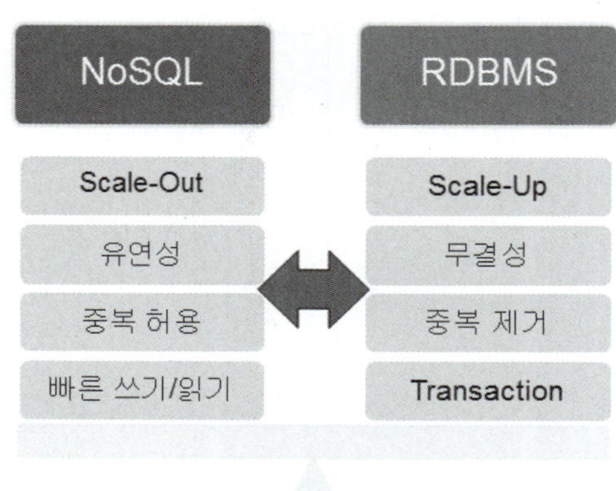

■ Rich Document Structure를 제공합니다.

기존의 관계형 데이터베이스는 데이터의 중복을 제거하고 무결성을 보장하기 위한 설계 방법으로 정규화(Nomalization)된 설계 기법을 주로 사용했지만 이것은 데이터 구조의 복잡성, 구현 단계에서 발생하는 과도한 조인문의 작성으로 인해 효율성이 저하되는 문제점들이 발생하게 됩니다. 이러한 문제점을 개선하기 위해서는 비정규화된 데이터 구조를 설계GI야 하는데 이것은 또 다른 시간과 비용을 낭비하는 문제점을 유발시키게 됩니다.

관계형 데이터베이스가 개발, 보급된 1970년대~1990년대 당시의 저장 장치들은 매우 고가였기 때문에 효율적인 저장 공간 관리를 위해 중복 제거와 같은 설계 기법들이 효과적이었지만 현재 시점의 저장 장치들은 그 당시에 비하면 매우 저렴한 가격과 비약적인 성능이 보장될 만큼 발전된 것이 현실입니다.

이러한 환경에서는 데이터 중복이 일부 발생한다 하더라도 빠른 데이터 처리 및 효율적인 관리가 보장된다면 비정규화 설계 구조도 고려되어야 합니다. MongoDB에서는 이러한 방법의 설계 구조를 Rich Document Structure라고 합니다.

그리고 기존의 관계형 RDBMS는 하나의 서버를 중심으로 데이터베이스를 구축하고 확장하는 ScaleUp 중심의 관리 기법을 사용한다면 MongoDB는 여러 대의 서버를 중심으로 데이터베이스를 구축 및 확장, 복제하는 ScaleOut 중심의 관리기법을 지향합니다.

또한 관계형 DBMS는 데이터 무결성을 통한 데이터의 중복을 제거하는 설계 방법을 지향한다면 MongoDB는 데이터 중복을 허용하여 유연성을 최대한 활용하는 반면 무결성은 지양하는 설계 방법을 제공하고 있습니다.

앞서 설명되었던 것처럼 기존의 관계형 데이터베이스 저장구조 및 관리기법과 MongoDB 저장구조와 관리기법은 상호 보완적인 역할로 함께 사용될 수 있다면 시너지 효과를 극대화할 수 있을 것입니다.

4.2.3 중첩 구조

관계형 DB는 Entity 간의 Relationship을 중심으로 데이터의 무결성을 보장하지만 불필요한 JOIN을 유발시킴으로써 코딩양을 증가시키고 검색 성능을 저하시키는 원인을 제공한다. NoSQL은 중첩 데이터 구조를 설계 할 수 있기 때문에 불필요한 JOIN을 최소화 시킬 수 있다.

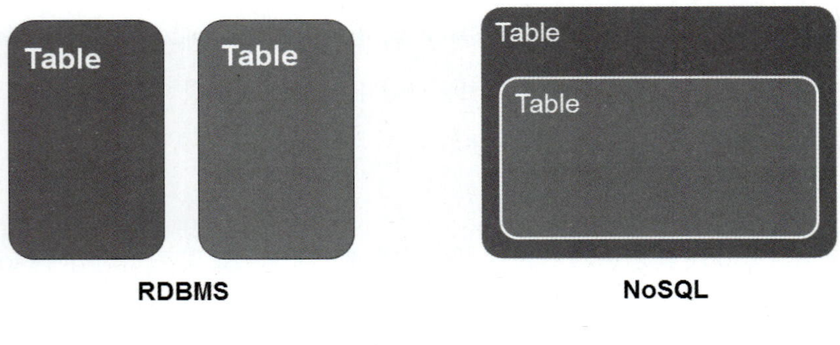

■ MongoDB는 Relationship을 통한 데이터 무결성을 보장하지 않습니다.

관계형 DB는 Entity 간의 설정된 Relationship을 기반으로 데이터 무결성을 보장하지만 이것은 불필요한 조인을 유발시킴으로써 코딩 양을 증가시키고 검색 성능을 저하시키는 원인이 되기도 합니다. 하지만 NoSQL은 중첩 데이터(Embedded Document) 구조를 설계를 할 수 있기 때문에 불필요한 조인을 최소화 할 수 있는 데이터 구조를 설계할 수 있습니다.

4.2.4 논-스키마 구조

Document DB는 기본적으로 Schema가 없기 때문에 유연한 데이터 구조를 설계할 수 있다.

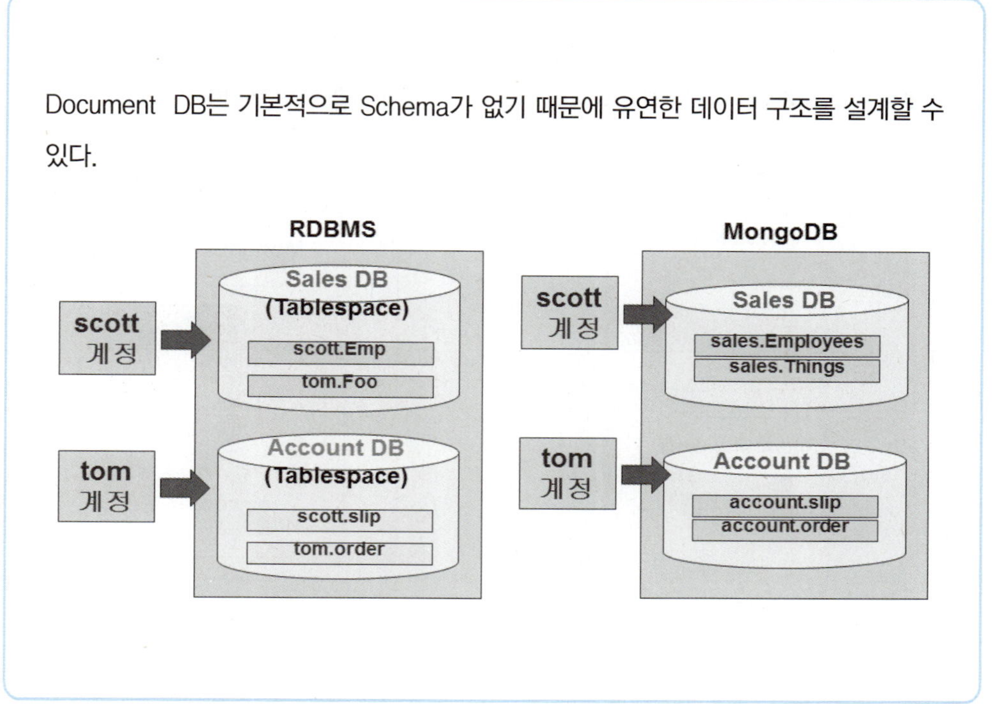

■ MongoDB는 스키마 중심의 설계를 하지 않습니다.

관계형 DBMS에서는 하나의 테이블을 생성하면 테이블명은 사용자명과 함께 결합되어 생성됩니다. 예를 들어, SCOTT 사용자 계정으로 로그인한 후 EMPLOYEES 테이블을 생성했다면 테이블명은 SCOTT.EMPLOYEES가 됩니다. 동일한 사용자명으로 생성된 다수의 테이블들은 SCOTT이라는 스키마로 생성되는 것입니다. 결론적으로, 관계형 DBMS에서 사용자 계정은 DBMS에 접속할 수 있는 권한이 있는지 여부를 결정하는 인증의 의미를 가지고 있지만 객체 이름을 결정하는 중요한 의미도 가지고 있습니다.
반면에 MongoDB에서 사용자 계정은 단지 인증의 의미 만 가지고 있기 때문에 스키마를 고려한 설계를 할 필요가 없습니다.

4.2.5 비정형 데이터 구조

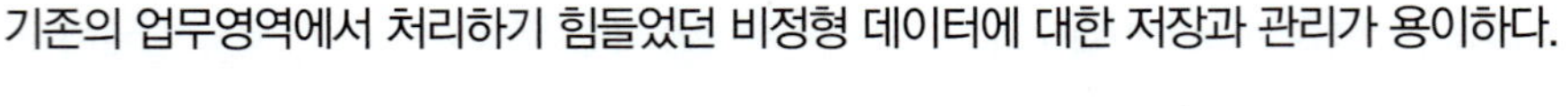

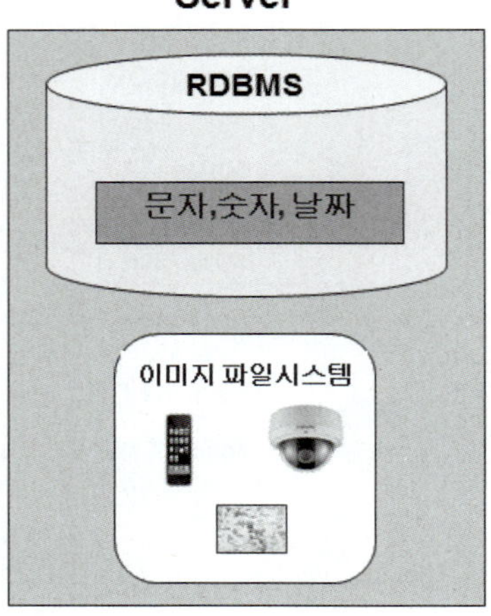

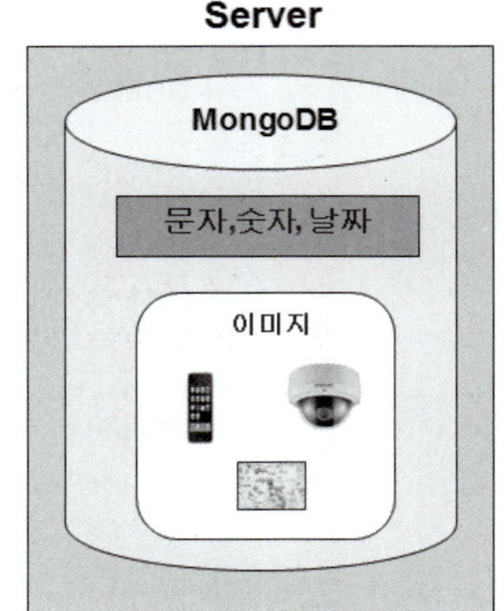

■ 비정형 데이터의 저장과 관리가 용이합니다.

관계형 DBMS 기술이 요구되었던 1980년대에 기업에서 관리해야 할 데이터는 문자, 숫자, 날짜가 대부분이었지만 1990년대에는 클라이언트/서버 환경과 인터넷 환경의 도래와 함께 사진, 동영상, 음성 등도 관리해야 할 중요한 데이터가 되고 있는 것이 현실입니다. 하지만 관계형 DBMS로는 이러한 유형의 데이터들을 효과적으로 저장, 관리하는 것은 결코 쉬운 일이 아니며 대부분의 기업들은 아직도 파일 시스템을 통해 저장, 관리하고 있는 것이 현실입니다. MongoDB와 같은 NoSQL 기술은 이와 같은 비정형 데이터들을 보다 쉽고 간편하게 저장, 관리할 수 있는 기능들을 제공합니다,

4.2.6 유연한 서버 구조

RDBMS에 비해 빠른 쓰기와 읽기가 가능한 유연성 있는 아키텍처 구조를 제공한다.

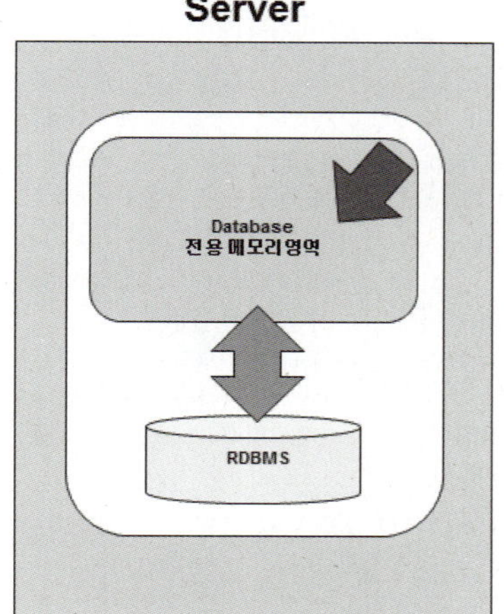

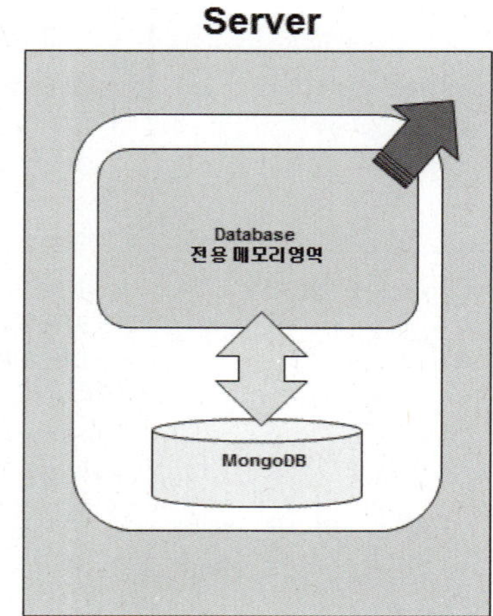

■ 유연성 있는 서버 구조를 제공합니다.

관계형 DBMS는 서버에 설치할 때 DBMS 만을 위한 전용 메모리 영역을 할당해 줍니다. 이 영역은 시스템 메모리의 일부를 할당 받게 되며 제한된 크기만을 사용할 수 있습니다. 디 수의 사용자가 소량의 데이터를 입력, 수정, 삭제, 조회하는 트랜잭션 위주의 업무 환경에서는 제한된 메모리 크기만으로도 무리없이 사용될 수 있지만 초당 10만건 이상의 빅 데이터가 발생하는 비즈니스 환경에서는 제한된 메모리 크기로 빠른 쓰기와 읽기 작업을 수행하는 것은 성능 지연문제가 발생할 수 있고 때로는 장애현상이 발생할 소지가 있기 때문에 적합하지 않습니다. 이와 같은 문제점을 해소하기 위해서는 빅 데이터 처리에 유연한 시스템 자원 할당 기술이 요구될 수밖에 없습니다.

4.3 MongoDB 설계 기준

데이터 발생량과 Access Patterns은 분석 되었나 ?	컬렉션과 인덱스에 대한 충분한 설계가 고려 되었나 ?	적절한 시스템 환경은 준비 되었나 ?
• Data양(초단위, 일단위)과 보관년도는 어떤가 ? • Read와 Write의 비율은 ? • Update 빈도는 어떤가 ? • Map Reduce(빠른 읽기와 통계 분석)를 적용해야 하는가 ?	• 적적한 Collection Type(Capped, Non-Capped)을 결정했나 ? • 필드와 Data Type, Validator는 결정되었나 ? • 저장할 Document 크기는 ? • Link & Embedded Document 를 적절히 설계 했나 ? • Secondary Indexes의 사용여부 • 적절한 Index Type을 선택했는가 ?	• 데이터가 발생하는 비즈니스 환경에 맞는 적절한 Storage-Engine을 선택 했나 ? • 해당 Collection의 Sharding 여부는 결정 되었나 ? • 효율적인 처리를 위한 적절한 시스템 환경은 준비 되었나 ? (메모리, 디스크, CPU 수 등)

다음은 MongoDB를 구축하기 위한 설계 기준입니다.

1) 데이터 조작은 어떻게 수행하는가 ?

하나의 Collection은 여러 개의 필드로 구성됩니다. 그 필드 중에는 소량의 데이터가 저장되는 필드가 존재하는 반면, 대용량의 데이터가 저장되는 필드도 있습니다. 또한, 매일 자주 참조되는 필드가 존재한는 반면, 일주일, 한달, 일년에 한번씩 참조되는 필드로 존재할 것입니다. 이렇게 다양한 필드들을 하나의 Collection으로 생성하게 되면 불필요하게 메모리, CPU와 같은 시스템 자원을 낭비하게 되고 시스템 성능을 저하시키는 원인이 될 수도 있습니다.

2) ACCESS PATTERN은 어떤가 ?

해당 COLLECTION에 대해 얼마나 많은 데이터를 얼마나 자주 READ, WRITE 하는지에 대한 비율과 해당 데이터가 얼마나 오랫동안 보관 관리되어야 하는지에 대한 LIFE CYCLE에 대한 이해에 따라 설계를 결정해야 합니다.

하나의 Collection을 구성하는 필드 중에는 쓰기 작업 만 주로 수행되는 필드가 있는 반면 쓰기/읽기 작업이 동시에 자주 발생하는 필드도 있습니다. 만약, 빅 데이터에 대한 쓰기 작업이 빈번한 Collection을 여러 개의 Collection으로 분리 설계하게 되면 초당 몇 만건의 데이터를 빠르게 저장하는데 한계가 존재할 수밖에 없을 것입니다. 또한, 빅 데이터에 대한 읽기 작업이 빈번한 필드들을 여러 개의 Collection에 분리 설계한다면 읽기 성능은 저하될 수 밖에 없을 것입니다. 이러한 문제점을 충분히 고려해서 설계해야 합니다.

3) SCHEMA 설계 시 고려 사항은 ?

기업에서 발생하는 데이터들은 업무적 성격에 따라 다양성을 가지고 있습니다. 그리고, 그 다양성에 맞는 가장 적절한 데이터 구조를 설계할 수 있어야 합니다. 그렇게 하기 위해서는 MongoDB가 가지고 있는 데이터 저장 기술에 대한 명확한 이해가 먼저 필요합니다.

4.4 MongoDB 설계 패턴

■ 객체 지향 Data 유형과 관계형 Data 유형

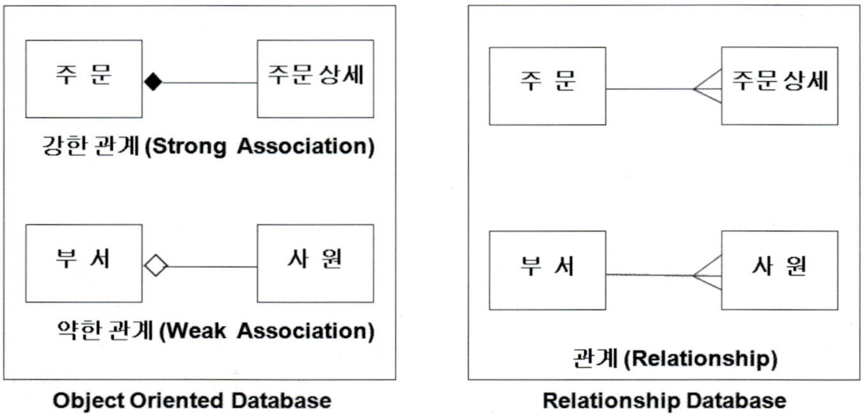

주 문 ◆———— 주문상세
강한 관계 (Strong Association)

부 서 ◇———— 사 원
약한 관계 (Weak Association)

Object Oriented Database

주 문 ————< 주문상세

부 서 ————< 사 원

관계 (Relationship)

Relationship Database

MongoDB의 컬렉션 설계 기법에 대한 이해를 하기 위해서는 먼저 기존의 관계형 데이터베이스와 객체지향 데이터베이스 기술에 대한 기본 지식이 필요합니다. 왜냐하면 MongoDB도 하나의 데이터 저장 기술이기 때문에 기존의 데이터 저장 기술과 비교해 보면 그 구조에 대한 이해가 빠를 수 있기 때문입니다.

MongoDB라는 NoSQL 기술이 요구되는 이유 중에 하나는 관계형 데이터베이스로는 빅데이터의 빠른 쓰기와 읽기 작업에 대한 성능 수행에 한계가 있기 때문입니다. 관계형 데이터베이스는 데이터의 중복을 제거하고 무결성을 보장하기 위해서 정규화라는 설계를 하게 되는데 이것은 구축 단계에서 대용량 데이터에 대한 과도한 조인문의 실행을 양산하게 되고 궁극적으로 SQL문장과 데이터베이스 전체의 성능을 저하시키는 원인이 되기도 합니다. 위 그림에서 오른쪽은 관계형 데이터베이스의 설계도(Entity Relationship Diagram)이며 왼쪽은 객체지향 데이터베이스의 설계도(Class Diagram) 입니다.

관계형 데이터베이스에서 주문 테이블과 주문 상세 테이블의 관계를 RELATIONSHIP이라고 표현한다면 객체지향 데이터베이스에서는 ASSOCIATION이라고 합니다. 그리고, 관계형 데이터베이스와의 표현상의 차이점은 객체지향 데이터베이스에서는 강한 관계(STRONG ASSOCIATION)와 약한 관계(WEAK ASSOCIATION)로 나누어 표현한다는 것입니다.

강한 관계는 두 개의 클래스가 떼래야 뗄 수 없는 아주 밀접한 관계를 가진 경우에 표현하며 약한 관계는 밀접하지 않은 관계를 의미합니다. 예를 들어, 부모와 자식은 뗄래야 뗄 수 없는 강한 관계이며 나와 여자 친구는 헤어지면 남이 되는 약한 관계라고 말할 수 있습니다.

위 그림의 왼쪽 클래스 다이어그램에서 검정 마름모 도형은 강한 관계를 백색의 마름모는 약한 관계를 나타내는 표기법입니다.

다음은 MongoDB 주요설계 기법에서 소개할 데이터 구조인 SUMMIT㈜의 주문 장표입니다. 이 장표를 통해 관계형 DBMS와 객체 관계형 DBMS에서 데이터 저장 방법에 대해 좀 더 알아보겠습니다.

주 문 전 표

주문번호	2012-09-012345	담당사원	Magee		
고객명	Womansport㈜				
주문날짜	2012-09-20	선적날짜	2012-09-20	선적여부	Y
주문 총금액	601,100	지불방법	현금 30일 이내		

항목번호	제 품 명	단 가	주문수량	금 액
1	Bunny Boot	135	500	67,500
2	Pro Ski Boot	380	400	152,000
3	Bunny Ski Pole	14	500	7,000
4	Pro Ski Pole	36	400	14,400
5	Himalaya Bicycle	582	600	349,200
6	New Air Pump	20	450	9,000
7	Prostar 10Pd.Weight	8	250	2,000

SUMMIT2 ㈜

주문전표 장표를 관계형 데이터베이스를 기반으로 정규화하게 되면 주문과 주문상세라는 2개의 테이블로 설계할 수 있습니다.

다음은 주문과 주문 상세 테이블에 데이터를 저장하는 문법입니다.

```
Insert  into  ord ( ord_id, customer_no, emp_name,                    ← 주문
total, payment_type, order_filled)
Values ( "2012 - 09 - 012345", "Wonman & Sports", "Magee",
         601100, "Credit", "Y");

Insert  into  ord_item ( ord_id, item_id, product_name, price)        ← 주문 상세
Values ( "2012 - 09 - 012345", "1", "Bunny Boots", 135, 500, 67000 );
Insert  into  s_ord_item ( ord_id, item_id, product_name, price)
Values ( "2012 - 09 - 012345", "2", "Pro Ski Boots", 380, 400, 152000 );
```

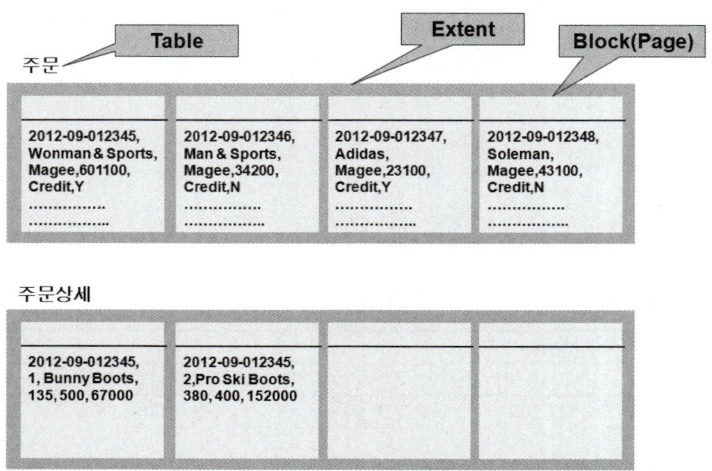

위 그림에서 보는 바와 같이 주문과 주문 상세 테이블은 논리적, 물리적으로 분리된 2개의 테이블로 생성되며 각각의 블록구조에 데이터가 저장되어 있는 것을 확인할 수 있습니다. 이 경우, 2개의 테이블을 조인하면 각각의 논리적 구조로부터 데이터 읽은 다음 추가적인 결합작업을 수행해야 하기 때문에 성능이 저하될 수 밖에 없는 것입니다.

다음은 객체지향 데이터베이스에서 강한 관계 구조에 대한 그림입니다.

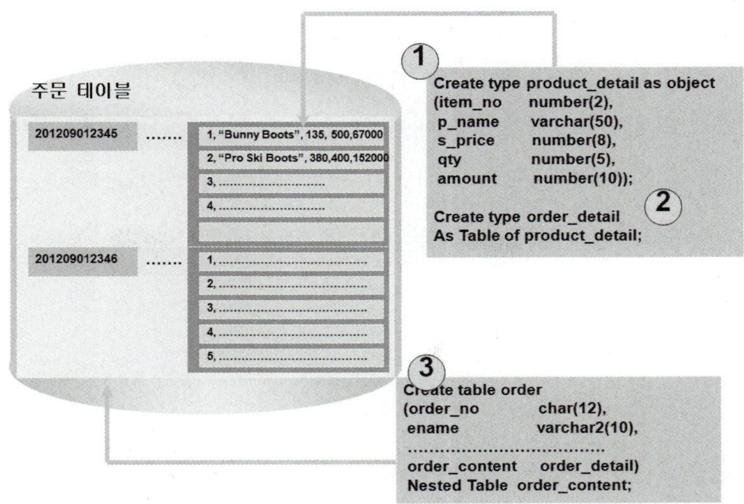

위 그림에서 ORDER 테이블의 ORDER_CONTENT 컬럼에는 ORDER_DETAIL이라는 객체가 일반적인 데이터 속성 대신에 정의되어 있는 것을 볼 수 있습니다. 이런 구조를 중첩 테이블(Nested Table)이라고 합니다. 객체지향 데이터베이스에서는 강한 관계라고 하며 ORDER 테이블 안에 ORDER_DETAIL 테이블이 내장되어 있는 구조입니다.

다음은 객체지향 데이터베이스에서 약한 관계 구조에 대한 그림입니다.

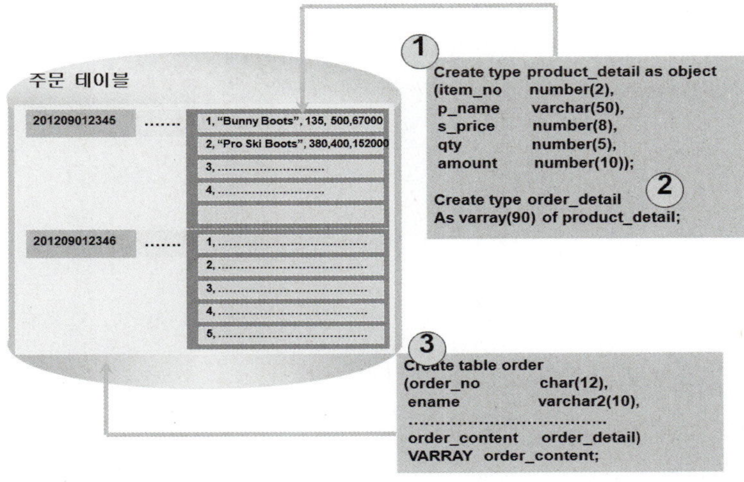

위 그림에서 ORDER 테이블의 ORDER_CONTENT 컬럼에는 ORDER_DETAIL 이라는 객체가 데이터 속성으로 정의되어 있는 것을 확인할 수 있습니다. 이런 구조를 배열(Varray) 구조라고 합니다. 객체지향 데이터베이스에서는 약한(Weak) 관계라고 하며 ORDER 테이블 안에 ORDER_DETAIL 배열이 저장되어 있는 구조입니다.

강한 관계 구조인 중첩테이블은 저장되는 데이터 양에 제한이 없지만 약한 관계인 배열 구조는 저장되는 데이터 양에 제한이 있습니다.

4.4.1 Embedded Document(Rich Document)

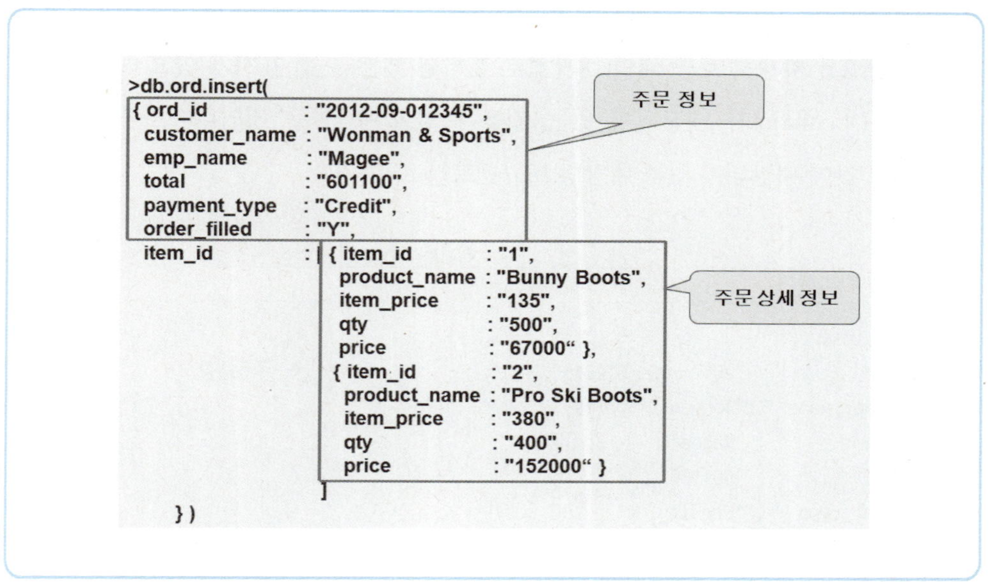

이번에는 MongoDB의 데이터 저장을 위한 설계 패턴에 대해 알아보도록 하겠습니다. MongoDB는 관계형 데이터베이스와는 다르게 조인 문장을 사용하지 않기 때문에 빠른 성능의 쓰기와 읽기가 가능한데 이것을 가능하게 해 주는 설계 구조를 Rich Document 라고 합니다.

먼저, ORD(주문) 컬렉션에 데이터를 입력할 때 주문 정보와 주문 상세 정보를 함께 저장하는 경우입니다. 앞서 설명드린 주문 장표는 관계형 데이터베이스의 정규화 설계 기법에 의해 주문과 주문 상세 테이블로 분리되어 설계됩니다. 이것은 논리적, 물리적으로 2개의 테이블 구조로 생성된 다는 것을 의미합니다. 이 경우, 하나의 주문정보를 모두 참조하기 위해서는 주문과 주문상세 테이블을 조인하지 않고는 참조할 수 없는데 이것이 관계형 데이터베이스의 구조적 문제점인 것입니다.

위 그림은 MongoDB의 내장형 도큐멘트(Embedded Document) 구조입니다.

ORD Document는 ord_id, customer_name, emp_name, total, payment_type, order_filled 필드를 통해 주문 정보를 저장하고 item_id 필드를 통해 주문상세 정보를 저장하게 됩니다.

item_id 필드를 자세히 보면 배열(대괄호로 표기된 부분 [~]) 표시가 있고 배열 안에는 주문상세 Document가 내장되어 있는 것을 확인할 수 있을 것입니다. 이것을 메인 Document 안에 내장되어 있는 내장형 도큐멘트라고 합니다.

실습 따라하기

```
> db.ord.insert(
 { ord_id         : "2012 - 09 - 012345",                       ← 주문 정보
   customer_name  : "Wonman & Sports",
   emp_name       : "Magee",
   total          : "601100",
   payment_type   : "Credit",
   order_filled   : "Y",
   item_id        : [ { item_id      : "1",                      ← 주문 상세 정보
                        product_name : "Bunny Boots",
                        item_price   : "135",
                        qty          : "500",
                        price        : "67000" },
                      { item_id      : "2",
                        product_name : "Pro Ski Boots",
                        item_price   : "380",
                        qty          : "400",
                        price        : "152000" }
                    ]
         } )
>
> db.ord.find().pretty()
{
        "_id" : ObjectId("575f60c95b1fe53d1916cefa"),
        "ord_id" : "2012 - 09 - 012345",
        "customer_name" : "Wonman & Sports",
        "emp_name" : "Magee",
        "total" : "601100",
        "payment_type" : "Credit",
        "order_filled" : "Y",
```

```
        "item_id" : [
                {
                        "item_id" : "1",
                        "product_name" : "Bunny Boots",
                        "item_price" : "135",
                        "qty" : "500",
                        "price" : "67000"
                },
                {
                        "item_id" : "2",
                        "product_name" : "Pro Ski Boots",
                        "item_price" : "380",
                        "qty" : "400",
                        "price" : "152000"
                }
        ]
}
>
> db.ord.drop()
```

4.4.2 Extent Document(Rich Document)

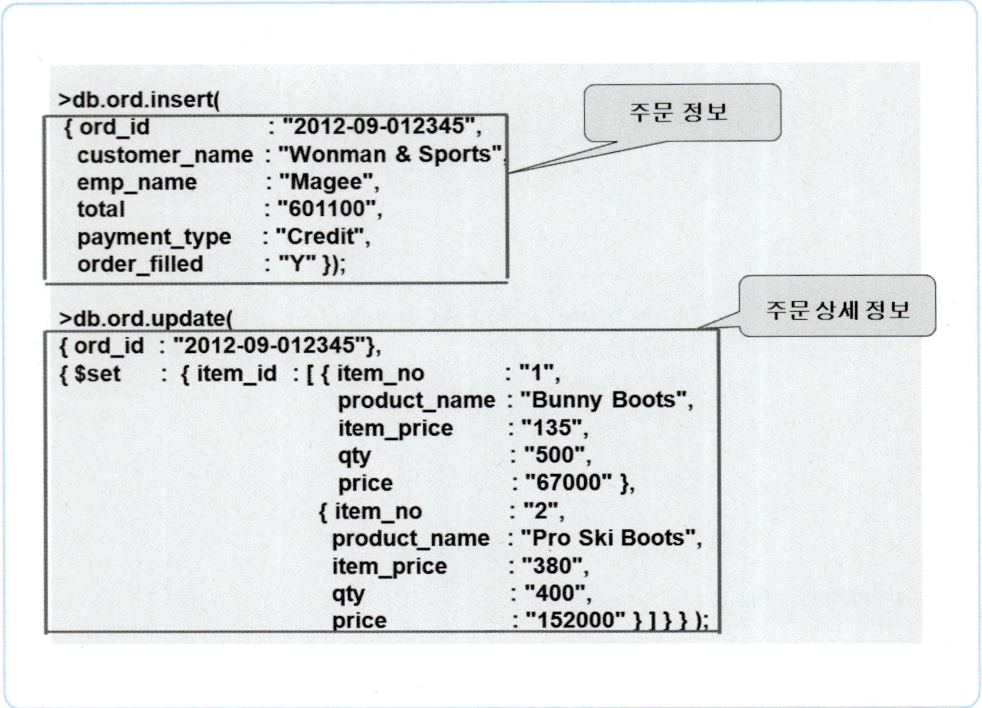

위 그림은 MongoDB의 확장형 도큐멘트(Extend Document) 구조입니다.

앞서 설명드린 내장형 도큐멘트는 주문 정보를 저장할 때 item_id 필드에 배열을 통해 주문상세 정보를 내장시키는 방법이라면, 확장형 도큐멘트는 주문 정보를 먼저 ORD Collection에 저장한 후 추가로 주문상세 정보를 UPDATE문을 통해 추가시키는 방법입니다. 먼저, 저장된 주문 Document에 주문상세 Document가 추가되어 확장되는 형태를 나타내기 때문에 이런 구조를 확장형 도큐멘트라고 표현합니다. 결론적으로 내장형 도큐멘트와 확장형 도큐멘트는 동일한 데이터 구조입니다. MongoDB에서는 이 2가지 데이터 구조를 Rich Document라고 합니다.

먼저, ORD(주문) 컬렉션에 주문 정보를 입력한 후 추가로 ITEM_ID(주문 상세) 정보를 입력하는 예제입니다.

실습 따라하기

```
> db.ord.insert(
 { ord_id          : "2012-09-012345",
   customer_name : "Wonman & Sports",
   emp_name       : "Magee",
   total           : "601100",
   payment_type  : "Credit",
   order_filled       : "Y" })                    ← 주문 정보 입력
>
> db.ord.find().pretty()
{
        "_id" : ObjectId("575f61195b1fe53d1916cefb"),
        "ord_id" : "2012-09-012345",
        "customer_name" : "Wonman & Sports",
        "emp_name" : "Magee",
        "total" : "601100",
        "payment_type" : "Credit",
        "order_filled" : "Y"
}
>
> db.ord.update(
{ ord_id   : "2012-09-012345"},
{ $set     : { item_id  : [ { item_no       : "1",
                              product_name : "Bunny Boots",
                              item_price   : "135",
                              qty          : "500",
                              price        : "67000" },
                            { item_no      : "2",
                              product_name : "Pro Ski Boots",
                              item_price   : "380",
                              qty          : "400",
                              price       : "152000" } ] } } )
                                           ← ORD 컬렉션에 주문 상세 정보 추가 입력
> db.ord.find()
{
```

```
        "_id" : ObjectId("575f61195b1fe53d1916cefb"),
        "ord_id" : "2012-09-012345",
        "customer_name" : "Wonman & Sports",
        "emp_name" : "Magee",
        "total" : "601100",
        "payment_type" : "Credit",
        "order_filled" : "Y",
        "item_id" : [
                {
                        "item_no" : "1",
                        "product_name" : "Bunny Boots",
                        "item_price" : "135",
                        "qty" : "500",
                        "price" : "67000"
                },
                {
                        "item_no" : "2",
                        "product_name" : "Pro Ski Boots",
                        "item_price" : "380",
                        "qty" : "400",
                        "price" : "152000"
                }
        ]
}
> db.ord.drop()
```

다음은 Rich Document 구조의 장점과 단점에 대한 설명입니다.

(1) 장점

- Query가 단순해지고 JOIN문을 실행할 필요가 없기 때문에 도큐멘트 단위의 데이터 저장에 효과적이며 빠른 성능이 보장됩니다.
- 데이터 보안에 효과적입니다.

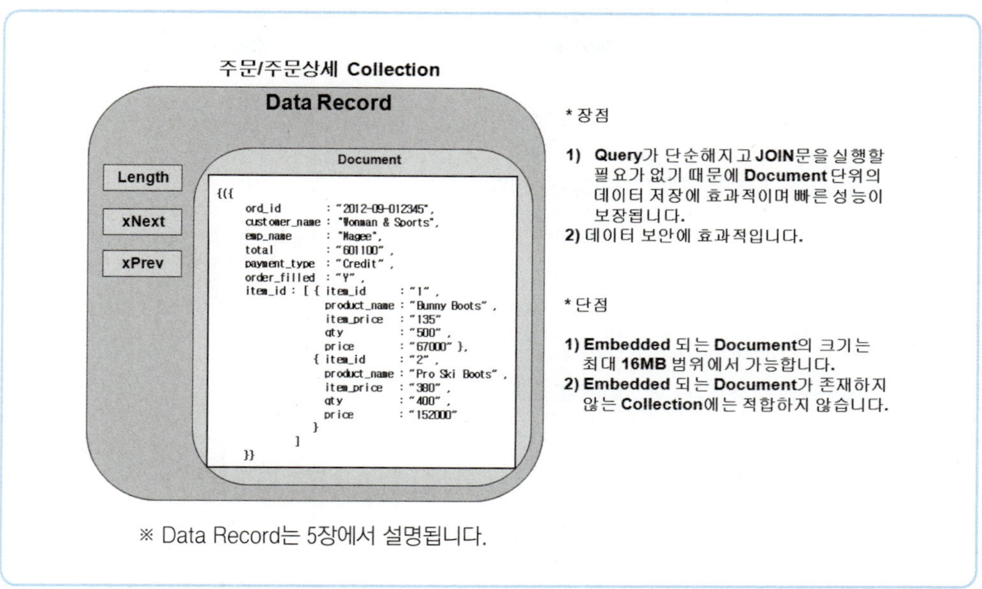

※ Data Record는 5장에서 설명됩니다.

(2) 단점

- Embedded 되는 도큐멘트의 크기는 최대 16MB 범위에서 가능합니다.
- Embedded 되는 도큐멘트가 존재하지 않는 컬렉션에는 적합하지 않습니다.

앞서 설명 드린 강한 관계를 가진 Collection 간에는 유리한 데이터 구조이지만 약한 관계를 가진 Collection을 Rich Document로 설계한다면 절대적으로 불리할 수밖에 없을 것입니다.

4.4.3 Link

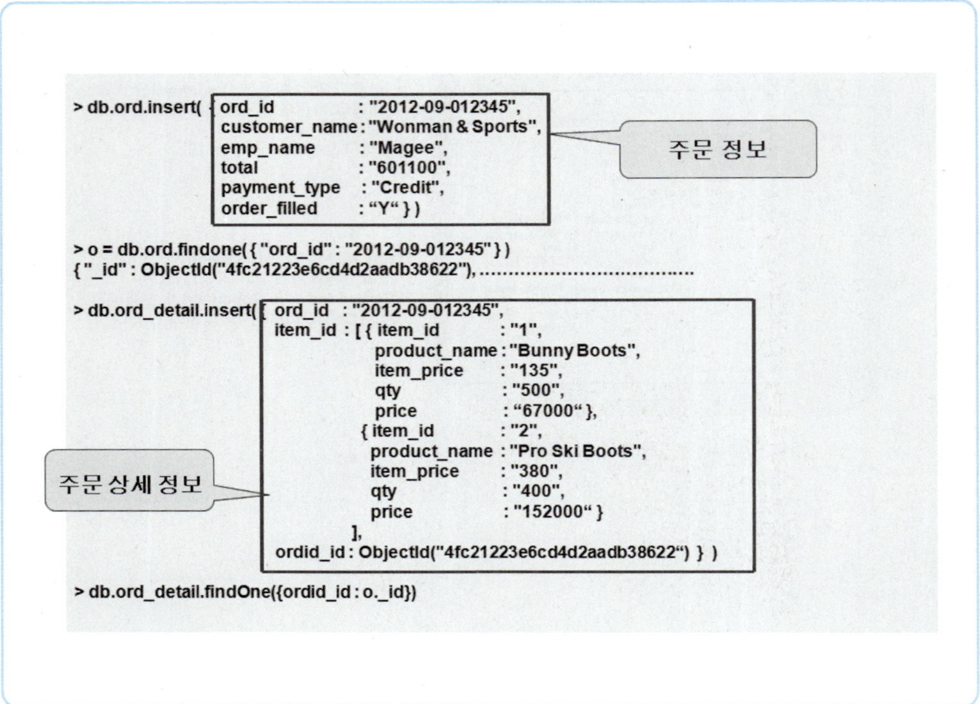

MongoDB에서 제공하는 Rich Document는 객체지향 DBMS, 객체관계형 DBMS의 데이터 구조와 유사하다면 LINK 구조는 관계형 DBMS의 RELATIONSHIP과 유사한 구조입니다.

하지만, 관계형 DBMS는 Primary-key와 Foreign-Key로 설계된 2개의 테이블에는 반드시 공통 컬럼이 존재해야 하지만, MongoDB는 ObjectId를 통해 연결 고리를 설정하기 때문에 논리적으로 유사해 보일 수 있겠지만 물리적으로 다른 데이터 구조를 가지게 됩니다. 다음은 MongoDB의 Link 데이터 구조 패턴입니다.

실습 따라하기

```
> db.ord.insert( { ord_id        : "2012 - 09 - 012345",
                   customer_name : "Wonman & Sports",
```

```
                        emp_name      : "Magee",
                    total           : "601100",
                    payment_type  : "Credit",
                    order_filled  : "Y" } )
> o = db.ord.findOne( { "ord_id" : "2012 - 09 - 012345" } )
{
        "_id" : ObjectId("501cf03d1a94cdbd08b5d682"),
        "ord_id" : "2012 - 09 - 012345",
        "customer_name" : "Wonman & Sports",
        "emp_name" : "Magee",
        "total" : "601100",
        "payment_type" : "Credit",
        "order_filled" : "Y"
}                    ← 주문 정보가 입력된 컬렉션의 Object_ID 정보를 추출합니다.
>
> db.ord_detail.insert( { ord_id   : "2012 - 09 - 012345",
                          item_id  : [ { item_id      : "1",
                                         product_name : "Bunny Boots",
                                         item_price   : "135",
                                         qty          : "500",
                                         price        : "67000" },
                                       { item_id      : "2",
                                         product_name : "Pro Ski Boots",
                                         item_price   : "380",
                                         qty          : "400",
                                         price        : "152000" }
                                     ],
                          ordid_id : ObjectId("501cf03d1a94cdbd08b5d682") } )
```

실습 따라하기

```
> db.ord_detail.find().pretty()
{
        "_id" : ObjectId("575f69ee5b1fe53d1916cf02"),
        "ord_id" : "2012 - 09 - 012345",
        "item_id" : [
                {
                        "item_id" : "1",
                        "product_name" : "Bunny Boots",
```

```
                        "item_price" : "135",
                        "qty" : "500",
                        "price" : "67000"
                },
                {
                        "item_id" : "2",
                        "product_name" : "Pro Ski Boots",
                        "item_price" : "380",
                        "qty" : "400",
                        "price" : "152000"
                }
        ],
        "ordid_id" : ObjectId("575f69c95b1fe53d1916cf01")
}
>
> db.ord_detail.findOne({ordid_id : o._id})    ← 동일한 Object_ID를 가진 Document 검색
{
        "_id" : ObjectId("575f69ee5b1fe53d1916cf02"),
        "ord_id" : "2012-09-012345",
        "item_id" : [
                {
                        "item_id" : "1",
                        "product_name" : "Bunny Boots",
                        "item_price" : "135",
                        "qty" : "500",
                        "price" : "67000"
                },
                {
                        "item_id" : "2",
                        "product_name" : "Pro Ski Boots",
                        "item_price" : "380",
                        "qty" : "400",
                        "price" : "152000"
                }
        ],
        "ordid_id" : ObjectId("575f69c95b1fe53d1916cf01")
}
> db.ord.drop()
> db.ord_detail.drop()
```

4.4.4 DBRef 함수를 이용한 Link

```
> x = { ord_id        : "2012-09-012345",
        customer_name : "Wonman & Sports",
        emp_name      : "Magee",
        total         : "601100",
        payment_type  : "Credit",
        order_filled  : "Y" }
```

주문 정보

```
>db.ord.save(x)

> db.ord.find({"ord_id" : "2012-09-012345"})
{ "_id" : ObjectId("4fc30d0efab534f9e9253477"), ..........................................

> db.ord_detail.save({ ord_id  : "2012-09-012345",
    item_id : [ { item_id    : "1",
                  product_name : "Bunny Boots",
                  item_price  : "135",
                  qty         : "500",
                  price       : "67000" },
                { item_id    : "2",
                  product_name : "Pro Ski Boots",
                  item_price  : "380",
                  qty         : "400",
                  price       : "152000" }
              ],
    ordid_id : [ new DBRef ("ord", x._id) ]
})
```

주문 상세 정보

앞서보신 Link는 사용자가 직접 주문 컬렉션에 저장된 ObjectId를 검색한 다음 주문 상세 컬렉션 내에 주문 컬렉션의 ObjectId 정보를 입력하는 방법이라면 다음 예제는 MongoDB에서 제공하는 DBREF 함수를 이용하여 Link 기능을 구현하는 예제입니다.

실습 따라하기

```
> x = { ord_id            : "2012 - 09 - 012345",
        customer_name     : "Wonman & Sports",
        emp_name          : "Magee",
        total             : "601100",
        payment_type      : "Credit",
        order_filled      : "Y" }
> db.ord.save(x)
```

```
> db.ord.find()
{
        "_id" : ObjectId("575f6ac75b1fe53d1916cf04"),
        "ord_id" : "2012-09-012345",
        "customer_name" : "Wonman & Sports",
        "emp_name" : "Magee",
        "total" : "601100",
        "payment_type" : "Credit",
        "order_filled" : "Y"
}
>
> db.ord_detail.save({
                    ord_id   : "2012-09-012345",
                    item_id  : [ { item_id      : "1",
                                   product_name : "Bunny Boots",
                                   item_price   : "135",
                                   qty          : "500",
                                   price        : "67000" },
                                 { item_id      : "2",
                                   product_name : "Pro Ski Boots",
                                   item_price   : "380",
                                   qty          : "400",
                                   price        : "152000" }
                               ],
                    ordid_id : [ new DBRef ("ord", x._id) ]
                  })
                  ← DBRef 함수를 이용하여 주문 컬렉션 Object_ID 정보를 저장

> db.ord_detail.find()
{
        "_id" : ObjectId("575f6ae95b1fe53d1916cf05"),
        "ord_id" : "2012-09-012345",
        "item_id" : [
                {
                        "item_id" : "1",
                        "product_name" : "Bunny Boots",
                        "item_price" : "135",
                        "qty" : "500",
                        "price" : "67000"
```

```
                },
                {
                        "item_id" : "2",
                        "product_name" : "Pro Ski Boots",
                        "item_price" : "380",
                        "qty" : "400",
                        "price" : "152000"
                }
        ],
        "ordid_id" : [
                DBRef("ord", ObjectId("575f6ac75b1fe53d1916cf04"))
        ]
}
>
> db.ord.drop()
> db.ord_detail.drop()
```

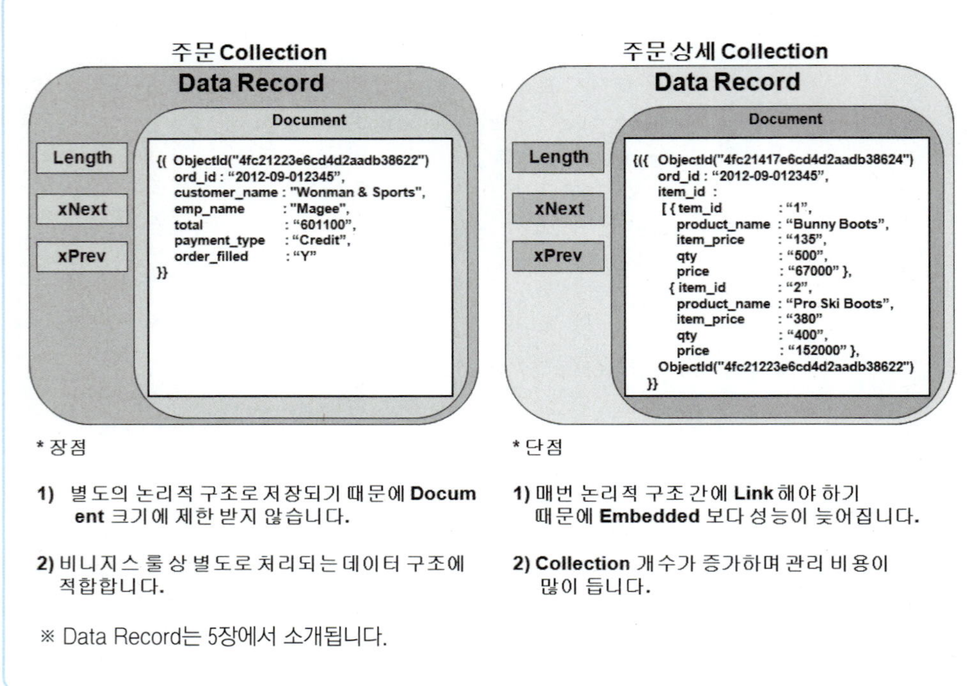

다음은 Link 구조의 장점과 단점에 대한 설명입니다.

(1) 장점

- 별도의 논리적 구조로 저장되기 때문에 도큐멘트 크기에 제한 받지 않습니다.
- 비니지스 룰 상 별도로 처리되는 데이터 구조에 적합합니다.

(2) 단점

- 매번 논리적 구조 간에 Link 해야 하기 때문에 Embedded 보다 성능이 떨어집니다.
- 컬렉션 개수가 증가하며 관리 비용이 많이 듭니다.

1) $lookup 연산자 & Natural Join

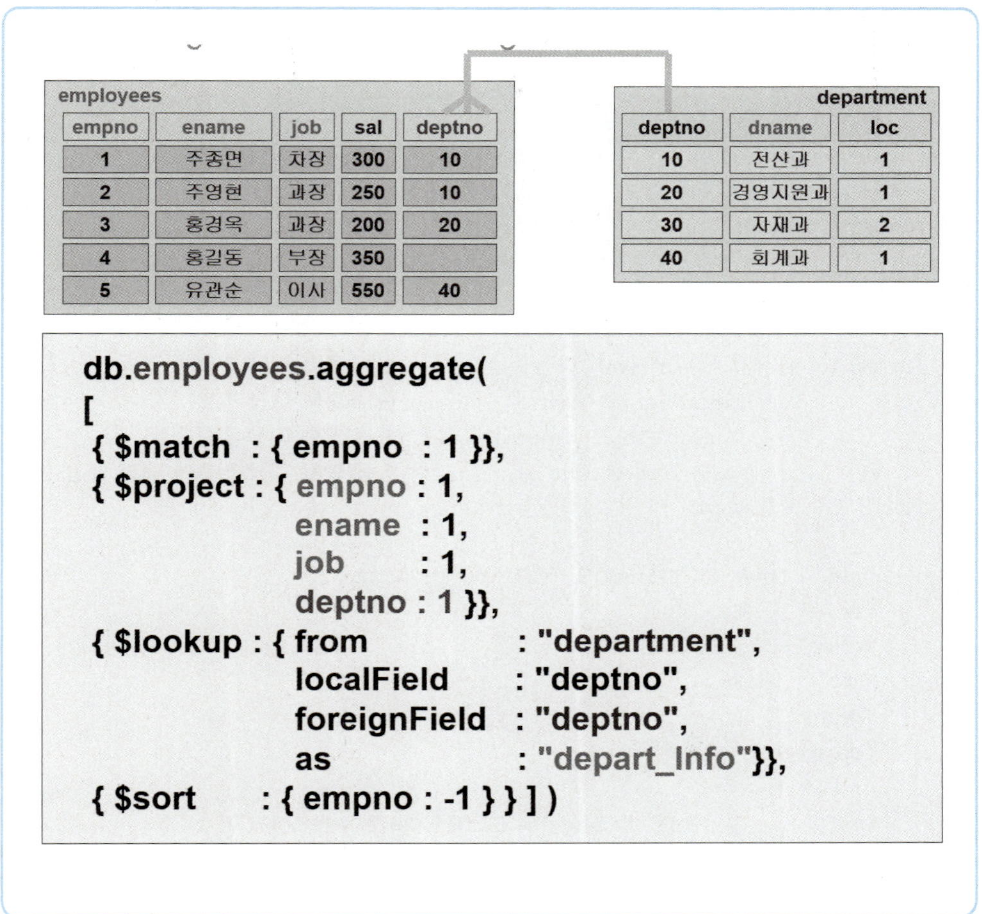

employees

empno	ename	job	sal	deptno
1	주종면	차장	300	10
2	주영현	과장	250	10
3	홍경옥	과장	200	20
4	홍길동	부장	350	
5	유관순	이사	550	40

department

deptno	dname	loc
10	전산과	1
20	경영지원과	1
30	자재과	2
40	회계과	1

```
db.employees.aggregate(
[
 { $match  : { empno  : 1 }},
 { $project : { empno : 1,
                ename  : 1,
                job      : 1,
                deptno : 1 }},
 { $lookup : { from              : "department",
                localField      : "deptno",
                foreignField   : "deptno",
                as                 : "depart_Info"}},
 { $sort     : { empno : -1 } } ] )
```

관계형 DBMS에 익숙한 대부분의 개발자들이 MongoDB를 처음 사용할 때 하는 질문 중에 하나는 MongoDB에서 조인문(Natural Join)은 어떻게 작성해야 합니까라는 내용입니다. 관계형 DB와 MongoDB는 데이터 저장 구조가 다르기 때문에 관계형 DB 처럼 데이터 무결성을 보장하고 데이터 중복을 제거할 수 있는 조인 문장을 제공하지 않습니다. 하지만 $lookup 연산자를 이용하여 유사한 방법으로 컬렉션과 컬렉션 간에 공통 속성을 이용하여 결합할 수 있는 방법을 제공하고 있습니다.

먼저, 다음 실습을 따라하시기 전에 www.pitmongo.co.kr에서 employees.json 파일을 실행하여 실습을 위한 컬렉션을 생성하십시오.

실습 따라하기

```
> db.employees.aggregate(
[
 { $project : { empno : 1,
                    ename : 1,
                    job : 1,
                    deptno : 1 }},
 { $lookup : { from : "department",             ← 결합할 대상 컬렉션
                    localField : "deptno",          ← 결합될 대상 필드
                    foreignField : "deptno",        ← 결합할 대상 필드
                    as : "depart_Info"}},           ← 결합될 대상 필드에 대한 별칭
 { $sort       : { empno : -1 } } ] ).pretty()
{
        "_id" : ObjectId("575f6b915b1fe53d1916cf13"),
        "empno" : 7934,
        "ename" : "CLERK",
        "job" : "CLERK",
        "deptno" : 10,
        "depart_Info" : [
                {
                        "_id" : ObjectId("575f6b925b1fe53d1916cf14"),
                        "deptno" : 10,
                        "dname" : "Computing Team",
                        "locno" : 1
                }
        ]
}
{
        "_id" : ObjectId("575f6b915b1fe53d1916cf12"),
        "empno" : 7902,
        "ename" : "FORD",
        "job" : "ANALYST",
        "deptno" : 20,
        "depart_Info" : [
                {
                        "_id" : ObjectId("575f6b925b1fe53d1916cf15"),
```

```
                        "deptno" : 20,
                        "dname" : "Development Team",
                        "locno" : 2
                }
        ]
}
[ 중략 ]
{
        "_id" : ObjectId("588e920744099f1cc890711e"),
        "empno" : 7499,
        "ename" : "ALLEN",
        "job" : "SALESMAN",
        "deptno" : 30,
        "depart_Info" : [
                {
                        "_id" : ObjectId("588e920744099f1cc890712d"),
                        "deptno" : 30,
                        "dname" : "Design Team",
                        "loc" : "San Diego"
                }
        ]
}
{
        "_id" : ObjectId("588e920744099f1cc890711d"),
        "empno" : 7369,
        "ename" : "SMITH",
        "job" : "CLERK",
        "deptno" : 20,
        "depart_Info" : [
                {
                        "_id" : ObjectId("588e920744099f1cc890712c"),
                        "deptno" : 20,
                        "dname" : "Development Team",
                        "loc" : "New York"
                }
        ] }
```

2) 다중 $lookup 연산자 & Natural Join

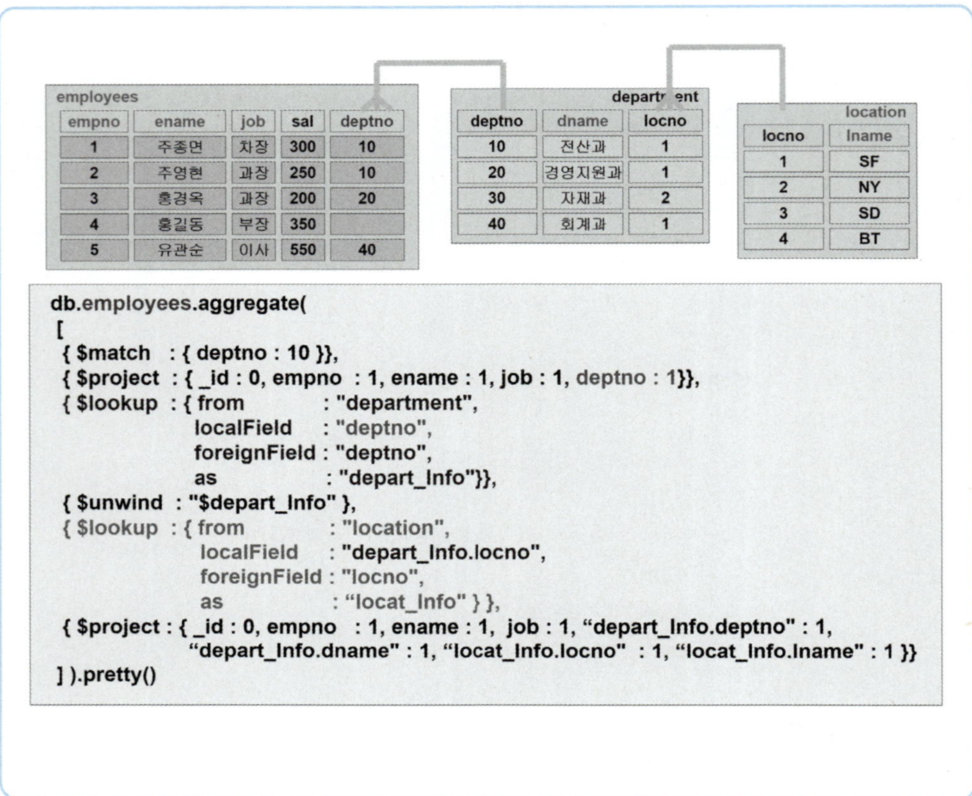

employees

empno	ename	job	sal	deptno
1	주종면	차장	300	10
2	주영현	과장	250	10
3	홍경옥	과장	200	20
4	홍길동	부장	350	
5	유관순	이사	550	40

department

deptno	dname	locno
10	전산과	1
20	경영지원과	1
30	자재과	2
40	회계과	1

location

locno	lname
1	SF
2	NY
3	SD
4	BT

```
db.employees.aggregate(
 [
  { $match   : { deptno : 10 }},
  { $project  : { _id : 0, empno  : 1, ename : 1, job : 1, deptno : 1}},
  { $lookup  : { from            : "department",
                 localField     : "deptno",
                 foreignField : "deptno",
                 as                : "depart_Info"}},
  { $unwind  : "$depart_Info" },
  { $lookup  : { from            : "location",
                 localField     : "depart_Info.locno",
                 foreignField : "locno",
                 as                : "locat_Info" } },
  { $project : { _id : 0, empno   : 1, ename : 1,  job : 1, "depart_Info.deptno" : 1,
               "depart_Info.dname" : 1, "locat_Info.locno"  : 1, "locat_Info.lname" : 1 }}
 ] ).pretty()
```

앞서 설명 드린 예제는 Employees와 Department, 2개의 컬렉션 간에 DEPTNO 필드를 기준으로 $lookup 연산자를 이용하여 결합한 경우입니다. 하지만 필요에 따라 여러 개의 컬렉션 간에 결합해야 하는 경우도 종종 발생할 수밖에 없는 것이 현실입니다.

다음은 3개의 켈렉션 간에 다중 $loopup 연산자를 사용하는 경우입니다.

실습 따라하기

```
>
> db.employees.aggregate(
 [
  { $match   : { deptno : 10 }},
  { $project  : { _id : 0, empno      : 1, ename : 1, job : 1, deptno : 1}},
  { $lookup  : { from           : "department",
                 localField     : "deptno",
                 foreignField   : "deptno",
                 as             : "depart_Info"}},
  { $unwind  : "$depart_Info" },
  { $lookup  : { from           : "location",
                 localField     : "depart_Info.locno",
                 foreignField   : "locno",
                 as             : "locat_Info" } },
  { $project : { _id : 0, empno : 1, ename : 1,  job : 1, "depart_Info.deptno" : 1,
                    "depart_Info.dname"  : 1, "locat_Info.locno"  : 1, "locat_Info.lname" : 1 }}
 ] ).pretty()
{
        "empno" : 7782,
        "ename" : "CLARK",
        "job" : "MANAGER",
        "depart_Info" : {
                "deptno" : 10,
                "dname" : "Computing Team"
        },
        "locat_Info" : [
                {
                        "locno" : 1,
                        "lname" : "San Fransciso"
                }
        ]
}
{
        "empno" : 7839,
        "ename" : "PRESIDENT",
        "job" : "CEO",
        "depart_Info" : {
                "deptno" : 10,
                "dname" : "Computing Team"
```

```
        },
        "locat_Info" : [
                {
                        "locno" : 1,
                        "lname" : "San Fransciso"
                }
        ]
}
{
        "empno" : 7934,
        "ename" : "CLERK",
        "job" : "CLERK",
        "depart_Info" : {
                "deptno" : 10,
                "dname" : "Computing Team"
        },
        "locat_Info" : [
                {
                        "locno" : 1,
                        "lname" : "San Fransciso"
                }
        ]
}
>
```

3) $out 연산자 & Natural Join

```
db.employees.aggregate(
[
 { $match   : { deptno : 10 }},
 { $project  : { _id : 0, empno  : 1, ename : 1, job : 1, deptno : 1}},
 { $lookup  : { from           : "department",
                localField     : "deptno",
                foreignField : "deptno",
                as               : "depart_Info"}},
 { $sort      : { empno : -1 }},
 { $unwind : "$depart_Info" },
 { $out : "emp_dept" }
])

db.emp_dept.aggregate(
[
 { $project : { _id : 0,   empno : 1, ename : 1,
                job   : 1, "dname.dname" : 1, "dname.locno" : 1 } },
 { $lookup  : { from           : "location",
                localField     : "dname.locno",
                foreignField : "locno",
                as               : "locat_Info" } }
]).pretty()
```

다음은 $out 연산자에 대해 알아보겠습니다.

앞서 설명드린 $lookup 연산자를 통해서 관계형 DB처럼 컬렉션 간에 결합이 가능하다는 것을 확인할 수 있었습니다. 여기서 결합된 결과는 일시적으로 화면에 출력만 되기 때문에 동일한 결과를 반복적으로 자주 참조해야 하는 경우에는 매번 실행할 수밖에 없으며 빅 데이터의 수집 및 가공 분석작업을 수행하는 경우에 성능 지연 문제를 피할 수 없게 됩니다. 이와 같은 문제점을 해소하기 위해서는 결합된 결과를 $out 연산자를 이용하여 별도에 컬렉션에 저장해 두고 필요에 따라 조회하는 방법입니다.

실습 따라하기

```
> db.employees.aggregate(
[
 { $match    : { deptno : 10 }},
 { $project  : { _id : 0, empno  : 1, ename : 1, job : 1, deptno : 1}},
 { $lookup   : { from         : "department",
                 localField   : "deptno",
                 foreignField : "deptno",
                 as           : "depart_Info"}},
 { $sort       : { empno : -1 }},
 { $unwind : "$depart_Info" },
 { $out : "emp_dept" }
 ] )
> db.emp_dept.find().pretty()
{
        "_id" : ObjectId("588057de7e2249d676ef6f3d"),
        "empno" : 7934,
        "ename" : "CLERK",
        "job" : "CLERK",
        "deptno" : 10,
        "depart_Info" : {
                "_id" : ObjectId("58805537ec277edbffcc48f9"),
                "deptno" : 10,
                "dname" : "Computing Team",
                "locno" : 1
        }
}
[중략]
{
        "_id" : ObjectId("588057de7e2249d676ef6f3f"),
        "empno" : 7782,
        "ename" : "CLARK",
        "job" : "MANAGER",
        "deptno" : 10,
        "depart_Info" : {
                "_id" : ObjectId("58805537ec277edbffcc48f9"),
                "deptno" : 10,
                "dname" : "Computing Team",
                "locno" : 1
        }
```

```
}
> db.emp_dept.aggregate(
[
 { $project : { _id : 0,   empno : 1, ename : 1,
                      job    : 1, "dname.dname" : 1, "dname.locno" : 1 } },
 { $lookup  : { from         : "location",
               localField   : "dname.locno",
               foreignField : "locno",
               as           : "locat_Info" } }
 ]).pretty()
{ "empno" : 7934, "ename" : "CLERK", "job" : "CLERK", "locat_Info" : [ ] }
{
        "empno" : 7839,
        "ename" : "PRESIDENT",
        "job" : "CEO",
        "locat_Info" : [ ]
}
{
        "empno" : 7782,
        "ename" : "CLARK",
        "job" : "MANAGER",
        "locat_Info" : [ ]
}
```

4) Multiple Jon

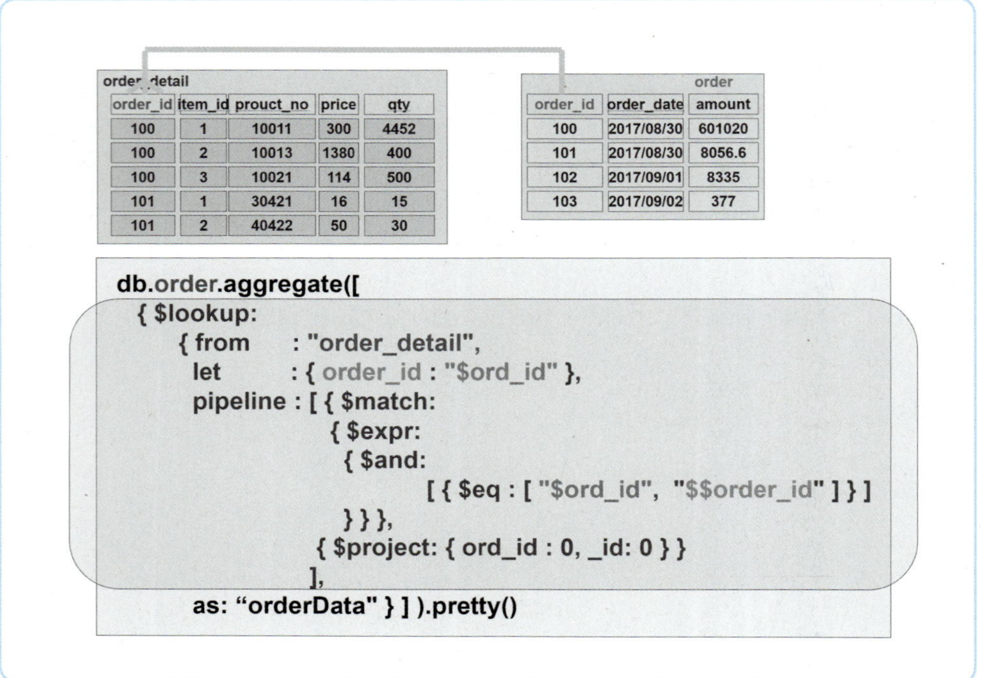

관계형 DB에서는 테이블과 테이블 간에 비즈니스 관계 구조를 1:1, 1:N과 같은 형태로 표현하며 1:N 관계 구도는 데이터의 성격에 따라 다양한 형태의 설계 패턴으로 구현되는데 이를 Master-Detail 또는 Parent-Child 관계구조라고 표현합니다. MongoDB에서도 이와 유사한 형태의 데이터 구조를 설계할 수 있는데 이때 사용되는 문법이 Multiple Join입니다.

위 그림을 보면 order(주문) 테이블은 Master 테이블이며 order_detail(주문상세)은 Detail 테이블입니다.

order 컬렉션에서 order_id는 주문번호이며 주문상세 정보가 저장되어 있는 order_detail 컬렉션에서 order_id는 주문번호이고 item_id는 하나의 주문 정보에 여러 개의 주문상세 정보를 구분하기 위한 일련번호입니다. 다음 실습을 위해 저자가 제공하는 order.json 파일을 이용하여 order와 order_detail 컬렉션을 생성하십시오.
(www.pitmongo.co.kr [고객지원] → [기술자료 폴더] 참조)

실습 따라하기

```
> db.order.find().pretty()
{ ord_id : 100, emp_no : 204, order_date : ISODate('2018-08-30'), ship_date :
ISODate('2018-09-10'), amount : 601020, pay_type : 'CREDIT', order_filled : 'Y' }
{ ord_id : 101, emp_no : 205, order_date : ISODate('2018-08-30'), ship_date :
ISODate('2018-09-15'), amount : 8056.6, pay_type : 'CREDIT', order_filled : 'Y' }
{ ord_id : 102, emp_no : 206, order_date : ISODate('2018-09-01'), ship_date :
ISODate('2018-09-08'), amount : 8335,  pay_type : 'CREDIT', order_filled : 'Y' }
{ ord_id : 103, emp_no : 208, order_date : ISODate('2018-09-02'), ship_date :
ISODate('2018-09-22'), amount : 377,   pay_type : 'CASH',   order_filled : 'Y' }
[중략]

> db.order_detail.find().pretty()
{ ord_id : 100, item_id : 1, product_no : 10011, price : 135,  qty : 4452, amt : 601020 }
{ ord_id : 100, item_id : 2, product_no : 10013, price : 1380, qty : 400,  amt : 55200 }
{ ord_id : 100, item_id : 3, product_no : 10021, price : 114,  qty : 500,  amt : 5700 }
{ ord_id : 100, item_id : 4, product_no : 10023, price : 136,  qty : 400,  amt : 54400 }
{ ord_id : 100, item_id : 5, product_no : 30326, price : 1582, qty : 600,  amt : 949200 }
[중략]
{ ord_id : 101, item_id : 1, product_no : 30421, price : 16,   qty : 15,   amt : 240 }
{ ord_id : 101, item_id : 2, product_no : 40422, price : 50,   qty : 30,   amt : 1500 }
{ ord_id : 101, item_id : 3, product_no : 41010, price : 8,    qty : 20,   amt : 160 }
{ ord_id : 101, item_id : 4, product_no : 41100, price : 45,   qty : 35,   amt : 1575 }
{ ord_id : 101, item_id : 5, product_no : 50169, price : 4.29, qty : 40,   amt : 171.6 }
[중략]
{ ord_id : 102, item_id : 1, product_no : 20108, price : 28,   qty : 100,  amt : 2800 }
{ ord_id : 102, item_id : 2, product_no : 20201, price : 123,  qty : 45,   amt : 5535 }
{ ord_id : 103, item_id : 1, product_no : 30433, price : 20,   qty : 15,   amt : 300 }
{ ord_id : 103, item_id : 2, product_no : 32779, price : 7,    qty : 11,   amt : 77 }
[중략]
>
> db.order.aggregate([
   {
     $lookup:
       { from: "order_detail",
         let: { order_id : "$ord_id", order_amt: "$amount" },
```

```
            pipeline: [   { $match:   { $expr:   { $and:   [ { $eq : [ "$ord_id",
"$$order_id" ] }
                        ] } } },        ← order 컬렉션의 ord_id와 order_detail 결합
                          { $project: { ord_id : 0, _id: 0 } } ],
            as: "OrderData"
          }
     }
]).pretty()
{
        "_id" : ObjectId("5a4444667462ff9619a17cda"),       ← order 정보
        "ord_id" : 100,
        "emp_no" : 204,
        "order_date" : ISODate("2018-08-30T00:00:00Z"),
        "ship_date" : ISODate("2018-09-10T00:00:00Z"),
        "amount" : 601020,
        "pay_type" : "CREDIT",
        "order_filled" : "Y",
        "OrderData" : [
                {
                        "item_id" : 1,                       ← order_detail 정보
                        "product_no" : 10011,
                        "price" : 135,
                        "qty" : 4452,
                        "amt" : 601020
                },
                {
                        "item_id" : 2,
                        "product_no" : 10013,
                        "price" : 1380,
                        "qty" : 400,
                        "amt" : 55200
                },
                {
                        "item_id" : 3,
                        "product_no" : 10021,
                        "price" : 114,
                        "qty" : 500,
                        "amt" : 5700
                },
                {
                        "item_id" : 5,
```

```
                        "product_no" : 30326,
                        "price" : 1582,
                        "qty" : 600,
                        "amt" : 949200
                },
[중략]
}
{
        "_id" : ObjectId("5a4444667462ff9619a17cdb"),
        "ord_id" : 101,
        "emp_no" : 205,
        "order_date" : ISODate("2018-08-30T00:00:00Z"),
        "ship_date" : ISODate("2018-09-15T00:00:00Z"),
        "amount" : 8056.6,
        "pay_type" : "CREDIT",
        "order_filled" : "Y",
        "OrderData" : [
                {
                        "item_id" : 1,
                        "product_no" : 30421,
                        "price" : 16,
                        "qty" : 15,
                        "amt" : 240
                },
                {
                        "item_id" : 2,
                        "product_no" : 40422,
                        "price" : 50,
                        "qty" : 30,
                        "amt" : 1500
                },
[중략]
                {
                        "item_id" : 5,
                        "product_no" : 50169,
                        "price" : 4.29,
                        "qty" : 40,
                        "amt" : 171.6
                },
[중략]
}
```

5) $mergeObjects를 이용한 Natural Join

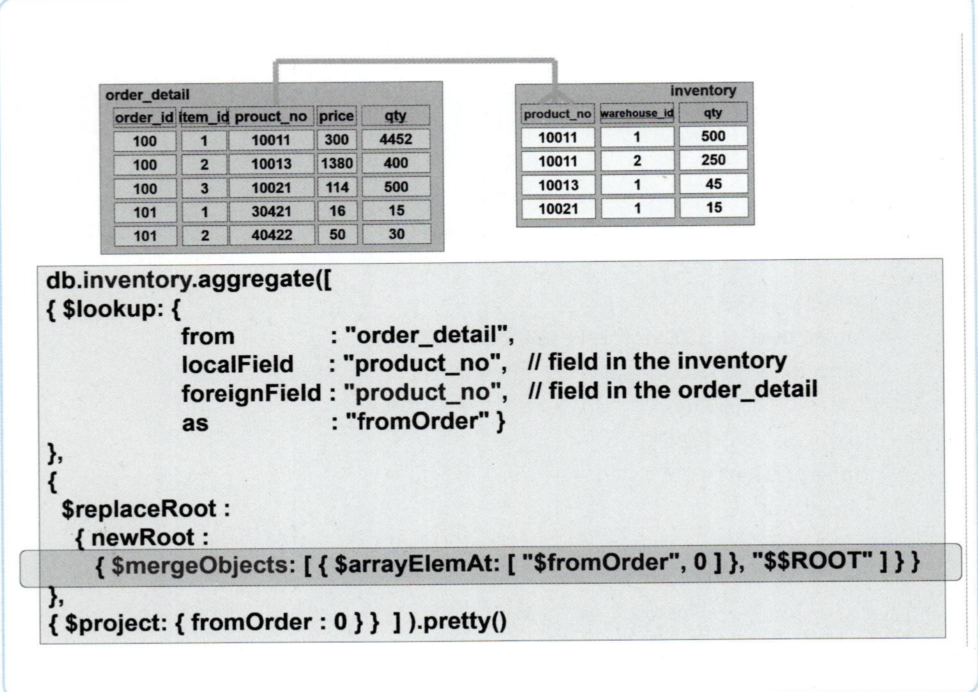

MongoDB에서 제공하는 $mergeObjects 연산자는 2개의 컬렉션에서 공통되는 필드 값을 결합한 후 하나의 결합된 형태로 출력해 줍니다.

위 그림에서 inventory(재고) 컬렉션의 warehouse_id는 창고번호, product_no는 제품번호이며 order_detail(주문상세) 컬렉션의 product_no는 고객에 의해 주문된 제품번호 필드입니다. 해당 제품에 대한 주문 정보가 발생하는 경우 어떤 창고에 재고수량이 얼마나 존재하는지 검색해야 한다면 $mergeObjects 연산자로 결합하면 쉽게 결과를 조회할 수 있습니다.

다음 예제를 따라해 보시기 바랍니다. 다음 실습을 위해 저자가 제공하는 product.json 파일을 이용하여 product와 inventory 컬렉션을 생성하십시오.(www.pitmongo.co.kr [고객지원] → [기술자료 폴더] 참조)

실습 따라하기

```
> db.product.find().pretty()
{ product_no : 10011, procudt_name : 'Bunny Boot', short_desc : 'Beginner''s ski boot',
longtext_id : 518, image_id : 1001, price : 150, whlsl_units : 'EA' }
{ product_no : 10013, procudt_name : 'Pro Ski Boot', short_desc : 'Advanced ski boot',
  longtext_id : 520, image_id : 1003, price : 410, whlsl_units : 'NULL' }
{ product_no : 10021, procudt_name : 'Bunny Ski Pole', short_desc : 'Beginner''s ski pole',
   longtext_id : 528, image_id : 1011, price : 16.25, whlsl_units : 'NULL' }
{ product_no : 30326, procudt_name : 'Himalaya Bicycle', short_desc : 'Mountain bicycle',
      longtext_id : 833, image_id : 1296, price : 582, whlsl_units : 'NULL' }
{ product_no : 41010, procudt_name : 'Prostar 10 Pound Weight', short_desc : 'Ten pound
weight', longtext_id : 517, image_id : 'NULL', price : 8, whlsl_units : 'NULL' }
{ product_no : 30433, procudt_name : 'New Air Pump', short_desc : 'Tire pump',
  longtext_id : 940, image_id : 'NULL', price : 20, whlsl_units : 'NULL' }
{ product_no : 10023, procudt_name : 'Pro Ski Pole', short_desc : 'Advanced ski pole',
  longtext_id : 530, image_id : 1013, price : 40.95, whlsl_units : 'NULL' }
{ product_no : 30421, procudt_name : 'Grand Prix Bicycle Tires', short_desc : 'Road bicycle
tires',       longtext_id : 927, image_id : 'NULL', price : 16, whlsl_units : 'NULL' }
{ product_no : 50169, procudt_name : 'Major League Baseball', short_desc : 'Baseball',
    longtext_id : 676, image_id : 1119, price : 4.29, whlsl_units : 'NULL' }
{ product_no : 50417, procudt_name : 'Griffey Glove', short_desc : 'Outfielder''s glove',
   longtext_id : 924, image_id : 1367, price : 80, whlsl_units : 'NULL' }
[중략]
>
> db.inventory.find().pretty()
{ product_no : 10011, warehouse_id : 101, amount_in_stock : 650, restock_date : 'NULL' }
{ product_no : 10013, warehouse_id : 101, amount_in_stock : 400, restock_date : 'NULL' }
{ product_no : 10021, warehouse_id : 101, amount_in_stock : 500, restock_date : 'NULL' }
{ product_no : 10023, warehouse_id : 101, amount_in_stock : 400, restock_date : 'NULL' }
{ product_no : 20201, warehouse_id : 101, amount_in_stock : 802, restock_date : 'NULL' }
{ product_no : 20510, warehouse_id : 101, amount_in_stock :1389, restock_date : 'NULL' }
{ product_no : 20512, warehouse_id : 101, amount_in_stock : 850, restock_date : 'NULL' }
{ product_no : 30326, warehouse_id : 101, amount_in_stock :2100, restock_date : 'NULL' }
{ product_no : 30421, warehouse_id : 101, amount_in_stock :1822, restock_date : 'NULL' }
{ product_no : 30426, warehouse_id : 101, amount_in_stock :2250, restock_date : 'NULL' }
[중략]
> db.inventory.aggregate([
   {
      $lookup: {
         from         : "order_detail",
```

```
        localField   : "product_no",         // field in the inventory collection
        foreignField : "product_no",         // field in the order_detail collection
        as: "fromOrder"
     } },
   {
     $replaceRoot: { newRoot:
                        { $mergeObjects: [     ← $mergeObjects 연산자로 검색
                                              { $arrayElemAt:
                                                   [ "$fromOrder", 0 ] }, "$$ROOT" ] } }
   },
   { $project: { fromOrder : 0 } },
   { $sort   : { ord_id : 1, item_id : 1 }}
]).pretty()
{
        "_id" : ObjectId("5a445c647462ff9619a17d13"),
        "ord_id" : 100,
        "item_id" : 1,                        ← 주문상세 첫 번째 항목
        "product_no" : 10011,
        "price" : 135,
        "qty" : 4452,
        "amt" : 601020,
        "warehouse_id" : 101,                 ← 해당 제품의 재고가 있는 창고번호
        "amount_in_stock" : 650,              ← 해당 창고에 있는 제품의 재고수량
        "restock_date" : "NULL"
}
{
        "_id" : ObjectId("5a445c647462ff9619a17d14"),
        "ord_id" : 100,
        "item_id" : 2,                        ← 주문상세 첫 번째 항목
        "product_no" : 10013,
        "price" : 1380,
        "qty" : 400,
        "amt" : 55200,
        "warehouse_id" : 101,                 ← 해당 제품의 재고가 있는 창고번호
        "amount_in_stock" : 400,              ← 해당 창고에 있는 제품의 재고수량
        "restock_date" : "NULL"
}
{
        "_id" : ObjectId("5a445c647462ff9619a17d15"),
        "ord_id" : 100,
```

```
        "item_id" : 3,
        "product_no" : 10021,
        "price" : 114,
        "qty" : 500,
        "amt" : 5700,
        "warehouse_id" : 101,
        "amount_in_stock" : 500,
        "restock_date" : "NULL"
}
{
        "_id" : ObjectId("5a445c647462ff9619a17d16"),
        "ord_id" : 100,
        "item_id" : 4,
        "product_no" : 10023,
        "price" : 136,
        "qty" : 400,
        "amt" : 54400,
        "warehouse_id" : 101,
        "amount_in_stock" : 400,
        "restock_date" : "NULL"
}
[중략]
```

6) Uncorrelated Sub Query

warehouse

wh_id	region_id	address	qty	state
101	1	283 King Street	300	Seattle
201	2	68 Via Centrale	1380	Sao Paolo
301	3	6921 King Way	114	Lagos
401	4	86 Chu Street	16	Hong Kong
501	5	5 Modrany	50	Bratislava

region

region_id	name
1	North America
2	South America
3	Africa
4	Asia

```
db.warehouse.aggregate([
{
 $lookup:
      { from: "region",
        pipeline: [
                  { $project :
                        { _id     : 0,
                          region : { region_id : "$region_id", name: "$name" } } },
                  { $replaceRoot: { newRoot: "$region" } }
                  ],
        as: "region_info"
      }
  } ] ).pretty()
```

관계형 DB에서 SQL문을 작성할 때 Main Query 절의 검색 조건 값을 알 수 없는 경우에 Sub Query 문장을 작성하면 그 결과를 참조할 수 있습니다. 이렇게 작성되는 Sub Query는 Main Query 문장의 실행과는 별도로 작성되고 독립적으로 실행되며 이 결과가 Main Query에게 전달되면 Main Query는 최종적으로 실행됩니다. 이와 같은 Sub Query는 Main Query와 독립되어 실행되는 데 이를 Uncorrelated Sub Query라고 합니다. 반면에 어떤 Sub Query의 경우에는 Main Query가 반드시 먼저 실행되고 그 결과를 전달받아야 만 Sub Query가 실행될 수 있는 경우도 있는데 이를 Correlated Sub Query 라고 합니다.

다음은 MongoDB에서 Uncorrelated Sub Query를 실행한 결과입니다.

다음 실습을 위해 저자가 제공하는 warehouse.json 파일을 이용하여 region와 warehouse 컬렉션을 생성하십시오.(www.pitmongo.co.kr [고객지원] → [기술자료 폴더] 참조)

실습 따라하기

```
> db.region.find().pretty()
{ region_id : 1, name : 'North America' }
{ region_id : 2, name : 'South America' }
{ region_id : 3, name : 'Africa / Middle East' }
{ region_id : 4, name : 'Asia' }
{ region_id : 5, name : 'Europe' }
>
> db.warehouse.find().pretty()
{ warehouse_id : 101, region_id : 1, address : '283 King Street', city : 'Seattle',
state : 'WA', country : 'USA' })
{ warehouse_id : 501, region_id : 5, address : '5 Modrany',       city : 'Bratislava',
state : '',   country : 'Czechozlovakia' }
{ warehouse_id : 201, region_id : 2, address : '68 Via Centrale', city : 'Sao Paolo',
state : '',   country : 'Brazil' }
{ warehouse_id : 301, region_id : 3, address : '6921 King Way',    city : 'Lagos',
state : '',   country : 'Nigeria' }
{ warehouse_id : 401, region_id : 4, address : '86 Chu Street',    city : 'Hong Kong',
state : '',   country : 'China' }
>
> db.warehouse.aggregate([
{
  $lookup:
         {
           from: "region",          ← Uncorrelated Sub Query인 경우 컬렉션명 만 지정
           pipeline: [
              { $project: { _id: 0, region: { region_id : "$region_id", name: "$name"
} } },
              { $replaceRoot: { newRoot: "$region" } } ← $replaceRoot 연산자로 검색
           ],
           as: "region_info"
         }
    }
]).pretty()
{
        "_id" : ObjectId("5a4485e17462ff9619a17d65"),
```

```
        "warehouse_id" : 101,
        "region_id" : 1,                    ← 해당 창고가 위치하고 있는 지역번호
        "address" : "283 King Street",
        "city" : "Seattle",
        "state" : "WA",
        "country" : "USA",
        "region_info" : [                   ← 현재 배치되어 있는 모든 창고정보
                {
                        "region_id" : 1,
                        "name" : "North America"
                },
                {
                        "region_id" : 2,
                        "name" : "South America"
                },
                {
                        "region_id" : 3,
                        "name" : "Africa / Middle East"
                },
                {
                        "region_id" : 4,
                        "name" : "Asia"
                },
                {
                        "region_id" : 5,
                        "name" : "Europe"
                }
        ]
}
{
        "_id" : ObjectId("5a4485e17462ff9619a17d66"),
        "warehouse_id" : 501,
        "region_id" : 5,                    ← 해당 창고가 위치하고 있는 지역번호
        "address" : "5 Modrany",
        "city" : "Bratislava",
        "state" : "",
        "country" : "Czechozlovakia",
        "region_info" : [                   ← 현재 배치되어 있는 모든 창고정보
                {
                        "region_id" : 1,
```

```
                "name" : "North America"
            },
            {
                "region_id" : 2,
                "name" : "South America"
            },
            {
                "region_id" : 3,
                "name" : "Africa / Middle East"
            },
            {
                "region_id" : 4,
                "name" : "Asia"
            },
            {
                "region_id" : 5,
                "name" : "Europe"
            }
        ]
}
[중략]
```

7) Find와 Natural Join

```
SELECT     empno, ename, job
FROM       employees o, department d
WHERE      d.deptno=o.deptno AND o.empno = 1
ORDER BY empno DESC;
```

```
o = db.employees.findOne( { empno : 1 } )
name = db.department.findOne({deptno:o.deptno})
```

다음은 MongoDB에서 컬렉션과 컬렉션을 결합하여 데이터를 추출할 수 있는 두 번째 방법입니다.

앞서 설명드린 $lookup 연산자는 MongoDB 3.x 버전부터 제공되었기 때문에 이전 버전을 사용하고 있는 사용자들은 다음과 같이 find 함수를 이용하여 결합하셔야 합니다.

기존 관계형 DB에서 2개 테이블에 공통되는 컬럼을 기준으로 조인문을 실행하는 것과 유사한 방법입니다. 하지만 여러 개의 컬렉션을 결합하는 경우 $lookup 연산자에 비해 상대적으로 프로그래밍이 불편하고 성능 이슈가 발생할 수도 있기 때문에 선택적으로 필요에 따라 사용되어야 합니다.

실습 따라하기

```
>
> o = db.employees.findOne( { empno : 7839 } )
{
        "_id" : ObjectId("575f6b915b1fe53d1916cf0e"),
        "empno" : 7839,
        "ename" : "PRESIDENT",
        "job" : "CEO",
        "hiredate" : "17-11-1981",
        "sal" : 5000,
        "deptno" : 10
}
> name = db.department.findOne({deptno:o.deptno})
{
        "_id" : ObjectId("575f6b925b1fe53d1916cf14"),
        "deptno" : 10,
        "dname" : "Computing Team",
        "locno" : 1
}
```

4.4.5 N:M 관계 패턴

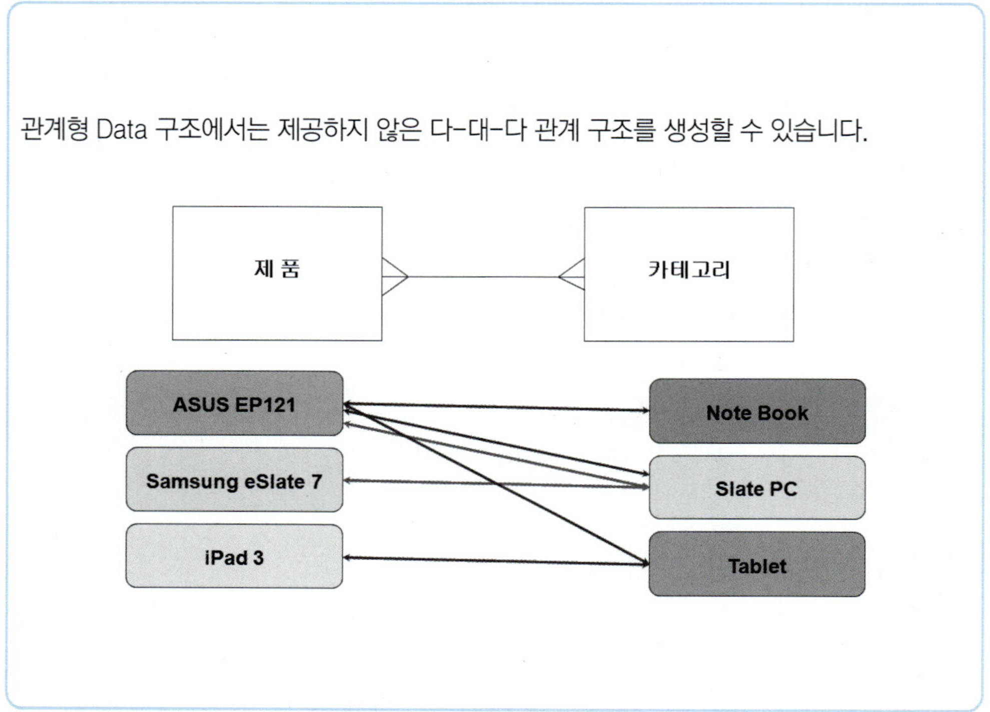

관계형 DBMS에서 엔티티와 엔티티 간의 업무적 상관 관계를 도식화할 수 있는데 이것을 관계(Relationship)라고 하며 구현 단계에서 1:1, 1:N 형태로 표현합니다.

하지만, 관계형 DBMS에서는 N:M 관계는 지원하지 않기 때문에 그와 같은 데이터 구조는 설계할 수 없습니다.

빅 데이터가 발생하는 기업환경에서는 다양한 비정형 데이터 구조가 발생할 수 있지만 관계형 DBMS에서는 구현할 수 없는 것이 정형화된 데이터 구조의 한계이자 문제점이기도 합니다.

하지만, MongoDB는 관계형 데이터베이스에서 제공하지 않는 N:M 관계 구조를 제공합니다.

최근 각 제조사는 다양한 제품들을 생산, 판매하고 있는데 그 제품들의 카테고리가 애매모호한 경우들이 많습니다.

예를 들면, ASUS에서 판매되는 EP121 모델은 제조사에서는 NOTE BOOK 또는 IPAD 처럼 터치 스크린으로 조작 한다고 해서 TABLET이라고 표현합니다.

그런데, ASUS 제품과 디자인 및 성능이 비슷한 SAMSUNG SLATE 7 제품은 제조사에서 NOTE BOOK이라고 표현하지 않고 SLATE PC 라고 표현합니다.

그리고, 애플사의 IPAD는 NOTE BOOK 또는 SLATE PC라는 표현은 사용하지 않고 TABLET이라고만 표현합니다. 애플의 터치스크린 타입의 아이패드가 출시되면서 많은 제조사들이 유사한 제품들을 생산 판매하면서 제품의 카테고리가 애매모호하게 표현되는 경우가 많아진 것 같습니다. 아무튼, 제품과 카테고리라는 엔티티의 관계는 N:M 관계가 될 수 밖에 없는 데 관계형 데이터베이스에서는 이것을 직접적으로 표현할 수 있는 방법이 없었던 것이 현실입니다.

결론적으로 관계형 DB에서 N:M 관계의 데이터 구조는 다음과 같이 1:N 관계로 재해석되어 설계됩니다.

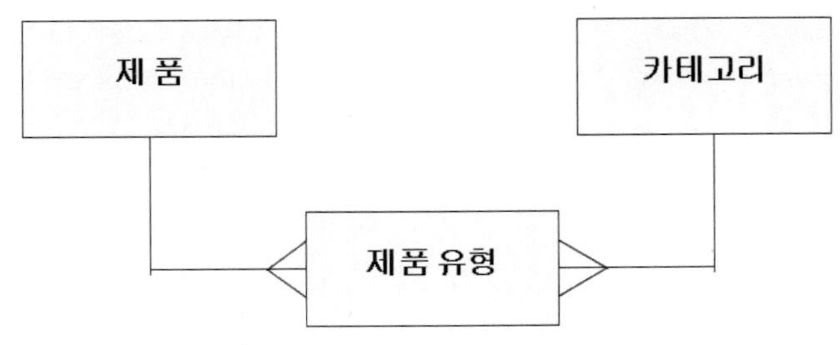

제품 유형		제 품 명
카테고리	제품	
Note Book	Asus EP121	노트북 Asus EP121
SlatePC	Asus EP121	슬레이트 Asus EP121
SlatePC	Samsung eSlate7	슬레이트 Samsung eSlate7
Tablet	Asus EP121	태블릿 Asus EP121
Tablet	iPad3	태블릿 iPad3

```
db.category.insert( { "cname" : "Note Book", "pname1" : "Asus EP121 M50" } );
db.category.insert( { "cname" : "Tablet",    "pname1" : "Asus EP121 M50",
                      "pname2" : "iPad3"} );
db.category.insert( { "cname" : "SlatePC",  "pname1" : "Asus EP121 M50",
                      "pname2" : "Samsung eSlate 7" } );

db.product.insert( { "pname" : "Asus EP121 M50", "cname1" : "Note Book",
                     "cname2" : "Tablet", "cname3" : "SlatePC" } );
db.product.insert( { "pname" : "Samsung eSlate 7", "cname1" : "SlatePC" } );
db.product.insert( { "pname" : "iPad3", "cname1" : "Tablet" } );
```

다음은 MongoDB에서 N : M 관계를 구현하는 예제입니다.

실습 따라하기

```
> db.category.insert({ "cname" : "Note Book", "pname1" : "Asus EP121 M50" } )
> db.category.insert({ "cname" : "Tablet",    "pname1" : "Asus EP121 M50",
                                              "pname2" : "iPad3"} );
> db.category.insert({ "cname" : "SlatePC",   "pname1" : "Asus EP121 M50",
                                              "pname2" : "Samsung eSlate 7" } )

> db.category.find()
{
        "_id" : ObjectId("575f729c5b1fe53d1916cf1c"),
        "cname" : "Note Book",
        "pname1" : "Asus EP121 M50"
}
{
        "_id" : ObjectId("575f729c5b1fe53d1916cf1d"),
        "cname"  : "Tablet",
        "pname1" : "Asus EP121 M50",
        "pname2" : "iPad3"
```

```
}
{
        "_id" : ObjectId("575f729c5b1fe53d1916cf1e"),
        "cname" : "SlatePC",
        "pname1" : "Asus EP121 M50",
        "pname2" : "Samsung eSlate 7"
}
>
> db.product.insert({ "pname" : "Asus EP121", "cname1" : "Note Book",
                                              "cname2" : "Tablet",
                                              "cname3" : "SlatePC" } )
> db.product.insert({ "pname" : "Samsung eSlate 7", "cname1" : "SlatePC" } )
> db.product.insert({ "pname" : "iPad3", "cname1" : "Tablet" } )
> db.product.find()
{
        "_id" : ObjectId("575f72b35b1fe53d1916cf1f"),
        "pname" : "Asus EP121",
        "cname1" : "Note Book",
        "cname2" : "Tablet",
        "cname3" : "SlatePC"
}
{
        "_id" : ObjectId("575f72ce5b1fe53d1916cf20"),
        "pname" : "Samsung eSlate 7",
        "cname1" : "SlatePC"
}
{
        "_id" : ObjectId("575f72ce5b1fe53d1916cf21"),
        "pname" : "iPad3",
        "cname1" : "Tablet"
}
>
> db.category.drop()
> db.product.drop()
```

4.4.6 상속 패턴

```
> db.createCollection ("car");
> db.car.insert({ engine : "A", frame : "AX_1", tire : "R16",
                car_type : "TAXI", lamp : 1, gas_tank : 1 });
> db.car.insert({ engine : "B", frame : "AK_3", tire : "R18",
                car_type : "BUS", auto_door: 2 });
> db.car.insert({ engine : "A", frame : "AX_2", tire : "R18",
                car_type : "TAXI", lamp : 2, gas_tank : 2 });

> db.employees.find();
  {"_id" : ObjectId("4f00574f81a153d6857897d2"),
          "engine" : "A", "ename" : "AX_1", "tire" : "R16",
          "car_type" : "TAXI", "lamp" : 1, "gas_tank" : 1 }); }
```

Engine: A	Frame: AX_1	Tire: R16	Car_type: TAXI	Lamp: 1	Gas_tank: 1
Engine: B	Frame: AK_3	Tire: R18	Car_type: BUS	Auto_door: 1	
Engine: A	Frame: AX_1	Tire: R18	Car_type: TAXI	Lamp: 2	Gas_tank: 2

사람의 일생에서 상속(Inheritenance)은 부모님의 경제 자산을 자식이 물려 받거나, 부모님의 유전자를 자식이 물려 받는 것을 의미합니다.

원하던 원하지 않던 부모로부터 공통 속성들을 상속받게 되는데 DBMS에서도 하위 데이터 구조는 상위 데이터 구조의 공통 속성을 상속받을 수 있습니다. 이것을 상속관계라고 합니다. MongoDB의 상속 구조에 대한 이해를 하기 위해서는 먼저 객체지향 데이터베이스의 상속 구조에 대해 이해가 필요합니다.

다음은 객체지향 데이터베이스에서 상속 관계를 가진 데이터 구조입니다.

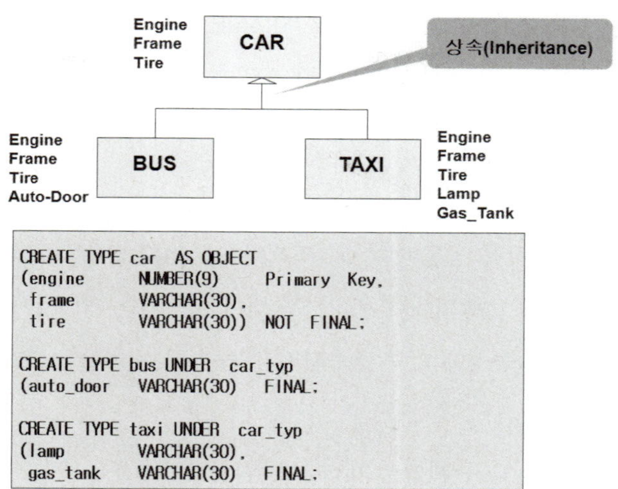

위 그림에서 CAR 클래스는 엔진, 프레임, 타이어 3개의 속성으로 구성되어 있고 BUS는 CAR 클래스의 속성 3개와 AUTO-DOOR 속성이 추가된 클래스입니다. 또한, TAXI는 CAR 클래스의 속성 3개와 LAMP, GAS_TANK 속성 2개를 추가한 클래스 입니다.

여기서, BUS와 TAXI 클래스는 공통 속성인 CAR 클래스의 속성들을 상속받을 수 있는데 이것을 객체지향 데이터베이스의 상속 관계라고 합니다.

앞서보신 상속 관계를 관계형 데이터베이스에서는 어떻게 표현하는지 알아 보겠습니다.

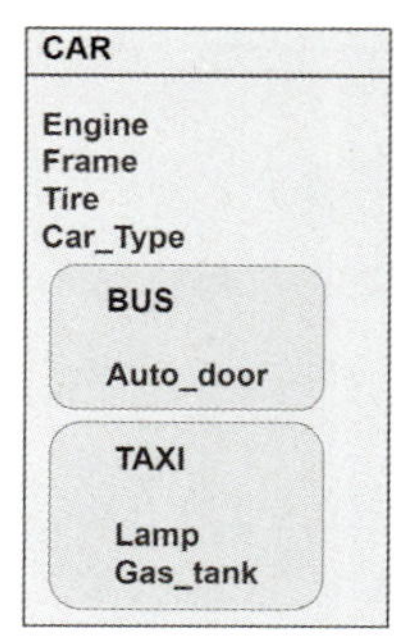


```
CREATE TABLE car
(engine    INTEGER(9)          NOT NULL,
 frame     CHAR VARYING(30)    NOT NULL,
 tire      CHAR VARYING(30)    NOT NULL,
 car_type CHAR VARYING(4) CHECK IN(' BUS' , 'TAXI' ),
 auto_door INTEGER(2),
 lamp      CHAR VARYING(30),
 gas_tank  CHAR VARYING(30)
 Constraint bus_pk PRIMARY KEY (engine, frame, tire);
```

Engine	Frame	Tire	Car_Type	Auto_Door	Lamp	Gas_Tank
A	AX_1	R16	TAXI	null	1	1
B	AK_3	R18	BUS	2	null	null
A	AX_2	R18	TAXI	null	2	2

그림에서 왼쪽은 CAR 엔티티이며 ENGINE, FRAME, CAR_TYPE 속성으로 구성되어 있습니다. CAR_TYPE이 BUS인 경우 AUTO_DOOR 속성이 사용되고 TAXI인 경우 LAMP, GAS_TANK 속성이 사용될 것 입니다.

오른쪽 그림은 CAR 테이블을 생성할 수 있는 SQL문장 입니다.

객체지향 데이터베이스처럼 공통 속성을 직접적으로 상속받는 데이터 구조와는 달리 CAR_TYPE이라는 구분속성에 의해 사용되는 속성이 결정되는 데이터 구조로 생성됩니다. 원하던 원하지 않던 구분 속성에 의해 만족되지 않는 속성은 NULL 값으로 결정됩니다.

다음은 MongoDB에서 상속 관계를 설계하는 방법입니다.

결론적으로 MongoDB는 객체지향 데이터베이스의 상속 관계와 같은 데이터 구조를 제공하지 않습니다. 그 이유는 관계형과 객체지향 데이터베이스는 정형화된 데이터 설계 구조를 지향하지만 MongoDB는 비정형 데이터 구조를 지향하기 때문에 상속 관계 구조를 지원하지 않는 것 입니다. 다만, 앞서보신 예제를 MongoDB에서는 공통 속성들로 하나의 KEY를 설정하고 CAR TYPE을 통해 요구되는 장치에 대한 필드를 설계하면 됩니다. MongoDB는 정형화된 데이터 구조가 아니기 때문에 관계형 데이터베이스처럼 컬럼들을 일일이 정의할 필요가 없기 때문에 유연한 데이터 구조를 설계할 수 있습니다.

실습 따라하기

```
> db.createCollection ("car")
{ "ok" : 1 }

> db.car.insert({ engine : "A", frame : "AX_1", tire : "R16",
                  car_type : "TAXI", lamp : 1, gas_tank : 1 })
> db.car.insert({ engine : "B", frame : "AK_3", tire : "R18",
                  car_type : "BUS", auto_door: 2 })
> db.car.insert({ engine : "A", frame : "AX_2", tire : "R18",
                  car_type : "TAXI", lamp : 2, gas_tank : 2 })

> db.car.find().pretty()
```

```
{
        "_id" : ObjectId("575f73b65b1fe53d1916cf22"),
        "engine" : "A",
        "frame" : "AX_1",
        "tire" : "R16",
        "car_type" : "TAXI",
        "lamp" : 1,
        "gas_tank" : 1
}
{
        "_id" : ObjectId("575f73b65b1fe53d1916cf23"),
        "engine" : "B",
        "frame" : "AK_3",
        "tire" : "R18",
        "car_type" : "BUS",
        "auto_door" : 2
}
{
        "_id" : ObjectId("575f73b65b1fe53d1916cf24"),
        "engine" : "A",
        "frame" : "AX_2",
        "tire" : "R18",
        "car_type" : "TAXI",
        "lamp" : 2,
        "gas_tank" : 2
}
>
> db.car.drop()
```

Engine: A	**Frame: AX_1**	**Tire: R16**	**Car_type: TAXI**	**Lamp: 1**	**Gas_tank: 1**
Engine: B	**Frame: AK_3**	**Tire: R18**	**Car_type: BUS**	**Auto_door: 1**	
Engine: A	**Frame: AX_1**	**Tire: R18**	**Car_type: TAXI**	**Lamp: 2**	**Gas_tank: 2**

앞서 설명 드린 대로 MongoDB는 기본적으로 상속 구조를 제공하지 않습니다. 하지만 모든 데이터(필드명, 사용자가 입력한 데이터)를 JSON 타입의 Document 구조로 생성 저장하기 때문에 불필요한 저장 공간이 낭비될 수 있고 성능지연 문제를 유발시킬 수 있기 때문에 이에 맞는 철저한 설계가 요구됩니다. 아래 그림은 하나의 Collection을 생성할 때 할당되는 블록 구조를 도형으로 표현한 그림입니다.

하나의 블록은 일정한 크기(512/1024/4096/8192 바이트 등)를 가지며 크게 2가지 영역으로 구성됩니다. 첫 번째 영역을 해당 컬렉션에 대한 기본 정보를 저장하는 Header Area라고 하며 두 번째 영역은 사용자가 입력한 실제 데이터가 저장되는 Data Area라고 합니다.

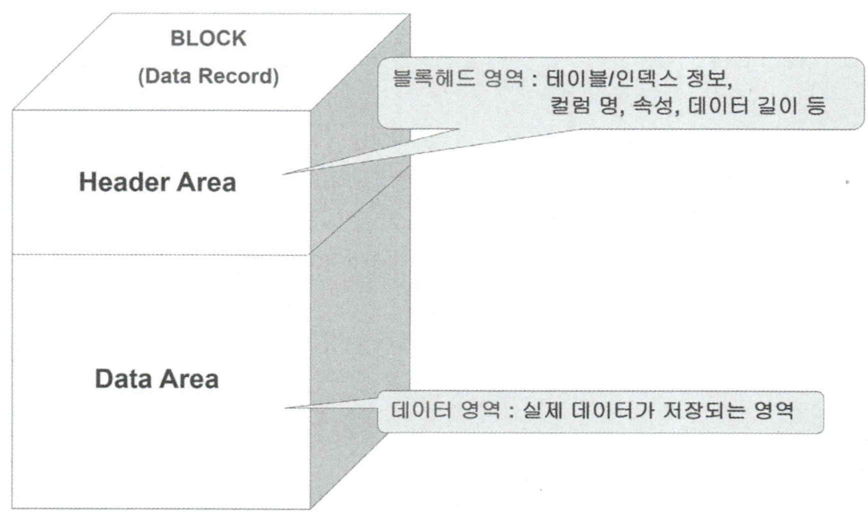

다음 그림에서 왼쪽 블록은 관계형 DBMS의 블록 구조이며 오른쪽은 MongoDB의 블록 구조입니다. 관계형 DB에서 하나의 테이블을 생성하게 되면 해당 테이블에는 수많은 블록들이 할당되는데 해당 블록의 Header Area에는 해당 테이블의 구조정보(컬럼명, 데이터 길이, 데이터 타입 등)가 저장되며 Data Area에는 실제 입력한 데이터들만 저장됩니다.

반면에 오른쪽 그림은 MongoDB의 데이터 블록입니다. 관계형 DB의 데이터 블록에 저장되어 있는 상태와 비교해 보면 조금 다르다는 것을 확인할 수 있을 것입니다. MongoDB의 경우는 JSON 타입의 Document 단위로 데이터를 저장하기 때문에 필드명과 데이터 값이 함께 Data Area에 반복적으로 저장되어 있는 있습니다. 이러한 방법으로 데이터를 저장하게 되면 그 만큼 불필요한 공간을 할당받게 되고 이것은 공간의 효율성을 저하시키고 공간을 낭비하는 문제가 발생하게 되는 것입니다. 일반적으로 관계형 DB로 구축하는 것과 비교했을 때 MongoDB로 구축하는 경우 1.2~1.5배 이상의 디스크 저장장치가 더 많이 요구될 수 밖에 없는 것이 현실입니다.

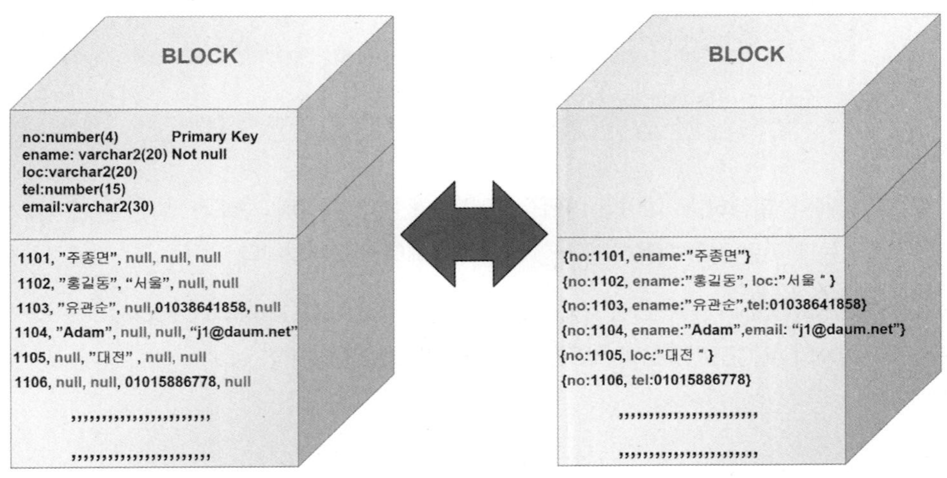

MongoDB는 이러한 과도한 저장 공간이 요구되는 문제점을 해소하기 위해 3.x 버전부터 wiredTiger 스토리지 엔진 구조를 통해 데이터를 압축 저장할 수 있는 기능을 제공하고 있으며 이를 통해 관계형 DB에 비해 오히려 적은 공간으로 데이터를 효율적으로 저장할 수 있게 되었습니다.

4.4.7 계층형 패턴

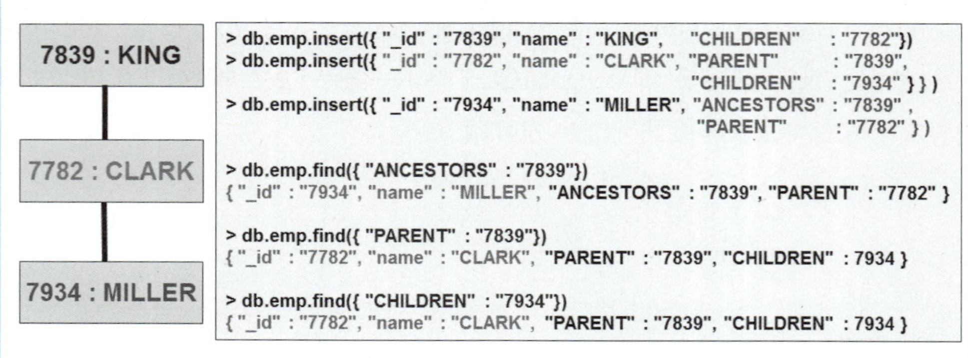

1) 기업에서 발생하는 데이터 구조 중에는 계층형 데이터 구조가 발생할 수 밖에 없는데 이런 경우 적용하면 가장 이상적인 데이터 모델입니다.

2) ANCESTORS와 PARENT Field로 표현할 수 있으며 하나의 Document는 하나 이상의 ANCESTORS와 PARENT를 가질 필요는 없습니다.

1) 계층 구조

1950년대 말에 컴퓨터가 발명된 이후로 다양한 데이터 저장기술들이 활용되어 왔습니다. Network DB, 계층형 DB, 관계형 DB, 객체관계형 DB, 객체지향 DB 등입니다. 이 중에 계층형 DB는 1980년대와 1990년대에 주로 사용되었는데 데이터 구조를 상하 계층 구조를 통한 연결고리를 통해 저장, 관리하는 방법이었습니다. 기업에서 발생하는 데이터 중에는 이러한 계층형 데이터가 존재하는데 효율적인 저장과 관리가 요구됩니다. 다음은 계층형 데이터 구조에 대해 알아보겠습니다.

아래 그림은 ABC 주식회사의 조직 구성도를 그림으로 표현한 것입니다.

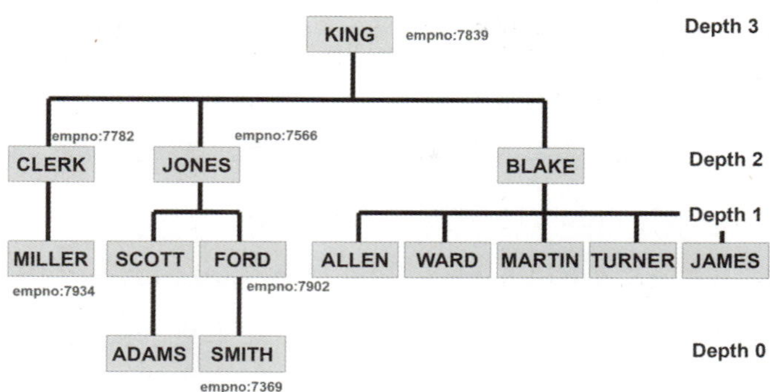

PRESIDENT인 KING을 상관으로 모시고 있는 MANAGER는 CLARK, JONES, BLAKE 3명이며 MANAGER인 CLARK을 상관으로 모시고 있는 사원은 MILLER입니다. 이렇게 상하 조직원 간에 관계 구조를 계층형 데이터 구조라고 하며 실제 기업 환경에서는 이러한 관계 구조를 가진 데이터 유형들이 다수 존재합니다.

위 그림의 조직도를 관계형 데이터베이스에서 구현하면 다음과 같이 SELF REFERENCE 조인 관계의 문장으로 구현할 수 있습니다.

```
SELECT  a.empno, a.ename, a.mgr, b.ename
FROM  emp a, emp b
WHERE a.mgr = b.empno

Empno              ename            mgr        b.ename
-------------------------------------------------------
  7839              KING.
  7698              BLAKE           7839        KING
  7782              CLARK           7839        KING
  7654              MARTIN         7698        BLAKE
................................................
  7902              FORD              7566        JONES
................................................
  7876              ADAMS           7788        JIMMY
```

그럼 MongoDB에서는 계층형 데이터 구조를 어떻게 설계할 수 있는지 알아보겠습니다.

앞서보신 조직도에서 7934 MILLER의 상관은 7782 CLARK이고, 7782 CLARK의 상관은 7839 KING인 계층 구조를 MongoDB에서는 PARENT와 ANCESTOR 필드로 표현합니다. 즉, 7934 MILLER의 PARENT는 7782 CLARK이고, 7934 MILLER의 ANCESTOR는 7839 KING으로 표현하고 7782 CLARK의 PARENT는 7839 KING이 되는 것 입니다. 이러한 계층형 데이터 구조를 검색할 때는 FIND 함수와 함께 PARENT 또는 ANCESTOR 필드를 조건 검색하게 되면 조건을 만족한 데이터를 검색할 수 있습니다.

실습 따라하기

```
> db.emp.insert({ "_id" : "7839", "name" : "KING",  "CHILDREN"  : "7782"})
> db.emp.insert({ "_id" : "7782", "name" : "CLARK",
                          "PARENT"    : "7839", "CHILDREN" : "7934" } )
> db.emp.insert({ "_id" : "7934", "name" : "MILLER",
                          "ANCESTORS": "7839" ,"PARENT"   : "7782" } )
> db.emp.find({ "ANCESTORS" : "7839"}).pretty()
{
        "_id" : "7934",
        "name" : "MILLER",
        "ANCESTORS" : "7839",
        "PARENT" : "7782"
}
> db.emp.find({ "PARENT" : "7839"}).pretty()
{
        "_id" : "7782",
        "name" : "CLARK",
        "PARENT" : "7839",
        "CHILDREN" : "7934"
}
> db.emp.find({ "CHILDREN" : "7934"}).pretty()
{
        "_id" : "7782",
        "name" : "CLARK",
        "PARENT" : "7839",
        "CHILDREN" : "7934" }
```

2) $graphLookup 연산자

MongoDB는 3.6 버전부터 계층 구조에 대한 데이터 탐색이 용이하도록 $graphLoopup 연산자를 제공합니다. 기존 관계형 DB에서 계층 구조를 탐색할 때 SELECT ~ Connect by ~ Startwith 절을 사용할 수 있는 것처럼 유사한 개념의 기능입니다. 다음은 $graphLookup 연산자의 문법과 예제입니다.

■ 문법

```
$graphLookup : { from                         : <collection>,
                 startWith                    : <expression>,
                 connectFromField             : <string>,
                 connectToField               : <string>,
                 as                           : <string>,
                 maxDepth                     : <number>,
                 depthField                   : <string>,
                 restrictSearchWithMatch      : <> } }
```

■ 예1

```
db.employees.aggregate( [
                 { $graphLookup: {
                     from             : "employees",
                     startWith        : "$manager",
                     connectFromField : "manager",
                     connectToField   : "ename",
                     as               : "managerTreeStructure"   } } ] ).pretty()
```

■ 예2

```
db.employees.aggregate( [
                 {
                  $graphLookup: {
                  from             : "employees",
                  startWith        : "$manager",
                  connectFromField : "manager",
                  connectToField   : "ename",
                  maxDepth         : 2,
```

```
                    depthField        : "numConnections",
                    as                : "managerTreeStructure"
                                  }
                   }
                  ] ).pretty()
```

실습 따라하기

```
> db.employees.find().pretty()
{empno:7369 , ename : "SMITH", job : "CLERK",     manager : "FORD",   hiredate :
"17-12-1980", sal : 800, deptno : 20 }
{empno:7499 , ename : "ALLEN", job : "SALESMAN", manager : "BLAKE", hiredate :
"20-02-1981", sal :1600,  comm : 300, deptno : 30 }
{empno:7521 , ename : "WARD",   job : "SALESMAN", manager : "BLAKE", hiredate :
"22-02-1981", sal : 1250, comm : 500, deptno : 30 }
{empno:7566 , ename : "JONES", job : ["MANAGER"],  manager : "KING",   hiredate :
"02-04-1981", sal : 2975, deptno : 20 }
{empno:7654 , ename : "MARTIN",job : "SALESMAN", manager : "BLAKE", hiredate :
"28-09-1981", sal : 1250, comm : 1400, deptno : 30 }
{empno:7698 , ename : "BLAKE", job : ["MANAGER"],  manager : "KING",   hiredate :
"01-05-1981", sal : 2850, deptno : 30 }
{empno:7782 , ename : "CLARK", job : "MANAGER",   manager : "KING",   hiredate :
"09-06-1981", sal : 2450, deptno : 10 }
{empno:7788 , ename : "SCOTT", job : "ANALYST",   manager : "JONES", hiredate :
"13-06-1987", sal : 3000, deptno : 20 }
{empno:7839 , ename : "KING",   job : "CEO",        manager : "",          hiredate :
"17-11-1981", sal : 5000, deptno : 10 }
{empno:7844 , ename : "TURNER",job : "SALESMAN", manager : "BLAKE", hiredate :
"08-09-1981", sal : 1500, deptno : 30 }
{empno:7876 , ename : "ADAMS", job : "CLERK",      manager : "SCOTT", hiredate :
"13-06-1987", sal : 1100, deptno : 20 }
{empno:7900 , ename : "JAMES", job : "CLERK",      manager : "BLAKE", hiredate :
"03-12-1981", sal : 950,  deptno : 30 }
{empno:7902 , ename : "FORD",   job : "ANALYST",   manager : "JONES", hiredate
"03-12-1981", sal : 3000, deptno : 20 }
{empno:7934 , ename : "CLERK", job : "CLERK",      manager : "KING",   hiredate :
"23-01-1982", sal : 1300, deptno : 10 }
>
> db.employees.aggregate( [
```

```
    {
       $graphLookup: {
          from             : "employees",      ← 계층탐색 대상 collection
          startWith        : "$manager",       ← 탐색시작 필드명
          connectFromField : "manager",        ← 탐색대상 필드명1
          connectToField   : "ename",          ← 탐색대상 필드명2
          as: "managerTreeStructure"
       }
    }
] ).pretty()
{
        "_id" : ObjectId("5a449c0c7462ff9619a17d79"),
        "empno" : 7369,                                ← 계층구조에서 검색 대상
        "ename" : "SMITH",
        "job" : "CLERK",
        "manager" : "FORD",
        "hiredate" : "17-12-1980",
        "sal" : 800,
        "deptno" : 20,
        "managerTreeStructure" : [
                {
                        "_id" : ObjectId("5a449c0c7462ff9619a17d81"),
                        "empno" : 7839,              ← 7566 JONES 상관 사원번호
                        "ename" : "KING",
                        "job" : "CEO",
                        "manager" : "",
                        "hiredate" : "17-11-1981",
                        "sal" : 5000,
                        "deptno" : 10
                },
                {
                        "_id" : ObjectId("5a449c0c7462ff9619a17d7c"),
                        "empno" : 7566,              ← 7902 FORD 상관 사원번호
                        "ename" : "JONES",
                        "job" : "MANAGER",
                        "manager" : "KING",
                        "hiredate" : "02-04-1981",
                        "sal" : 2975,
                        "deptno" : 20
                },
```

```
                {
                        "_id" : ObjectId("5a449c0c7462ff9619a17d85"),
                        "empno" : 7902,               ← 7369 SMITH  상관 사원번호
                        "ename" : "FORD",
                        "job" : "ANALYST",
                        "manager" : "JONES",
                        "hiredate" : "03-12-1981",
                        "sal" : 3000,
                        "deptno" : 20
                }
        ]
}
{
        "_id" : ObjectId("5a449c0c7462ff9619a17d7a"),
        "empno" : 7499,
        "ename" : "ALLEN",
        "job" : "SALESMAN",
        "manager" : "BLAKE",
        "hiredate" : "20-02-1981",
        "sal" : 1600,
        "comm" : 300,
        "deptno" : 30,
        "managerTreeStructure" : [
                {
                        "_id" : ObjectId("5a449c0c7462ff9619a17d81"),
                        "empno" : 7839,
                        "ename" : "KING",
                        "job" : "CEO",
                        "manager" : "",
                        "hiredate" : "17-11-1981",
                        "sal" : 5000,
                        "deptno" : 10
                },
                {
                        "_id" : ObjectId("5a449c0c7462ff9619a17d7e"),
                        "empno" : 7698,
                        "ename" : "BLAKE",
                        "job" : "MANAGER",
                        "manager" : "KING",
                        "hiredate" : "01-05-1981",
```

```
                    "sal" : 2850,
                    "deptno" : 30
            }
    ]
}
[중략]
> db.employees.aggregate( [
                    {
                     $graphLookup: {
                                from              : "employees",
                                startWith         : "$manager",
                                connectFromField  : "manager",
                                connectToField    : "ename",
                                maxDepth          : 1,  ← 1 Depth까지 만 검색
                                depthField        : "numConnections",
                                as                : "managerTreeStructure"
                               }
                    }
                    ] ).pretty()
{
        "_id" : ObjectId("5a449c0c7462ff9619a17d79"),
        "empno" : 7369,
        "ename" : "SMITH",
        "job" : "CLERK",
        "manager" : "FORD",
        "hiredate" : "17-12-1980",
        "sal" : 800,
        "deptno" : 20,
        "managerTreeStructure" : [
                {       "_id" : ObjectId("5a449c0c7462ff9619a17d7c"),
                        "empno" : 7566,
                        "ename" : "JONES",
                        "job" : "MANAGER",
                        "manager" : "KING",
                        "hiredate" : "02-04-1981",
                        "sal" : 2975,
                        "deptno" : 20,
                        "numConnections" : NumberLong(1)
                },
                {       "_id" : ObjectId("5a449c0c7462ff9619a17d85"),
```

```
                        "empno" : 7902,
                        "ename" : "FORD",
                        "job" : "ANALYST",
                        "manager" : "JONES",
                        "hiredate" : "03-12-1981",
                        "sal" : 3000,
                        "deptno" : 20,
                        "numConnections" : NumberLong(0)
                }
        ]
}
{       "_id" : ObjectId("5a449c0c7462ff9619a17d7a"),
        "empno" : 7499,
        "ename" : "ALLEN",
        "job" : "SALESMAN",
        "manager" : "BLAKE",
        "hiredate" : "20-02-1981",
        "sal" : 1600,
        "comm" : 300,
        "deptno" : 30,
        "managerTreeStructure" : [
                {
                        "_id" : ObjectId("5a449c0c7462ff9619a17d81"),
                        "empno" : 7839,
                        "ename" : "KING",
                        "job" : "CEO",
                        "manager" : "",
                        "hiredate" : "17-11-1981",
                        "sal" : 5000,
                        "deptno" : 10,
                        "numConnections" : NumberLong(1)
                },
                {       "_id" : ObjectId("5a449c0c7462ff9619a17d7e"),
                        "empno" : 7698,
                        "ename" : "BLAKE",
                        "job" : "MANAGER",
                        "manager" : "KING",
                        "hiredate" : "01-05-1981",
                        "sal" : 2850,
                        "deptno" : 30,
```

```
                        "numConnections" : NumberLong(0)
                    }
            ]
}
[중략]
> db.employees.aggregate( [
  { $match: { "ename"   : "BLAKE" } },
  { $graphLookup: {
      from             : "employees",
      startWith        : "$manager",
      connectFromField : "manager",
      connectToField   : "ename",
      as               : "managerTree",
      restrictSearchWithMatch: { "job" : "MANAGER" }  ← 상위 계층 Manager인 경우만 검색
    }
  },
  { $project: {"_id"     : 0,
              "empno"    : 1,
              "ename"    : 1,
              "manager"  : 1,
              "who manager": "$managerTree.ename" }
  }
] ).pretty()
>
```

4.4.8 View

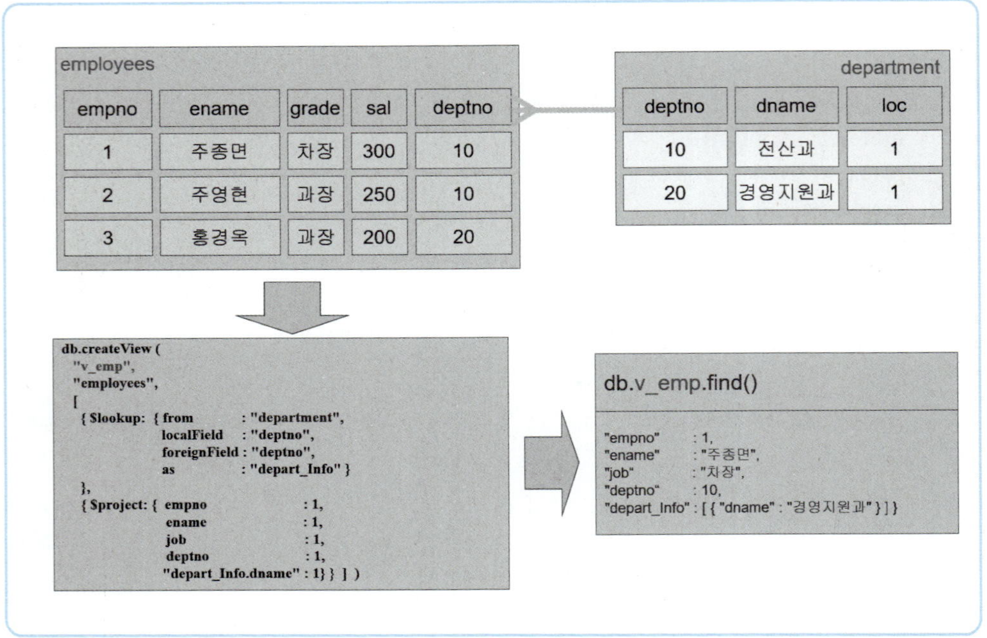

기존 관계형 데이터베이스는 식별키(Primary Key)와 참조키(Foreign Key) 간에 관계 구조를 통해 데이터 무결성을 보장할 수 있는 데이터 구조로 설계할 수 있습니다. 하지만 수많은 테이블과 테이블 간에 관계 구조는 개발 단계에서 복잡한 조인 문장을 양산하게 되는데 이는 불필요한 연결 관계로 인한 성능 지연 문제를 유발시키는 원인이 되기도 합니다. 이와 같은 문제점을 해소하기 위한 방법으로 논리적 뷰 (Logical View)를 설계하여 사용할 수 있습니다. MongoDB에서도 사용 목적과 개념은 조금 상이하지만 이와 유사하는 개념의 논리적 데이터 구조가 제공되는데 이를 뷰(view)라고 표현합니다.

다음은 뷰의 주요 특징입니다.

① Collection을 기초로 하는 가상(논리) Collection입니다.

② 물리적인 저장 공간을 가지지 않습니다. (실제 데이터를 저장하지 않습니다.)

③ 하나 이상의 collection을 결합하여 생성할 수 있습니다.

④ 뷰를 Access하게 되면 간접적으로 Collection에 대한 Access가 발생합니다.

⑤ Collection서 선택된 Field 정보만 참조할 수 있습니다.

⑥ 복잡한 $lookup 질의를 간단하고 명료하게 실행할 수 있습니다.

⑦ 미리 튜닝된 MongoDB Query Language문을 사용하여 성능을 향상시킬 수 있습니다.

⑧ Collection 변경, Business-Rule이 변경될 때 응용 프로그램에 대한 수정이 편리합니다.

실습 따라하기

```
db.createView (  <view name>,                ← view 명
                <collection name>,           ← source collection
                <pipeline>,                  ← 조건
                <option>  )
db.[view name] .drop()                       ← 삭제 가능
```

다음은 뷰를 생성 및 관리하는 방법입니다.

실습 따라하기

```
> db.v_emp.drop()
>
> db.createView (
   "v_emp",
   "employees",
   [
     { $lookup:  { from         : "department",
                   localField   : "deptno",
                   foreignField : "deptno",
                   as           : "depart_Info" }
     },
     { $project: {  empno  : 1,
                    ename  : 1,
                    job    : 1,
                    deptno : 1,
                    "depart_Info.dname" : 1} }
   ]
)
>
> db.v_emp.find()
```

4.4.9 Materialized View

```
db.monthly_order_report.createIndex( { order_date: 1 }, { unique: true } )

monthly_order = function(startDate) {
   db.order.aggregate( [
      { $match: { order_date   : { $gte: startDate } } },
      { $group: { _id          : { $dateToString: { format  : "%Y-%m",
                                                    date    : "$order_date" } },
                  total_amount : { $sum : "$amount" } } },
      { $merge: { into         : "monthly_order_report",
                  whenMatched  : "replace" } }
   ] );
};

monthly_order(new ISODate("2017-08-30"));
```

1) MongoDB 4.2 버전부터 제공됩니다.

2) $merge 연산자를 이용하여 사용자의 의도대로 집계된 결과를 별도의 컬렉션에 저장할 수 있습니다.

3) 집계 결과는 동일한 DB 또는 다른 DB에 생성됩니다.

앞서 설명 드린 뷰(View)는 가상의 컬렉션으로 실제 데이터를 물리적으로 저장하지 않으며 자주 실행하거나 복잡한 쿼리 문장의 논리적 정보 만 저장 관리합니다. 즉 실행할 때 마다 실제 데이터를 추출하고 집계 작업을 수행하기 때문에 빅데이터를 처리하는 경우 성능 이슈를 유발시킬 수 있습니다.

반면에 물리적 뷰(Materialized View)는 뷰에 대한 읽기 작업이 수행되었을 때 추출 및 집계된 데이터를 미리 지정한 컬렉션에 물리적으로 저장해 주며 뷰를 반복 실행하면 지정한 컬렉션으로부터 데이터를 읽기 만하면 되기 때문에 훨씬 빠른 성능을 보장해 줄 수 있습니다.

기존 관계형 DB에도 이와 유사한 기능을 가진 물리적 뷰가 제공되고 있는데 반복적인 집계 작업과 빠른 읽기 성능이 요구되는 비즈니스 영역에 사용되는 솔루션입니다.

다음은 MongoDB 물리적 뷰의 주요 특징입니다.

① MongoDB 4.2 버전부터 제공됩니다.
② $merge 연산자를 이용하여 집계된 결과를 별도의 컬렉션에 저장할 수 있습니다.
③ 집계 결과는 동일한 DB 또는 다른 DB에 생성됩니다.
④ 기존 $out 연산자와 유사한 기능이지만 다양한 기능이 추가되었습니다.

다음은 $merge와 $out 연산자의 비교 자료입니다.

$merge	$out
Mongodb 4.2 버전 제공	Mongodb 2.6 버전부터 제공
다른 DB 또는 같은 DB에 저장할 수 있습니다.	동일한 DB 내에 만 저장할 수 있습니다.
저장해야 할 컬렉션이 없는 경우에 새로운 컬렉션을 생성하여 저장할 수 있습니다.	저장해야 할 컬렉션이 없는 경우에 새로운 컬렉션을 생성하여 저장할 수 있습니다.
기존에 컬렉션이 존재하는 경우 새로운 Document로 데이터를 Append 합니다.	기존에 컬렉션이 존재하는 경우 Replace로 데이터를 변경합니다.
Sharded 컬렉션으로 저장할 수 있습니다.	Sharded 컬렉션으로 저장할 수 없습니다.
관계형 DB의 Merge문과 유사한 기능	관계형 DB의 Create Table T2 SELECT*FROM T1; 문과 유사한 기능

잠깐 $merge 연산자 문법

```
{ $merge: {
          into          : <collection> 또는 { db: <db>, coll: <collection> },
          on            : <identifier field> 또는 [ <identifier field1>, ...],
          let           : <variables>,
          whenMatched   : <replace | keepExisting | merge | fail | pipeline>,
          whenNotMatched: <insert | discard|fail>
} }
```

option	설명
into	저장될 컬렉션명을 지정하는 옵션입니다. (ex1) into : "emp" (ex2) into : {db:"sales", coll : "emp"} ← 저장될 dB명과 저장될 컬렉션명
on	Into절에 선언된 컬렉션과 검색되는 컬렉션의 데이터가 on절에 선언된 필드 값을 비교하여 동일한 데이터가 존재하는지 여부를 확인하는 옵션입니다. (ex1) on : "id" (ex2) on : "empno" (ex3) on : ["order_no", "order_date"] ← 순서는 중요하지 않음
whenMatched	Into절에 선언된 컬렉션과 검색되는 컬렉션의 데이터가 on절에 선언된 필드 값을 비교하여 동일한 데이터가 존재하는지 여부를 확인한 후 동일한 데이터가 발견된 경우를 위한 처리 옵션입니다. 1) relace : 동일한 데이터가 발견된 경우 기존 데이터를 덮어쓰기 합니다. 2) keepExisiting : 기존 데이터를 그대로 유지합니다. 3) Merge : 기존 데이터는 유지하고 새로운 데이터는 append합니다. 4) Fail : 작업을 중단하고 에러를 유발합니다.
let	whenMatched에서 사용할 수 있는 변수를 선언할 수 있습니다. ex1 {v_name : "$$ROOT"}; ← 변수명은 $$v_name
whenNotMatched	Into절에 선언된 컬렉션과 검색되는 컬렉션의 데이터가 on절에 선언된 필드 값을 비교하여 동일한 데이터가 존재하는지 여부를 확인한 후 동일한 데이터가 발견되지 않은 경우를 위한 처리 옵션입니다. 1) insert : into절에 선언된 컬렉션에 Document를 저장합니다. 2) discard : 해당 operation을 무시합니다.(선언된 컬렉션에 Document를 저장하지 않습니다.) 3) fail : 작업을 중단하고 에러를 유발합니다.

다음은 $merge와 $out 연산자에 대한 실습 예제입니다.

실습 따라하기

```
> db.order.aggregate( [
   { $project : { _id: 0 } },
   { $merge   : { into :  { db  : "sales_backup",
                             Coll : "backup_order"  } } }
] )
```

```
> show dbs
admin   0.000GB
config  0.000GB
local   0.000GB
test    0.002GB
>
> db.order.aggregate( [
                     { $project : { _id: 0 } },
                     { $merge : { into : { db  : "sales_backup",     ← 저장될 DB명
                                  coll : "backup_order"  } } } ← 저장될 컬렉션명
                      ] )
>
> show dbs
admin        0.000GB
config        0.000GB
local         0.000GB
sales_backup  0.000GB                       ← 새롭게 생성된 DB
test          0.002GB
>
> use sales_backup
switched to db sales_backup
>
> show collections
backup_order
>
> db.backup_order.find().pretty()           ← 백업된 컬렉션 조회
{
        "_id" : ObjectId("5d0aeb971dc38766f699ba90"),
        "amount" : 601020,
        "emp_no" : 204,
        "ord_id" : 100,
        "order_date" : ISODate("2017-08-30T00:00:00Z"),
        "order_filled" : "Y",
        "pay_type" : "CREDIT",
        "ship_date" : ISODate("2017-09-10T00:00:00Z")
}

> db.backup_emp.createIndex( { empno: 1 }, { unique: true } )
{                        ← $merge 연산자에 의해 검색될 필드에 반드시 인덱스 생성
        "createdCollectionAutomatically" : true,
```

```
        "numIndexesBefore" : 1,
        "numIndexesAfter" : 2,
        "ok" : 1
}

> db.employees.aggregate( [
                         { $project : { _id: 0 } },
                         { $merge   : { into              : "backup_emp",
                                        on                : "empno",
                                        whenMatched       : "replace",
                                        whenNotMatched    : "insert" } }
                         ] )

>
> show collections
backup_emp
employees
order
order_detail
>
> db.backup_emp.count()
99999
>
> db.employees.count()
99999

>
> db.monthly_order_report.dropIndex( { order_date: 1 })
> db.monthly_order_report.createIndex( { order_date: 1 }, { unique: true } )
> db.monthly_order_report.drop()
>
> monthly_order = function(startDate) {
   db.order.aggregate( [
      { $match: { order_date   : { $gte: startDate } } },
      { $group: { _id          : { $dateToString: { format  : "%Y-%m",
                                                    date    : "$order_date" } },
                  total_amount : { $sum : "$amount" } } },   ← 집계할 필드명
      { $merge  : { into         : "monthly_order_report", ←집계 결과가 저장될 컬렉션명
                  whenMatched : "replace" } }
   ] );
```

```
};
>
>monthly_order(new ISODate("2017-08-30"));
>
> show collections
backup_emp
employees
monthly_order_report
order
order_detail
>
> db.monthly_order_report.find().pretty()
{ "_id" : "2017-08", "total_amount" : 609076.6 }
{ "_id" : "2017-09", "total_amount" : 1373713.37 }
>
>db.emp_dept.drop()
>
>db.employees.aggregate(
[
   { $match   : { deptno : 10 }},
   { $project  : { _id : 0, empno  : 1, ename : 1, job : 1, deptno : 1}},
   { $lookup  : { from        : "department",
                  localField   : "deptno",
                  foreignField : "deptno",
                  as          : "depart_Info"}},
   { $sort    : { empno : -1 }},
   { $unwind : "$depart_Info" },
   { $out    : "emp_dept" }                  ← 집계될 컬렉션명
 ] )

> show collections
backup_emp
bakesales
emp_dept
employees
monthly_order_report
monthlybakesales
order
order_detail
>
```

```
> db.emp_dept.find().pretty()
{
        "_id" : ObjectId("5d0b28bc1dc38766f69b43bc"),
        "empno" : 7934,
        "ename" : "CLERK",
        "job" : "CLERK",
        "deptno" : 10,
        "depart_Info" : {
                "_id" : ObjectId("5d0b2894b396fe7344449d59"),
                "deptno" : 10,
                "dname" : "Computing Team",
                "locno" : 1
        }
}
.................
>
> db.emp_dept.aggregate(
[
   { $project : { _id : 0,   empno : 1, ename : 1,
                  job   : 1, "dname.dname" : 1, "dname.locno" : 1 } },
   { $lookup  : { from        : "location",
                  localField   : "dname.locno",
                  foreignField : "locno",
                  as          : "locat_Info" } }
   ]).pretty()

{ "empno" : 7934, "ename" : "CLERK", "job" : "CLERK", "locat_Info" : [ ] }
{ "empno" : 7839, "ename" : "KING", "job" : "CEO", "locat_Info" : [ ] }
{
        "empno" : 7782,
        "ename" : "CLARK",
        "job" : "MANAGER",
        "locat_Info" : [ ]
}
>
```

4.5 Validator

- **MongoDB v3.2** 버전에서 추가된 기능입니다.
- **validationLevel: "moderate"** 은 기존 **Document**에는 적용하지 않는다.

```
db.createCollection( "emp",
   { validator : { $or:  [ { empno: { $type: "string" } },
                           { deptno: { $in: [  10  ] } } } ],
     validationLevel  :  "strict",
     validationAction  :  "warn"    } } )
```

```
db.emp.insert({ empno : 1111, ename : "JMJOO", deptno :  20 })
WriteResult({
          "nInserted" : 0,
         "writeError" : {
         "code" : 121,
         "errmsg" : "Document failed validation"
      }})
```

관계형 DB는 Primary-Key, Foreign-Key, Not Null, Check, Unique와 같은 제약조건(Constraints)을 통해 데이터 무결성을 보장해 줍니다. 데이터 무결성(Integrity)은 사용자에게 데이터 신뢰성과 중복을 제거해 주는 매우 중요한 기능 중에 하나입니다. MongoDB는 빅 데이터 저장기술로 시작된 기술이지만 많은 사용자들은 기존 관계형 DB처럼 데이터 무결성을 보장해 줄 수 있기를 기대하고 있으며 관계형 DB의 대체 기술로 활용될 수 있기를 희망하고 있습니다.

MongoDB는 이를 위해 3.2 버전부터 밸리데이터(Validator) 기능을 제공하고 있습니다.

다음은 관계형 DB의 제약조건(Constraints)과 MongoDB의 벨리데이터(Validator) 기능을 비교 분석한 결과입니다.

Constraints	Validators
Primary Key	Object_ID
Foreign Key	Link/Embedded Document
Not Null	Validator
Check	Validator
Unique	Unique Index

관계형 DB의 저장 구조와 MongoDB의 저장 구조는 분명히 다르지만 사용자들의 요구에 힘입어 MongoDB에서도 유사한 기능이 추가되었다고 볼 수 있습니다. 위 그림에서 보는바와 같이 관계형 DB에서 Primary-key와 매핑할 수 있는 기능은 MongoDB의 ObjectID입니다. MongoDB는 Foreign-Key가 제공되지 않지만 Link 또는 Embedded Document와 같은 저장 방법을 통해 유사한 형태로 데이터를 표현할 수 있습니다.

실습 따라하기

```
> db.createCollection( "emp",
  {  validator : { $and:  [ { empno:  { $type: "string" } },
                                       { deptno: { $in: [   10   ] } } ] } } )

> db.emp.insert({ empno : "1111", ename : "JMJOO", deptno :  10 })
WriteResult({ "nInserted" : 1 })

> db.emp.insert({ empno : "1112", ename : "YHJOO", deptno :  20 })
WriteResult({
              "nInserted"  : 0,
              "writeError" : {
              "code"       : 121,
              "errmsg"     : "Document failed validation" } } )
```

다음 그림은 관계형 DB에서 제약조건을 설정하여 테이블을 생성하는 문법과 MongoDB에서 밸리데이터(Validator)를 이용하여 컬렉션을 생성하는 문법을 매핑한 결과입니다.

```
Create table emp
(empno     NUMBER(9)      NOT NULL,
 ename     VARCHAR(30)    NOT NULL,
 job       VARCHAR(30)    NOT NULL,
 sal       NUMBER(10)     NOT NULL,
 hiredate DATE                NULL,
 deptno    NUMBER(2)      CHECK IN( 10, 20 )
initially immediate
not deferrable ;
```

```
db.createCollection(
"emp",
{ capped      : false,
  validator   : { $or:
                 [ { empno     : { $type : "double"   } },
                   { ename     : { $type : "string"   } },
                   { job       : { $type : "string"   } },
                   { sal       : { $type : "double"   } },
                   { hiredate : { $type : "date"      } },
                                 { hiredate : { $in    : [ "null", "NULL " ] } },
                   { deptno    : { $type : "double"} },
                                 { deptno    : { $in    : [ 10, 20 ] } }]},
  validationLevel  : "strict",
  validationAction : "error"  } )
```

관계형 DB에서 테이블을 생성할 때 제약조건 기능을 즉시 작동시킬 것인지 여부를 결정하는 문법인 "initially immediate not deferrable"에 해당하는 MongoDB 문법이 validationLevel: "strict", validationAction:"error" 입니다.

그리고 $type 연산자는 하나의 필드에 특정 타입의 데이터들이 저장될 수 있도록 데이터 타입을 설정해 주는 문법입니다. MongoDB는 18가지의 데이터 타입을 제공하고 있으므로 사용자는 아래의 데이터 타입에 하나를 선택하여 정의하시면 됩니다.

다음 실습 예제를 따라해 보시기 바랍니다.

실습 따라하기

```
> db.createCollection(
"emp2",
{ capped     : false,
  validator  : { $and:
                [ { empno  : { $type : "double"   } },
                  { ename   : { $type : "string"   } },
                  { job        : { $type : "string"   } },
                  { sal        : { $type : "double"   } },
                  { hiredate : { $type : "date"     } },
                                   { hiredate : { $in   : [ "null", "NULL“  ] } },
                  { deptno   : { $type : "double"} },
                                   { deptno   : { $in   : [ 10, 20 ] } } ] } } )
```

4.5.1 $jsonSchema 연산자

MongoDB 3.2 버전부터 제공된 Validator 기능은 특정 필드에 저장될 데이터의 속성을 미리 정의하여 컬렉션을 생성한 후 정의된 속성에 위배되는 데이터가 입력되는 경우 에러를 발생시켜 데이터 무결성을 보장할 수 있도록 만들어진 기능입니다. MongoDB 3.6 버전에서 제공되는 $jsonSchema 연산자는 JSON 타입의 도큐멘트에 데이터를 저장할 때 무결성을 보장할 수 있도록 기능을 설정할 수 있습니다.

기존 RDBMS에서 테이블을 생성할 때 Primary key, Foreign key, not null, check, unique와 같은 제약조건(constraint)을 통해 데이터 무결성을 보장해 주는 것과 매우 유사한 기능입니다.

실습 따라하기

```
>
> db.createCollection("students", {
    validator: {                              ← validator 설정
    $jsonSchema : {                           ← $jsonSchema 연산자 설정
      bsonType    : "object",
      required    : [ "name", "gender", "year", "major", "point" ],
      properties  : {
                 name  : {
                              bsonType       : "string", ← name 필드에 허용되는 데이터 속성
                              description    : "Only String Type Data !!" ← 필드 설명
                             },
                 gender : {
                              bsonType       : "string",
                              description    : "Only String Type Data !!"
                             },
                 year   : {
                              bsonType       : "int",
                              minimum        : 1900 ,
                              maximum        : 2900 ,
                              description    : "must be an integer in [ 2018, 3017 ]
                                               and is required"
                                },
                 major  : {
```

```
                        enum          : [ "수학", "영어", "컴퓨터", "역사" ],
                        description   : "can only be one of the enum values and
                                         is required"
                                    },
              point  : {
                        bsonType          : [ "int" ],
                        description       : "must be a double and is required"
                       }
              }
    } } } )
>
> db.students.insert({ name : "주종면", gender : "남", year: NumberInt(2019) , major:
"컴퓨 터", point: NumberInt(3)})                ← Validator에 위반되지 않음
WriteResult({ "nInserted" : 1 })
>
> db.students.insert({ name : "주종면", gender : "남", year: 2019, major: "컴퓨터",
point: 3 })                                     ← year, point가  Validator에 위반됨
WriteResult({
        "nInserted" : 0,
        "writeError" : {
                "code" : 121,
                "errmsg" : "Document failed validation"
        }
})
>
> db.students.insert({ name : "주영현", gender : "트랜스젠더", year: 2018, major: "수
학", point: NumberInt(2)})
WriteResult({
        "nInserted" : 0,
        "writeError" : {
                "code" : 121,
                "errmsg" : "Document failed validation"
        }
})
```

4.6 Collection Diagram

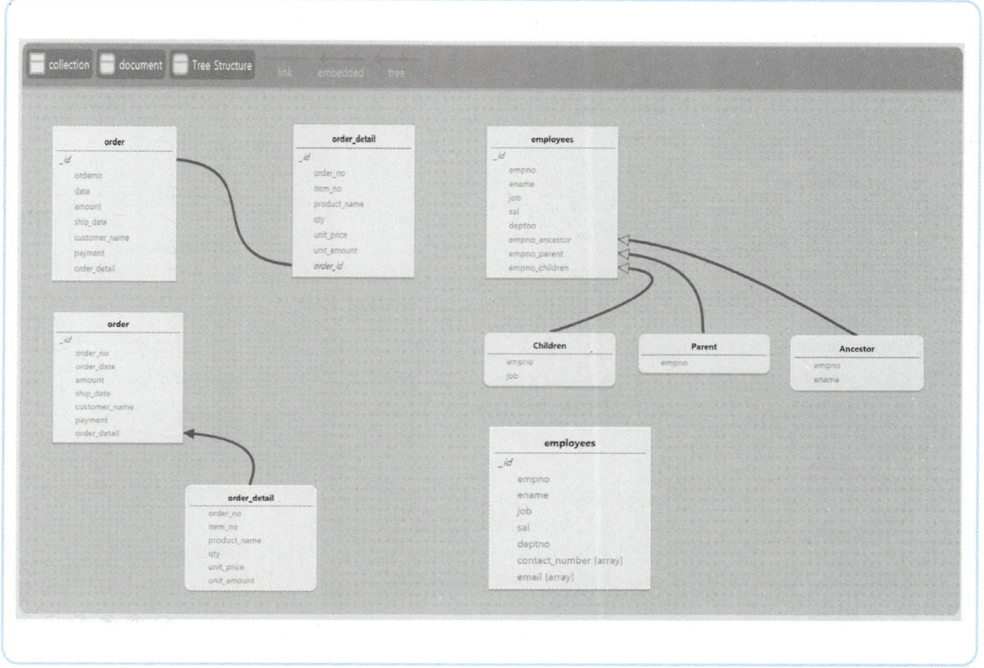

관계형 DB를 구축하기 위해서는 체계적인 분석 및 설계 작업이 요구되며 수행 후 만들어지는 산출물 중에 하나가 ERD(Entity Relationship Diagram)입니다.

MongoDB도 하나의 데이터 저장기술이므로 도큐멘트 저장 구조에 맞는 적절한 분석과 설계가 요구되며 이를 반영한 산출물을 Collection Diagram라고 표현합니다. 관계형 DBMS는 40년 전에 개발된 SW인 것에 비해 MongoDB는 2000년도 접어들어 개발된 SW이다 보니 아직도 성장하고 있는 기술이라고 말할 수 있습니다. 그러다보니 관계형 DBMS에 비해 도큐멘트 DB를 분석, 설계할 수 있는 설계 툴(Case Tool)이 존재하지 않는 것이 현실입니다. 위 그림은 MongoDB inc.에 의해 공식적으로 제공되는 설계 툴은 아니지만 3rd Party에 의해 개발되어 사용되고 있는 설계 툴 중에 하나입니다.

4.7 Logical 설계

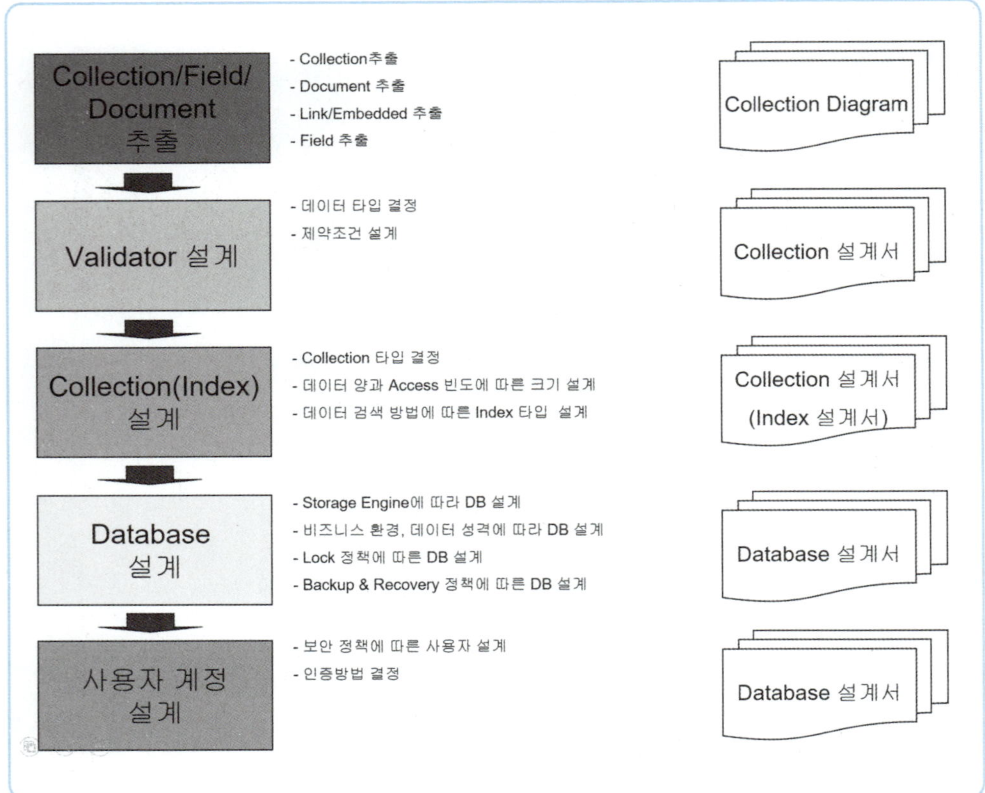

MongoDB를 구축하기 위한 첫 번째 분석 단계를 논리적 설계(Logical Design) 라고 합니다. 데이터베이스를 구축하기 위한 비즈니스 영역이 결정되면 비즈니스 룰을 분석하고 컬렉션 및 필드 등을 추출한 다음 밸리데이터(Validator)를 설정한 후 Collection Diagram을 최종 작도할 수 있는 단계까지이며 가장 기본적인 설계 단계라고 볼 수 있습니다.

두 번째 단계는 Collection Diagram을 작도한 후 컬렉션을 생성하고 저장할 수 있는 데이터베이스와 사용자 계정을 설계하는 단계입니다.

4.7.1 Database 설계

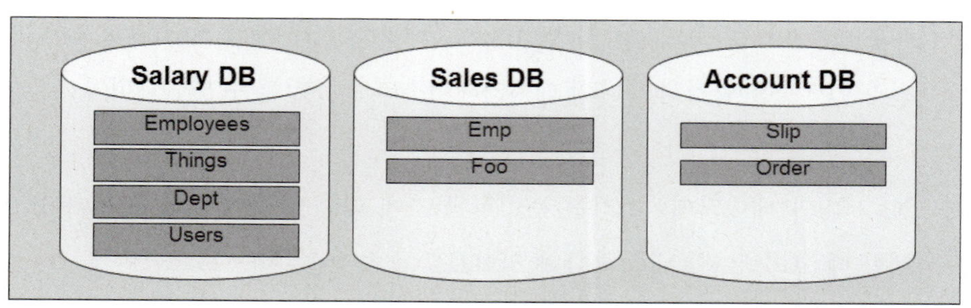

1) 데이터의 안전한 저장 및 관리를 위해 기본적으로 분리 저장을 원칙으로 해야한다. (Striping)
2) 데이터의 백업 및 복구 측면에서 하나의 DB로 생성하는 것보다 여러 개의 DB로 분리 생성하는 것이 유리하다.
(mongoDump/Restore, CopyDatabase/CloneDatabase 활용)
3) MMAP Storage-Engine은 Database Lock을 지원하기 때문에 보다 세분화된 DB 설계가 요구된다.

컬렉션에 대한 분석, 설계가 끝나고 나면 해당 컬렉션들을 생성할 데이터베이스를 설계해야 하는데 이를 위해서는 MongoDB의 논리적 구조에 대한 이해가 필요합니다.

1) 위 그림에서 보는바와 같이 하나의 MongoDB 서버는 여러 개의 논리적 데이터베이스로 구성할 수 있습니다. 예를 들어, 인사급여(Salary) DB, 영업관리(Sales) DB, 회계관리(Account) DB, 시스템관리(Admin) DB 이렇게 4개의 논리적 데이터베이스를 합쳐서 하나의 MongoDB 서버라고 표현합니다.

2) 하나의 논리적 데이터베이스는 수많은 컬렉션과 인덱스로 구성됩니다.

예를 들어 Employees Collection, Department Collection, I_emp_no Index 이렇게 3개의 컬렉션과 인덱스를 합쳐서 하나의 데이터베이스라고 표현할 수 있습니다.

MongoDB 서버와 데이터베이스라는 논리적 구조에 대한 해석이 되었다면 데이터베이스를 설계할 때 고려해야할 내용에 대해 알아보도록 하겠습니다.

1) 데이터의 안전한 저장 및 관리를 위해 모든 데이터는 분리 저장을 원칙으로 해야 합니다. 위 그림과 같이 3개의 단위업무(급여관리, 영업관리, 회계관리)를 개발하는 경우라면 Salary DB, Sales DB, Account DB로 각각 분리 설계되어야 합니다. 데이터베이스라는 논리적 구조는 데이터를 저장하는 단위를 의미하기 때문에 생성 후 어떻게 데이터를 관리할 것인가를 고려해서 생성해야 합니다.

2) 데이터의 백업 및 복구 측면에서 하나의 DB로 생성하는 것보다 여러 개의 DB로 분리 생성하는 것이 효율성이 좋습니다. 데이터베이스는 컬렉션을 저장하는 구조이기 때문에 생성 후 어떻게 효율적으로 관리할 수 있을 것인지 고려해야 합니다. MongoDB에서 제공하는 다양한 백업/복구 솔루션 중에는 mongoDump/Restore, CopyDatabase/CloneDatabase와 같은 유틸리티 들이 제공되는데 이 툴들을 활용하여 백업/복구할 때 데이터베이스 단위의 백업 및 복구 작업을 수행해야 한다면 이에 맞는 설계가 되어야 합니다.

3) 만약 메모리 매핑 저장구조로 설계해야 하는 비즈니스 환경이라면 예상되는 Database Lock에 대한 성능 이슈를 고려하여 보다 세분화된 데이터베이스 설계가 요구됩니다.

4.7.2 사용자 설계

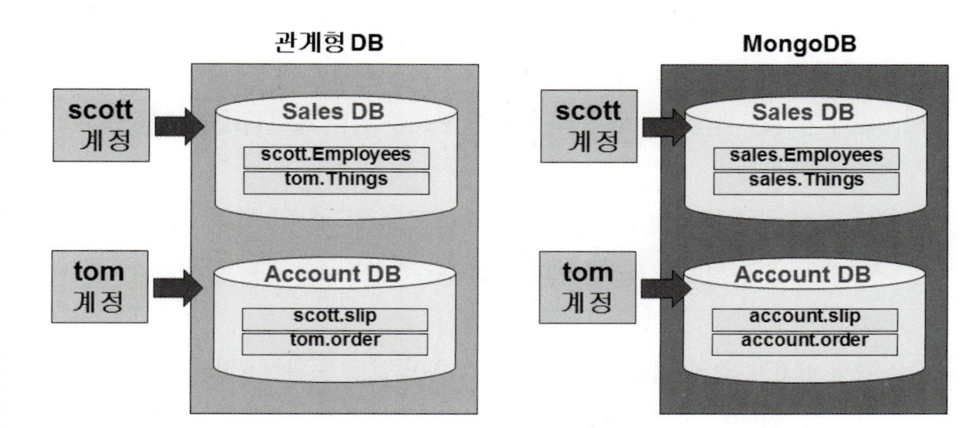

1) MongoDB에서 사용자 계정은 인증 기능 만 제공되기 때문에 여러 개의 사용자 계정을 생성할 필요가 없다.

2) 독립된 비즈니스 환경을 위한 Database의 경우에는 데이터 보안을 위해 별도의 사용자 계정을 생성한 것이 유리하다.

MongoDB의 사용자 계정과 관계형 DB의 사용자 계정은 데이터베이스에 접속할 때 인증을 받기 위해 사용된다는 점은 동일하지만 데이터 저장 구조적인 측면에서 비교해 보면 조금 다르게 사용됩니다.

먼저 관계형 DB에서 SCOTT 계정으로 접속한 후 EMPLOYEES 테이블을 생성하면 테이블 명은 SCOTT.EMPLOYEES로 생성됩니다.

반면에 MongoDB에서 SCOTT 계정으로 접속한 후 EMPLOYEES 컬렉션을 Sales DB에 생성하면 테이블 명은 SALES.EMPLOYEES로 생성됩니다. 즉 사용자 계정은 데이터베이스에 접속할 때 인증을 받기 위해서 만 사용될 뿐 컬렉션 명과는 전혀 상관이 없습니다. ("3장 사용자 생성과 관리" 참조)

4.8 실습 시나리오

1. ABC 온라인 서점은 주문 관리 시스템 구축을 위한 프로젝트를 수행합니다.
2. 약 100만권의 도서를 각 카테고리 별로 분류 검색해야 하며 하루 10만 건의 주문 내역 정보를 데이터베이스로 구축하고자 합니다.
3. 현재, 300만 명의 회원은 전국에서 각 지역별로 등록 관리되고 있으며 가나다 운송택배 회사와 연계되어 배송되고 있습니다.

앞서 소개드린 MongoDB 설계 패턴에 대한 이해가 되었다면 다음 시나리오를 통해 각 패턴과 관련된 실습을 해 보도록 하겠습니다. 이 예제는 우리가 일상생활을 하면서 한두번쯤 경험하게 되는 온라인 서점을 통한 책 구매와 관련된 시나리오입니다.

다음 화면들은 서적 구매를 위해 최초 회원 가입 단계부터 서적에 대한 구체적인 정보를 모니터닝하고 해당 서적을 주문하는 단계의 화면들입니다. 각 화면의 구체적인 내용과 다음의 설계 요구사항을 잘 분석한 후 컬렉션 다이어그램을 작도하십시오.

1) MongoDB 설계 패턴에 맞게 각 컬렉션을 추출하고 해당 필드들을 정의하십시오.
2) MEMBER 컬렉션과 BOOK 컬렉션을 추출하고 ORDER 컬렉션을 설계하십시오.
3) 한 권의 서적은 여러 개의 CATEGORY에 포함될 수 있고 하나의 CATEGORY에는 다수의 서적이 있습니다.

4) 해당 교재가 신간인 경우도 있지만 개정판인 경우 ISBN을 통해 상호 구분 설계되어야 합니다.

(1) 회원 가입 화면

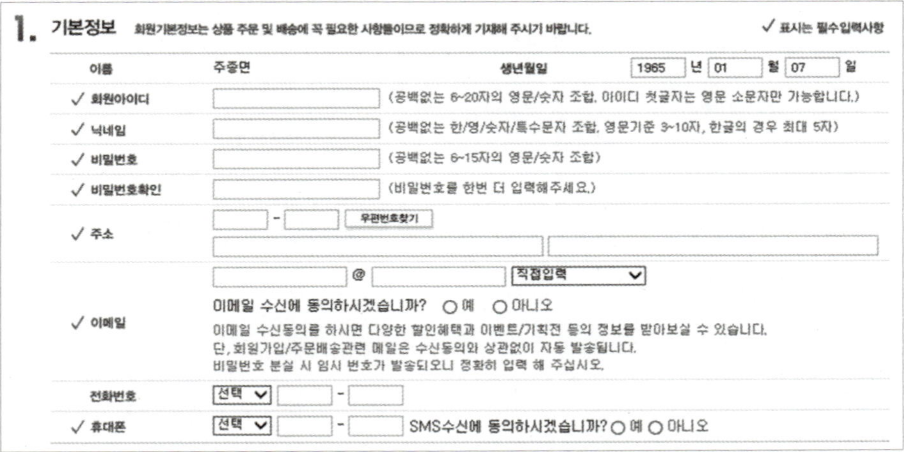

(2) 도서 검색 화면

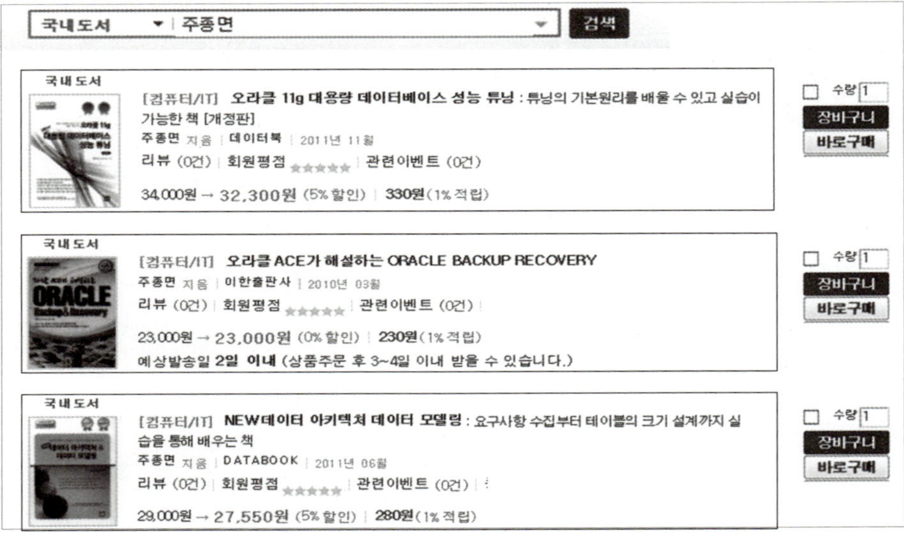

(3) 구매도서 확인 화면

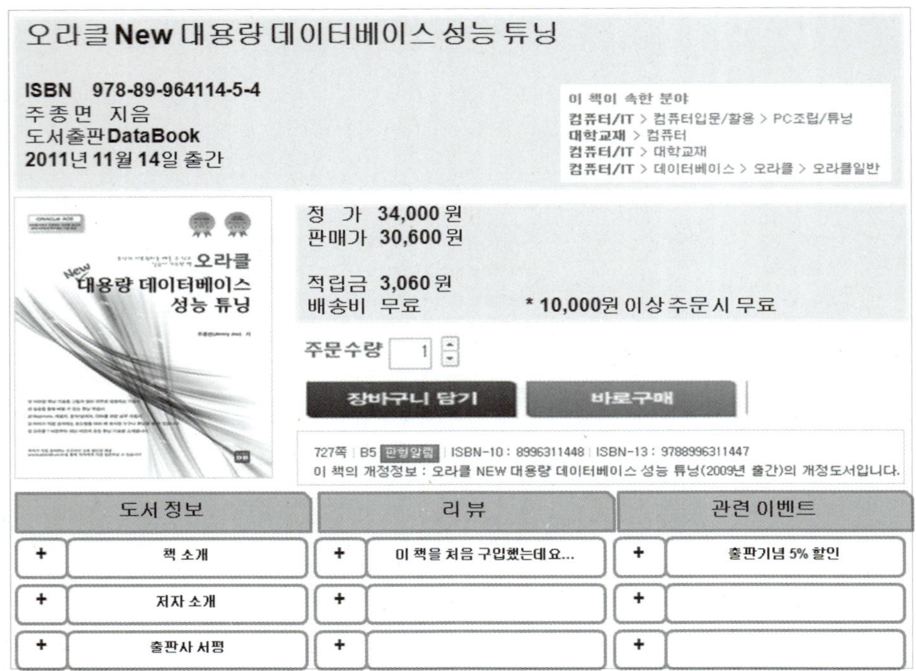

(4) 주문서 작성 화면

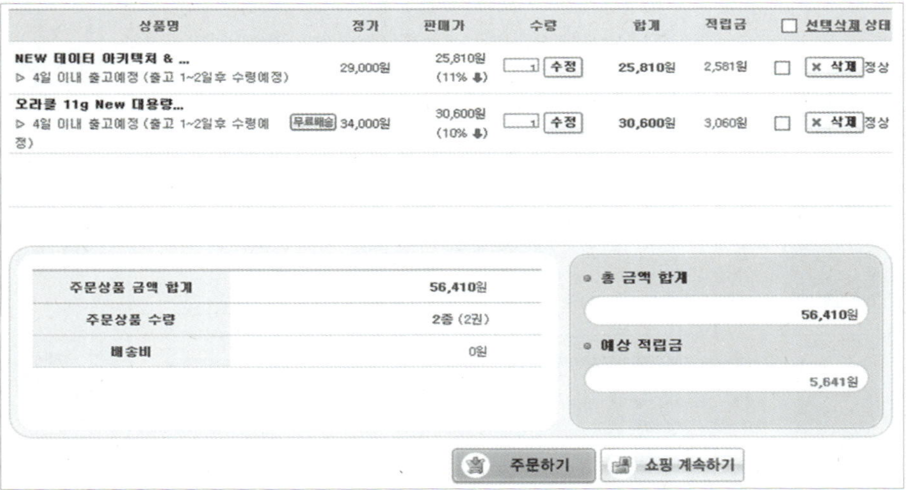

4.8.1 실습 시나리오(영업관리 시스템)

저는 스포츠용품 소매 상점들의 주문을 받아 스포츠 용품을 전 세계적으로 판매하는 회사의 Manager 입니다. 각 상점들이 우리의 고객이며 지금 현재 전 세계적으로 500여 고객사와 거래를 하고 있으며 점점 확장하려고 합니다. 우리의 가장 큰 고객은 한국의 서울에 있는 Big John's Sports와 미국 샌프란시스코에 있는 Woman Sport 입니다. 우리는 각 고객에게 고객번호와 상호를 부여하고 그것을 관리합니다.

거기엔 전화번호, FAX번호, E-MAIL주소, 도시명, 주명, 국가명, 우편번호, 담당 영업사원, 은행계좌, 신용등급(최우수, 우수, 일반), 고객구분(기업, 개인), 사업자등록번호, 대표자명, 업종, 업태, 지역, 주민번호를 함께 기재합니다. 저희 회사의 주력상품은 스포츠용품이며 약 150 종류의 제품에 대해 제품별 고유번호가 있고 제품명을 함께 사용 합니다. 그리고, 각 지역마다 창고를 배치하여 제품에 대한 재고를 창고별로 저장하고 고객의 주문을 받습니다. 각각의 주문에 대해서는 주문번호가 있고 고객명, 주문날짜, 선적날짜, 배송주소, 담당영업사원, 주문금액 그리고 가능한 경우에 한해 지불방법(Credit, Cash), 선적여부(Y 또는 N), 출고유형(정상출고, 내부파손), 항목번호, 제품명, 판매단가, 주문수량, 선적수량 등으로 구성됩니다. 그리고, 주문접수 시 해당 고객의 신용등급에 따라 전체 판매금액의 일정비율을 할인해주는 정책을 가지고 있습니다. 신용등급이 최우수고객이면 10%, 우수고객이면 5%, 일반고객은 0%를 할인하게 됩니다. 당당 영업사원에 의해 주문접수가 완료되면 해당 창고사원에게 출고지시서가 즉시 전달됩니다.

해당 창고 사원은 출고지시서의 제품 목록에 대한 현 재고위치를 확인한 후 운송업 체, 운송비용, 운송차량번호, 운전자를 확인한 후 출고증을 작성합니다. 출고증에는 주문전표에 있는 내용과 함께 출고될 제품의 재고위치를 함께 발행해 줌으로써 출고 담당사원들이 빠른 시간 내에 출고할 수 있도록 해 줍니다. 하나의 제품은 반드시 하나의 선반위치에 재고가 있는 것이 아니기 때문에 빠른 시간 내에 출고되기 위해서는 자동화된 창고관리가 요구됩니다. 최근에는 월 평균 100,000건의 주문접수를 받고 있습니다.

현재, 우리의 시장은 세계 5개 지역으로 나눠 놓았는데, 북미, 남미, 아프리카 및 중동, 아시아, 그리고 유럽입니다. 이 곳들은 각각의 창고로 미리 구분되어 할당을 해 놓습니다. 각각의 창고는 창고 고유번호가 있어서 그 번호로 창고명, 지역, 전화번호, 주소, 도시명, 주명, 국가명, 우편번호, 담당 관리사원 등을 알 수 있습니다. 그리고, 모든 창고는 담당 영업 사원에 의해 관리됩니다.

현재는 각 지역에 하나의 창고 만 있지만 앞으로 곧 늘어 날 계획입니다. 또한, 각 창고 담당자는 매 3개월 마다 현 재고에 대한 재고조사 작업을 정기적으로 수행하고 현재고 수량을 변경합니다.

저는 영업부에서 스포츠용품의 주문을 접수하고 관리하는 일을 담당합니다. 고객이 원할 때마다 주문을 받고 그 주문을 관리하는 책임을 가지고 있습니다. 또한, 관리부에서는 각 부서별 고유번호와 부서명, 지역명을 관리하고 있습니다.

가끔 고객이 바쁘지 않을 때에는 우편으로 주문을 하기도 하지만, 대개는 팩스나 전화로 주문을 합니다. 저희는 고객들이 주문한 후 즉각적으로 재고검색을 통해 주문접수에 대한 정보를 제공함으로써 고객의 신뢰를 확보할 계획입니다. 고객이 주문한 제품이 창고 어딘가에 있을 경우에는 반드시 바로 다음날까지 배송을 하려고 합니다. 그리고 가능하다면, 모든 제품에 대한 재고량, 재주문 시점, 최대 재고량, 재고가 바닥난 이유, 그리고 제품이 다시 재고로 쌓이는 날짜, 창고명, 선반위치들에 대한 정보도 관리합니다.

우리는 창고별 재고관리를 위해 자동화된 창고관리 시스템을 운영 중에 있으며 어떤 제품이 창고 여러 지역에 분산 저장되어 있는 경우 선반위치와 재고수량을 구체적으로 관리하고 있습니다.

그리고, 제품이 운송이 될 때에, 우리의 자동 운송 시스템을 통해서 고객들에게 주문번호, 고객명, 발송날짜, 운송차량번호, 운송업체, 운송금액, 운전자명(발송 전, 발송 중, 발송 완료), 입금상태(미완료, 입금완료), 입금액, 잔금, 인수자 를 팩스로 보냅니다. 영업 사원들은 수시로 담당 고객들에 대한 대금결재 상태와 고객 신용을 확인하는 관리업무를 담당합니다. 그리고 고객들에 대한 일반적인 의견을 기록해

두기도 합니다. 우리는 고객들이 요청한 제품들이 재고에 있는지 확인한 후 만약 재고가 있다면, 고객에게 주문번호와 주문총량을 알려주어 주문을 진행 합니다. 만약, 제품의 재고가 없다면, 고객이 모두 다 주문할 것인지 , 아니면 부분적으로 주문 할 것인지를 고객이 선택할 수 있게 합니다.

회계부서에서는 고객에 대한 정보 관리, 특히 새로운 고객에게 고유 번호를 지정하는 업무를 담당 합니다. 또한, 고객에 대한 정보 변경은 고객이 제품을 주문하고 대금 지불을 하는 경우 발송할 주소가 바뀌었을 때에 만 변경 가능합니다. 또한, 고객의 제품대금에 대한 모든 관리는 저희가 하는 업무입니다.

그것은 모두 은행계좌에 의해 온라인으로 처리되고 있습니다. 다만, 회계부서에서는 판매에 대해 종업원들에게 일정한 커미션을 주기 위해서 종업원들의 커미션 비율

을 관리하고 있습니다. 그래서, 회계부서에는 모든 사원들의 고유 번호나 last name을 알고 있어야 합니다. 어떤 경우에는 First Name 과 시스템 User ID, 입사일, 직급, 주민등록번호, 전화번호 그리고 월급여를 알 필요도 있습니다. 또한 사원들의 커미션 비율(10,12.5,15,17.5,20%)과 개인들에 관한 의견들을 관리하기도 합니다. 하지만, 사원들에 대한 직접적인 관리는 관리부서의 고유한 업무입니다.

우리 회사는 현재 자동화 창고 시스템을 운영 중에 있습니다. 생산부서에서 생산된 제품들은 창고사원들에 의해 입고될 때 정해진 선반위치에 입고되게 됩니다. 입고 시에는 제품번호, 생산일자, 생산자명, 제품수량, 선반위치, 창고 입고자 정보를 기록해 둡니다. 만약, 입고 시 불량품이 발견되는 경우에는 생산부서로 되돌려 보내게 되며 창고에 입고되어 있는 재고 중에 관리 상의 문제로 발생하는 파손된 제품은 영업사원에게 요청하여 내부파손으로 출고 처리하는 방법을 통해 생산부서로 반납하게 됩니다. 선반위치는 창고관리 시스템의 지능화된 프로그램에 의해 이미 입고된 동일 제품들이 저장되어 있는 위치에 함께 입고될 수 있도록 프로그램 되어 있습니다. 되도록 동일한 제품은 같은 선반 위치에 입고시킴으로써 출고지시가 있는 경우 한번에 출고될 수 있도록 하기 위함입니다.

또한, 동일 제품들의 효과적인 관리를 위해서도 꼭 필요한 방법입니다.주문을 받는 담당 영업 사원들은 우리의 생산라인을 잘 숙지하고 있습니다. 마케팅팀과 활발한 교류를 통하여 새로운 제품에 대해 정보를 보유하도록 합니다. 무엇보다도, 고객들에게 보다 많은 답변을 할 수 있기 때문에 고객 만족을 향상시킬 수 있습니다.

이것은 몇몇의 선택적인 고객을 상대하고 특별 생산라인을 유지함으로써 가능합니다. 가끔은 제품규격, 제품종류(스포츠 의류, 배낭, 스포츠용구, 신발), 제품의 요약된 설명, 판매단가, 판매단위를 알아야만 할 때 도 있습니다.

또한, 우리는 앞으로 필요하다면 우리 제품에 대한 긴 설명과 사진을 관리하고 제공하려고 합니다. 궁극적으로, 우리의 마지막 목표는 고객이 인터넷을 통해 우리 제품을 볼 수 있도록 해주고, 주문까지 할 수 있도록 하려고 합니다.

4.8.2 실습 시나리오(비디오 렌털관리 시스템)

Acme Video Rentals(주)는 고객에게 비디오와 게임을 대여한다.

대여관리자는 소장하고 있는 비디오와 게임에 대해 여러 장의 복사본을 가지고 있으며 가장 최근에 인기 있는 비디오와 게임에 대해서는 항상 대여 가능하도록 노력하고 있다.

고객이 비디오와 게임을 대여하려면 반드시 Video Club 회원으로 등록해야 한다. 회원에는 여러 가지 타입이 있으며 현재의 회원구분으로는 Platinum, Gold, Standard가 있다. 회원구분은 회원이 비디오와 게임을 대여할 때 할인율을 결정하게 된다. 대여관리자는 회원에 대해 회원번호, 성명, 주소, 우편번호, 전화번호, 회원등급 등과 같은 정보를 관리 한다. Acme Video Rentals(주)는 현 재고항목 각각에 대해 제목, 설명, 발행연도, 가격코드에 대한 정보를 가지고 있으며 영화에 대해서는 감독, 캐스팅, 등급 등과 같은 정보를, 게임에 대해서는 게임이 동작하는 플랫폼, 필요한 최소 메모리에 대한 정보를 관리하고 있다.

회원이 물품을 대여할 때 대여관리자는 대여 계약서를 작성한다. 대여 계약서에는 어떤 회원이 대여를 하며 대여 시작일자는 언제부터 시작되며, 어떤 종업원이 대여했는지, 대여상태가 진행 중인지 대여완료 상태인지에 대해 관리한다.

그리고, 대여관리자는 추가적으로 대여항목에 대해 반환 예정일자, 실제 반환일자에 대한 정보를 관리한다. 대여항목에 대한 기록이 완료되면 대여내역서를 발행하여 고객에게 전달한다. 우리가 대여하는 항목은 비디오와 게임에 대한 복사본이기 때문에 더불어서 복사본 개수에 대한 정보도 기록하여 관리한다. 또한, 복사상태, 복사물이 위치하는 선반코드 및 항목상태 에 대한 정보도 관리한다.

Acme Video Rentals(주)는 향후 고객들이 인터넷을 통해 비디오와 게임의 대여 여부를 확인할 수 있도록 할 것이다.

4.8.3 실습 시나리오(호텔객실 예약관리 시스템)

저희 Olympus 호텔은 현재 운영 중인 객실 예약 시스템을 자동화하고자 합니다.

먼저, 우리는 고객의 종류를 회원과 비회원으로 구분하여 관리하고 있습니다. 회원 고객들에게는 일정한 기간에 할인행사 및 여러 가지 이벤트를 통해 서비스를 제공하고 있습니다. 회원 가입은 인터넷을 통해서 만 가능하며 무료이고 회원이 되기 위해서는 회원이름, 주민번호, 주소, 연락처, 이-메일주소를 직접 입력하시면 됩니다. 고객이 객실 예약을 요청하면 예약 관리자는 해당 날짜에 예약이 가능한 객실의 상태를 확인한 후 예약 접수를 하게 됩니다. 객실종류는 킹, 싱글, 더블 3가지 종류로 구분되어 있으며 고객이 결정하게 됩니다. 또한, 회원번호, 객실종류, 체크인날짜, 체크아웃날짜, 투숙인원, 연락처를 기록하게 됩니다. 예약이 완료되면 예약 관리자는 예약번호를 고객에게 통보 합니다.

예약 완료 후, 해당 날짜에 고객이 호텔을 방문하면 프론트에서 예약번호를 통해 예약상태를 확인하게 됩니다.

때에 따라서는 예약번호를 분실한 고객을 위해 이름 또는 주민번호를 통해 확인 하기도 합니다. 고객은 예정된 체크아웃 날짜가 되면 프론트에서 숙박요금을 지불하게 됩니다. 결재는 현금 또는 카드로 결재할 수 있으며 결재가 완료되고 나면 반드시 고객에게 영수증을 발행해야 합니다. 또한, 카드로 결재하는 경우에는 카드번호와 유효일자, 승인번호를 반드시 기록해야 하며 이 자료들은 회계부서에서 월말에 매출 집계를 계산할 때 사용됨으로 별도 관리되어야 합니다.

예약 관리자는 저희 호텔에 근무하는 사원들 중에 한명이 매일 교대로 근무하게 됩니다. 효과적인 예약업무를 수행하고 문제가 발생할 때 신속하게 대처하기 위해 담당 부서에서는 사원정보를 관리합니다. 사원이 입사하게 되면 사원명, 주민번호, 주소, 긴급연락처, 입사일, 부서, 로그인-ID, 암호, 급여액을 관리하게 됩니다.

지금은 예약 관리자에 의해 예약할 수 있지만, 향후 시스템이 개발되면 고객은 인터넷을 통해 객실을 직접 예약할 수도 있습니다.

CHAPTER 5

논리적 구조 & 물리적 구조

NoSQL & mongo DB

5.1 MongoDB 서버 구조

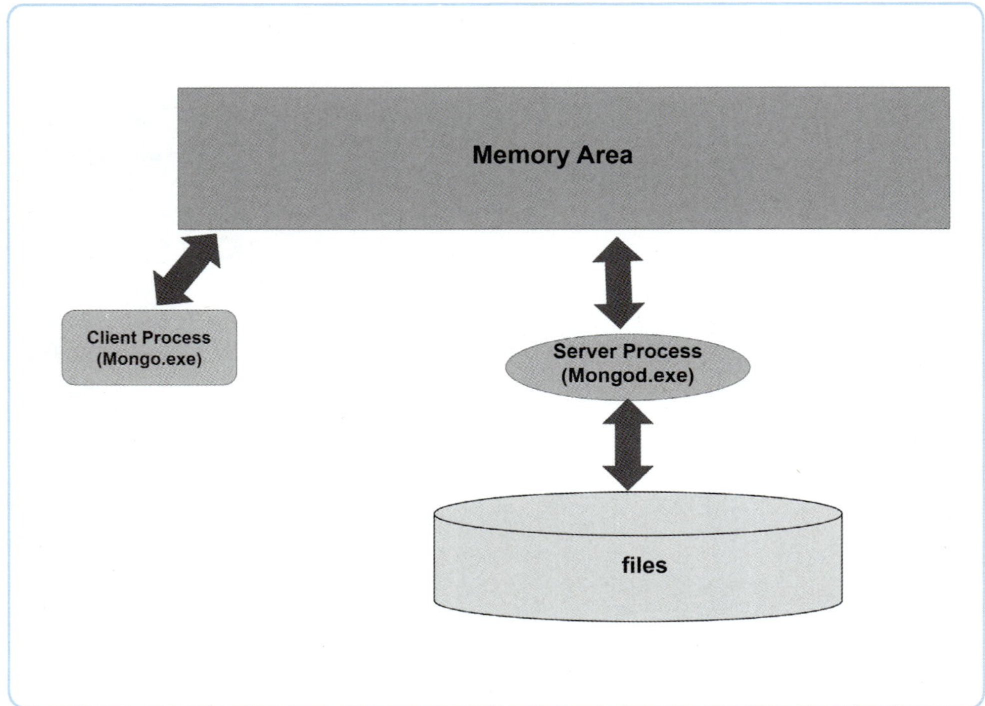

다음은 MongoDB의 기본 구조에 대해 알아보도록 하겠습니다.

MONGOD.EXE에 의해 DBMS를 시작하게 되면 다음과 같이 3가지 영역이 활성화 됩니다.

1) 프로세스 영역 : mongod.exe, mongo.exe를 통해 서버를 활성화하는 영역

2) 메모리 영역 : MongoDB 만을 위한 전용 메모리 영역

3) 파일 영역 : 사용자 데이터, 데이터 Dictionary를 저장하는 디스크 영역

5.2 스토리지 엔진

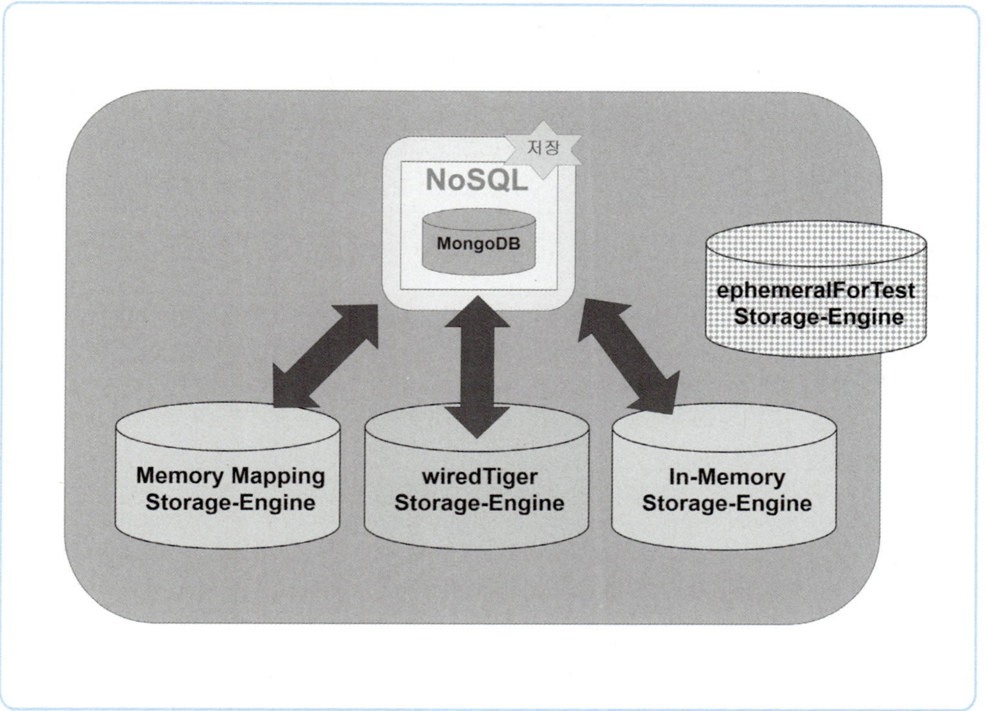

MongoDB는 초기 버전인 1.x, 2.x까지 메모리 매핑(Memory Mapping) 저장 엔진을 기본적으로 제공해 왔지만 3.x 버전부터 와이어드타이거(wiredTiger) 저장 엔진을 제공하고 있으며 3.2 버전부터 추가로 인메모리(In-Memory) 저장 엔진을 제공하고 있습니다.

혹자는 새로운 버전이 발표될 때마다 새로운 저장구조를 제공하고 있으므로 최신 버전의 저장 구조(Storage Engine)를 반드시 사용되어야 하는 것처럼 알고 있는 경우들이 종종 있습니다. 새로운 저장 구조가 이전 저장 구조에 비해 상대적으로 데이터 저장 및 관리에 보다 효율적인 장점을 가지고 있는 것은 맞지만 기업의 데이터는 매우 다양하기 때문에 최신 버전의 저장 엔진을 단순히 선택하여 사용하는 것보다 가장 적절한 저장 엔진을 선택하여 사용하는 것이 무엇보다 중요합니다.

다음은 3가지 저장 엔진의 주요 특징입니다.

	MMAP	wiredTiger	In-Memory
버전	3.0 이전	3.0 이후	3.2 이후
Engine	• Memory Mapping (File Based) 기반	• Compression & Encryption (File Based 기반	• Memory (Pure Memory 기반)
트랜잭션	• BigData 빠른 쓰기와 읽기 중심의 데이터 처리에 적합	• 다중 트랜잭션 중심의 데이터 터 처리에 적합	• 빠른 연산 처리 중심의 데이터 처리에 적합
안 정 성	• 서버 장애 발생 시 빠른 복구가 보장됨. • Point in time Recovery가 가능한 Dignostic 기능을 제공함	• Point in time Recovery가 가능한 Dignostic 기능을 제공함	• 서버 장애 발생 시 데이터 누락이 발행할 가능성이 높지만 빠른 처리가 장점임.
주요 특징	• Single CPU 환경에서 구현 가능하며 충분한 시스템 메모리와 빠른 성능이 기대되는 SSD 장치가 요구됨	• 다중 CPU 환경이 요구되며 MMAP 엔진에 비해 적은 시스템 메모리와 디스크 저장 장치로도 구현 가능함	• 충분한 시스템 메모리 영역이 요구되는 반면, 충분한 디스크 저장 장치는 요구되지 않음.

1) Memory Mapping 엔진

- 1.x, 2.x 버전 때까지 사용되었던 파일 시스템 기반의 저장 엔진입니다.
- 초당 10만 건 이상의 빅 데이터에 대한 빠른 쓰기/읽기 작업을 수행한 후 분석, 통계 작업까지 효과적으로 수행할 수 있도록 최적화된 저장 엔진입니다.
- 서버 장애 시 자동 복구 작업이 가능하도록 Journal 로그를 제공합니다.
- Single CPU 기반의 프로세싱 위주로 처리되기 때문에 CPU 개수보다 충분한 크기의 메모리 자원이 더 요구됩니다.
- Memory Mapping 엔진은 MongoDB 4.0 버전부터 공식 지원되지 않습니다.

2) wiredTiger 엔진

- 3.x 버전부터 제공되는 파일 시스템 기반의 저장 엔진입니다.
- 다수의 사용자가 트랜잭션 위주의 데이터를 처리하는데 최적화 되었습니다.

- Point in Time Recovery 복구 기능이 제공됩니다.
- 다중 CPU 기반의 트랜잭션 위주 데이터 처리에 적합하기 때문에 충분한 개수의 CPU와 메모리 자원이 요구됩니다.

3) In-Memory 엔진

- 3.2.6 버전부터 제공되는 순수 메모리 기반의 저장 엔진입니다.
- 빠른 연산처리 위주의 데이터 분석 및 통계 작업에 최적화 되었습니다.
- 순수 메모리 기반의 데이터 저장 및 관리 기술을 기반으로 하기 때문에 서버 종료 후 데이터가 저장되지 않습니다.
- 충분한 메모리 자원에 대한 확장이 보장되어야 합니다.
- 기본 값은 시스템 메모리의 50%이며 최소 값은 1 GB 이상이어야 합니다.
- MongoDB Enterprise 버전에서 만 제공됩니다.

NoSQL이 처음 소개되었던 2000년대 초중반 때에는 빅 데이터 솔루션으로써 MongoDB는 하나의 단순한 저장기술로 평가받고 사용되었던 것이 현실이었습니다. 하지만 많은 시간들이 지나가면서 다양한 기능들이 추가되었고 이제는 하나의 기술 생태계(EcoSystem)를 이룰 만큼 그 기술의 다양성과 성숙도가 높아진 것이 사실입니다. 초창기 때는 빅 데이터 솔루션으로써 빠른 쓰기/읽기에 포커싱된 메모리 매핑 저장기술을 제공 했다면 현재는 다수의 사용자들이 트랜잭션 위주의 데이터를 효과적으로 처리할 수 있도록 와이어드타이거 저장기술을 제공하고 있습니다. 하지만 파일 시스템 기반의 메모리 매핑엔진, 와이어드타이거 엔진은 모든 데이터를 디스크 영역의 파일에 저장 관리할 수밖에 없기 때문에 디스크 I/O 문제로부터 발생하는 성능 지연 문제를 피할 수가 없습니다. 그래서 빅 데이터를 활용한 산술연산, 데이터 가공, 통계 분석 등과 같은 작업은 빠른 성능이 절대적으로 필요하므로 이에 최적화된 In-Memory 저장엔진을 3.2 버전부터 제공하고 있습니다.

5.2.1 WiredTiger 저장엔진

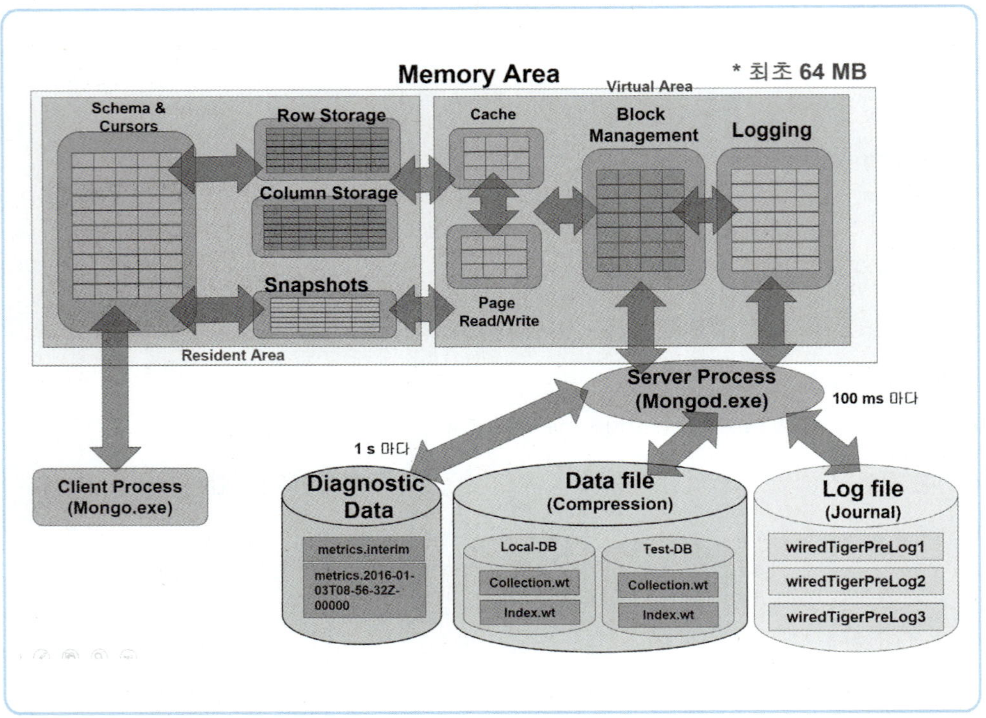

wiredTiger 저장엔진은 MongoDB 3.x 버전부터 제공된 저장 구조입니다. 위 그림과 같이 기본적으로 메모리 영역, 프로세스 영역, 파일 영역으로 구성됩니다.

1) 메모리 영역

- Resident Area : 사용자 데이터를 실제로 처리하는 메모리 영역
- Virtual Area : 가상 메모리 영역(사용자 데이터를 압축 및 암호화)

2) 프로세스 영역

- Server Process : mongod.exe를 통한 서버 구동을 위한 프로세스
- Client Process : 사용자 애플리케이션을 위한 프로세스

3) 파일 영역

- Data File : 사용자 데이터를 저장하는 영역
- Diagnostic File : 시스템 백업 및 복구를 위한 정보를 저장하는 영역
- Journal(Log) File : 자동 복구를 위한 백업 데이터를 저장하는 영역

다음은 wiredTiger 저장엔진의 주요 특징입니다.

① Document-Level Lock 제공으로 다수의 사용자가 트랜잭션 위주의 데이터를 빠르게 처리할 수 있도록 동시성을 제공합니다.

② 인메모리 구조(In-Memory Structure)의 개선으로 MongoDB 서버의 빠른 처리 성능이 개선되었습니다.

③ Memory Mapping 저장엔진은 단일 CPU 중심의 프로세싱 구조라면 wiredTiger 저장엔진은 Multi-Core를 활용할 수 있는 시스템 구조입니다.
다중 쓰레드를 통해 집중화를 최소화 하였으며 동시성을 향상시켰습니다.

④ CheckSums 기능을 통해 시스템 장애 또는 저장 장치 장애로부터 발생하는 데이터 유실을 최소화할 수 있습니다. File System의 훼손(Corrupt) 상태를 분석할 수 있는 기능이 추가되었습니다.

⑤ 압축(Compression) 기능을 통해 저장 공간의 최소화가 가능합니다.
(Compact file formats, Big-Block IO 최소화)
- 기본적으로 Snappy Compression 기능을 제공합니다.
- Compression 알고리즘 타입
  - Snappy : 기본 알고리즘, Good Compression, Low overhead

- Zlib : Better Compression, CPU High overhead

다음은 Memory Mapping 엔진과 wiredTiger 엔진의 압축(Compression) 관련 비교 분석결과입니다.

MMAP	wiredTiger
Data Count : 33,382,365 Size : 58 GB Storage Size : 60 GB TotalIndexSize : 1,400 MB	1) Snappy 타입 Data Count : 33,382,365 Size : 44 GB Storage Size : 8 GB TotalIndexSize : 289 MB 2) Zlib 타입 Data Count : 33,382,365 Size : 44 GB Storage Size : 3 GB TotalIndexSize : 289 MB
5 MB Documents Insert 수행할 때 18,962 (ops/sec) * 다중 트랜잭션에 불리	5 MB Documents Insert 수행할 때 96,850 (ops/sec) * 다중 트랜잭션에 유리

위 결과에서 평가되었던 데이터(Memory Mapping 엔진 기준)는 총 33,382,365 Count, Size는 58 GB, Storage Size는 60 GB 였습니다. 동일한 데이터를 wiredTiger 엔진에서 저장했을 때 결과를 Snappy 타입과 ZLib 타입으로 구분하여 생성한 결과는 다음과 같습니다.

1) Snappy 타입

- Data Count : 33,382,365
- Size : 44 GB
- Storage Size : 8 GB

2) Zlib 타입

- Data Count : 33,382,365
- Size : 44 GB
- Storage Size : 3 GB

실습 따라하기

```
C:\> CD C:\MONGODB
C:\> mongod --dbpath c:\mongodb\test   --storageEngine wiredTiger
                                    ← 기본 값은 wiredTiger Storage Engine

2018-06-14T14:08:39.432+0900 I CONTROL [initandlisten] MongoDB starting : pid=12416
port=27017
2018-06-14T14:08:39.439+0900 I CONTROL [initandlisten] targetMinOS: Windows Vista/Windows
Serve
2018-06-14T14:08:39.444+0900 I CONTROL [initandlisten] db version v4.2.0
2018-06-14T14:08:39.500+0900 I CONTROL [initandlisten] git version:
45d947729a0315accb6d4f15a6b
2018-06-14T14:08:39.510+0900 I CONTROL [initandlisten] allocator: tcmalloc
2018-06-14T14:08:39.570+0900 I CONTROL [initandlisten] modules: none
2018-06-14T14:08:39.599+0900 I CONTROL [initandlisten] build environment:
2018-06-14T14:08:39.632+0900 I CONTROL [initandlisten]     distarch: x86_64
2018-06-14T14:08:39.666+0900 I CONTROL [initandlisten]     target_arch: x86_64
2018-06-14T14:08:39.699+0900 I CONTROL [initandlisten] options: { storage: { dbPath:
"c:\mongod
2018-06-14T14:08:39.827+0900 I -       [initandlisten] Detected data files in c:\mongodb\test1
2018-06-14T14:08:39.862+0900 I JOURNAL [initandlisten] journal dir=c:\mongodb\test1\journal
2018-06-14T14:08:39.866+0900 I JOURNAL [initandlisten] recover : no journal files present, no r
2018-06-14T14:08:39.979+0900 I JOURNAL [durability] Durability thread started
2018-06-14T14:08:40.007+0900 I JOURNAL [journal writer] Journal writer thread started
```

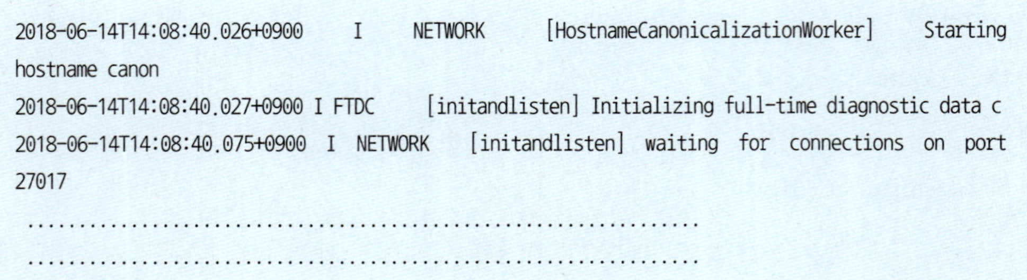
```
2018-06-14T14:08:40.026+0900 I NETWORK [HostnameCanonicalizationWorker] Starting
hostname canon
2018-06-14T14:08:40.027+0900 I FTDC [initandlisten] Initializing full-time diagnostic data c
2018-06-14T14:08:40.075+0900 I NETWORK [initandlisten] waiting for connections on port
27017
.........................................................................
.........................................................................
```

```
C:\MONGODB> mongo
MongoDB shell version: 4.2.0
connecting to: test
>
> show dbs
local   0.078125GB              ← lcoal DB명과 현재 크기 (논리적 구조)
test    0.203125GB              ← test DB명과 현재 크기 (논리적 구조)
> exit

C:\> CD C:\MONGODB\test
C:\> dir

2018-06-14  오후 02:28           16,384 collection-0-2225758475558757196.wt
2018-06-14  오후 02:29           16,384 collection-2-2225758475558757196.wt
2018-06-14  오후 02:29    <DIR>         diagnostic.data
2018-06-14  오후 02:28           16,384 index-1-2225758475558757196.wt
2018-06-14  오후 02:29           16,384 index-3-2225758475558757196.wt
2018-06-14  오후 02:27    <DIR>         journal
2018-06-14  오후 02:27                6 mongod.lock
2018-06-14  오후 02:29           16,384 sizeStorer.wt
2018-06-14  오후 02:27               95 storage.bson
2018-06-14  오후 02:27               49 WiredTiger
2018-06-14  오후 02:27               21 WiredTiger.lock
2018-06-14  오후 02:29              919 WiredTiger.turtle
2018-06-14  오후 02:29           40,960 WiredTiger.wt
2018-06-14  오후 02:27            4,096 WiredTigerLAS.wt
2018-06-14  오후 02:29           32,768 _mdb_catalog.wt
```

실습 따라하기

```
C:\> CD C:\MONGODB\TEST\JOURNAL
C:\> dir

2018-06-14  오후 02:29       104,857,728 WiredTigerLog.0000000001
2018-06-14  오후 02:27       104,857,728 WiredTigerPreplog.0000000001
2018-06-14  오후 02:27       104,857,728 WiredTigerPreplog.0000000002
```

이 영역은 Working Set으로 표현되며 데이터를 처리하는 실제 메모리 영역입니다.

실습 따라하기

```
C:\MONGODB> mongo
> use admin
> db.serverStatus().mem
{
 {
        "bits" : 64,
        "resident" : 76,
        "virtual" : 196,
        "supported" : true,
        "mapped" : 0,
        "mappedWithJournal" : 0
}
>
> db.serverStatus().extra_info
{
        "note" : "fields vary by platform",
        "page_faults" : 11722,            ← 현재 메모리 PageFault 수
        "usagePageFileMB" : 111,
        "totalPageFileMB" : 7768,
        "availPageFileMB" : 5418,
        "ramMB" : 3885                    ← 현재 시스템 메모리 크기
}
```

1) Memory Size

RAM 64 GB

MongoDB
wiredTiger Engine
(최초 64 MB)

32 GB

- 컬렉션별 초당 데이터 발생량
  (초당 100,000건, 1 Doc. 크기는 1,000 Byte 기준 (100 MB))
- 1일 데이터 발생량(5 GB)을 Workingset 영역에 저장하기 위해 virtual Area는 15 GB 정도의 공간이 요구된다.
- 동시 사용자 수 500명 기준 (5 MB x 500 = 2.5 GB)
- 운영체계/기타 운영 프로그램 (5 GB)
- Small 비즈니스 환경은 32GB 이하, Big 비즈니스 환경은 64 GB 이상 권장

MongoDB를 처음 사용하시는 분들이 가장 많이 궁금해 하는 질문 중에 하나는 시스템을 어떤 사양(Memory, CPU, Di나)으로 결정해야 하는지에 대한 내용입니다. 그 중에 메모리 크기에 대해 알아보도록 하겠습니다.

(1) 먼저 논리적 설계 단계에서 설계된 컬렉션들의 데이터가 발생량과 사용 빈도에 대한 예측된 정보를 수집, 분석해야 합니다. 예를 들어 해당 컬렉션의 1개 Document 평균 크기가 1,000 Byte이고 일시적인 과부하가 발생하는 경우 초당 100,000건의 데이터가 발생하는 컬렉션이 있다면 초당 100 MB 데이터가 발생하는 것입니다.

(2) 다음은 1일 데이터 발생량을 조사 분석해야 합니다. 일시적으로 초당 1,000,000건이 발생하고 1일 총 5,000,000 건이 발생한다고 했을 때 하루 발생하는 총 데이터 양은

5,000,000,000 Byte(5 GB)가 됩니다.

(3) 만약 하루 동안 발생하는 데이터에 대해 실시간 가공 및 집계 후 통계분석 결과를 모니터링 해야 하는 비즈니스 환경이라면 최소 1일 동안에 발생하는 데이터를 메모리에 적재될 수 있도록 충분한 크기가 확보해야 합니다.

(4) 이때 고려해야 할 사항은 사용자 데이터 5 GB를 메모리(Workingset Area)에 적재하기 위해서 MongoDB에서 요구하는 가상 메모리(Virtual Area)의 크기를 얼마만큼 부여해야 하는지 입니다. 일반적으로 가상 메모리 영역은 Workingset Area의 3배 정도를 권장함으로 약 15 GB가 요구됩니다. 결론적으로 Workingset 영역과 Virtual 영역를 합쳐서 약 20 GB가 필요한 것입니다.

(5) 다음은 MongoDB가 사용할 메모리 영역 이외에 요구되는 메모리 영역에 대해 고려되어야 합니다. 먼저 고려해야 할 것은 사용자 프로세스입니다. 사용자 프로세스는 mongo.exe 또는 애플리케이션을 통해 서버에 접속할 때 활성화되는 프로세스입니다. 하나의 사용자 프로세스는 약 5 MB 크기이므로 500명의 사용자가 동시에 접속하여 데이터를 처리하게 된다면 약 2.5GB(5 MB x 500명) 메모리가 추가로 요구됩니다. 이 크기는 사용자수가 늘어나게 되면 추가로 더 많은 메모리가 필요하기 때문에 동시 사용자 수에 대한 조사 분석이 반드시 필요합니다.

마지막으로 고려해야할 것은 운영체계가 사용하게 될 메모리 영역입니다. 서버에 운영체계를 설치하고 실행되기 위해 요구되는 기본 크기를 약 5GB(다양한 기능을 설치 운영하게 되면 더 많은 메모리 영역이 요구될 수 있습니다.)로 예상해보겠습니다.

(6) 위와 같은 비즈니스 환경에서 요구되는 서버의 메모리 크기는 MongoDB 약 20 GB, 사용자 프로세스 2.5 GB, 운영체계 5 GB를 고려한다면 약 27.5 GB 이상이 요구됩니다.

결론적으로 중소 규모 비즈니스 환경에서 MongoDB를 서버를 구축할 때 좋은 성능이 기대될 수 있는 권장 메모리 크기는 약 32GB이며, 중대규모 비즈니스 환경에서는 최소 64 GB 이상, 대규모 비즈니스 환경에서는 최소 128 GB 이상이 권장됩니다.

2) CPU 개수

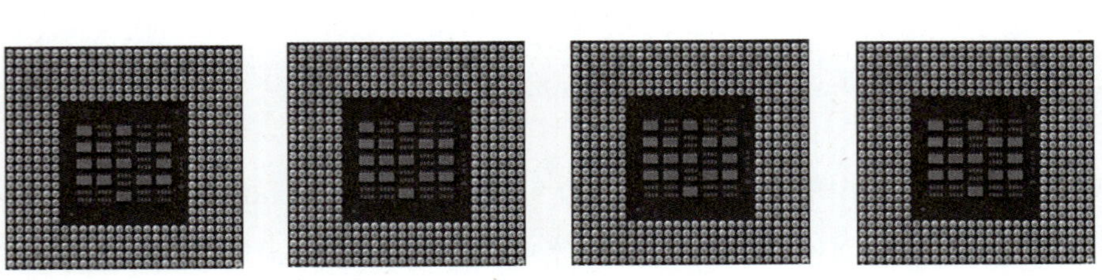

- wiredTiger StorageEngine은 다중 트랜잭션 처리에 효과적인 저장구조를 제공하기 때문에 최소 3개 이상의 Multi-Core 환경을 제공하는 것이 원칙
  (Small 비즈니스 환경 : 2개 이상, Big 비즈니스 환경 : 4개 이상)
- 빅 데이터의 분석 및 가공처리가 요구되는 비즈니스 환경에 보다 많은 개수가 필요
  (CPU 과부하 상태를 분석한 후 CPU 추가 또는 Sharding System 구축을 고려)

2000년대 초반 빅 데이터 솔루션이 처음 소개될 때 x86 기반의 저렴한 시스템 환경에서 빅 데이터의 빠른 쓰기와 읽기가 가능하다는 점이 가장 큰 장점 중에 하나였던 기술이 NoSQL이었습니다. 상대적으로 관계형 DB는 고사양(CPU, Memory, Disk 등)의 시스템 환경을 기반으로 하다 보니 많은 구축 비용과 유지보수 비용이 요구될 수밖에 없었으며 저 사양 시스템 환경을 기반으로 하는 NoSQL이 관심 받을 수 있었던 배경 이었습니다.

또한 관계형 DB는 스케일업(ScaleUp) 기반의 시스템 확장 기술을 제공하는 반면 MongoDB는 스케일아웃(ScaleOut) 기반으로 시스템 자원을 확장하는 기술을 제공하기 때문에 관계형 DB에 비해 현저히 적은 비용과 시간으로 이러한 문제점을 해소할 수 있었습니다.

다음은 MongoDB를 구축할 때 요구되는 CPU 사양에 대한 주요 특징입니다.

1) wiredTiger 저장 엔진은 다중 트랜잭션 처리에 최적화된 저장구조를 제공하기 때문에 최소 2개 이상의 Multi-Core 환경을 제공하는 것이 원칙입니다. 최근 판매되고 있는 서버 제품들의 기본 사양이 4개 CPU가 기본 장착되고 있으므로 중소규모 비즈니스 환경에서는 최소 2개 이상 ~ 4개 미만의 시스템 사양은 기본일 것이며 중대규모 비즈니스 환경에서는 4개 ~ 8개 이상의 CPU가 요구됩니다.

2) 대규모 트랜잭션이 발생하는 비즈니스 환경에서는 빅 데이터의 분석 및 가공처리가 요구되는 비즈니스 환경에 보다 많은 개수의 CPU가 필요할 것입니다. 처음부터 충분한 개수의 CPU에 대한 분석과 설계가 어려운 경우에는 향후 Sharding System 구축을 통해 시스템 과부하를 분산처리 할 수도 있으므로 저사양의 시스템으로 설계하되 분산 DB를 고려해서 설계한다면 다소 유연성 있는 설계도 가능합니다.

3) 논리적 구조 & 물리적 구조

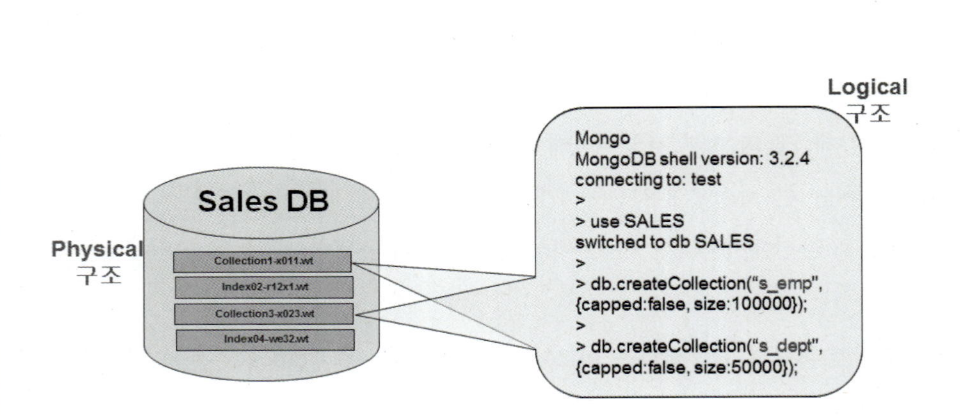

1) 논리적 구조인 Collection 당 하나의 데이터 파일이 생성되며, Object_ID로 자동 생성되는 인덱스 파일이 생성된다.
2) Collection과 Index 관련 Meta Data는 별도의 데이터 파일에 저장된다.

MongoDB 서버 내의 데이터베이스에 생성되는 컬렉션, 인덱스와 같은 데이터 구조를 논리적 구조라고 하며 이 데이터는 궁극적으로 디스크 저장장치에 파일 형태로 저장되는데 이와 같은 파일을 물리적 구조라고 표현합니다. wiredTiger 저장 엔진에서 하나의 논리적 구조는 하나의 물리적 구조로 생성됩니다.

다음은 논리적 구조와 물리적 구조에 대한 주요 특징입니다.

1) 논리적 구조인 Collection 하나에 대해 물리적 구조인 하나의 데이터 파일이 생성되며, Object_ID 필드에는 인덱스가 자동 생성되며 이것은 하나의 인덱스 파일이 생성됩니다.

2) 하나의 Collection과 Index와 관련된 Meta Data는 별도의 데이터 파일에 분리 저장됩니다.

실습 따라하기

```
C:\MONGODB> mongo
MongoDB shell version: 4.2.0
connecting to: test
>
> use SALES
> db.emp.drop()
true
>
> db.emp.insert( { a : 1 })
WriteResult({ "nInserted" : 1 })
>
> show dbs
Sales  0.000GB
local  0.000GB
> exit

c:\mongodb\test>dir
2018-06-14  오후 05:51            4,096 collection-0--6376367328295747147.wt
2018-06-14  오후 05:51            4,096 index-1--6376367328295747147.wt
2018-06-14  오후 05:51            4,096 collection-2--6376367328295747147.wt
2018-06-14  오후 05:51            4,096 index-3--6376367328295747147.wt
2018-06-14  오후 05:51    <DIR>          diagnostic.data
2018-06-14  오후 05:51    <DIR>          journal
2018-06-14  오후 05:51                6 mongod.lock
2018-06-14  오후 05:51            4,096 sizeStorer.wt
2018-06-14  오후 05:51               95 storage.bson
2018-06-14  오후 05:51               49 WiredTiger
2018-06-14  오후 05:51               21 WiredTiger.lock
2018-06-14  오후 05:51              767 WiredTiger.turtle
2018-06-14  오후 05:51            4,096 WiredTiger.wt
2018-06-14  오후 05:51            4,096 WiredTigerLAS.wt
2018-06-14  오후 05:51            4,096 _mdb_catalog.wt
```

4) 물리적 구조

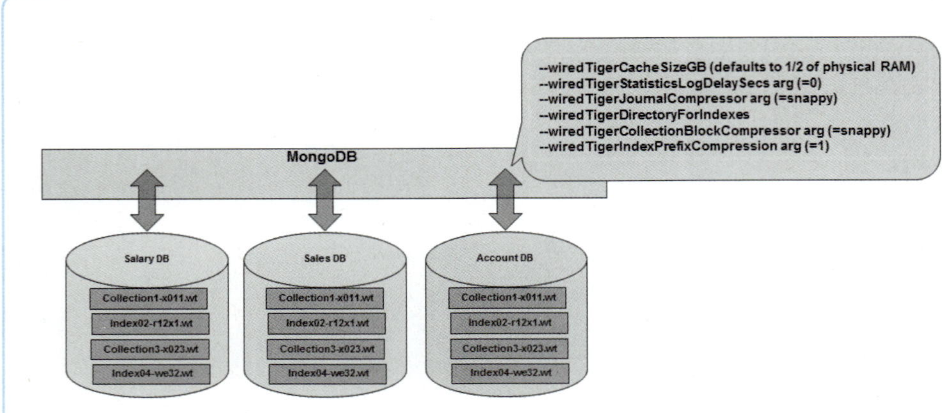

1) wiredTiger Storage-Engine에서는 Document-Level Lock이 제공되기 때문에 여러 개의 데이터베이스로 분리 설계하고 충분한 메모리 영역을 할당해 주어야 좋은 성능을 기대할 수 있다.

2) Business 단위의 데이터를 백업/복구할 수 있다.

MongoDB의 물리적 구조에는 Data 파일, Diagnostic 파일, Journal 파일이 있고 데이터베이스 만을 위한 전용 메모리 영역도 있습니다.

1) wiredTiger 저장엔진은 기본적으로 도큐멘트-락을 제공하기 때문에 락 메커니즘으로 인한 성능 지연문제를 최소화할 수 있긴 하지만 저장 엔진이 최적화될 수 있도록 설계를 잘 해주는 것도 무엇보다 중요합니다. 설계 시 고려해야할 첫 번째 주의사항은 다중 CPU 환경에서 구축되어야 하며 두 번째 주의사항은 여러 개의 데이터베이스를 생성하여 컬렉션과 인덱스들을 분리 저장하는 것입니다. 이를 위해서는 "--wired TigerDirectory ForIndexes"와 같은 옵션 절을 사용하여 컬렉션과 인덱스를 분리 저장해야 합니다.

2) 이와 같이 여러 개의 데이터베이스를 생성 관리해야 할 두 번째 이유는 DB 구축 후 발생하는 다양한 장애로부터 데이터를 안정하게 복구할 수 있는 백업 데이터를 확보하는 것입니다. 이를 위해서는 하나의 데이터베이스를 구축하는 것보다 어려 개의 데이터베이스로 분리하여 구축하는 것이 효과적입니다.

3) 기존에 Memory Mapping 저장엔진과 wiredTiger 저장엔진의 결정적 차이점 중에 하나는 DBMS를 위한 전용 메모리 영역의 활성화 방법의 차이점입니다. Memory Mapping 저장엔진의 경우에는 최초 mongod.exe를 실행하면 약 450 MB 만큼의 메모리 영역이 활성화됩니다. 하지만 초당 100,000건의 데이터가 갑자기 발생하면 전체 시스템 메모리의 90% 임계값까지 메모리는 자동으로 확장되기 때문에 일시적인 과부하는 발생하겠지만 해당 데이터는 장애 및 지연현상 없이 처리할 수 있습니다. 사용자는 MongoDB가 사용할 수 있는 메모리 크기를 결정할 수 없으며 서버의 자동화된 알고리즘에 의해서 만 결정됩니다. 하지만 wiredTiger 저장엔진의 경우에는 최초 mongod.exe를 실행하면 약 65 MB 만큼의 최소 메모리 영역이 활성화됩니다. 하지만 집중적으로 데이터들이 입력되면 전체 시스템 메모리의 50% 임계값까지 메모리는 자동 할당되지만 그 이상은 할당되지 않습니다. 만약 50% 이상의 메모리 영역을 추가로 할당하기 위해서는 "--wiredTigerCacheSizeGB 2"와 같은 옵션 절을 사용하면 가능합니다.

실습 따라하기

```
C:\> CD C:\MONGODB
C:\> MKDIR C:\MONGODB\TEST1
C:\MONGODB> mongod --dbpath c:\mongodb\test1  --storageEngine wiredTiger
--wiredTigerCacheSizeGB 2  --wiredTigerDirectoryForIndexes

2018-06-14T17:21:07.288+0900 I CONTROL  [initandlisten] MongoDB starting :
pid=6204 port=27017 dbpath=c:\mongodb\test 64-bit host=JMJOO
2018-06-14T17:21:07.293+0900 I CONTROL  [initandlisten] targetMinOS: Windows
Vista/Windows Server 2008
2018-06-14T17:21:07.297+0900 I CONTROL  [initandlisten] db version v4.2.0
```

```
2018-06-14T17:21:07.299+0900 I CONTROL  [initandlisten] git version:
45d947729a0315accb6d4f15a6b06be6d9c19fe7
2018-06-14T17:21:07.303+0900 I CONTROL  [initandlisten] allocator: tcmalloc
2018-06-14T17:21:07.310+0900 I CONTROL  [initandlisten] modules: none
2018-06-14T17:21:07.316+0900 I CONTROL  [initandlisten] build environment:
2018-06-14T17:21:07.328+0900 I CONTROL  [initandlisten]     distarch: x86_64
2018-06-14T17:21:07.337+0900 I CONTROL  [initandlisten]     target_arch: x86_64
2018-06-14T17:21:07.370+0900 I CONTROL  [initandlisten] options: { storage: { dbPath:
"c:\mongodb\test", engine: "wiredTiger", wiredTige
2018-06-14T17:21:07.473+0900 I STORAGE  [initandlisten] wiredtiger_open config:
create,cache_size=2G,session_max=20000,eviction=(threads
stics_log=(wait=0),direct_io=(data),
2018-06-14T17:21:07.662+0900    I    NETWORK         [HostnameCanonicalizationWorker]
Starting
hostname canonicalization worker
2018-06-14T17:21:07.662+0900 I FTDC     [initandlisten] Initializing full-time
diagnostic data capture with directory 'c:/mongodb/test/d
2018-06-14T17:21:07.708+0900 I NETWORK  [initandlisten] waiting for connections on
port 27017
```

```
C:\> CD C:\MONGODB\test1
C:\> dir

2018-06-14  오후 05:21    <DIR>          collection     ← Collection 별도 저장 경로 생성
2018-06-14  오후 05:23    <DIR>          diagnostic.data
2018-06-14  오후 05:21    <DIR>          index          ← Index 별도 저장 경로 생성
2018-06-14  오후 05:21    <DIR>          journal
2018-06-14  오후 05:21                 5 mongod.lock
2018-06-14  오후 05:23            16,384 sizeStorer.wt
2018-06-14  오후 05:21                95 storage.bson
2018-06-14  오후 05:21                49 WiredTiger
2018-06-14  오후 05:21                21 WiredTiger.lock
2018-06-14  오후 05:23               918 WiredTiger.turtle
2018-06-14  오후 05:23            40,960 WiredTiger.wt
2018-06-14  오후 05:21             4,096 WiredTigerLAS.wt
2018-06-14  오후 05:22            16,384 _mdb_catalog.wt
```

실습 따라하기

```
C:\> CD C:\MONGODB
C:\> MKDIR C:\MONGODB\TEST2
C:\MONGODB>mongod --dbpath c:\mongodb\test2  --storageEngine wiredTiger
--wiredTigerCollectionBlockCompressor snappy --wiredTigerJournalCompressor snappy

2018-06-14T17:43:05.599+0900 I CONTROL  [initandlisten] MongoDB starting :
pid=12116 port=27017 dbpath=c:\mongodb\test 64-bit host=JMJOO
2018-06-14T17:43:05.605+0900 I CONTROL  [initandlisten] targetMinOS: Windows
Vista/Windows Server 2008
2018-06-14T17:43:05.609+0900 I CONTROL  [initandlisten] db version v4.2.0
2018-06-14T17:43:05.611+0900 I CONTROL  [initandlisten] git version:
45d947729a0315accb6d4f15a6b06be6d9c19fe7
```

5.2.2 Memory Mapping 저장엔진

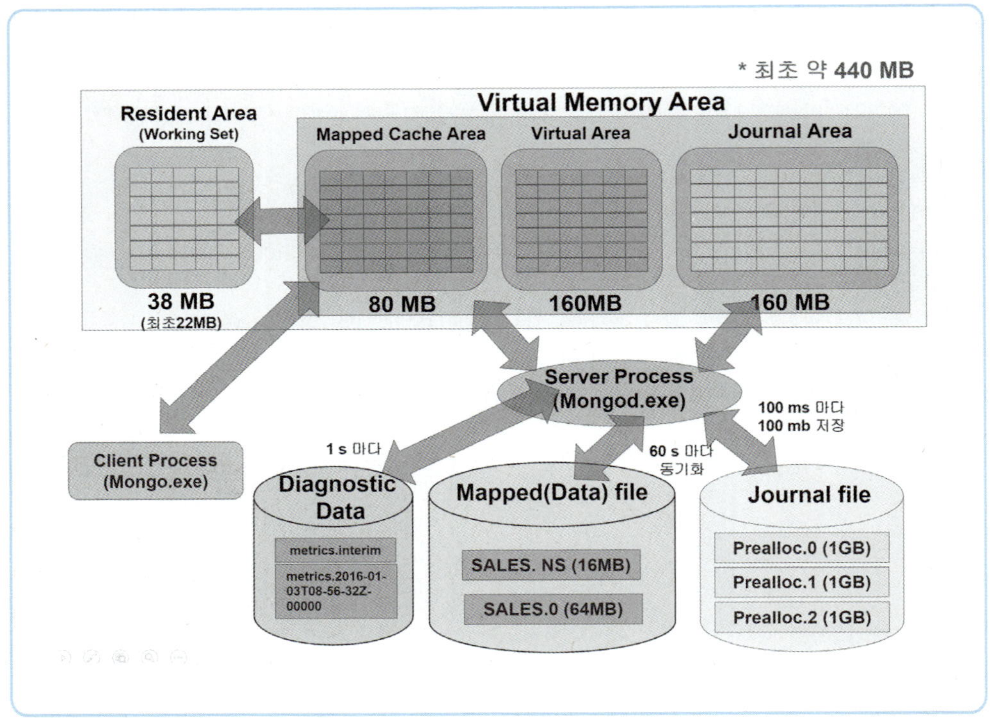

다음은 MongoDB의 메모리 영역에 대한 설명 입니다.

MongoDB의 메모리 영역은 크게 2가지 영역으로 나누어집니다. 첫 번째 영역은 Virtual Memory Area이며 두 번째 영역은 Resident Area(Working Set)입니다. Virtual Memory Area는 다시 Mapped Cache Area, Virtual Area, Journal Area로 세분화할 수 있습니다.

1) Virtual Memory Area

- Mapped Cache Area : 데이터가 캐시될 메모리 영역
- Virtual Area : 캐시 영역이 부족할 때 사용될 추가 캐시 영역
- Journal Area : 사용자의 작업 내용을 실 시간으로 백업할 메모리 영역

2) Resident Area

이 영역은 Working Set으로 표현되며 데이터를 처리하는 실제 메모리 영역입니다.

실습 따라하기

```
C:\> CD C:\MONGODB
C:\> MKDIR C:\MONGODB\TEST3
c:\mongodb>mongod --dbpath c:\mongodb\test1 --storageEngine mmapv1 --journal

2018-06-14T17:58:50.755+0900 I CONTROL  [initandlisten] MongoDB starting :
pid=12812 port=27017 dbpath=c:\mongod
2018-06-14T17:58:50.762+0900 I CONTROL  [initandlisten] targetMinOS: Windows
Vista/Windows Server 2008
2018-06-14T17:58:50.765+0900 I CONTROL  [initandlisten] db version v4.2.0
2018-06-14T17:58:50.768+0900 I CONTROL  [initandlisten] git version:
45d947729a0315accb6d4f15a6b06be6d9c19fe7
2018-06-14T17:58:50.772+0900 I CONTROL  [initandlisten] allocator: tcmalloc
2018-06-14T17:58:50.776+0900 I CONTROL  [initandlisten] modules: none
2018-06-14T17:58:50.778+0900 I CONTROL  [initandlisten] build environment:
2018-06-14T17:58:50.813+0900 I CONTROL  [initandlisten]     distarch: x86_64
2018-06-14T17:58:50.820+0900 I CONTROL  [initandlisten]     target_arch: x86_64
2018-06-14T17:58:50.842+0900 I CONTROL  [initandlisten] options: { storage: { dbPath:
"c:\mongodb\test1", engine
2018-06-14T17:58:50.984+0900 I JOURNAL  [initandlisten] journal
dir=c:\mongodb\test1\journal
 ............................................................
 ............................................................
```

실습 따라하기

```
C:\MONGODB> mongo
> use admin
> db.serverStatus().mem
{
        "bits" : 64,                    ← 시스템의 처리 사양(32 Bit/64 Bit)
        "resident" : 42,                ← Working Set 저장을 위한 메모리 크기
        "virtual" : 275,                ← Virtual 메모리 현재 크기
        "supported" : true,
        "mapped" : 80,                  ← Mapped File 현재 크기
```

```
        "mappedWithJournal" : 160            ← Journal 메모리 현재 크기
}
>
> db.serverStatus().extra_info
{
        "note" : "fields vary by platform",
        "page_faults" : 11722,               ← 현재 메모리 PageFault 수
        "usagePageFileMB" : 111,
        "totalPageFileMB" : 7768,
        "availPageFileMB" : 5418,
        "ramMB" : 3885                       ← 현재 시스템 메모리 크기
}
```

다음 그림은 각 프로세스 영역(MONGOD.EXE와 MONGO.EXE)과 메모리 영역의 매핑 상태를 도식화한 결과입니다. 그림 왼쪽의 분석 결과와 비교해 보시기 바랍니다.

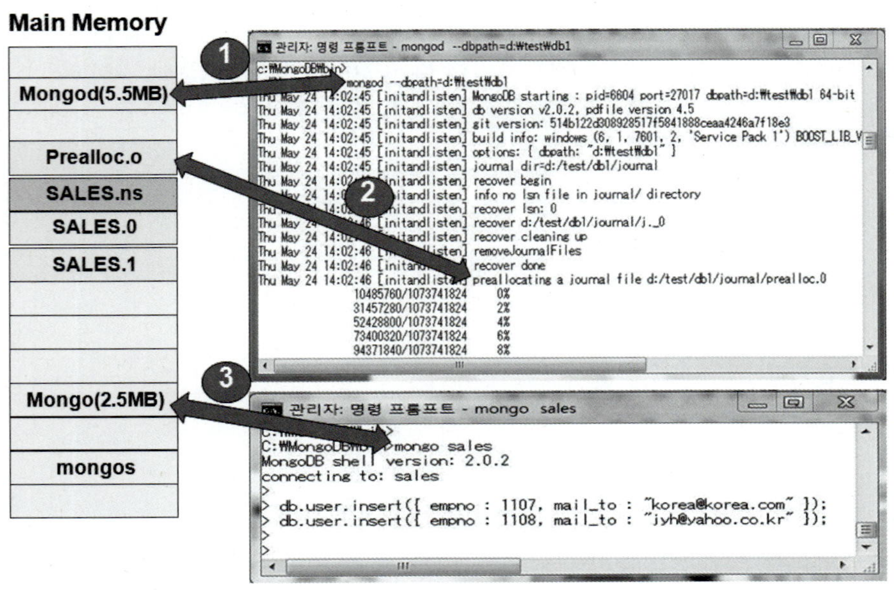

위 그림 오른쪽에서 ①은 mongod.exe를 통해 인스턴스를 활성화시키는 문장입니다. 이 서버 프로세스는 최초 약 5.5 MB 정도의 메모리 영역을 할당받게 되고 빅 데이터에 대한

쓰기/읽기 작업이 빈번하게 발생하면 점점 메모리 공간은 커지게 됩니다.

②는 JOURNAL 메모리 영역과 JOURNAL 파일 영역을 활성화시키는 단계입니다. ③은 mongo.exe를 통해 MongoDB에 접속하는 절차이며 이 클라이언트 프로세스는 최초 약 2.5 MB 정도의 메모리 영역을 할당받습니다.

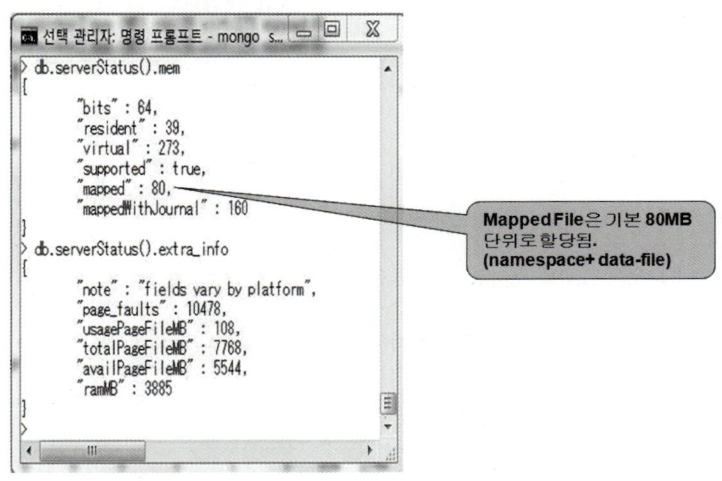

위 그림은 앞서 설명드린 MongoDB 메모리 영역의 현 상태를 모니터링한 결과입니다.

- bits : 현재 시스템의 운영체계 정보(32 Bit 또는 64 Bit)
- resident : 현재 데이터에 대한 쓰기/읽기 작업이 수행 중인 메모리 크기에 의해 사용 중인 실제 물리적 메모리 영역)
- virtual : 가상 메모리 영역
- mapped : 사용된 메모리 매핑 영역
- journal : 백업 데이터가 저장되는 메모리 영역

1) Memory Size

RAM 64 GB

MongoDB
wiredTiger Engine
(최초 440 MB)

58 GB

- 1일 데이터 발생량(5 GB)을 Workingset 영역에 저장하기 위해 virtual Area, Mapped Area는 50 GB 정도의 공간이 요구된다.
- 시스템 전체 RAM의 90% Threadhold까지 Memory를 자동 확장한다.
- Small 비즈니스 환경은 64GB 이하, Big 비즈니스 환경은 128 GB 이상 권장
- Memory 적정성 여부는 Threadhold(임계치) 도달 빈도와 FageFault의 평균 발생율이 30~40%를 초과하는 경우의 빈도를 분석하여 결정해야 한다.

(1) MongoDB는 메모리 매핑(Memory Mapped) 기법에 의해 데이터의 읽기/쓰기 작업을 수행하기 때문에 충분한 메모리 공간이 확보되어야 합니다.
메모리 공간의 크기는 MongoDB가 생성된 후 활성화되는 네임스페이스 파일과 데이터 파일의 개수와 크기 그리고 자주 참조되는 데이터 크기에 맞는 적절한 공간이 요구됩니다. (64 Bit 시스템의 경우, 최초 네임스페이스의 크기는 16MB이며 첫 번째 데이터 파일의 크기는 64MB이지만 MongoDB는 디스크 상에 별도의 가상 메모리를 사용하지 않기 때문에 데이터 파일의 약 2배 이상의 여유 메모리 공간을 요구합니다.)

(2) MongoDB는 사용자 데이터에 대한 읽기/쓰기를 위한 실제 작업 메모리 영역을 요구하게 되는데 이 영역을 Resident Area(Working Set)라고 합니다. 이 공간은 MONGO.EXE

를 통해 MongoDB에 접속했을 때 서버에 의해 동적으로 할당되며 데이터에 대한 읽기/쓰기가 발생하면 전체 시스템 영역의 90~95% 범위까지 공간을 할당 받게 됩니다.

(3) 데이터 파일의 크기가 2 GB가 되는 경우에 요구되는 시스템 RAM 메모리 크기는 약 10GB~12GB 정도가 요구됩니다. 만약, SYSTEM RAM 메모리가 부족한 경우 Flushing과 PageFault가 발생하여 성능 저하 현상이 발생할 수 있습니다.

 **잠깐 메모리 매핑 기술 이란?**

(1) 메모리 매핑 기술은 메모리 상의 가상 Address에 대한 디스크의 물리적 Address를 매핑시켜 불필요한 작업을 최소화할 수 있으며 대용량 데이터 처리에 탁월합니다.
(2) 메모리와 디스크는 페이지(기본 4K) 단위로 매핑 작업을 수행하게 되는데 만약, 4K 미만의 데이터를 매핑 한다면 불필요한 작업과 메모리의 효율을 저하시키는 원인이 될 수 있습니다.

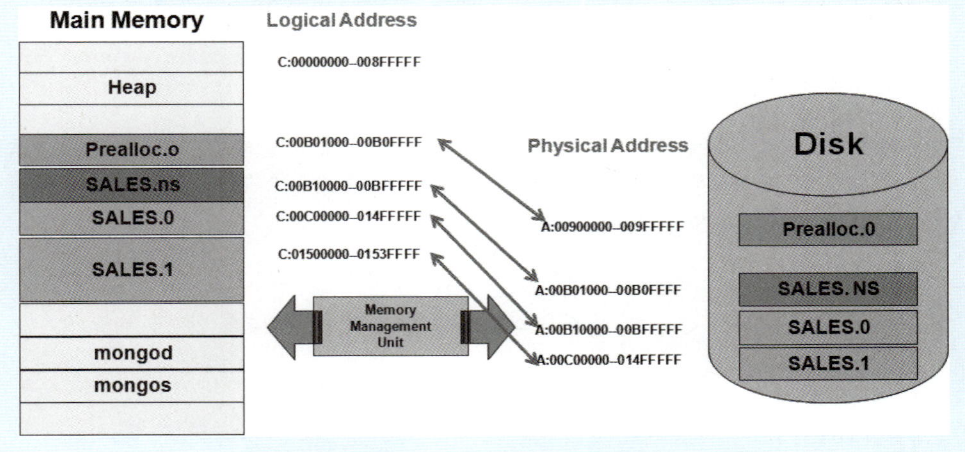

잠깐 MMAP 함수

(1) Read, Write 함수를 사용하지 않고 응용 프로그램에서 직접 mmap 함수를 사용하여 디스크 상의 파일에서 데이터를 읽고 쓸 수 있습니다.

(2)) 디스크 상의 파일에 저장된 데이터의 물리적 주소에 대한 메모리 상의 논리적 주소 정보는 MMU (Memory Management Unit)에 의해 관리됩니다.

■ 기존의 Read, Write 함수를 이용한 데이터 읽기

```
fd = open(…);
lseek(fd, offset, whence);
read(fd, buf, len);
```

■ mmap 함수를 이용한 데이터 읽기

```
fd = open(…);
addr = mmap((caddr_t)0,
len, (PROT_READ¦PROT_WRITE),
      MAP_PRIVATE, fd, offset);
```

잠깐 Segment Fault(Page Fault)란?

Mapping된 메모리 영역이 해제되어 더 이상 메모리 영역으로부터 데이터를 참조할 수 없는 경우, 보호 모드의 메모리 영역에 새로운 데이터로 변경하려는 경우, 허용되지 않는 메모리 영역에 대한 읽기 작업을 수행하려는 경우 등을 Segmentation Fault라고 합니다.

```
const   char *s = "Jimmy Joo";       ← 상수로 선언
*s = ‘JongMyun Joo';                 ← 상수는 변경할 수 없지만 새로운 값으로 변동시도

$ gcc segfault.c -g -o segfault
$ ./segfault
Segmentation fault                   ← Segment Fault 발생 !!!
```

2) 저널 파일

1) 사용자 **데이터의 유실을 방지하기 위해** 별도의 파일에 저장합니다.
   - --dbpath로 정의된 경로에 journal 파일이 생성됩니다.
   - 기본 크기는 1GB(Prealloc.0, Prealloc.1 형태로 저장)

2) **Memory Map에 저장하기 전**에 Journaling File에 먼저 저장합니다.

3) 기본적으로 매 **100 ms 마다 100 mb를 저장**합니다.
   - mongod 구동할 때 **--journing *[CommitInterval]*** 을 정의할 수 있으며 2 ms ~ 300 ms 범위에서 정의할 수 있습니다.

4) Journal 모드가 요구되는 경우
   - Single Node : Data의 **무결성 보장을 위해 반드시 필요**하다.
   - Replica Set : 최소 1 Node에 정의해야 합니다.

5) 각 데이터베이스의 **데이터 파일과 분리된 물리적 디스크에 생성**해야 좋은 성능 기대됩니다.

(1) 빅 데이터에 대한 읽기/쓰기 작업이 발생할 때 예기치 못한 현상으로 인한 사용자 데이터의 유실을 방지하기 위해 별도의 공간에 백업 데이터를 저장하는 파일입니다.

- --dbpath로 정의된 경로에 journal 파일이 생성됩니다.
- 32 Bit 시스템의 경우에는 MongoDB 인스턴스를 활성화할 때 반드시 --journal 옵션절을 부여해야 하며 64 Bit인 경우에는 옵션 절을 부여하지 않더라도 기본적으로 설정됩니다.
- 기본 크기는 1GB(Prealloc.0, Prealloc.1 형태로 저장)이며, 여러 개의 JOURNAL 파일로 구성됩니다.

(2) 사용자가 입력, 수정, 삭제한 데이터는 데이터 파일에 저장되기 전에 JOURNAL 파일에 먼저 저장됩니다. 장애 발생 시 JOURNAL 파일의 백업 데이터로 데이터 파일을 복구합니다.

(3) 기본적으로 매 100 ms 마다 100 mb를 저장합니다.

- MONGOD.EXE 실행할 때 --journingCommitInterval 을 정의할 수 있으며 2ms ~ 300ms 범위에서 정의할 수 있습니다.
- 데이터 유실이 허용되지 않는 기업 환경에서는 JOURNAL 파일의 쓰기 시간을 최소 시간으로 설정할 것을 권고합니다. 하지만, 빈번한 JOURNAL 데이터의 쓰기 작업은 시스템 성능을 저하시킬 수 도 있으므로 튜닝을 통해 적정 쓰기 시간으로 설정해야 합니다.

(4) Journal 모드가 요구되는 경우

- Single Node : Data의 무결성 보장을 위해 반드시 필요합니다.
- Replica Sets : 최소 1 Node에 정의해야 합니다.

(5) 각 데이터베이스의 데이터 파일과 분리된 물리적 디스크에 생성해야 좋은 성능을 기대할 수 있습니다.

- --directoryperdb 옵션 절을 통해 각 데이터베이스의 데이터 파일과 분리 저장하십시오.

3) CPU 개수

- memoryMapped StorageEngine은 빅 데이터의 빠른 쓰기와 읽기 처리에 효과적인 저장구조를 제공하기 때문에 많은 개수의 CPU가 요구되지 않는다.
(Small 비즈니스 환경 : 1개 이상, Big 비즈니스 환경 : 2~4개 이상)
- 빅 데이터의 빠른 쓰기 및 읽기처리가 요구되는 비즈니스 환경에서도 더 많은 CPU 개수가 요구되지 않는다.

(1) Memory Mapped 은 빅 데이터의 빠른 쓰기와 읽기 처리에 최적화된 저장구조를 제공하기 때문에 많은 개수의 CPU가 요구되지 않습니다. (중소규모 비즈니스 환경에서는 CPU 1개 이상, 중대규모 비즈니스 환경에서도 많은 개수의 CPU보다 충분한 크기의 메모리가 더 중요합니다. 해당 서버가 MongoDB 이외에 다른 업무용도로 함께 사용된다면 보다 충분한 CPU가 요구되어야 합니다.)

(2) 1.x, 2.x 버전 때까지 싱글 Thread 엔진 구조를 제공했기 때문에 다수의 사용자가 소량의 데이터를 트랜잭션 위주로 처리하는 비즈니스 환경에는 적합하지 않는 저장구조입니다.

4) 논리적 구조와 물리적 구조

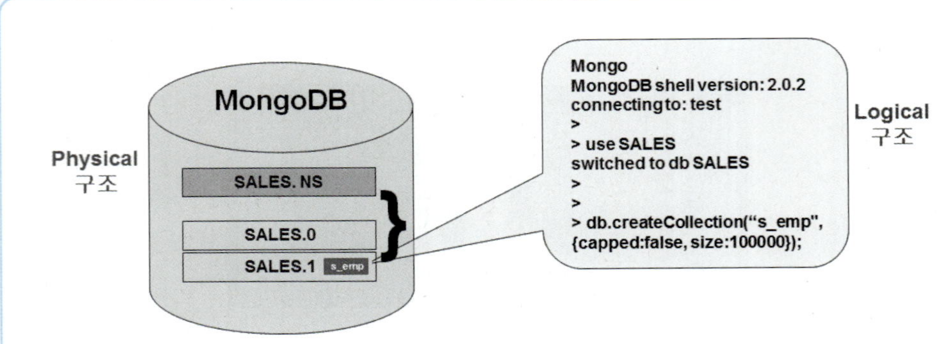

1) 32 Bit에서 Namespace의 최초 크기는 16MB가 할당되며 DataFile은 32 MB 크기로 생성된다. Next 크기는 32MB의 배수로 증가하되 최대 크기는 2GB 입니다. (64 Bit에서는 16MB, 64 MB 단위, Journing은 1GB)

2) Namespace에는 Collection의 First Extent와 LastExtent에 대한 정보와 Meta Data, 인덱스, FreeList 정보가 저장됩니다.

다음은 MongoDB 논리적 구조와 물리적 구조에 대해 알아보도록 보겠습니다.

(1) 데이터 파일의 확장자는 .0, .1, .2, … 형태로 생성되며 사용자가 입력, 수정한 실제 데이터가 저장됩니다. 32 Bit 시스템 환경에서 확장자가 .ns인 네임스페이스(Namespace) 파일의 최초 크기는 16MB가 할당되며 데이터 파일은 최초 32 MB 크기로 생성됩니다. 데이터 파일과 네임스페이스 파일의 두 번째 파일의 크기는 32MB 배수로 증가되며 최대 파일의 크기는 2GB 입니다. (64 Bit 시스템 환경에서는 최초 16MB이며, 64 MB 단위로 파일의 크기는 커지며 저널 파일은 1GB 크기로 생성됩니다.)

(2) 네임스페이스 파일에는 컬렉션의 First Extent와 LastExtent에 대한 정보와 Meta Data, 인덱스 정보, FreeList 정보가 저장됩니다.

다음은, MongoDB 인스턴스를 활성화할 때 생성되는 데이터 파일, 저널 파일과 관련된 실습예제입니다.

▶▶ 데이터 파일이 생성될 경로를 지정하고 JOURNAL 기능이 작동될 수 있도록 환경 설정합니다.

```
C:\MONGODB> mongo
MongoDB shell version: 4.2.0
connecting to: test
>
> show dbs
local  0.078GB
>
> use SALES
switched to db SALES
>
> db.t.insert({ a : 1})
WriteResult({ "nInserted" : 1 })
>
> show dbs
SALES  0.078GB
local  0.078GB
>
> exit

c:\mongodb\test1>dir

2018-06-14  오후 06:01    <DIR>          diagnostic.data
2018-06-14  오후 06:01    <DIR>          journal
2018-06-14  오후 05:58        67,108,864 local.0
2018-06-14  오후 05:58        16,777,216 local.ns
2018-06-14  오후 05:58                 6 mongod.lock
2018-06-14  오후 06:01        67,108,864 SALES.0
2018-06-14  오후 06:01        16,777,216 SALES.ns
2018-06-14  오후 05:58                69 storage.bson
```

실습 따라하기

```
C:\> CD C:\MONGODB\TEST1\JOURNAL
C:\mongodb\test1\journal> dir

2018-06-14  오후 05:58                0 j._0          ← 첫 번째 JOURNAL 파일
2018-06-14  오후 06:01               88 lsn
```

 잠깐

JOURNAL 파일의 기본 크기는 1GB이며 최대 크기에 도달하면 새로운 파일이 1GB 단위로 추가됩니다.

 잠깐

다음은 Data-File과 관련된 추가 파라메터입니다.

```
C:\> mongod --dbpath c:\mongodb\test --directoryperdb --nssize 100 --quotaFiles 10
```

▶▶ 각 DB의 데이터 파일은 c:\mongodb\test 밑에 별도의 경로에 생성되며 Namespace의 최초 크기는 100MB, 데이터 파일은 최대 10개까지 생성할 수 있습니다.

5) 논리적 구조

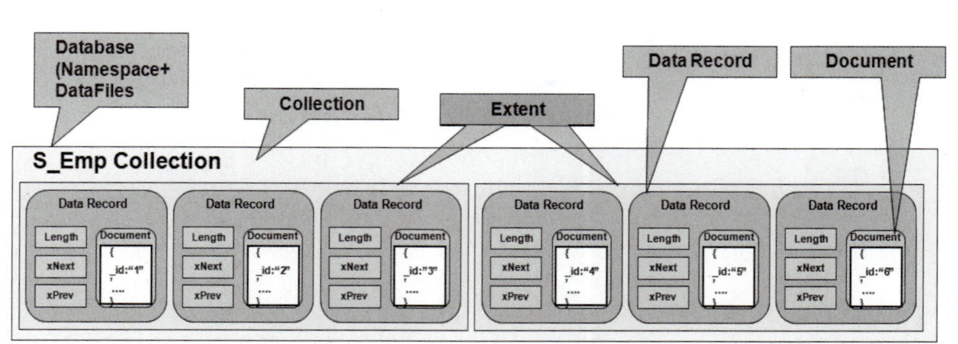

1) MongoDB의 논리적 구조는 **Database → Collections → Extents → Data Records → Documents** 로 구성됩니다.

2) Collection 크기는 최초 생성 시점에 결정되며 **Extent** 기본 크기는 **8K**이며 데이터 크기가 작은 경우에는 **4K**로 생성됩니다.**(**사용자에 의해 결정 가능**)**

(Ex) db.createCollection("s_emp", {capped:false, size:100000});

1) 먼저, 논리적 구조에 대한 개념부터 알아보도록 하겠습니다. 하나의 데이터베이스는 여러 개의 Collection으로 구성되며 하나의 Collection은 여러 개의 Extent로 구성되어 있습니다. 또한, 하나의 Extent는 여러 개의 Data Record로 구성되어 있습니다. 결론적으로, MongoDB에서 데이터를 저장하는 가장 작은 논리적 구조는 데이터 레코드(도큐먼트) 입입니다.

```
Database → Collections → Extents → Data Records (Documents)
```

2) 컬렉션 크기는 createCollection에 의해 생성될 때 결정되며 익스텐트 기본 크기는 8K이며 insert, save 메소드에 의해 컬렉션이 생성될 때 기본 크기는 4K로 생성됩니다.

```
db.createCollection("s_emp", {capped:false, size:100000});
```

>> 실습 따라하기

```
C:\> CD C:\MONGODB
C:\> mongo
MongoDB shell version: 4.2.0
connecting to: test
>
> show dbs
SALES  0.078GB
local  0.078GB
>
> use SALES
switched to db SALES
>
> db.createCollection("s_emp", {capped:false, size:8192 })
{ "ok" : 1 }                ← CAPPED Collection을 최초 Extent 8192 Byte 크기로 생성
>
> db.s_emp.validate()
{
        "ns" : "SALES.s_emp",
        "datasize" : 0,
        "nrecords" : 0,
        "lastExtentSize" : 8192,     ← 최초 Extent 크기
        "firstExtent" : "0:29000 ns:SALES.s_emp",
        "lastExtent" : "0:29000 ns:SALES.s_emp",
        "extentCount" : 1,
        "firstExtentDetails" : {
                "loc" : "0:29000",
                "xnext" : "null",
                "xprev" : "null",
                "nsdiag" : "SALES.s_emp",
                "size" : 8192,
                "firstRecord" : "null",
                "lastRecord" : "null"
        },
        "deletedCount" : 1,
        "deletedSize" : 8016,
        "nIndexes" : 1,
        "keysPerIndex" : {
                "SALES.s_emp.$_id_" : 0
        },
```

```
        "valid" : true,
        "errors" : [ ],
        "warning" : "Some checks omitted for speed. use {full:true}
        "ok" : 1
}

> db.s_emp.insert({ empno : 1101 })       ← 새로운 Document를 저장합니다.
>
> db.s_emp.validate();
{
        "ns" : "SALES.s_emp",
        "datasize" : 48,
        "nrecords" : 1,
        "lastExtentSize" : 8192,
        "firstExtent" : "0:29000 ns:SALES.s_emp",
        "lastExtent" : "0:29000 ns:SALES.s_emp",
        "extentCount" : 1,
        "firstExtentDetails" : {
                "loc" : "0:29000",
                "xnext" : "null",
                "xprev" : "null",
                "nsdiag" : "SALES.s_emp",
                "size" : 8192,
                "firstRecord" : "0:290b0",
                "lastRecord" : "0:290b0"
        },
        "deletedCount" : 1,
        "deletedSize" : 7952,
        "nIndexes" : 1,
        "keysPerIndex" : {
                "SALES.s_emp.$_id_" : 1
        },
        "valid" : true,
        "errors" : [ ],
        "warning" : "Some checks omitted for speed. use {full:true}
        "ok" : 1
}
>
```

6) 익스텐트와 레코드

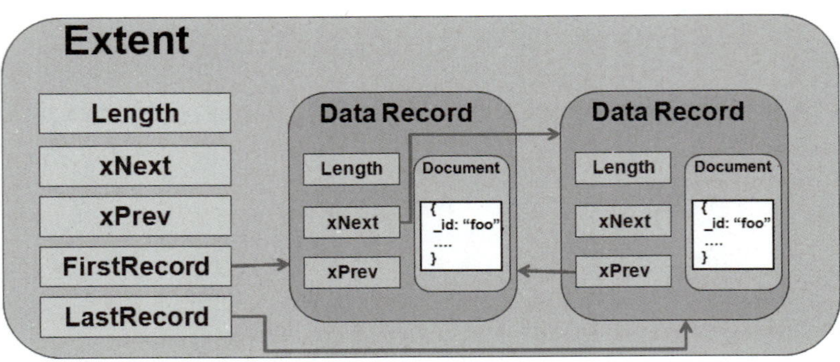

1) MongoDB에서 **Extent**는 데이터를 처리하는 단위입니다.
하나의 **Extent**에 얼마나 적절하게 데이터를 잘 저장하느냐는 **Read/Write**에 있어 성능을 좌우하는 요소가 될 수 있습니다.

2) 효과적인 물리적 설계를 위해서는 적절한 분석과 논리적 설계가 요구됩니다.

1) MongoDB에서 Extent는 데이터가 저장되는 논리적인 단위입니다. 하나의 Extent에 얼마나 적절하게 데이터를 잘 저장하느냐는 읽기/쓰기에 있어 성능을 좌우하는 요소가 될 수 있습니다.

2) 하나의 컬렉션을 위한 가장 적절한 익스텐트 크기를 결정하기 위해서는 적절한 분석과 논리적 설계가 요구됩니다. 빅 데이터가 저장되는 컬렉션의 익스텐트 크기를 너무 작게 설정하면 입력 도중에 새로운 익스텐트를 활성화 시키는 횟수가 빈번해지기 때문에 빠른 쓰기 작업의 성능을 지연시킬 수 있습니다.

3) 하나의 Data Record는 하나의 Document 정보와 이전, 이후 Document가 저장되어 있는 주소 정보를 함께 저장하고 있습니다.

또한, 하나의 Extent에는 여러 개의 Data Record 정보와 이전, 이후 Extent에 대한 주소 정보가 함께 정의되어 있습니다.

실습 따라하기

```
> for (var n = 2012000001; n <= 2012012345; n++) db.s_emp.save({empno : n , m :
"test"})                         ← 빅 데이터를 입력하고 Extent 활성상태를 확인합니다.
> db.s_emp.count()
12346
> db.s_emp.validate()
{
        "ns" : "SALES.s_emp",
        "datasize" : 1382704,
        "nrecords" : 12346,
        "lastExtentSize" : 2097152,
        "firstExtent" : "0:29000 ns:SALES.s_emp",
        "lastExtent" : "0:173000 ns:SALES.s_emp",
        "extentCount" : 5,
        "firstExtentDetails" : {
                "loc" : "0:29000",
                "xnext" : "0:4b000",
                "xprev" : "null",
                "nsdiag" : "SALES.s_emp",
                "size" : 8192,
                "firstRecord" : "0:290b0",
                "lastRecord" : "0:2af70"
        },
        "lastExtentDetails" : {
                "loc" : "0:173000",
                "xnext" : "null",
                "xprev" : "0:73000",
                "nsdiag" : "SALES.s_emp",
                "size" : 2097152,
                "firstRecord" : "0:1730b0",
                "lastRecord" : "0:24b0b0"
        },
        "deletedCount" : 4,
        "deletedSize" : 1212352,
        "nIndexes" : 1,
        "keysPerIndex" : {
                "SALES.s_emp.$_id_" : 12346
```

```
        },
        "valid" : true,
        "errors" : [ ],
        "warning" : "Some checks omitted for speed. use {full:true}
        "ok" : 1
}

> db.s_emp.validate( { full : true } ) ← S_EMP에 확장된 모든 익스텐트 상태를 출력합니다.
{
        "ns" : "SALES.s_emp",
        "datasize" : 1382704,
        "nrecords" : 12346,
        "lastExtentSize" : 2097152,
        "firstExtent" : "0:29000 ns:SALES.s_emp",
        "lastExtent" : "0:173000 ns:SALES.s_emp",
        "extentCount" : 5,
        "extents" : [
                {
                        "loc" : "0:29000",
                        "xnext" : "0:4b000",
                        "xprev" : "null",
                        "nsdiag" : "SALES.s_emp",
                        "size" : 8192,
                        "firstRecord" : "0:290b0",
                        "lastRecord" : "0:2af70"
                },
                {
                        "loc" : "0:4b000",
                        "xnext" : "0:53000",
                        "xprev" : "0:29000",
                        "nsdiag" : "SALES.s_emp",
                        "size" : 32768,
                        "firstRecord" : "0:4b0b0",
                        "lastRecord" : "0:52f30"
                },
                {
                        "loc" : "0:53000",
                        "xnext" : "0:73000",
                        "xprev" : "0:4b000",
                        "nsdiag" : "SALES.s_emp",
                        "size" : 131072,
                        "firstRecord" : "0:530b0",
```

```
                        "lastRecord" : "0:72f30"
                },
………(중략)..
                {
                        "loc" : "0:73000",
                        "xnext" : "0:173000",
                        "xprev" : "0:53000",
                        "nsdiag" : "SALES.s_emp",
                        "size" : 524288,
                        "firstRecord" : "0:730b0",
                        "lastRecord" : "0:f2f30"
                },
                {
                        "loc" : "0:173000",
                        "xnext" : "null",
                        "xprev" : "0:73000",
                        "nsdiag" : "SALES.s_emp",
                        "size" : 2097152,
                        "firstRecord" : "0:1730b0",
                        "lastRecord" : "0:24b0b0"
                }
        ],

    ………(중략)..
        "nIndexes" : 1,
        "keysPerIndex" : {
                "SALES.s_emp.$_id_" : 12346
        },
        "indexDetails" : {
                "SALES.s_emp.$_id_" : {

                }
        },
        "valid" : true,
        "errors" : [ ],
        "ok" : 1
}
>
> db.printCollectionStats()                ← 현재 생성된 Collection 상태 분석 결과
s_emp
{
        "ns" : "SALES.s_emp",
```

```
        "count" : 0,
        "size" : 0,
        "numExtents" : 1,
        "storageSize" : 8192,
        "lastExtentSize" : 8192,
        "paddingFactor" : 1,
        "paddingFactorNote" : "paddingFactor is unused and unmaintained in 3.0.
        "userFlags" : 1,
        "capped" : false,
        "nindexes" : 2,
        "totalIndexSize" : 16352,
        "indexSizes" : {
                "_id_" : 8176,
                "empno_1" : 8176
        },
        "ok" : 1
}


---
system.indexes
{
        "ns" : "SALES.system.indexes",
        "count" : 3,
        "size" : 336,
        "avgObjSize" : 112,
        "numExtents" : 1,
        "storageSize" : 8192,
        "lastExtentSize" : 8192,
        "paddingFactor" : 1,
        "paddingFactorNote" : "paddingFactor is unused and unmaintained in 3.0.
        "userFlags" : 0,
        "capped" : false,
        "nindexes" : 0,
        "totalIndexSize" : 0,
        "indexSizes" : {

        },
        "ok" : 1
}
```

5.3 Gobal Lock & PageFault

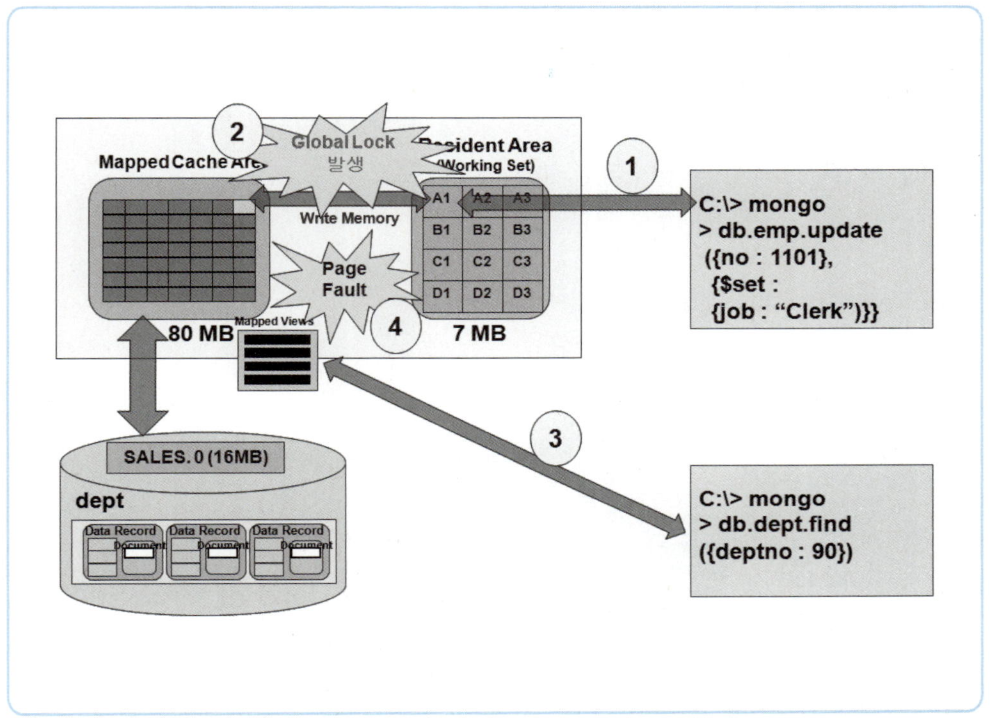

1) Global Lock(Database Lock)은 데이터베이스의 성능을 저하시키는 원인이 됩니다. 특정 사용자가 데이터를 UPDATE하면 Global Lock이 발생하는데 이때 다른 사용자에 의해 읽기 작업이 발생하였고 이것이 PageFault를 유발 시켰다면 Fault Handler에 의해 디스크로부터 읽혀진 데이터는 즉시 Mapped Cache Area에 로드되지 못하게 되며 이것은 성능 지연 문제를 유발시키게 되는 원인이 됩니다.

2) 이런 문제점을 개선시키기 위해 Global Lock이 발생했을 때 PageFault가 발생하는 경우 Write 작업에 대한 Global Lock을 포기하는 것입니다.
이것을 PageFaultException (write lock with yield)이라고 하는데 MongoDB는 2.2 버전부터 지원합니다.

다음은 PageFoultException이 발생하는 경우입니다.

- _ID 필드에 의한 Update가 발생하는 경우
- 데이터 Remove가 실행될 때
- Long Cursor Iteration 수행이 되는 경우

다음은 Non-PageFault가 발생하는 경우입니다.

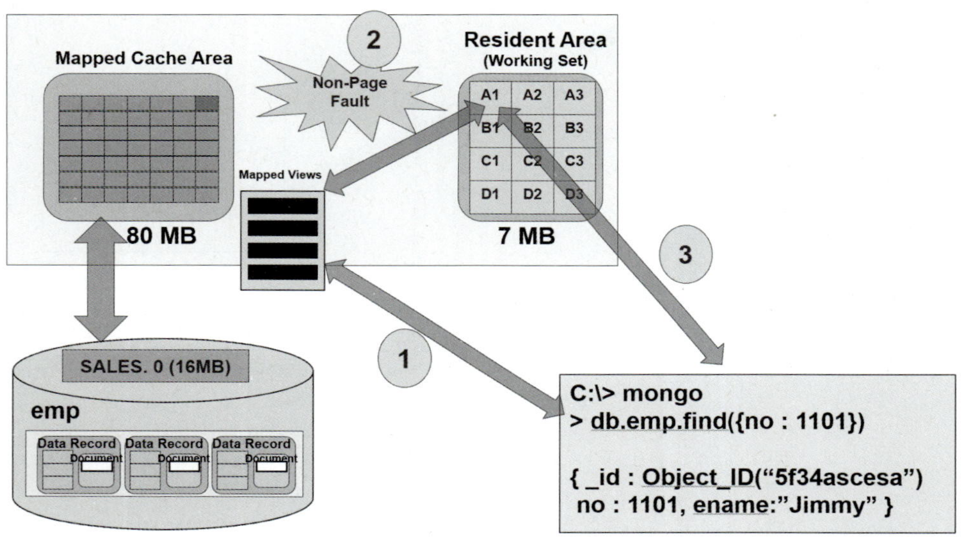

사용자에 의해 검색된 데이터는 레지던트 영역(WorkingSet)에 로드된 상태이며 해당 데이터를 재검색하는 경우 메모리 영역으로부터 즉시 데이터를 참조할 수 있는 상태를 Non-PageFault라고 합니다.

5.4 Text Search 엔진

1) MongoDB Collection 내의 **Text Data**에 대한 빠른 검색이 가능하다.

2) MongoDB 2.4 버전부터 제공되었다.

3) 이 기능을 위해 **Text Index**를 제공합니다.

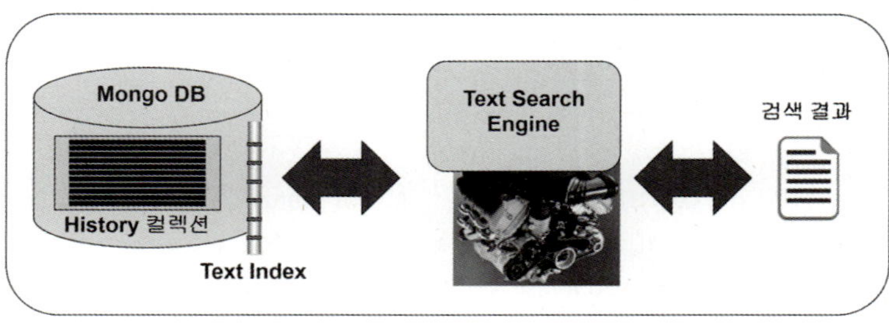

Text Search 엔진은 MongoDB 2.4 버전에서 처음 소개되었지만 옵션이었고 3.x 버전부터 기본 기능으로 제공되고 있는 검색엔진입니다. 빅 데이터의 저장 및 관리도 중요하지만 저장된 데이터로부터 조건을 만족하는 데이터를 빠른 시간 내에 검색하는 것도 매우 필요한 기능 중에 하나일 것입니다.

다음 실습을 위해 www.pitmongo.co.kr 게시판을 통해 실습용 파일을 다운로더한 후 Collection을 생성하십시오.

실습 따라하기

```
> db.product.drop()
>
> db.product.insert( { p_code : 1017, p_category : 'N',  p_status : 'Y', p_text :
'Protective knee pads for any number of physical activities including bicycling and
skating (4-wheel, in-line, and ice). Also provide support for stress activities such as
weight-lifting. Velcro belts allow easy adjustment for any size and snugness of fit.
Hardened plastic shell comes in a variety of colors, so you can buy a pair to match
every outfit. Can also be worn at the beach to cover particularly ugly knees.' })
```

```
> db.product.insert( { p_code : 1019, p_category : 'N',  p_status : 'Y', p_text :
'Protective elbow pads for any number of physical activities including bicycling and
skating (4-wheel, in-line, and ice).  Also provide support for stress activities such
as weight-lifting.  Velcro belts allow easy adjustment for any size and snugness of
fit.  Hardened plastic shell comes in a variety of colors, so you can buy a pair to
match every outfit.'})
>
> db.product.insert( { p_code : 1037, p_status : 'N' })
> db.product.insert( { p_code : 1039, p_status : 'N' })
> db.product.insert( { p_code : 1043, p_status : 'N' })
>
> db.product.insert( { p_code : 1286, p_category : 'N',  p_status : 'Y', p_text : 'Dont slack off
try the Slaker Water Bottle.  With its 1 quart capacity, this is the only water bottle you need.
It is lightweight, durable, and guaranteed for life to be leak proof.  It comes with a convenient
velcro strap so it can be conveniently attached to your bike or other sports equipment.' })
>
> db.product.insert( { p_code :  518, p_category : 'N',  p_status : 'Y', p_text : 'Perfect for the
beginner.  Rear entry (easy to put on with only one buckle), weight control adjustment on
side of boot for easy access, comes in a wide variety of colors to match every outfit.' })
>
> db.product.insert( { p_code :  519, p_category : 'N',  p_status : 'Y', p_text : 'If you have
mastered the basic techniques you are ready for the Ace Ski Boot.  This intermediate boot
comes as a package with self adjustable bindings that will adapt to your skill and speed. The
boot is designed for extra grip on slopes and jumps.'})
> db.product.insert( { p_code :  520, p_category : 'N',  p_status : 'Y', p_text : 'The Pro ski
boot is an advanced boot that combines high tech and comfort.  Its made of fibre that will
mould to your foot with body heat.  If you are after perfection, do not look any further: this is
it!'})
>
> db.product.insert( { p_code :  527, p_status : 'Y' })
> db.product.insert( { p_code :  528, p_category : 'N',  p_status : 'Y', p_text : 'Lightweight
aluminum pole, comes in a variety of sizes and neon colors.  Comfortable adjustable straps.'
})
> db.product.insert( { p_code :  933, p_category : 'Y',  p_status : 'Y', p_text : 'The widest,
strongest, and knobbiest tires for mountain bike enthusiasts.  Guaranteed to withstand
pummelling that will reduce most bicycles (except for the Himalayan) to scrap iron.  These
tires can carry you to places where nobody would want to bicycle.  Sizes to fit all makes of
mountain bike including wide and super wide rims. Steel-banded radial models are also
available by direct factory order.' })
```

← 실습을 위한 product 컬렉션을 생성하고 데이터를 입력하십시오.

```
>
> db.product.createIndex( { p_text: "text" } )     ← p_text 필드에 text 인덱스를 생성
{
        "createdCollectionAutomatically" : false,
        "numIndexesBefore" : 1,
        "numIndexesAfter" : 2,
        "ok" : 1
}.
>
> db.product.find({ $text : { $search : "boot " }} ).pretty()
{         ← boot 문자열과 유사한 문자열이 저장된 도큐멘트를 Text 검색엔진을 통해 검색
        "_id" : ObjectId("5728327b206df2056fec0d3d"),
        "p_code" : 519,
        "p_category" : "N",
        "p_status" : "Y",
        "p_text" : "If you have mastered the basic techniques you are ready for the Ace Ski
Boot. This intermediate boot comes as a package with self adjustable bindings that will adapt
to your skill and speed. The boot is designed for extra grip on slopes and jumps."
}
{
        "_id" : ObjectId("5728327a206df2056fec0d3c"),
        "p_code" : 518,
        "p_category" : "N",
        "p_status" : "Y",
        "p_text" : "Perfect for the beginner. Rear entry (easy to put on with only one buckle),
weight control adjustment on side of boot for easy access, comes in a wide variety of colors
to match every outfit."
}
>
> db.product.find( { $text : { $search : "boot bicycles" }} ).pretty()
{                    ← boot 또는 bicycles 문자열과 유사한 문자열을 가진 도큐맨트 검색
        "_id" : ObjectId("57dcf0a010ed155ca7d82cdf"),
        "p_code" : 933,
        "p_category" : "Y",
        "p_status" : "Y",
        "p_text" : "The widest, strongest, and knobbiest tires for mountain bike enthusiasts.
Guaranteed to withstand pummelling that will reduce most bicycles (except for the
Himalayan) to scrap iron. These tires can carry you to places where nobody would want to
bicycle. Sizes to fit all makes of mountain bike inc
luding wide and super wide rims. Steel-banded radial models are also available by direct
```

```
factory order."
}
{
        "_id" : ObjectId("57dcf09a10ed155ca7d82cd6"),
        "p_code" : 1019,
        "p_category" : "N",
        "p_status" : "Y",
        "p_text" : "Protective elbow pads for any number of physical activities including
bicycling and skating (4-wheel, in-line, and ice).  Also provide support for stress activities
such as weight-lifting.  Velcro belts allow easy adjustment for any size and snugness of fit.
Hardened plastic shell comes in a variety of colors, so you can buy a pair to match every
outfit."
}
{
        "_id" : ObjectId("57dcf09810ed155ca7d82cd5"),
        "p_code" : 1017,
        "p_category" : "N",
        "p_status" : "Y",
        "p_text" : "Protective knee pads for any number of physical activities including
bicycling and skating (4-wheel, in-line, and ice).  Also provide support for stress activities
such as weight-lifting.  Velcro belts allow easy adjustment for any size and snugness of fit.
Hardened plastic shell comes in a variety of colors, so you can buy a pair to match every
outfit.  Can also be worn at the beach to cover particularly ugly knees."
}
{
        "_id" : ObjectId("57dcf09c10ed155ca7d82cdc"),
        "p_code" : 519,
        "p_category" : "N",
        "p_status" : "Y",
        "p_text" : "If you have mastered the basic techniques you are ready for the Ace Ski
Boot.  This intermediate boot comes as a package with self adjustable bindings that will adapt
to your skill and speed. The boot is designed for extra grip on slopes and jumps."
}
{
        "_id" : ObjectId("57dcf09b10ed155ca7d82cdb"),
        "p_code" : 518,
        "p_category" : "N",
        "p_status" : "Y",
        "p_text" : "Perfect for the beginner.  Rear entry (easy to put on with only one buckle),
weight control adjustment on side of boot for easy access, comes in a wide variety of colors
```

```
to match every outfit."
}
>
> db.product.find( { $text : { $search : "bicycles " }} ).pretty()
{                                          ← bicycles 문자열을 가진 도큐멘트 검색
        "_id" : ObjectId("57dcf0a010ed155ca7d82cdf"),
        "p_code" : 933,
        "p_category" : "Y",
        "p_status" : "Y",
        "p_text" : "The widest, strongest, and knobbiest tires for mountain bike enthusiasts.
Guaranteed to withstand pummelling that will reduce most bicycles (except for the
Himalayan) to scrap iron. These tires can carry you to places where nobody would want to
bicycle. Sizes to fit all makes of mountain bike inc luding wide and super wide rims.
Steel-banded radial models are also available by direct factory order."
}
{
        "_id" : ObjectId("57dcf09a10ed155ca7d82cd6"),
        "p_code" : 1019,
        "p_category" : "N",
        "p_status" : "Y",
        "p_text" : "Protective elbow pads for any number of physical activities including
bicycling and skating (4-wheel, in-line, and ice). Also provide support for stress activities
such as weight-lifting. Velcro belts allow easy adjustment for any size and snugness of fit.
Hardened plastic shell comes in a variety of colors, so you can buy a pair to match every
outfit."
}
{
        "_id" : ObjectId("57dcf09810ed155ca7d82cd5"),
        "p_code" : 1017,
        "p_category" : "N",
        "p_status" : "Y",
        "p_text" : "Protective knee pads for any number of physical activities including
bicycling and skating (4-wheel, in-line, and ice). Also provide support for stress activities
such as weight-lifting. Velcro belts allow easy adjustment for any size and snugness of fit.
Hardened plastic shell comes in a variety of colors, so you can buy a pair to match every
outfit. Can also be worn at the beach to cover particularly ugly knees."
}
>
> db.product.find( { $text : { $search : "\"bicycles\"" }}).pretty()
{                                ← bicycles 문자열과 동일한 문자열을 가진 도큐멘트 검색
```

```
        "_id" : ObjectId("57dcf0a010ed155ca7d82cdf"),
        "p_code" : 933,
        "p_category" : "Y",
        "p_status" : "Y",
        "p_text" : "The widest, strongest, and knobbiest tires for mountain bike enthusiasts.
Guaranteed to withstand pummelling that will reduce most bicycles (except for the
Himalayan) to scrap iron.  These tires can carry you to places where nobody would want to
bicycle.  Sizes to fit all makes of mountain bike including wide and super wide rims.
Steel-banded radial models are also available by direct factory order."
}
>
> db.product.find( { $text : { $search : "\"Velcro belts\"" }} ).pretty()
{                                       ← Velcro belts 문자열과 동일한 문자열을 가진 도큐맨트 검색
        "_id" : ObjectId("57dcf09a10ed155ca7d82cd6"),
        "p_code" : 1019,
        "p_category" : "N",
        "p_status" : "Y",
        "p_text" : "Protective elbow pads for any number of physical activities including
bicycling and skating (4-wheel, in-line, and ice).  Also provide support for stress activities
such as weight-lifting.  Velcro belts allow easy adjustment for any size and snugness of fit.
Hardened plastic shell comes in a variety of colors, so you can buy a pair to match every
outfit."
}
{
        "_id" : ObjectId("57dcf09810ed155ca7d82cd5"),
        "p_code" : 1017,
        "p_category" : "N",
        "p_status" : "Y",
        "p_text" : "Protective knee pads for any number of physical activities including
bicycling and skating (4-wheel, in-line, and ice).  Also provide support for stress activities
such as weight-lifting.  Velcro belts allow easy adjustment for any size and snugness of fit.
Hardened plastic shell comes in a variety of colors, so you can buy a pair to match every
outfit.  Can also be worn at the beach to cover particularly ugly knees."
}
>
> db.product.find( { $text : { $search : "boot -Velcro" }} ).pretty()
{                                       ← Velcro belts 문자열과 동일한 문자열을 가진 도큐맨트 검색
        "_id" : ObjectId("57dcf09c10ed155ca7d82cdc"),
        "p_code" : 519,
        "p_category" : "N",
```

```
        "p_status" : "Y",
        "p_text" : "If you have mastered the basic techniques you are ready for the Ace Ski Boot.  This intermediate boot comes as a package with self adjustable bindings that will adapt to your skill and speed. The boot is designed for extra grip on slopes and jumps."
}
{
        "_id" : ObjectId("57dcf09b10ed155ca7d82cdb"),
        "p_code" : 518,
        "p_category" : "N",
        "p_status" : "Y",
        "p_text" : "Perfect for the beginner.  Rear entry (easy to put on with only one buckle), weight control adjustment on side of boot for easy access, comes in a wide variety of colors to match every outfit."
}
> db.product.find( { $text : { $search : "bicycles"}}, { score: { $meta: "textScore" } } ).pretty()
{
        "_id" : ObjectId("57dcf0a010ed155ca7d82cdf"),
        "p_code" : 933,
        "p_category" : "Y",
        "p_status" : "Y",
        "p_text" : "The widest, strongest, and knobbiest tires for mountain bike enthusiasts. Guaranteed to withstand pummelling that will reduce most bicycles (except for the Himalayan) to scrap iron.  These tires can carry you to places where nobody would want to bicycle.  Sizes to fit all makes of mountain bike including wide and super wide rims. Steel-banded radial models are also available by direct factory order.",
        "score" : 0.7848837209302326
}
{
        "_id" : ObjectId("57dcf09a10ed155ca7d82cd6"),
        "p_code" : 1019,
        "p_category" : "N",
        "p_status" : "Y",
        "p_text" : "Protective elbow pads for any number of physical activities including bicycling and skating (4-wheel, in-line, and ice).  Also provide support for stress activities such as weight-lifting.  Velcro belts allow easy adjustment for any size and snugness of fit. Hardened plastic shell comes in a variety of colors, so you can buy a pair to match every outfit.",
        "score" : 0.5125
}
```

```
{
        "_id" : ObjectId("57dcf09810ed155ca7d82cd5"),
        "p_code" : 1017,
        "p_category" : "N",
        "p_status" : "Y",
        "p_text" : "Protective knee pads for any number of physical activities including
bicycling and skating (4-wheel, in-line, and ice).  Also provide support for stress activities
such as weight-lifting.  Velcro belts allow easy adjustment for any size and snugness of fit.
Hardened plastic shell comes in a variety of colors, so you can buy a pair to match every
outfit.  Can also be worn at the beach to cover particularly ugly knees.",
        "score" : 0.5104166666666666
}
>
```

다음은 Text Search 엔진 사용 시 주의사항입니다.

1) Memory Mapped 저장엔진에서 Text Search 엔진을 사용하여 데이터를 검색할 때 고려해야 할 첫 번째 내용은 저장 공간과 검색 성능입니다. 이를 위해서는 usePowerOf2Sizes 옵션 기능을 이용하여 충분한 Document 저장 공간을 확보해야 합니다. 이 옵션 절을 적용하게 되면 일반적인 컬렉션에게 할당되는 익스텐트 공간보다 2배 이상의 공간 크기가 할당되어 Text 데이터가 인접한 공간 내에 저장될 수 있습니다.

   (ex) db.runCommand({collMod: "product", usePowerOf2Sizes : true })

2) Text 데이터에 대한 빠른 검색이 가능하기 위해서는 되도록 Multi-Key 인덱스 생성을 고려하고 필요하다면 모든 필드에 대해서 Text 인덱스를 생성하십시오.

   (ex) db.product.createIndex({ p_category : " text ", p_text: "text" })

3) 다중 언어에 대한 효과적인 검색을 위해 Text Index 생성 시 적절한 Language 타입을 설정하십시오.

   (ex) db.product.createIndex({ p_text: "text" }, { default_language: “english" })

5.5 GridFS

1) 대용량의 파일을 데이터베이스 내에 Upload 하거나 또는 데이터베이스 내에 Upload된 파일을 OS 상에 다운로드 해야 하는 경우 적용할 수 있습니다.
2) Higher V 1.8에서 최대 16MB 처리 가능, 256 Kbyte의 Chunk Size가 적용됩니다.
3) 각 Chunk는 하나의 Collection에 여러 개의 분리된 Document로 저장됩니다.

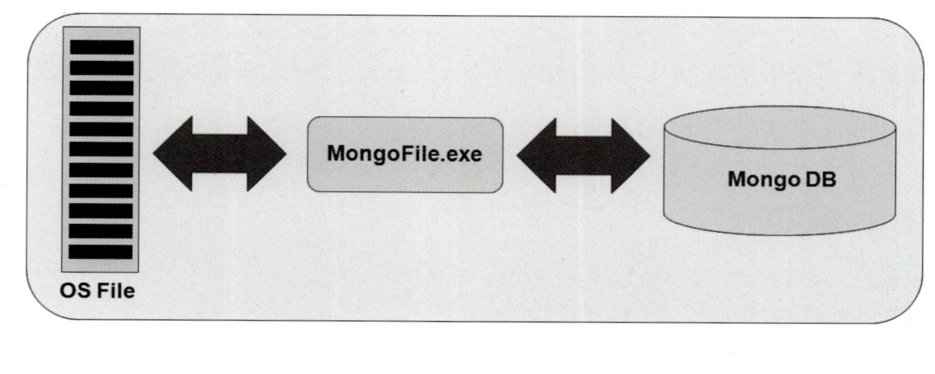

다음은 MongoDB의 대표적인 기능 중에 하나인 GridFs(Grid File System)에 대해 알아보도록 하겠습니다. 관계형 DBMS가 제품화되었던 1980년대에 기업에서 관리해야 할 데이터는 문자, 숫자, 날짜가 대부분이었습니다. 하지만 1995년을 기점으로 인터넷 환경의 도래와 함께 기업들은 홈페이지를 개설하고 온라인 쇼핑몰을 통해 다양한 기업 활동을 수행해 오고 있습니다. 이와 함께 그동안 관리되지 않았던 비정형 데이터(사진, 동영상, 보이스 등)들도 관심을 가지고 관리해야 할 소중한 데이터가 된 것이 현실입니다. 하지만 기존의 관계형 DBMS를 통해 이러한 비정형 데이터를 저장 관리하는 것은 결코 쉬운 일이 아닙니다. 이와 같은 시대적 환경에 맞게 비정형 데이터도 보다 쉽고 효율적으로 저장 관리할 수 있는 기능이 GridFs 기능입니다.

- 대용량의 비정형 데이터 파일을 데이터베이스 내에 Upload 하거나 또는 데이터베이스 내에 저장된 파일을 OS로 다운로드 해야 하는 경우 사용할 수 있습니다.
- 하나의 비정형 파일은 Higher V 1.8에서 최대 16MB 처리가 가능하며 하나의 파일 단위로 MongoDB 내에 저장되는 것이 아니고 256 Kbyte의 Chunk Size로 쪼개어져서 저장됩니다.
- 수십~수백 개로 분리된 각 Chunk 단위는 하나의 컬렉션에 여러 개의 분리된 도큐멘트로 저장됩니다.

1) 원활한 실습을 위해 BIG.EMP.TXT(www.pitmongo.co.kr [기술자료 폴더] 참조) 파일을 BIN 경로에 복사하십시오.

실습 따라하기

```
C:\> CD  C:\Program Files\MongoDB\Server\4.2\bin
C:\Program Files\MongoDB\Server\4.2\bin> dir

2018-03-07  오후 11:11         4,772,864 bsondump.exe
2018-03-07  오후 11:15         9,957,888 mongo.exe
2018-03-07  오후 11:19        19,715,072 mongod.exe
2018-03-07  오후 11:19       162,246,656 mongod.pdb
2018-03-07  오후 11:11        26,978,816 mongodump.exe
2018-03-07  오후 11:11         6,535,680 mongoexport.exe
2018-03-07  오후 11:11         6,379,008 mongofiles.exe
2018-03-07  오후 11:11         6,658,048 mongoimport.exe
2018-03-07  오후 11:11         6,098,944 mongooplog.exe
2018-03-07  오후 11:19        17,014,784 mongoperf.exe
2018-03-07  오후 11:11        45,992,448 mongorestore.exe
2018-03-07  오후 11:19         8,316,416 mongos.exe
2018-03-07  오후 11:19        87,838,720 mongos.pdb
2018-03-07  오후 11:11         6,327,808 mongostat.exe
2018-03-07  오후 11:11         6,187,520 mongotop.exe
2010-06-23  오후 12:54         2,892,607 big_emp.csv        ← 강사가 제공하는 파일
```

2) 실습을 수행하기 전에 Mongo DB의 현재 상태를 확인합니다.

실습 따라하기

```
C:\MONGODB> mongo
MongoDB shell version: 4.2.0
connecting to: test
>
> use test
switched to db test
>
> show collections
                            ← 현재 TEST DB를 확인합니다.
>

> show collections
>                           ← 현재 생성되어 있는 Collection 상태를 확인합니다.
> exit

C:\> mongofiles --host localhost --port 27017 list
                            ← GridGs 기능에 의해 Upload된 파일 정보를 확인합니다.
    connected to: localhost:27017 ← Upload된 파일은 존재하지 않습니다.

C:\> mongofiles --host localhost --port 27017 get BIG_EMP.csv   ← Get 옵션 절은 데이터
                                                베이스 내에 저장된 파일을 OS 상에 다시
                                                Restore할 때 사용됩니다. 해당 파일 정보가
                                                DB 내에 존재하지 않으므로 에러 발생
connected to: localhost:27017
Failed: error opening GridFS file 'big_emp.csv': not found

C:\> mongofiles --host localhost --port 27017 put BIG_EMP.TXT
                    ← PUT 옵션 절을 사용하여 OS 상의 파일을 DB 내로 Upload 합니다.
connected to: localhost:27017
aadded file: big_emp.csv

C:\MONGODB\BIN> mongofiles --host localhost --port 27017 list
connected to: localhost:27017
big_emp.csv    2374356 ← LIST 옵션 절을 사용하여 Upload 된 파일 정보를 확인합니다.

C:\> mongo          ← DB 내에는 어떤 변화가 발행했는지 확인해 보겠습니다.
MongoDB shell version: 4.2.0
connecting to: test
>
> show dbs
```

```
SALES  0.078GB
local  0.078GB
test   0.078GB
>
> use test
switched to db test
>
> show collections
fs.chunks              ← Binary Chunk 데이터를 저장하고 있는 Collection
fs.files               ← Object Meta Data를 저장하고 있는 Collection 입니다.
system.indexes

>
> db.fs.files.find()     ← Upload되어 있는 파일 상태 정보를 확인할 수 있습니다.
{
        "_id" : ObjectId("57637293d40d801a44bc22ee"),
        "chunkSize" : 261120,
        "uploadDate" : ISODate("2018-06-17T03:46:27.530Z"),
        "length" : 2374356,
        "md5" : "c95b00db78f540bb3c8088295fd555c9",
        "filename" : "big_emp.csv"
}
> exit
C:\> dir big_emp.csv
2018-06-17  오후 09:12        2,374,356 big_emp.csv      ← 파일 확인

C:\> DEL   big_emp.csv                                   ← 파일 삭제

D:\mongodb\bin>mongofiles --host localhost --port 27017 list
connected to: localhost:27017
big_emp.csv     2374356

C:\> mongofiles --host localhost --port 27017 get big_emp.csv  ← 다시 OS 상에 파일을
                                                                 Download 합니다.
connected to: localhost:27017
finished writing to big_emp.csv

C:\> dir big_emp.csv

2018-06-17  오후 12:54        2,374,356 big_emp.csv
```

이번에는 추가로 NEW_SCOTT_10.DMP 파일을(www.pitmongo.co.kr [기술자료 폴더] 참조) Upload해 보도록 하겠습니다.

실습 따라하기

```
C:\MONGODB> mongofiles --host localhost --port 27017 put NEW_SCOTT_10.DMP
connected to: localhost:27017
added file: NEW_SCOTT_10.DMP

C:\MONGODB> mongofiles --host localhost --port 27017 list NEW_SCOTT_10.DMP
MongoDB shell version: 4.2.0
connecting to: test
>
> show dbs
SALES  0.078GB
local  0.078GB
test   1.953GB
>
> use test
switched to db test
>
> show collections
fs.chunks
fs.files
system.indexes
>
> db.fs.files.find()
{ "_id" : ObjectId("57637293d40d801a44bc22ee"), "chunkSize" : 261120, "uploadDate" :
ISODate("20
{ "_id" : ObjectId("57638b5fd40d800e3050982f"), "chunkSize" : 261120, "uploadDate" :
ISODate("20
>
> db.fs.files.find().pretty()
{
        "_id" : ObjectId("57637293d40d801a44bc22ee"),
        "chunkSize" : 261120,
        "uploadDate" : ISODate("2018-06-17T03:46:27.530Z"),
        "length" : 2374356,
        "md5" : "c95b00db78f540bb3c8088295fd555c9",
```

```
        "filename" : "big_emp.csv"
}
{
        "_id" : ObjectId("57638b5fd40d800e3050982f"),
        "chunkSize" : 261120,
        "uploadDate" : ISODate("2018-06-17T05:32:22.153Z"),
        "length" : 872185856,
        "md5" : "1b9a26fa34c8dae928c10a6a1d86bb85",
        "filename" : "NEW_SCOTT_10.DMP"
}
> db.fs.chunks.find({files_id: ObjectId("57638b5fd40d800e3050982f")})
{ "_id" : ObjectId("57638b5fd40d800e30509830"), "files_id" :
ObjectId("57638b5fd40d800e3050982f"
[중략]
>
> db.fs.chunks.drop()
> db.fs.files.drop()
```

5.6 MongoDB 환경 명령어

종류	설명
db.help	DB Method의 종류를 출력합니다.
db.〈Coll〉.help()	Mongo DB에서 제공하는 함수의 종류를 출력합니다.
ls("디스크명")	현재 운영체계 경로에 존재하는 파일의 종류를 출력합니다.
getMemInfo()	현재 할당된 메모리 상태를 출력합니다.
help keys	현재 라인에 작성된 내용을 편집하는 방법을 출력합니다.
show dbs	현재 생성되어 있는 데이터베이스 명과 데이터 크기를 출력합니다.
show collections	해당 DB 내에 생성되어 있는 COLLECTION 종류를 출력합니다.
hostname	현재 서버의 호스트 명을 출력합니다.

다음은 mongo shell 상태에서 실행할 수 있는 환경 명령어에 대해 알아보겠습니다.

실습 따라하기

```
C:\> CD C:\MONGODBD\BIN
MongoDB shell version: 4.2.0
connecting to: test
>
> help                    ← MONGO 툴에서 사용할 수 있는 환경 명령어를 출력합니다.

db.help()                 help on db methods
db.mycoll.help()          help on collection methods
rs.help()                 help on replica set methods
help admin                administrative help
help connect              connecting to a db help
help keys                 key shortcuts
help misc                 misc things to know
help mr                   mapreduce
show dbs                  show database names
```

```
show collections         show collections in current database
show users               show users in current database
show profile             show most recent system.profile entries with time >= 1ms
show logs                show the accessible logger names
show log [name]          prints out the last segment of log in memory, 'global' is default
use <db_name>            set current database
db.foo.find()            list objects in collection foo
db.foo.find( { a : 1 } ) list objects in foo where a == 1
it                       result of the last line evaluated; use to further iterate
DBQuery.shellBatchSize = x   set default number of items to display on shell
exit                     quit the mongo shell
>
> db.help()              ← DB Method의 종류를 출력합니다.
DB methods:
        db.addUser(username, password[, readOnly=false])
        db.auth(username, password)
        db.cloneDatabase(fromhost)
        db.commandHelp(name) returns the help for the command
        db.copyDatabase(fromdb, todb, fromhost)
        db.createCollection(name, { size : ..., capped : ..., max : ... } )
        db.currentOp() displays the current operation in the db
        db.dropDatabase()
        db.eval(func, args) run code server-side
        db.getCollection(cname) same as db['cname'] or db.cname
        db.getCollectionNames()
        db.getLastError() - just returns the err msg string
        db.getLastErrorObj() - return full status object
        db.getMongo() get the server connection object
        db.getMongo().setSlaveOk() allow this connection to read
from the nonmaster member of a replica pair
        db.getName()
        db.getPrevError()
        db.getProfilingLevel() - deprecated
        db.getProfilingStatus() - returns if profiling is on and slow threshold
        db.getReplicationInfo()
        db.getSiblingDB(name) get the db at the same server as this one
        db.isMaster() check replica primary status
        db.killOp(opid) kills the current operation in the db
        db.listCommands() lists all the db commands
        db.logout()
```

```
        db.printCollectionStats()
        db.printReplicationInfo()
        db.printSlaveReplicationInfo()
        db.printShardingStatus()
        db.removeUser(username)
        db.repairDatabase()
        db.resetError()
        db.runCommand(cmdObj) run a database command.
if cmdObj is a string, turns it into { cmdObj : 1 }
        db.serverStatus()
        db.setProfilingLevel(level,<slowms>) 0=off 1=slow 2=all
        db.shutdownServer()
        db.stats()
        db.version() current version of the server
        db.getMongo().setSlaveOk() allow queries on a replication slave server
        db.fsyncLock() flush data to disk and lock server for backups
        db.fsyncUnock() unlocks server following a db.fsyncLock()
>
> db.employees.help()          ← Mongo DB에서 제공하는 함수의 종류를 출력합니다.

DBCollection help
db.employees.find().help() - show DBCursor help
db.employees.count()
db.employees.dataSize()
db.employees.distinct( key ) - eg. db.employees.distinct( 'x' )
db.employees.drop() drop the collection
db.employees.dropIndex(name)
db.employees.dropIndexes()
db.employees.ensureIndex(keypattern[,options])
      - options is an object with these possible fields: name, unique, dropDups
db.employees.reIndex()
db.employees.find([query],[fields])
      - query is an optional query filter. fields is optional set of fields to return.
          e.g. db.employees.find( {x:77} , {name:1, x:1} )
db.employees.find(...).count()
db.employees.find(...).limit(n)
db.employees.find(...).skip(n)
db.employees.find(...).sort(...)
db.employees.findOne([query])
db.employees.findAndModify({update:.,remove:bool[, query: {}, sort: {}, 'new': false]
```

```
} )
db.employees.getDB() get DB object associated with collection
db.employees.getIndexes()
db.employees.group( { key : ..., initial: ..., reduce : ...[, cond: ...] } )
db.employees.mapReduce( mapFunction , reduceFunction , <optional params> )
db.employees.remove(query)
db.employees.renameCollection( newName , <dropTarget> ) renames the collection.
db.employees.runCommand( name , <options> )
      -runs a db command with the given name where the first param is the collection
name
db.employees.save(obj)
db.employees.stats()
db.employees.storageSize() - includes free space allocated to this collection
db.employees.totalIndexSize() - size in bytes of all the indexes
db.employees.totalSize() - storage allocated for all data and indexes
db.employees.update(query, object[, upsert_bool, multi_bool])
db.employees.validate( <full> ) - SLOW
db.employees.getShardVersion() - only for use with sharding
db.employees.getShardDistribution()
      - prints statistics about data distribution in the cluster
>
> help admin        ← Mongo 툴에서 실행할 수 있는 시스템 명령어의 종류를 출력합니다.

ls([path])                        list files
        pwd()                             returns current directory
        listFiles([path])                 returns file list
        hostname()                        returns name of this host
        cat(fname)                        returns contents of text file as a string
        removeFile(f)                     delete a file or directory
        load(jsfilename)                  load and execute a .js file
        run(program[, args...])           spawn a program and wait for its completion
        runProgram(program[, args...])    same as run(), above
        sleep(m)                          sleep m milliseconds
        getMemInfo()                      diagnostic
>
> ls("c:")                  ← 현재 운영체제 경로에 존재하는 파일의 종류를 출력합니다.
c:bsondump.exe
c:mongo.exe
c:mongod.exe
c:mongodump.exe
```

```
c:mongoexport.exe
c:mongofiles.exe
c:mongoimport.exe
c:mongorestore.exe
c:mongos.exe
c:mongostat.exe
c:mongotop.exe
c:mongod
c:EMP.TXT
c:BIG_EMP.TXT
c:mongofiles
c:NEW_SCOTT_10.DMP
>
> pwd()                        ← 현재 운영체제 홈 경로를 출력합니다.
c:/mongodb/bin>
>
> hostname()                   ← 현재 서버의 호스트 명을 출력합니다.
PLAN
>
> getMemInfo()                 ← 현재 할당된 MongoDB 메모리 상태를 출력합니다.
{ "virtual" : 54, "resident" : 8 }
>

> help connect                 ← 응용 program에서 DB에 접속하는 방법을 설명해 줍니다.

Normally one specifies the server on the mongo shell command line.  Run mongo --help
to see those options. Additional connections may be opened:

    var x = new Mongo('host[:port]');
    var mydb = x.getDB('mydb');
  or
    var mydb = connect('host[:port]/mydb');

Note: the REPL prompt only auto-reports getLastError() for the shell command line
connection.
>
> var test = connect('localhost:27017/test') ← localhost : HOST명, 27017 : 기본 PORT
번호
connecting to: localhost:27017/test
>
```

```
> var x = new Mongo('localhost:27017')        ← MONGO Method를 활용하여 접속하는 방법
> var mydb = x.getDB('test')
>
> show collections
......
......
fs.chunks
fs.files
system.indexes
......
......
>
> help keys                  ← 현재 라인에 작성된 내용을 편집하는 방법을 출력합니다.

Tab completion and command history is available at the command prompt.

Some emacs keystrokes are available too:
  Ctrl-A start of line
  Ctrl-E end of line
  Ctrl-K del to end of line

Multi-line commands
You can enter a multi line javascript expression.  If parens, braces, etc. are not
closed, you will see a new line beginning with '...' characters.  Type the rest of
your expression.  Press Ctrl-C to abort the data entry if you get stuck.

> ABCDEFGHIJKLMN
               ← 현재 Cursor가 'J'에 있을 때 Ctrl-K를 실행하면 J~N까지 삭제됩니다.
 ABCDEFGHI

> help misc      ← 데이터 처리를 위한 기타 함수

b = new BinData(subtype,base64str)  create a BSON BinData value
        b.subtype()                 the BinData subtype (0..255)
        b.length()                  length of the BinData data in bytes
        b.hex()                     the data as a hex encoded string
        b.base64()                  the data as a base 64 encoded string
        b.toString()
        b = HexData(subtype,hexstr) create a BSON BinData value from a hex string
        b = UUID(hexstr)            create a BSON BinData value of UUID subtype
```

```
        b = MD5(hexstr)              create a BSON BinData value of MD5 subtype
        o = new ObjectId()      create a new ObjectId
        o.getTimestamp()        return timestamp derived from first 32 bits of the OID
        o.isObjectId()
        o.toString()
        o.equals(otherid)
> show dbs                   ← 현재 생성되어 있는 데이터베이스 명과 데이터 크기를 출력
SALES   0.078125GB
local   (empty)
test    3.9521484375DB
>
>
> use test                  ← 해당 DB로 이동합니다.
switched to db test
>
```

5.7 MongoDB 관리 명령어

다음은 MongoDB의 효율적인 관리를 위한 관리 명령어에 대해 알아보겠습니다.

실습 따라하기

```
> db.adminCommand({getLog:"global"})  ← 현재 DB와 관련된 로그 상태 정보를 출력합니다.
{
 "log" : [
      "Tue Jan 03 09:45:04 [initandlisten] MongoDB starting :
pid=5928 port=27017 dbpath=c:\\mongodb\\db1\\ 64-bit host=PLAN",
      "Tue Jan 03 09:45:04 [initandlisten] db version v4.2.0, pdfile version 4.5",
      "Tue Jan 03 09:45:04 [initandlisten] git version:
514b122d308928517f5841888ceaa4246a7f18e3",
    "Tue Jan 03 09:45:04 [initandlisten] build info:
windows (6, 1, 7601, 2, 'Service Pack 1')
BOOST_LIB_VERSION=1_42",
      "Tue Jan 03 09:45:04 [initandlisten] options: { dbpath: \"c:\\mongodb\\db1\\" }",
      "Tue Jan 03 09:45:05 [initandlisten] journal dir=c:/mongodb/journal",
      "Tue Jan 03 09:45:05 [initandlisten] recover
: no journal files present, no recovery needed",
      "Tue Jan 03 09:45:05 [websvr] admin web console waiting for connections on port
28017",
      "Tue Jan 03 09:45:05 [initandlisten] waiting for connections on port 27017",
      "Tue Jan 03 09:45:14 [initandlisten] connection accepted from 127.0.0.1:54220
#1",
      "Tue Jan 03 09:45:25 [conn1] command admin.$cmd command: { listDatabases: 1.0 }
ntoreturn:1 reslen:175 1170ms",
      "Tue Jan 03 09:46:05 [clientcursormon] mem (MB) res:38 virt:244 mapped:80",
      "Tue Jan 03 09:51:07 [clientcursormon] mem (MB) res:38 virt:241 mapped:80",
      "Tue Jan 03 09:56:07 [clientcursormon] mem (MB) res:38 virt:241 mapped:80"
       ],
      "ok" : 1
}
>
```

[SetParameter Option 종류]

옵션	값	설명	사용가능 버전
syncdelay	number	period between memory flushes	1.8
logLevel	int (0-5)	sets logging level	1.8
quiet	true/false	sets logging quiet mode (more details)	1.8
notablescan	true/false	causes error if a table scan is required	1.8
journalCommitInterval	Number(1-500 ms	journal (group) commit window	1.9.1

실습 따라하기

```
> db.adminCommand({setParameter:1, notablescan:true})  ← Collection SCAN 시 에러 발생을
{ "was" : true, "ok" : 1 }                                유도하도록 환경설정합니다.
>
> db.foo.drop()
> db.foo.insert({_id:1, name:false})
> db.foo.insert({_id:2, name:false})
> db.foo.insert({_id:3, name:false})
>
> db.foo.find()
{ "_id" : 1, "name" : false }
{ "_id" : 2, "name" : false }
{ "_id" : 3, "name" : false }
> db.foo.find({name:true})                             ← Collection  SCAN 실행
Error: error: {
        "waitedMS" : NumberLong(0),
        "ok" : 0,
        "errmsg" : "error processing query: ns=test.fooTree: name == true\nSort: {}\nProj:
{}\n No query solutions",
        "code" : 2
}                                                      ← 에러 발생
>
>
> db.adminCommand({setParameter:1, notablescan:false}) ← 에러가 발생하지 않도록 다시
{ "was" : true, "ok" : 1 }                               이전 상태로 환경 설정 변경
>
> db.foo.find({name:false})
{ "_id" : 1, "name" : false }
{ "_id" : 2, "name" : false }
```

```
{ "_id" : 3, "name" : false }       ← FULL Collection SCAN 시에 에러가 발생하지 않습니다.
>
> db.foo.runCommand( "compact" )  ← 해당 Collection에 대한 단편화 제거 및 장애를
{ "ok" : 1 }                         Repair합니다.
>
> use admin
switched to db admin
>
> db.runCommand({fsync:1})         ← 메모리와 디스크 상의 데이터 파일에 대한 Sync
{ "numFiles" : 11, "ok" : 1 }       작업을 수행합니다.(mongod는 Pending Data를 Flush)
>
> db.fsyncLock()                   ← 데이터 파일의 백업을 위해 DB LOCK을 설정합니다.
{
        "info" : "now locked against writes, use db.fsyncUnlock() to unlock",
        "seeAlso" : "http://www.mongodb.org/display/DOCS/fsync+Command",
        "ok" : 1
}
>
> db.fsyncUnlock()                           ← 백업 작업 후 DB LOCK을 해제합니다.
{ "info" : "unlock completed", "ok" : 1 }
                                             ← (9장 "MongoDB 백업/복구&유틸리티" 참조)
>
>
> db.currentOp()                             ← 현재 DB의 세션 정보 확인
{
        "inprog" : [
                {
                        "desc" : "conn2",
                        "threadId" : "4868",
                        "connectionId" : 2,
                        "client" : "127.0.0.1:53023",
                        "active" : true,
                        "opid" : 3437,
                        "secs_running" : 0,
                        "microsecs_running" : NumberLong(65),
                        "op" : "command",
                        "ns" : "admin.$cmd",
                        "query" : {
                                "currentOp" : 1
                        },
```

```
                        "numYields" : 0,
                        "locks" : {

                        },
                        "waitingForLock" : false,
                        "lockStats" : {

                        }
                }
        ],
        "ok" : 1
}
>
> db.$cmd.sys.unlock.findOne()          ← 해당 세션의 LOCK 상태가 해제됩니다.
{ "ok" : 0, "errmsg" : "not locked" }
>
```

[Collection의 valid 상태 분석 옵션]

옵션	설명
full	Validates everything – new in 2.0.0
scandata	Validates basics (index/collection-stats) and document headers

실습 따라하기

```
> use test
> db.foo.validate({full:true})    ← 해당 컬렉션의 논리적, 물리적 구조 정보를 출력합니다.
{
        "ns" : "test.foo",
        "nrecords" : 3,
        "nIndexes" : 1,
        "keysPerIndex" : {
                "test.foo.$_id_" : 3
        },
        "indexDetails" : {
                "test.foo.$_id_" : {
                        "valid" : true
                }
```

```
        },
        "valid" : true,
        "errors" : [ ],
        "ok" : 1
}
> db.foo.drop()
> show dbs
SALES   0.078125GB
local   (empty)
test    3.9521484375GB
>
> use SALES
switched to db SALES
>
> db.dropDatabase()                    ← SALES DB를 삭제합니다.
{ "dropped" : "SALES", "ok" : 1 }
>
> use test
switched to db test
>
> show dbs                             ← SALES DB는 삭제되었음
admin   0.203125GB
local   (empty)
test    3.9521484375GB
> exit
```

CHAPTER 6

Sharding System

NoSQL & mongo DB

6.1 Sharding System이란?

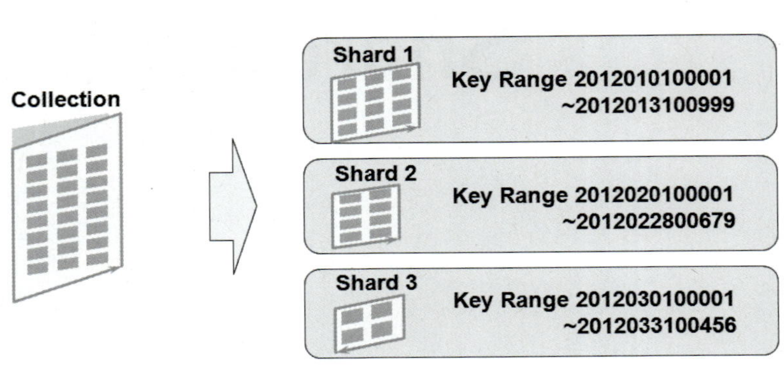

1) Sharding의 가장 큰 목적은 파티셔닝을 통한 데이터 분산 처리와 성능 향상을 위한 Load Balancing입니다.
2) 또한, 빅 데이터의 효율적 관리와 백업 및 복구 전략 수립을 위한 솔루션이기도 합니다.

빅 데이터 환경은 초당 몇 만 건 이상 되는 수많은 데이터를 빠른 시간 내에 수집하고 저장해야 하며 때에 따라서는 분산, 집계하여 사용자가 원하는 통계 정보로 가공할 수 있어야 합니다. 이러한 시스템 환경을 구축하기 위해서는 효과적인 데이터의 분산 저장 및 처리 기술이 필요한데 이것을 Sharding 시스템이라고 합니다.

1) 샤딩의 목적

① 데이터의 분산 저장

하나의 서버에 빅 데이터를 저장, 관리하는 것은 결코 쉬운 일이 아닙니다. 초당 발생하는 빅 데이터를 디스크에 저장할 때 발생하는 Write Scaling 문제는 애플리케이션의 성능 저하 문제를 유발시키게 될 뿐 만 아니라 샤딩 시스템 전체의 성능 저하 현상을 유발시킬 수 도 있기 때문입니다.

결론적으로 빅 데이터의 효율적인 저장과 관리를 위해서는 하나의 서버가 아니라 여러 대의 서버를 통해 분산 처리했을 때 가장 이상적으로 작동할 수 있습니다.

② 빠른 성능

분산 처리는 여러 개의 프로세스가 여러 개의 CPU를 통해 동시 작업을 수행했을 때 가장 이상적이라 볼 수 있습니다.

샤딩 시스템은 이와 같은 분산처리 기술을 통한 빠른 성능을 보장 받을 수 있는 대표적인 기능 중에 하나입니다.

③ 데이터의 백업과 복구 전략의 일환

샤딩의 가장 대표적인 기능 중에 하나는 데이터의 분산 저장을 통한 시스템의 성능 향상이라고 볼 수 있습니다. 만약, 하나의 서버에 빅 데이터를 저장, 관리했을 때 서버의 장애 문제가 발생한다면 유실되어지는 데이터 양은 상상을 초월하게 될 것이고 시스템을 복구하게 된다면 많은 시간과 비용이 요구되어질 것 입니다.

이러한 위험 요소로부터 안전하게 데이터를 저장, 관리하기 위한 목적으로 샤딩 시스템을 활용한다면 보다 효과적인 시스템 운영이 가능할 것 입니다.

6.2 Sharding 구축을 위한 시스템 환경

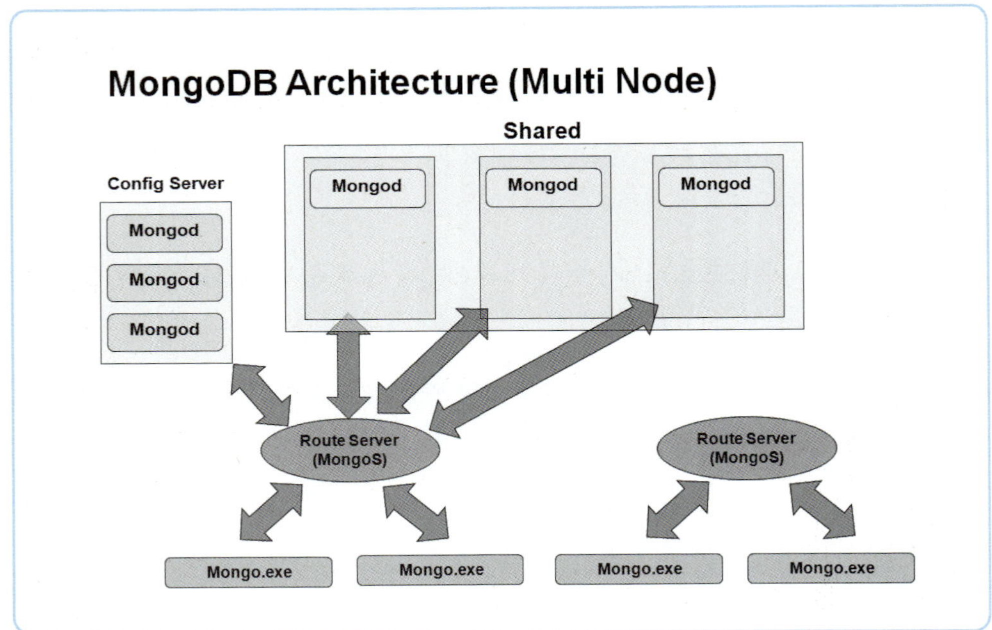

1) 샤딩 구축을 위한 적정 시스템 환경

- 샤딩 시스템은 데이터의 적절한 분산 처리를 통한 효율성 향상이 가장 큰 목적이므로 3대 이상의 샤드 서버로 구축할 것을 권장합니다.
  (최소 2대 이상이지만 가장 적절한 성능이 보장되기 위한 적정 서버 수)
- 싱글 노드를 운영할 때 요구되는 메모리 영역보다 최소 20~30% 이상의 추가메모리 영역이 요구됩니다. (샤드 시스템 구축할 때 활성화되는 MongoS와 OpLog 그리고 Balancer 프로세스가 사용하게 될 추가 메모리에 대한 고려 등)
- 샤드 시스템 구축할 때 요구되는 Config 서버는 최소 3대 이상 활성화할 것을 권장합니다. Config 서버는 샤드 시스템 구축과 관련된 메타 데이터를 저장 관리하며 빅 데이터의 빠른 검색을 위한 인덱스 정보를 저장, 관리하고 있기 때문에 샤드 서버와는 별도의 서버에 구축하는 것이 원칙입니다.

(최소 1대 이상의 Config 서버가 요구되며 장애 발생으로 인해 정상 작동되지 않는 경우를 위해 추가 Config 서버가 필요합니다. Config 서버는 샤드 서버보다 저 사양의 시스템으로 구축 가능합니다.)

이 기능의 환경 설정을 위해서는 최소 3개의 Node가 필요하지만 원활한 실습을 위해 1개의 Node에서 환경 설정해 보도록 하겠습니다.

- Node 1의 Host명 : [자신의 컴퓨터 명], DB 생성 홈 경로 : C:₩MONGODB₩SHARD1
- Node 2의 Host명 : [자신의 컴퓨터 명], DB 생성 홈 경로 : C:₩MONGODB₩SHARD2
- Node 3의 Host명 : [자신의 컴퓨터 명], DB 생성 홈 경로 : C:₩MONGODB₩SHARD3
- CONFIG 서버 : [자신의 컴퓨터 명], DB 생성 홈 경로 : C:₩MONGODB₩CONFIG1

잠깐 실습할 때 주의 사항

샤딩 시스템 구축과 관련된 실습내용 중에 "localhost"로 표시된 부분은 해당 서버의 IP-Address로 표시해 주셔야 합니다.
하나의 서버에서 샤드 서버와 Config 서버 모두를 구축하여 실습할 때는 "localhost"로 표시해도 무방합니다.

① 먼저, 각 HOST에 Mongo DB를 다운로드 한 후 C:₩MONGODB 경로에 압축을 해제합니다.

② 각 HOST에 데이터베이스가 생성될 홈 경로를 생성합니다.

실습 따라하기

```
C:\> mkdir c:\mongodb\shard1
C:\> mkdir c:\mongodb\shard2
C:\> mkdir c:\mongodb\shard3
```

③ Node 1을 위한 Shard Server를 활성화 합니다.(PORT 번호 40001)

실습 따라하기

```
C:\> cd c:\mongodb\bin
C:\> mongod --shardsvr --replSet rpt1 --dbpath c:\mongodb\shard1 --port 40001 --bind_ip_all

Mon Aug 13 17:51:19 [initandlisten] MongoDB starting : pid=6236 port=40001
dbpath=d:\mongodb\shard1\ 64-bit host=PLAN
Mon Aug 13 17:51:19 [initandlisten] db version v4.2.0, pdfile version 4.5
Mon Aug 13 17:51:19 [initandlisten] git version:
875033920e8869d284f32119413543fa475227bf
Mon Aug 13 17:51:19 [initandlisten] build info: windows sys.getwindowsversion(major=6,
minor=1, build=7601, platform=2, service_pack='Service Pack 1') BOOS
T_LIB_VERSION=1_42
Mon Aug 13 17:51:19 [initandlisten] options: { dbpath: "c:\mongodb\shard1\", port:
40001, shardsvr: true }
Mon Aug 13 17:51:19 [initandlisten] journal dir=c:/mongodb/shard1/journal
Mon Aug 13 17:51:19 [initandlisten] recover : no journal files present, no recovery
needed
Mon Aug 13 17:51:20 [initandlisten] waiting for connections on port 40001
Mon Aug 13 17:51:20 [websvr] admin web console waiting for connections on port 4001

                ..................................
```

④ 이번에는 별도의 윈도우 창에서 Node 2를 위한 Shard Server를 활성화 합니다.(같은 Node에서 활성화하는 경우에는 반드시 다른 PORT 번호를 사용해야 합니다.)

실습 따라하기

```
C:\> cd c:\mongodb\bin
C:\> mongod --shardsvr --replSet rpt2 --dbpath c:\mongodb\shard2 --port 40002 --bind_ip_all

Tue Jan 03 14:39:13 [initandlisten] MongoDB starting : pid=6508 port=40002
dbpath=d:\test\shard2\ 64-bit host=PLAN
Tue Jan 03 14:39:13 [initandlisten] db version v4.2.0, pdfile version 4.5
Tue Jan 03 14:39:13 [initandlisten] git version:
514b122d308928517f5841888ceaa4246a7f18e3
```

```
Tue Jan 03 14:39:13 [initandlisten] build info: windows (6, 1, 7601, 2, 'Service Pack
1') BOOST_LIB_VERSION=1_42
Tue Jan 03 14:39:13 [initandlisten] options: { dbpath: "c:\mongodb\shard2\", port:
40002, shardsvr: true }
Tue Jan 03 14:39:17 [initandlisten] journal dir=c:/mongodb/shard2/journal
Tue Jan 03 14:39:18 [initandlisten] recover : no journal files present, no recovery
needed
Tue Jan 03 14:39:36 [initandlisten] preallocateIsFaster=true 113.76
Tue Jan 03 14:40:01 [initandlisten] preallocateIsFaster=true 185.74
Tue Jan 03 14:40:28 [initandlisten] preallocateIsFaster=true 147.04
Tue Jan 03 14:40:29 [initandlisten] preallocateIsFaster check took 70.917 secs
Tue Jan 03 14:40:29 [initandlisten] preallocating a journal file prealloc.0
                10485760/1073741824     0%
                20971520/1073741824     1%
                31457280/1073741824     2%
                ....................................
```

⑤ 별도의 윈도우 상에서 Node 3을 위한 Shard Server를 활성화 합니다.(PORT 번호 4003)

실습 따라하기

```
C:\> cd c:\mongodb\bin
C:\> mongod --shardsvr --replSet rpt3 --dbpath c:\mongodb\shard3 --port 40003 --bind_ip_all

Tue Jan 03 14:39:13 [initandlisten] MongoDB starting : pid=6508 port=40003
dbpath=d:\test\shard3\ 64-bit host=PLAN
Tue Jan 03 14:39:13 [initandlisten] db version v4.2.0, pdfile version 4.5
Tue Jan 03 14:39:13 [initandlisten] git version:
514b122d308928517f5841888ceaa4246a7f18e3
Tue Jan 03 14:39:13 [initandlisten] build info: windows (6, 1, 7601, 2, 'Service Pack
1') BOOST_LIB_VERSION=1_42
Tue Jan 03 14:39:13 [initandlisten] options: { dbpath: "c:\mongodb\shard3\", port:
40003 shardsvr: true }
Tue Jan 03 14:39:17 [initandlisten] journal dir=c:/mongodb/shard3/journal
Tue Jan 03 14:39:18 [initandlisten] recover : no journal files present, no recovery
..................................
```

6.3 CONFIG 서버

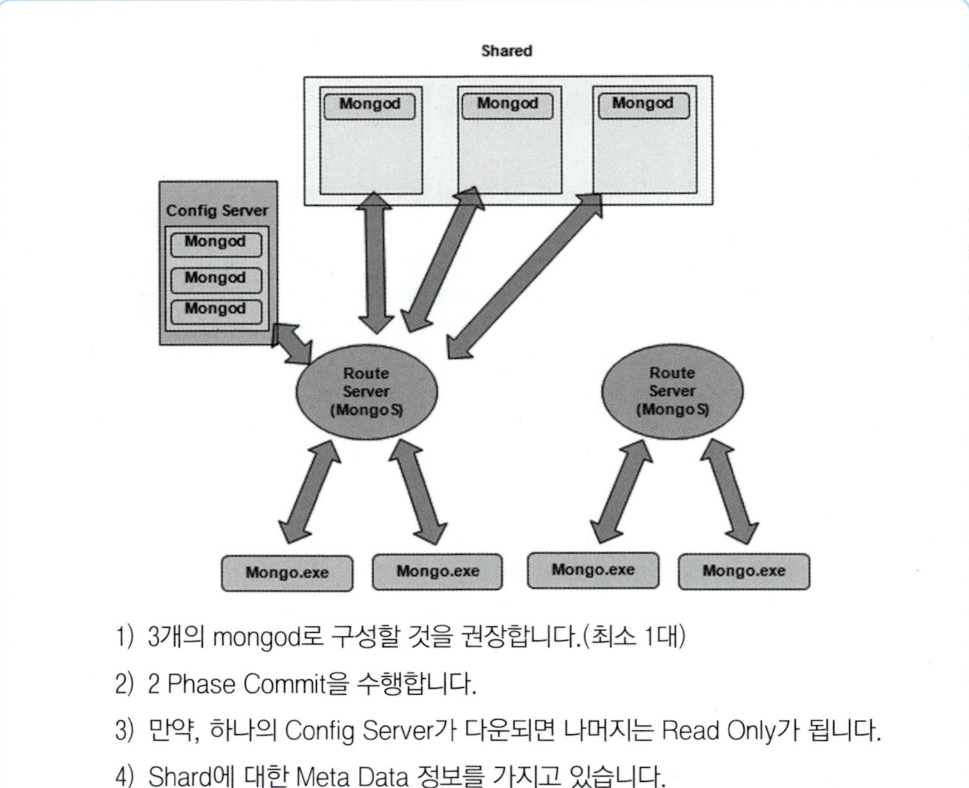

1) 3개의 mongod로 구성할 것을 권장합니다.(최소 1대)
2) 2 Phase Commit을 수행합니다.
3) 만약, 하나의 Config Server가 다운되면 나머지는 Read Only가 됩니다.
4) Shard에 대한 Meta Data 정보를 가지고 있습니다.

이번에는 별도의 윈도우 창에서 Node 4의 Config Server를 활성화 합니다.

실습 따라하기

```
C:> mkdir c:\mongodb\config1          ← Config Server 1 데이터 경로

C:> mkdir c:\mongodb\config2          ← Config Server 2 데이터 경로

C:> mkdir c:\mongodb\config3          ← Config Server 3 데이터 경로
```

* MongoDB 3.4 버전부터 Config Server는 복제서버(ReplicaSets)로 구성되어야 합니다. 3.2 이하 버전은 각각 StandAlone 서버로 구축한 후 설정합니다.

다음 예제에서 --replSet 옵션절의 "rptconfig"는 복제 서버명을 의미합니다. (복제서버는 7장에서 자세히 소개됩니다.)

실습 따라하기

```
C:> mongod --configsvr --replSet rptconfig --dbpath C:\mongodb\config1 --port 50001
--bind_ip_all

C:> mongod --configsvr --replSet rptconfig --dbpath C:\mongodb\config2 --port 50002
--bind_ip_all

C:> mongod --configsvr --replSet rptconfig --dbpath C:\mongodb\config3 --port 50003
--bind_ip_all
```

* 구축된 Config Server 중 하나의 서버에 접속하여 각 Config Server를 ReplicaSets로 Cluster 합니다.

실습 따라하기

```
C:> mongo --host localhost --port 50001
> use admin
> rs.initiate( { _id      : "rptconfig",
                configsvr: true,
                members  : [ { _id : 0, host : "localhost:50001" },
                             { _id : 1, host : "localhost:50002" },
                             { _id : 2, host : "localhost:50003" } ] } )
```

잠깐 Config 서버의 추가 설정(v3.2)

```
C:\> mkdir C:\mongodb\config2
C:\> mkdir C:\mongodb\config3
C:\> mongod  --configsvr  --dbpath c:\mongodb\config2  --port 50002 ← CONFIG 서버 2
C:\> mongod  --configsvr  --dbpath c:\mongodb\config3  --port 50003 ← CONFIG 서버 3
```

CONFIG 서버를 3대 활성화하는 것은 첫 번째 CONFIG 서버에 장애 발생하는 경우 원활한 서버 운영이 안되기 때문에 백업 서버로 CONFIG 서버 2대를 추가로 설정한 것 입니다. 첫 번째 서버에 장애가 발생하면 두 번째, 세 번째 CONFIG 서버가 작동될 것입니다.

다음은 Config 서버의 주요 특징입니다.

1) Config 서버는 샤딩 시스템의 필수 구조 중에 하나이고 최소 1대가 요구되며 예기치 못한 시스템 장애로 인해 서비스가 수행되지 못하는 경우를 대비해서 추가로 Config 서버의 설정이 필요합니다. 하나의 시스템에 Config-1, Config-2, Config-3을 설정하게 되면 시스템 장애가 발생할 때 문제가 될 수 있으므로 Config-2와 Config-3은 별도의 시스템 또는 적절한 샤드 서버 쪽에 분산 배치해야 합니다.

2) Config-1에 저장된 Meta Data는 Config-2와 Config-3에 동일하게 저장 관리 됩니다.

3) 2대 이상의 Config 서버를 운영하다가 하나의 Config 서버에 장애가 발생하면 나머지 Config 서버는 읽기 전용이 되기 때문에 최소한의 샤딩 시스템 운영이 가능해 집니다.

4) Config 서버는 각 샤드 서버에 어떤 데이터들이 어떻게 분산 저장되어 있는지에 대한 Meta Data가 저장되어 있으며 MongoS가 데이터를 쓰고/읽기 작업을 수행할 때 Config 서버를 통해 수집합니다.

6.4 MongoS 프로세스

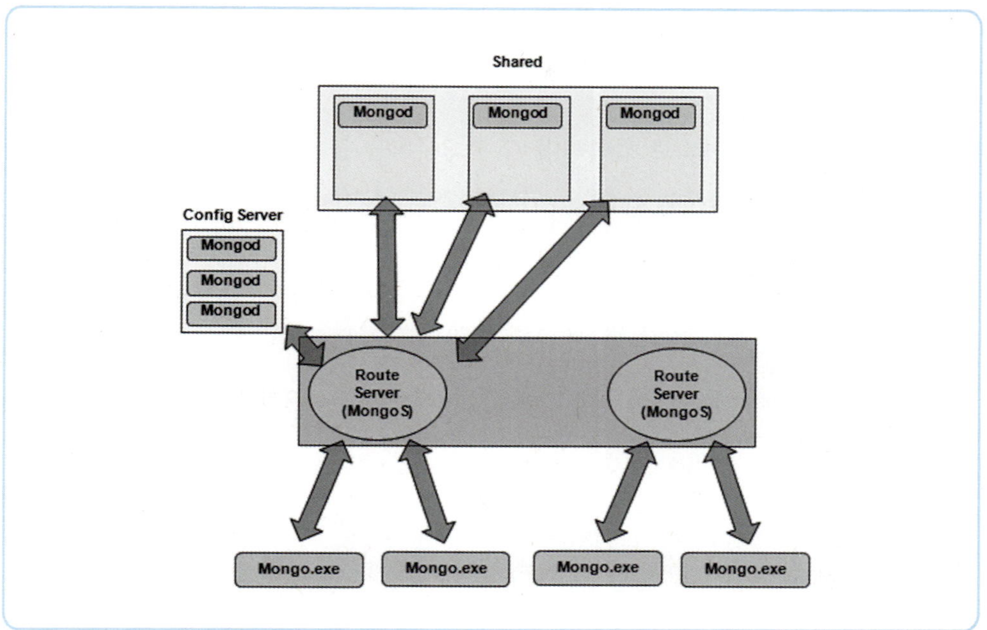

다음은 mongos 프로세스의 주요 특징입니다.

① 빅 데이터를 샤드 서버로 분배해 주는 프로세스 입니다.

② 하나 이상의 프로세스가 활성화 됩니다.

③ Application Server에서 실행 가능 합니다.

④ CONFIG 서버로부터 Meta-Data를 캐시 합니다.

마지막으로 Config 서버가 설치된 Node에서 각 Node가 상호 연결될 수 있도록 mongos에 등록해야 합니다. 먼저 다음과 같이 MONGOS 프로세스를 활성화 하십시오.

실습 따라하기

```
C:\>  mongos  --configdb  rptconfig/localhost:50001,localhost:50002,localhost:50003
--port 50000 --chunkSize 1 --bind_ip_all
```

다음은 MONGOS 프로세스로 접속하여 각 샤드서버를 등록하고 관련 COLLECTION의 SHARD-KEY를 등록하십시오. (Mongos 프로세스의 기본 Port 번호는 27017)

실습 따라하기

```
C:\> cd c:\mongodb\bin
C:\MONGODB\BIN> mongo localhost:50000/admin     ← mongos에 접속하여 각 샤드서버 등록
mongos>
mongos> db.runCommand( { addshard  : "localhost:40001"} )  ← 샤드1 등록
{ "shardAdded" : "shard0000", "ok" : 1 }
mongos>
mongos> db.runCommand( { addshard  : "localhost:40002"} )  ← 샤드2 등록
{ "shardAdded" : "shard0001", "ok" : 1 }
mongos>
mongos> db.runCommand( { addshard  : "localhost:40003"} )  ← 샤드3 등록
{ "shardAdded" : "shard0002", "ok" : 1 }
Mongos>

mongos> db.runCommand( {enablesharding : "test" } )     ← 해당 DB의 Shard 기능 활성화
{ "ok" : 1 }
```

MongoDB의 샤딩은 Collection 단위로 수행되며 해당 Collection의 특정 필드(샤드키) 값을 기준으로 분산됩니다. 샤딩을 위해 해당 샤드키에는 반드시 인덱스의 생성이 요구됩니다.

실습 따라하기

```
mongos> sh.shardCollection("test.emp", { empno : 1 } )
mongos>
mongos> use admin
mongos>
mongos> sh.status()
--- Sharding Status ---
  sharding version: {
        "_id" : 1,
        "minCompatibleVersion" : 5,
        "currentVersion" : 6,
        "clusterId" : ObjectId("591fa4e1fc602d0c6e22f2e2")
}
  shards:
        {  "_id" : "shard0000",  "host" : "localhost:40001",  "state" : 1 }
        {  "_id" : "shard0001",  "host" : "localhost:40002",  "state" : 1 }
        {  "_id" : "shard0002",  "host" : "localhost:40003",  "state" : 1 }
  active mongoses:
        "4.2.0" : 1
 autosplit:
        Currently enabled: yes
  balancer:
        Currently enabled:  yes
        Currently running:  no
                Balancer  lock  taken  at  Sat  May  20  2017  11:07:35  GMT+0900  by
ConfigServer:Balancer
        Failed balancer rounds in last 5 attempts:  0
        Migration Results for the last 24 hours:
                No recent migrations
  databases:
        {  "_id" : "test",  "primary" : "shard0002",  "partitioned" : true }
                test.emp
                        shard key: { "empno" : 1 }
                        unique: false
                        balancing: true
                        chunks:
                                shard0002       1
                        { "empno" : { "$minKey" : 1 } } -->> { "empno" : { "$maxKey" :
1 } } on : shard0002 Timestamp(1, 0)
```

▶▶ TEST DB에서 THINGS COLLECTION의 empno 샤드키를 기준으로 Shard 기능이 활성화됩니다.

6.5 Sharding 환경 설정

1) Node 1을 위한 Shard Server를 활성화 합니다.

```
C:\> mongod  --shardsvr --replSet rpt1 --dbpath c:\mongodb\shard1  --port 40001
```

2) Node 2를 위한 Shard Server를 활성화 합니다.

```
C:\> mongod  --shardsvr --replSet rpt2 --dbpath c:\mongodb\shard2  --port 40002
```

3) Node 3을 위한 Shard Server를 활성화 합니다.

```
C:\> C:\> mongod  --shardsvr --replSet rpt3 --dbpath c:\mongodb\shard3  --port 40003
```

지금까지 샤드서버, Config 서버, MongoS 프로세스에 대한 환경설정 작업이 완료되었습니다. 정상적으로 설정이 잘 되었는지 확인해 보도록 하겠습니다.

실습 따라하기

```
mongos> db.runCommand( { listshards : 1 } )      ← 현재 설정된 사드 서버를 확인합니다.
{  "shards" : [
                {
                        "_id" : "shard0000",
                        "host" : "192.168.0.16 :40001"      ← 첫 번째 샤드 서버 정보
                },
                {
                        "_id" : "shard0001",
                        "host" : "192.168.0.16 :40002"      ← 두 번째 샤드 서버 정보
                },
                {
                        "_id" : "shard0002",
```

```
  "host" : "192.168.0.16 :40003"                    ← 세 번 째 샤드 서버 정보
                }
        ],
        "ok" : 1
}
mongos> use config
switched to db config
>
mongos> db.locks.find( { _id : "balancer" } )   ← MONGOS 프로세스 상태 확인
{ "_id" : "balancer", "process" : "homeoffice:50000:1344932279:41", "state" : 0, "ts" :
ObjectId("502a0b2fa01c249450ef6085"), "when" : ISODate("2012 - 08 - 14T08:24:15.109Z"),
"who" : "homeoffice:50000:1344932279:41:Balancer:18467", "why" : "doing balance round" }
mongos>
mongos> db.getCollection("version").findOne()
{
        "_id" : 1,
        "minCompatibleVersion" : 5,
        "currentVersion" : 6,
        "clusterId" : ObjectId("58806d5804a0c2d988e9a553")
}
mongos> db.settings.find()                      ← 설정된 CHUNK 크기 확인
{ "_id" : "chunksize", "value" : NumberLong(1) }
mongos>
mongos> db.shards.findOne()
{ "_id" : "shard0000", "host" : "192.168.0.16 :40001" }
mongos>
mongos> db.collections.find()
{ "_id" : "test.things", "lastmod" : ISODate("1970 - 01 - 16T13:35:32.534Z"), "dropped" : false,
"key" : { "empno" : 1 }, "uni
que" : false }
mongos>
mongos> db.mongos.findOne()                     ← MONGOS 상태 확인
{
        "_id" : "JMJOO:50000",
        "ping" : ISODate("2018-01-19T07:45:37.020Z"),
        "up" : NumberLong(328),
        "waiting" : true,
        "mongoVersion" : "4.2.0"
}
```

6.5.1 샤드 서버 테스트

마지막으로 200,000 건의 데이터를 입력하고 3개의 샤딩 서버에 분산 입력되는 실습을 해보도록 하겠습니다.

먼저, MONGO.EXE 유틸리티를 통해 MongoS 프로세스에 접속하여 데이터를 입력하십시오.

실습 따라하기

```
C:\>mongo localhost:50000/test                    ← Mongos 프로세스 번호 지정
MongoDB shell version: 4.2.0
connecting to: localhost:50000/test
mongos>
mongos> for (var n = 100000; n <= 300000; n++) db.things.save({empno:n ,ename:"test",
sal:1000})
mongos>
```

200,000 건의 데이터가 입력되고 있는 중간에 첫 번째 샤드 서버부터 세 번째 샤드 서버에 데이터가 어떻게 분산 입력되었는지 확인해 보십시오.

실습 따라하기

```
C:\> mongo localhost:40001/test
MongoDB shell version: 4.2.0
connecting to: localhost:40001/test
> db.things.count()
112388                  ← 첫 번째 서버에는 총 200,000 건 중 112,388 개가 저장됨

C:\>mongo localhost:40002/test
MongoDB shell version: 4.2.0
connecting to: localhost:40002/test
>
> db.things.count()
36114                   ← 두 번째 서버에는 데이터를 저장하지 않았음
```

```
C:\>mongo localhost:40003/test
> db.things.count()
87613                                    ← 총 200,000 건 중 87,613 개가 저장됨

C:\> mongo localhost:50000/test
mongos>
mongos> sh.status()                      ← 분산 배치된 상태를 확인합니다.
--- Sharding Status ---
  sharding version: {
                                "_id" : 1,
                                "minCompatibleVersion" : 5,
                                "currentVersion" : 6,
                                "clusterId" : ObjectId("58806d5804a0c2d988e9a553")
}
  shards:
        {  "_id" : "shard0000",  "host" : "localhost:40001" }
        {  "_id" : "shard0001",  "host" : "localhost:40002" }
        {  "_id" : "shard0002",  "host" : "localhost:40003" }
  active mongoses:
        "4.2.0" : 1
  balancer:
        Currently enabled:  yes
        Currently running:  no
        Failed balancer rounds in last 5 attempts:  0
        Migration Results for the last 24 hours:
                13 : Success
  databases:
        {  "_id" : "test",  "primary" : "shard0000",  "partitioned" : true }
                test.things
                        shard key: { "empno" : 1 }
                        unique: false
                        balancing: true
                        chunks:
                                shard0000       9
                                shard0001       8
                                shard0002       8
                        too many chunks to print, use verbose if you want to force print
```

6.6 Sharding 시스템 구축 시 고려 사항

```
> db.runCommand( { shardcollection : "sales.order",
                   key : { idate : 1 }})
```

1) Shard Key는 여러 개의 Shard Server로 분할될 기준 Field 이므로 충분한 고려를 해야 한다.

2) Shard Key는 Partition과 Load Balancing의 기준이 되므로 MongoDB의 데이터 저장과 성능에 절대적 영향을 미친다.

3) Shard Key를 선정하는 것은 Cardinality, 데이터의 분산 저장, Query Isolation, 신뢰도, Index Locality 등을 고려하여 결정 해야 한다.

4) 하나 이상의 Field로 Shard Key를 구성할 수 있다. (최대 512 Byte를 초과할 수 없다.)

1) Shard Key

MongoDB의 샤딩 시스템을 구축할 때 가장 중요한 요소 중에 하나는 Shard Key 입니다. Shard Key를 얼마나 적절하게 잘 선택했느냐에 따라 운영, 관리 및 MongoDB의 성능이 달라질 수 있기 때문입니다. 그렇다면, Shard Key는 어떤 필드로 결정하면 좋을까요?

Shard Key는 분할(Partition)과 균등 분산(Load Balancing)을 위한 기준이기 때문에 적절한 카디널리티(Cardinality)를 가진 필드가 선택되어야 합니다.

카디널리티는 조건을 만족하는 데이터의 분산 정도를 나타내는 값으로 전체 데이터 중에서 조건을 만족하는 데이터의 분포가 넓으면 낮은(Low) 카디널리티라고 표현하고 분포가 좁으면 높은(High) 카디널리티라고 표현합니다.

예를 들어, 사원번호는 고유한 값으로 구성되므로 높은 카디널리티를 가진 필드이며, 남/여 구분 필드는 남자와 여자라는 2개의 값으로 만 구성되므로 낮은 카디널리티를 가진 필드라고 표현할 수 있습니다. 반면에 전국에서 가입한 1,000만 명의 회원 정보를 8개의 도와 5개의 시로 구분하여 표현한다면 13개의 분산된 값으로 표현할 수 있을 것 입니다. 이 경우, 거주 지역 필드는 높은 카디널리티를 가진 필드라고 말할 수 있습니다.

결론적으로, 카디널리티가 너무 높거나 낮은 필드의 경우에는 Shard Key로는 적절하지 않습니다. 왜냐하면, 데이터를 적절하게 분산 저장하기에는 데이터 값의 유형이 적절하게 잘 분포되어 할 필요가 있기 때문입니다.

만약, 설계된 컬렉션 내의 필드 중에서 적절한 카디널리티를 가진 필드가 존재하지 않는 경우에는 사용자가 직접 정의하여 적절한 분산이 될 수 있는 임의의 값을 Secon dary Key로 부여하여 Shard Key를 구축할 수 있습니다.

예를 들어, 앞서 설명 드린 사원번호는 높은 카디널리티의 필드이기 때문에 이 필드로만 Shard Key를 설정하는 것은 효과적인 분산 저장이 되지 않기 때문에 바람직하지 않으며 해당 사원이 거주하는 지역구(광진구, 강남구, 강동구 등) 필드를 함께 Shard Key로 설정해서 적절한 분산이 될 수 있도록 하는 것이 좋습니다. 하지만, 사원번호는 근본적으로 Shard Key로는 적절하지 않는 필드입니다.

2) Shard Key Index

샤딩 시스템에서 Shard Key는 매우 중요한 역할을 수행하게 됩니다. 데이터를 분산하는 기준이 되기도 하고 Chunk Migration 횟수와 빈도를 결정하기도 하며 데이터의 빠른 검색을 위한 기준이 되기도 하기 때문입니다.

Shard Key는 반드시 하나의 인덱스를 생성해야 하는데 이것은 여러 대의 서버에 데이터가 Chunk 단위로 분산 저장되는 경우 데이터의 빠른 검색을 위해 필요합니다. 인덱스를 기준으로 설명한다면 Shard Key는 인덱스의 생성을 고려할 수 있는 필드, 빅 데이터의 빠른 검색이 요구되는 필드를 Shard Key로 결정하는 것이 좋습니다. 결론적으로, 좋은 카디널리티를 가진 필드를 Shard Key와 Shard Key Index로 선정해야 합니다.

3) Hashed Index에 대한 고려

```
> db.employees.ensureIndex( { deptno: "hashed" } )
```

1) Hashed Index는 MongoDB V2.4에서 제공되었다.

2) 사용자에 의해 정의된 Shard Key가 적절하게 분산되지 않는 문제 해결을 위해 MongoDB에서 제공하는 해시 알고리즘을 적용할 수 있다.

3) 인덱스 대상 필드의 값이 해시 값으로 변환되어 저장되기 때문에 불필요한 변환이 발생함으로 사용자가 해당 기술에 대한 정확한 이해를 바탕으로 사용하되 적절한 Shard Key가 없거나 기술에 대한 이해가 부족한 경우 적용하는 것이 좋다.

4) Compound Index, Unique Index, Multi-Key Index에는 적용할 수 없다.

대부분의 사용자들은 MongoDB의 샤딩 시스템에 대해 개념적으로는 잘 알고 있지만 정작 이 기술에 대한 정확한 기술적 이해 부족으로 인해 효과적으로 사용하고 있지 못한 것이 현실입니다.

기존의 관계형 데이터베이스 기술에서 제공되었던 스트라이핑(Striping)과 분할(Partition) 기법과 유사한 개념으로 접근하다 보니 사용자의 의도대로 데이터가 분산 저장되지 못하는 경우들이 자주 발생하고 있습니다. 결국, 이것은 좋은 성능으로 이어지지 못하여 문제점으로 부각되고 있는 것 입니다. 앞서 설명되었던 것처럼 샤딩 시스템에서 데이터를 분산 저장할 때 기준은 하나의 컬렉션이 가지고 있는 Shard-Key에 의해 결정됩니다.

Shard-Key로 결정된 필드의 카디널리티가 골고루 잘 분산되어 있을 때 가장 이상적인 분산이 가능해지며 그렇지 않은 경우의 필드를 샤드-키로 선정하게 되면 데이터 분산도는 떨어지게 되고 Chunk 마이그레이션이 더 자주 발생함으로써 시스템에 과부하를 유발시키게 되는 것입니다.

결론적으로, 샤딩 시스템을 구축할 때에는 샤딩 대상 컬렉션과 필드가 존재하는지에 대한 분석과 적절한 Shard-Key가 없는 경우에는 여러 개의 필드를 결합해서라도 카디널리티(Cardinality)가 Shard-key를 만들어내어야 하는데 이것은 결코 쉬운 일이 아닙니다. 이러한 문제점을 개선하기 위해 2.4 버전에서는 다음과 같이 해시(Hashed) 인덱스 타입을 제공하고 있습니다.

해시 인덱스는 샤드-키로 선정된 필드의 실제 값으로 인덱스 키를 생성하는 것이 아니라 MongoDB에서 제공하는 암호화된 알고리즘으로 인덱스 키를 생성할 때 전체 데이터 양에 따라 적절하게 분산된 중복된 인덱스 키 값으로 생성하여 데이터를 분산 저장시키게 됩니다.

사용자가 카디널리티가 좋지 않은 필드로 샤딩 시스템을 구축할 때 보다 훨씬 유연한 분산 정도를 만들어 낼 수 있다는 것이 최대 장점이지만, 연속적으로 저장된 범위의 값들을 해시 인덱스로 생성하게 되면 암호화된 값으로 변환되어 저장됨으로써 인접하지 않은 저장 공간에 저장되게 됩니다. 이 경우 연속적인 범위의 값들을 검색해야 하는 경우에는 오히려 불필요한 인덱스 블록에 대한 IO가 증가할 가능성이 매우 높기 때문에 성능 지연문제가 발생할 수 있습니다.

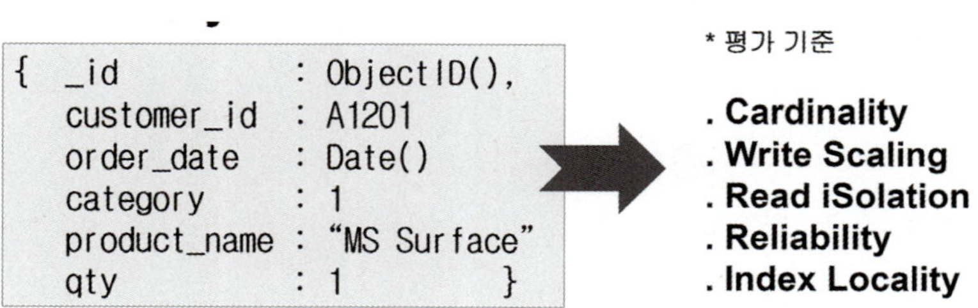

	Cardinality	분산 정도	읽기 유형 (부분 검색시)	신뢰도	Index Locality
_id Key	나쁨	1	Scatter /Gather	All users	좋음
Hash Key	보통	N	Scatter /Gather	All users	나쁨
Category	좋음	N	Targeted	Some users	좋음
order_date + customer_id	나쁨	About 1.	Targeted	Some users	좋음

위 예제는 이메일 정보를 저장하고 있는 컬렉션으로부터 4가지 유형의 Shard-Key를 선정했을 때 주요 특징을 비교 분석할 결과입니다.

결론적으로, _id와 Hashed Key로 샤드-키를 결정했을 경우는 여러 대의 샤드 서버로부터 부분 데이터를 읽은(Scatter) 다음 MONGOS가 수집한 후 데이터를 리턴(Gather)하기 때문에 불필요한 IO가 증가할 수 있는 반면, userID와 userID_Date로 샤드-키를 결정했을 경우에는 특정된 샤드 서버로부터 만 데이터를 검색(Targeted)할 수 있기 때문에 불필요한 IO를 줄일 수 있습니다.

물론, 이러한 결과는 부분 데이터에 대한 검색이 수행된다는 전제하에서 비교 설명된 것이며 전체 데이터 스캔인 경우에는 해설이 달라질 수도 있을 것 입니다.

4) Chunk Size & Migration 임계 값

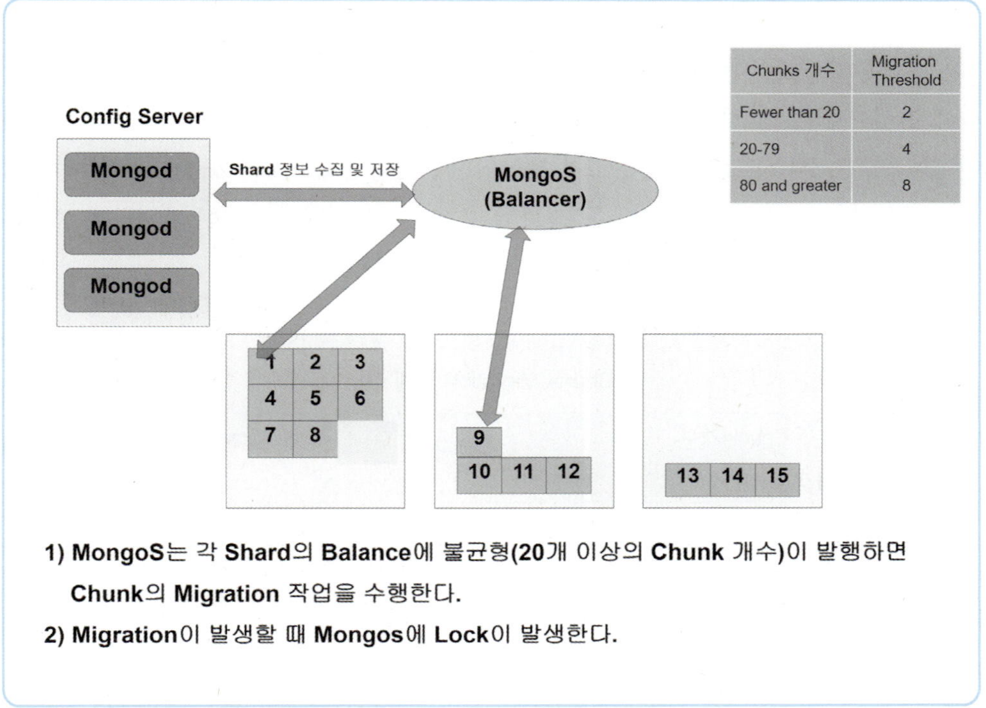

먼저, 청크(Chunk)라는 단어의 의미부터 알아보도록 하겠습니다.

초당 발생하는 빅 데이터를 여러 대의 서버로 구성된 샤딩 시스템에 저장할 때 하나의 서버에 만 데이터가 저장된다면 쓰기 지연 현상이 집중적으로 발생하여 성능 저하 현상이 발생할 수도 있습니다.

이런 경우를 위해 하나의 서버에 저장되는 데이터들을 여러 개의 논리적 구조로 분할 저장 해 두었다가 일정한 데이터 양에 도달했을 때 두 번째, 세 번째 서버로 분할 데이터의 일부를 이동 저장하게 되는데 이 분할 단위를 청크(Chunk)라고 합니다.

Chunk Size는 기본적으로 64MB(또는 100,000행) 단위로 분할되지만 어떤 필드를 Shard Key로 설정 했느냐에 64MB 이상 되는 Chunk Size로 분할될 수도 있습니다.

하지만, 이 크기에 따라 Chunk Migration 횟수와 빈도가 결정되기 때문에 샤딩 하려는 컬렉션의 데이터 양과 도큐멘트의 크기에 따라 적절한 Chunk Size를 결정해야 합니다.

만약, Chunk Size를 64MB 기본값으로 설정해서 사용했을 때 Chunk Migration이 빈번하게 발생한다면 Chunk Size의 크기를 더 크게 설정해야 하며 하나의 서버에 만 데이터가 집중되고 전체 샤드 서버에 골고루 분산되지 않는다면 Chunk Size를 더 작게 설정해야 만 효율적으로도 분산될 것입니다.(최초 설정 후 성능 저하 현상이 발생하면 튜닝을 통해 적절한 크기 조정이 요구됩니다.)

[Chunk Migration 임계 값]

Chunk 개수	Chunk Migration 수
1개 이상 20개 미만	2
21개 이상 80개 미만	4
80개 이상	8

① MongoDB는 하나의 샤드 서버에 8개의 Chunk가 발생하면 다른 서버로 마이그레이션이 발생하는데 약 20개 미만의 Chunk가 발생하면 평균 2번 정도의 마이그레이션이 발생 합니다.

② 마이그레이션이 빈번하게 발생하면 Chunk를 이동하기 위한 작업이 수시로 발생하기 때문에 성능 지연현상을 유발시킬 수 있게 되고 마이그레이션이 드물게 발생하면 균등한 분산이 이루어지지 않는 것을 의미하기 때문에 샤딩 시스템의 효율성이 저하되는 문제가 발생하게 됩니다.
결론적으로, 적절한 빈도의 마이그레이션이 발생되기 위해서는 적절한 Chunk Size를 할당하는 것이 무엇보다도 중요합니다.

5) 샤드-키 값의 변경

1) MongoDB 4.2 버전부터 **Shard Key Value**의 **Update**를 지원합니다.

2) _id 필드가 **Shard Key**로 설정된 경우를 제외한 모든 경우에 가능

3) Shard Key Value의 **Update**는 반드시 **mongos**에서 하나의 트랜잭션 또는 **Retryablewrite**기능을 통해 실행해야 합니다.

- **db.collection.updateOne**
- **db.collection.update** ← **{ multi : false }** 옵션절 사용
- **db.collection.findAndModify**
- **db.collection.findOneAndUpdate**
- **db.collection.bulkWrite**

4) Shard Server에서 직접적인 **Update** 작업을 해서는 안됩니다.

MongoDB 4.0 이전 버전에서는 최초 저장된 샤드-키 값은 변경(Update)할 수 없었기 때문에 이를 변경하기 위해서는 삭제 후 새로운 샤드-키 값을 저장(Insert)해야 했습니다. 이와 같은 불필요한 오퍼레이션을 최소화하기 위해 MongoDB 4.2 버전에서는 샤드-키를 직접 변경(Update)할 수 있는 기능이 추가되었습니다.

다음은 주요 특징입니다.

① MongoDB 4.2 버전부터 샤드-키 값(Shard Key Value)을 변경(Update)할 수 있습니다.

② _id 필드가 샤드-키로 설정된 경우를 제외한 모든 경우에 가능합니다.

③ 샤드-키 값의 변경(Update)은 반드시 mongos에서 하나의 트랜잭션(Transaction) 또는 Retryablewrite 기능을 통해 실행해야 합니다.

④ 다음과 같은 메쏘드를 통해 샤드-키 값을 변경할 수 있습니다.

- `db.collection.updateOne / db.collection.update` ← `{ multi : false }` 옵션절 사용
- `db.collection.findAndModify / db.collection.findOneAndUpdate`
- `db.collection.bulkWrite`

⑤ 샤드 서버(Shard Server)에서 직접적인 Update 작업을 해서는 안됩니다.

6.7 Shard 서버의 추가와 삭제

1) Shard Server의 추가

```
> sh.addShard( "<hostname>:<port>" )
또는
> db.runCommand( { addshard  : "hostname>:<port>" } );
```

2) Shard Server의 삭제

```
> db.runCommand( { removeshard: "<Shard Server명" } )
```

3) Shard Server의 이동

```
> db.runCommand(
  { movePrimary: "< 대상 Shard>, to: "<이동될 Shard>" })
```

MongoDB Shard 시스템의 대표적인 장점 중에 하나는 수평적 확장이 용이하다는 것입니다. 즉, 사용자의 필요에 따라 쉽고 간편하게 샤드 서버를 추가할 수 있고 제거할 수 있다는 것입니다.

먼저, 추가될 사드 서버를 위한 물리적 경로를 생성하고 MONGOD.EXE 인스턴스를 활성화 하십시오.

1) Node 4의 Host명 :

• DB 생성 홈 경로 : C:₩MONGODB₩SHARD4

2) 물리적 경로를 생성하십시오.

실습 따라하기

```
C:\> mkdir c:\mongodb\shard4
```

3) Node 4을 위한 Shard Server를 활성화 합니다.(PORT 번호는 40004)

실습 따라하기

```
c:\> cd c:\mongodb\bin
C:\> mongod --shardsvr --replSet rpt4 --dbpath c:\mongodb\shard4 --port 40004 --bind_ip_all
```

4) 다음은 MONGOS 프로세스로 접속하여 4번째 샤드서버를 추가하십시오.

실습 따라하기

```
C:\> cd c:\mongodb\bin
C:\> mongo localhost:50000/admin
>
> db.runCommand( { listshards : 1 } )        ← 현재 설정되어 있는 샤드 서버 상태 확인
{
        "shards" : [
                {
                        "_id" : "shard0000",
                        "host" : "localhost:40001"
                },
                {
                        "_id" : "shard0001",
                        "host" : "localhost:40002"
                },
                {
                        "_id" : "shard0002",
                        "host" : "localhost:40003"
                }
        ],
        "ok" : 1
}
```

```
> db.runCommand( { addshard:"localhost:40004"} )          ← 4번째 샤드 서버 추가
{ "shardAdded" : "shard0004", "ok" : 1 }
```

5) 샤드 서버 설정 상태를 확인합니다.

실습 따라하기

```
> db.runCommand( { listshards : 1 } )
{
        "shards" : [
                {
                        "_id" : "shard0000",
                        "host" : "localhost:40001"
                },
                {
                        "_id" : "shard0001",
                        "host" : "localhost:40002"
                },
                {
                        "_id" : "shard0002",
                        "host" : "localhost:40003"
                },
                {
                        "_id" : "shard0003",             ← 추가된 4번째 샤드 서버
                        "host" : "localhost:40004"
                }
        ],
        "ok" : 1
}
```

6) 다음은 샤딩 시스템의 Primary Server를 변경하는 방법입니다.

실습 따라하기

```
> db.runCommand( { movePrimary:"test", to:"localhost:40002"} )  ← 2번째 샤드 서버를 Primary
{ "primary " : "shard0001:localhost:40002", "ok" : 1 }             서버로 지정
```

7) 추가했던 4번째 샤드 서버를 필요에 따라 제거합니다.

실습 따라하기

```
> db.runCommand( { removeshard:"localhost:40004"} )
{
        "msg" : "draining started successfully",
        "state" : "started",
        "shard" : "shard0003",
        "note" : "you need to drop or movePrimary these databases",
        "dbsToMove" : [ ],
        "ok" : 1
}

> db.runCommand( { listshards : 1 } )
{
        "shards" : [
                {
                        "_id" : "shard0000",
                        "host" : "localhost:40001"
                },
                {
                        "_id" : "shard0001",
                        "host" : "localhost:40002"
                },
                {
                        "_id" : "shard0002",
                        "host" : "localhost:40003"
                },
                {
                        "_id" : "shard0003",
                        "draining" : true,                ← 제거 상태 확인
                        "host" : "localhost:40004"
                }
        ],
        "ok" : 1
}
mongos> db.runCommand( { removeshard:"localhost:40004"} )    ← 재실행하면 완전 삭제
{
        "msg" : "removeshard completed successfully",
        "state" : "completed",
```

```
        "shard" : "shard0003",
        "ok" : 1
}
mongos> db.runCommand( { listshards : 1 } )
{
        "shards" : [
                {
                        "_id" : "shard0000",
                        "host" : "localhost:40001"
                },
                {
                        "_id" : "shard0001",
                        "host" : "localhost:40002"
                },
                {
                        "_id" : "shard0002",
                        "host" : "localhost:40003"
                }                                        ← shard003은 완전 삭제됨.
        ],
        "ok" : 1
}
mongos>
```

6.8 Chunk 크기 관리

1) Shard Server의 List

```
> db.runCommand( { listShards : 1 } )
```

2) Chunk Size의 변경

```
> use config
> db.settings.save( { _id:"chunksize", value: <size> } )
```

3) Chunk 의 분리

```
> sh.splitFind( "<컬렉션명>", { "<Field>": values } )
```

다음은 샤드 서버에 설정된 CHUNK 크기를 관리하는 방법입니다.

1) 샤드 서버의 리스트 확인하는 방법

실습 따라하기

```
> db.runCommand( { listshards : 1 } )
{
        "shards" : [
                {
                        "_id"  : "shard0000",
                        "host" : "localhost:40001"
                },
                {
                        "_id"  : "shard0001",
                        "host" : "localhost:40002"
                },
                {
                        "_id"  : "shard0002",
```

```
                    "host" : "localhost:40003"
              }
       ],
       "ok" : 1
}
```

2) CHUNKSIZE 확인하는 방법

실습 따라하기

```
> use config
> db.settings.find()
{ "_id" : "chunksize", "value" : NumberLong(1) }      ← 현재 CHUNK 크기  확인

> db.settings.save({_id:"chunksize", value : 128})  ← chunk 크기를 128MB로 변경
>
> db.settings.find()
{ "_id" : "chunksize", "value" : 128 }                ← 변경된 CHUNK 크기 128MB확인
```

3) 하나의 CHUNKSIZE를 두 개로 분리하는 방법

실습 따라하기

```
> sh.splitFind( "test.things", { "empno": 200000 } )
{ "ok" : 1 }                 ← EMPNO 필드의 값 200000을 기준으로 chunk를 분리합니다.

> sh.splitAt("test.things", { "empno": 100005 } )
{ "ok" : 1 }                 ← EMPNO 필드의 값 100005를 기준으로 기존 CHUNK 크기를
                                  둘로 분리합니다.
> sh.splitAt("test.things", { "empno": 100005 } )
{
       "ok" : 0,
       "errmsg" : "new split key { empno: 100005.0 } is a boundary key of existing chunk [{
empno: 100005.0 },{ empno: 100015.0 })"
}
                             ← EMPNO 필드의 값 100005를 기준으로 이미 CHUNK가 분리되어 있기
                               때문에 더 이상 분리할 수 없습니다.
```

4) Balancer의 Lock Check

```
> db.locks.find( { _id : "balancer" } ).pretty()
```

5) Balancer Window 변경

```
> db.settings.update(
{ _id : "balancer" }, {set : { activeWindow :
{ start : "<start-time>", stop : "<stop-time>" } } }, true )

> db.settings.update(
{ _id : "balancer" }, { $unset : { activeWindow : true })
```

6) Balancer의 시작/종료

```
> sh.stopBalancer()
> sh.startBalancer()
```

3) Balancer의 Lock 상태 확인하는 방법

MongoS(Balancer) 프로세스가 샤드서버에 데이터를 분산하다 보면 작업의 일관성과 연속성을 위해 잠금(Lock) 현상이 발생할 수 있는데 이 상태를 모니터링 하는 방법입니다.

실습 따라하기

```
> use config
>
> db.locks.find( { _id : "balancer" } ).pretty()          ← Balancer의 잠금상태 확인
{
        "_id" : "balancer",
        "state" : 0,
        "who" : "JMJOO:50000:1484811607:41:Balancer:41",
        "ts" : ObjectId("5880718f04a0c2d988e9a64d"),
```

```
        "process" : "JMJ00:50000:1484811607:41",
        "when" : ISODate("2018-01-19T07:58:07.378Z"),
        "why" : "doing balance round"
}
>
> sh.getBalancerState()                    ← BALANCER의 작동여부 상태 확인하는 방법
true
```

4) 밸런스의 WINDOW 설정 방법

밸런스는 지속적으로 샤드 서버로 데이터를 분산 저장하게 되는데 샤드 키 또는 CHUNK-SIZE가 적절하게 설계되지 못하면 불필요한 마이그레이션으로 MongoDB의 성능 저하 현상이 발생할 수 도 있습니다.

이런 경우, 일정한 시간대에 밸런스의 작동을 중지하고 하루 일과 중 가장 유휴 시간대 에서 만 작동될 수 있도록 환경 설정한다면 보다 효율적인 운영이 가능할 것입니다. 다음은 오후 23:00 이후부터 오전 06:00 시간 대에서 만 밸런스가 작동될 수 있도록 밸런스의 윈도우를 설정하는 방법입니다.

실습 따라하기

```
> db.settings.update({ _id : "balancer" }, { $set : { activeWindow : { start : "23:00", stop :
"6:00" } } }, true )
WriteResult({ "nMatched" : 0, "nUpserted" : 1, "nModified" : 0, "_id" : "balancer" })
>
> db.settings.update({ _id : "balancer" }, { $unset : { activeWindow : true }})
WriteResult({ "nMatched" : 1, "nUpserted" : 0, "nModified" : 1 })
                                         ← 밸런스의 작동을 설정합니다.

> sh.stopBalancer()                      ← 밸런스의 작동을 중지합니다.
Waiting for active hosts...
Waiting for the balancer lock...
Waiting again for active hosts after balancer is off...

> sh.startBalancer()                     ← 밸런스의 작동을 시작합니다.
```

6.9 샤딩 System의 문제점

1) 하나의 Shard 서버에 데이터가 집중되고 Load Balancing이 되지 않는 경우
2) 특정 Shard 서버에 IO 트래픽이 증가하는 경우
3) 샤드 서버 클러스터의 밸런스가 균등하지 않는 경우
4) 과도한 Chunk Migration이 클러스트 작동을 멈추는 경우

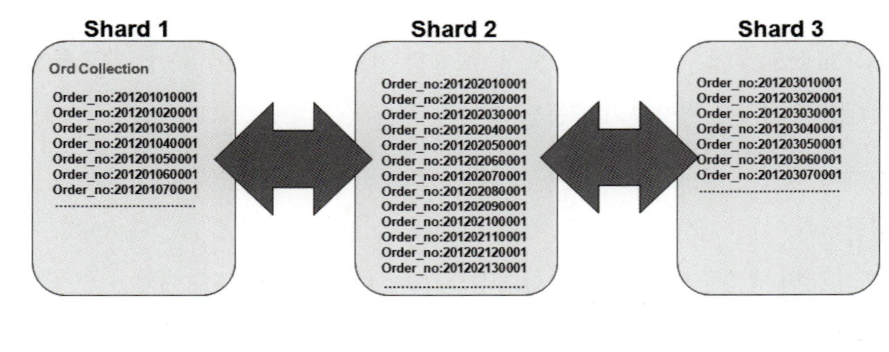

1) 하나의 Shard 서버에 데이터가 집중되고 균등 분산이 안 되는 경우

- Shard Key로 설정된 필드의 카디널리티(Cardinality)가 낮은 경우에 Chunk Size는 반드시 64MB 단위로 분할되는 것은 아닙니다. 이런 경우에는 64MB보다 훨씬 큰 크기의 Chunk 크기가 생성되기도 합니다. 기본적으로 8개 정도의 Chunk가 발생하면 마이그레이션이 발생하기 때문에 다른 서버로 Chunk를 이동하는 횟수는 줄어들게 되고 자연스럽게 하나의 샤드 서버에 만 데이터가 집중되는 현상이 발생할 수 있습니다.
  결론적으로 적절한 Shard key를 선택하지 못한 경우에 발생하게 되는데 이 문제점을 해결하기 위해서는 Shard Key를 재 선택하는 것이 가장 이상적이며 Shard Key가 적절한 경우라면 Chunk Size의 크기를 보다 작게 설정함으로써 마이그레이션의 빈도를 높여 줘야 합니다.

- 입력되는 데이터 양에 비해 상대적으로 Chunk Size의 크기가 너무 크게 설정되면 마이그레이션 되는 회수는 감소합니다. 이 경우는 입력된 데이터가 Chunk Size에 도달하지 못했기 때문에 하나의 샤드 서버에만 데이터가 집중화되는 경우입니다.

2) 특정 Shard 서버에 IO 트래픽이 증가하는 경우

- MongoaDB의 샤드 서버는 동일한 Shard Key를 가진 데이터들을 같은 샤드 서버에 저장하기 위해 분할과 마이그레이션을 수행하게 됩니다.
  결론적으로 특정 Shard 서버에 IO 트래픽이 증가하는 이유는 너무 낮은 카디널리티(Low Cardnality)를 가진 필드를 Shard Key로 설정했기 때문이며 이 경우 특정 샤드 서버에만 데이터를 저장하기 때문입니다.
- 사용자의 데이터 중에는 입력, 수정, 삭제, 조회를 빈번하게 수행하는 데이터 값들이 존재합니다. 이런 데이터가 집중적으로 저장되어 있는 Chunk를 Hot Chunk라고 하는데 특정 서버에 집중되어 있을 때 상대적으로 해당 서버에는 IO 트래픽이 증가합니다.

3) 샤드 클러스터의 밸런스가 균등하지 않는 경우

- 빅 데이터를 입력할 때 로드 밸런싱이 적절하게 수행되었지만 사용자의 필요에 따라 특정 서버의 데이터를 삭제 또는 다른 저장 공간으로 이동했다면 균등은 깨지게 됩니다.
- 샤딩 시스템을 구축할 때 설정한 Shard Key가 낮은 카디널리티(Low Cardinality)를 가진 필드인 경우 전체 샤드 서버에 균등 분산되지 않습니다.
- 하나의 컬렉션에 빅 데이터가 빠르게 입력되는 것 보다 Shard 서버에 분산 저장되는 속도가 늦는 경우에 전체적인 밸런스는 균등하지 않습니다.
- 빅 데이터의 빠른 저장에 비해 발생하는 Chunk Migration이 빈약한 네트워크 대역폭으로 인해 빠르게 이동되지 못하는 경우 발생합니다.
- 하루 일과 중 피크 시간(Peak Hour)에 빈번한 Chunk Migration이 발생하게 되면 시스템 자원의 효율성이 떨어지게 되고 결론적으로 성능 지연 문제가 발생하게 되는데 이런 문제를 해소할 수 있는 방법 중에 하나는 피크 시간에는 Chunk Migration을 중지하

고 유휴 시간에 작업이 수행될 수 있도록 Balance Window를 설정할 수 있습니다. 이 Balance Window를 너무 길게 설정하는 경우 Chunk Migration이 드물게 발생하면서 전체적인 밸런스가 깨지는 경우가 발생할 수 있으므로 유의해서 사용해야 합니다.

실습 따라하기

```
>db.settings.update({ _id : "balancer" },  { $set : { activeWindow :
                    { start : "23:00", stop : "6:00" } } }, true )
                              ← 23시부터 06시까지 만 Chunk Migration을 활성화 합니다.
```

4) 과도한 Chunk Migration이 클러스트 작동을 멈추는 경우

- 빈번한 Chunk Migration은 일시적으로 클러스트 서버 전체의 성능 지연 문제를 유발시킬 수도 있습니다. 빈번한 회수를 줄일 수 없다면 Balancing Windows 기능을 통해 피크 시간(Peak Hour) 동안에 Balancer의 작동을 중단할 수 있습니다.
- 불필요하게 큰 Chunk Size는 네트워크 트래픽을 증가시키고 시스템 자원의 효율성을 저하 시키는 원인이 될 수 있으므로 Chunk Size를 줄여서 과부하를 줄여야 합니다.
- Shard 서버의 밸런싱이 적절하지 않다는 것은 Shard 서버의 수가 처리하려는 데이터 발생 양에 비해 부족하기 때문이므로 샤드 서버 수를 늘려줘야 합니다.

5) 쓰기 성능이 지연되고 빠른 검색이 안 되는 경우

- 샤딩 시스템을 통한 빅 데이터 분산 처리의 가장 큰 목적은 빠른 쓰기와 읽기 작업을 통한 효율적인 시스템 운영입니다.
  초당 몇 만 건 이상의 데이터들이 동시에 저장되기 위해서는 컬렉션의 크기도 중요한 요소 중에 하나입니다. 하나의 컬렉션은 여러 개의 익스텐트 구조로 생성되는데 이 익스텐트의 크기가 너무 작게 생성되어 있으면 빅 데이터가 저장되면서 새로운 익스텐트가 할당될 때 불필요한 대기 시간이 발생하게 되고 이것은 쓰기 성능을 지연시키는 원인이 될 수 있습니다. 해당 컬렉션에 발생하는 데이터 발생량을 충분히 고려하여 적절한 익스텐트 크기로 생성해야 합니다.

실습 따라하기

```
>db.createCollection ("emp", { capped : false, size:100000000 })
                    ← EMP 컬렉션의 최초 익스텐트 크기를 100 MB로 생성합니다.
```

- 컬렉션을 설계할 때 빠른 쓰기 성능이 요구되는 경우에는 Rich Document 구조로 설계하는 것이 좋습니다. 일반적으로 관계형 데이터베이스는 데이터 중복을 제거하기 위해 여러 개의 테이블로 분리 설계하는 것이 보편적이지만 MongoDB에서는 하나의 Embedded 도큐멘트 구조로 설계하는 것이 빠른 쓰기 성능에 도움이 될 수 있습니다.
- 쓰기 성능이 저하되는 원인 중에 하나는 싱글 노드에서 요구되는 시스템 메모리와 클러스트 노드(샤딩시스템)에서 요구되는 메모리 요구 사항이 다를 수밖에 없기 때문에 추가적인 메모리가 요구됩니다.

6.10 ZONE Sharding

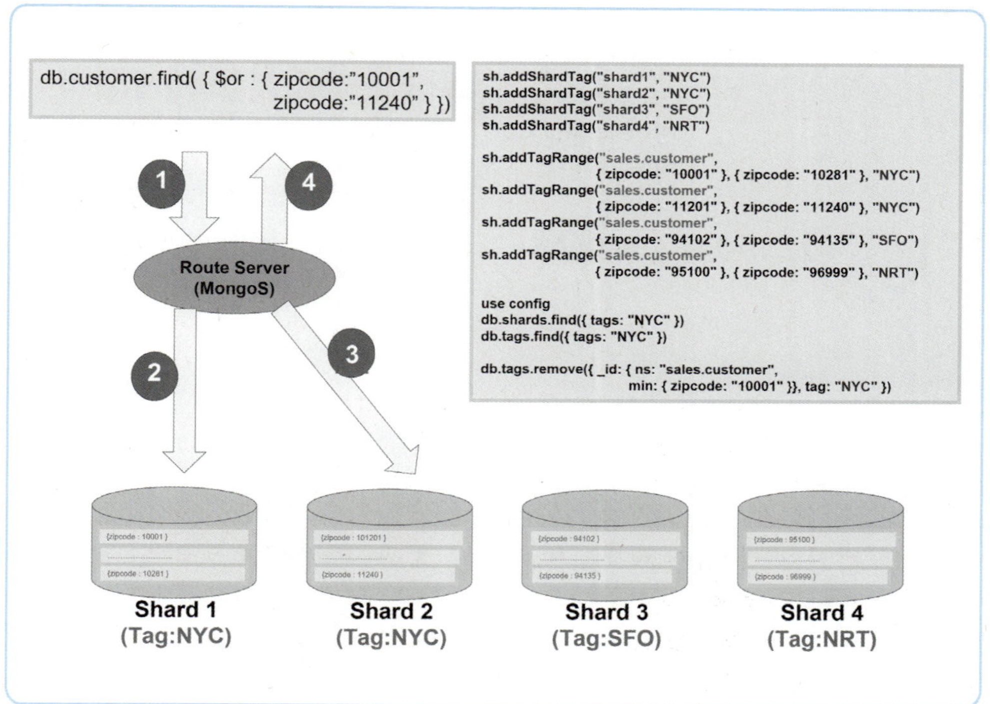

MongoDB 3.6 버전부터 제공된 Zone Sharding 기능은 Auto Sharding을 통해 분산 저장되는 데이터를 사용자가 직접 원하는 Shard Server에 저장되도록 설계하는 방법입니다. 기존의 Auto Sharding은 Chunk 단위로 데이터를 분산 저장하기 때문에 사용자는 원하는 조건의 데이터를 특정 서버에 저장할 수 없으므로 데이터의 분산 정도를 제어할 수 없다는 단점을 가지고 있습니다.

이와 같은 문제점을 개선하여 사용자가 직접 원하는 형태로 분산 설계하는 방법입니다.

실습 따라하기

```
mongos> use test
mongos> db.things.drop()
```

```
mongos> db.things.createIndex({ empno : 1})
{
        "raw" : {
                "localhost:40001" : {
                        "createdCollectionAutomatically" : true,
                        "numIndexesBefore" : 1,
                        "numIndexesAfter" : 2,
                        "ok" : 1
                }
        },
        "ok" : 1
}
mongos> use admin
mongos>
mongos> db.runCommand( {shardcollection : "test.things", key : {empno : 1} } )
{ "collectionsharded" : "test.things", "ok" : 1 }
mongos>
mongos> sh.addShardTag("shard0000", "NYC")          ← shard1을 NYC Tag로 설정
mongos> sh.addShardTag("shard0001", "SFO")          ← shard2를 SFO Tag로 설정
mongos> sh.addShardTag("shard0002", "NRT")          ← shard3을 NRT Tag로 설정
mongos> sh.status()
--- Sharding Status ---
  sharding version: {
        "_id" : 1,
        "minCompatibleVersion" : 5,
        "currentVersion" : 6,
        "clusterId" : ObjectId("5880c18209fe410182f38e30")
}
  shards:
        {  "_id" : "shard0000",  "host" : "localhost:40001",  "tags" : [ "NYC" ] }
        {  "_id" : "shard0001",  "host" : "localhost:40002",  "tags" : [ "SFO" ] }
        {  "_id" : "shard0002",  "host" : "localhost:40003",  "tags" : [ "NRT" ] }
  active mongoses:
        "4.2.0" : 1
  balancer:
        Currently enabled:  yes
        Currently running:  no
        Failed balancer rounds in last 5 attempts:  0
        Migration Results for the last 24 hours:
```

```
            No recent migrations
  databases:
        {  "_id" : "test",  "primary" : "shard0000",  "partitioned" : true }
                test.things
                        shard key: { "empno" : 1 }
                        unique: false
                        balancing: true
                        chunks:
                                shard0000       1
                        { "empno" : { "$minKey" : 1 } } -->> { "empno" : { "$maxKey" : 1 } }
on : shard0000 Timestamp(1, 0)

mongos> sh.addTagRange("test.things",  { empno: 100000 }, { empno: 200000 }, "NYC")
← empno 필드 값이 입력되는 경우 NYC Tag로 설정된 Shard1에 데이터를 저장
mongos>
mongos> sh.addTagRange("test.things",  { empno: 200001 }, { empno: 250000 }, "SFO")
← empno 필드 값이 입력되는 경우 NYC Tag로 설정된 Shard1에 데이터를 저장
mongos>
mongos> sh.addTagRange("test.things",  { empno: 250001 }, { empno: 300000 }, "NRT")
← empno 필드 값이 입력되는 경우 NYC Tag로 설정된 Shard1에 데이터를 저장
mongos> sh.status()
--- Sharding Status ---
  sharding version: {
        "_id" : 1,
        "minCompatibleVersion" : 5,
        "currentVersion" : 6,
        "clusterId" : ObjectId("5880c18209fe410182f38e30")
}
  shards:
        {  "_id" : "shard0000",  "host" : "localhost:40001",  "tags" : [ "NYC" ] }
        {  "_id" : "shard0001",  "host" : "localhost:40002",  "tags" : [ "SFO" ] }
        {  "_id" : "shard0002",  "host" : "localhost:40003",  "tags" : [ "NRT" ] }
  active mongoses:
        "4.2.0" : 1
  balancer:
        Currently enabled:  yes
        Currently running:  no
        Failed balancer rounds in last 5 attempts:  0
```

```
        Migration Results for the last 24 hours:
                No recent migrations
  databases:
        {  "_id" : "test",  "primary" : "shard0000",  "partitioned" : true }
                test.things
                        shard key: { "empno" : 1 }
                        unique: false
                        balancing: true
                        chunks:
                                shard0000       3
                        { "empno" : { "$minKey" : 1 } } -->>
                                { "empno" : 100000 } on : shard0000 Timestamp(1, 1)
                        { "empno" : 100000 } -->>
                                { "empno" : 200001 } on : shard0000 Timestamp(1, 3)
                        { "empno" : 200001 } -->>
                                { "empno" : { "$maxKey" : 1 } } on : shard0000 Timestamp(1, 4)
                         tag: NYC  { "empno" : 100000 } -->> { "empno" : 200000 }
                         tag: SFO  { "empno" : 200001 } -->> { "empno" : 250000 }
                         tag: NRT  { "empno" : 250001 } -->> { "empno" : 300000 }
mongos>
mongos> use test
mongos> for (var n = 100000; n <= 300000; n++) db.things.save({empno:n ,ename:"test",
sa1:1000})
mongos> exit

C:\MONGODB> mongo localhost:40001/test
> db.things.count()
100000                                  ← Tag NYC에 저장된 데이터 양
> exit

C:\MONGODB> mongo localhost:40002/test
> db.things.count()
50001                                   ← Tag SFO에 저장된 데이터 양
> exit

C:\MONGODB> mongo localhost:40003/test
> db.things.count()
50001                                   ← Tag NRT에 저장된 데이터 양
> exit
C:\MONGODB> mongo localhost:50000/admin
```

```
mongos> use config
mongos> db.shards.find( { tags: "NYC" })        ← NYC Tag로 설정된 shard 서버를 검색
{ "_id" : "shard0000", "host" : "localhost:40001", "tags" : [ "NYC" ] }
mongos> db.tag.find( { tags: "NYC" })
{ "_id" : { "ns" : "test.things", "min" : { "empno" : 100000 } }, "ns" :
"test.things", "min" : { "empno" : "100000" }, "max" : { "empno" : 200000 }, "tag" :
"NYC" }
mongos>
mongos> db.tags.remove( { _id: { ns: "test.things", min: { empno: 100000 } }, tag: "NYC" })
mongos> db.tags.remove( { _id: { ns: "test.things", min: { empno: 200001 } }, tag: "SFO" })
WriteResult({ "nRemoved" : 1 })           ← 관련된 tag 정보를 삭제
mongos> sh.status()
--- Sharding Status ---
  sharding version: {
        "_id" : 1,
        "minCompatibleVersion" : 5,
        "currentVersion" : 6,
        "clusterId" : ObjectId("5880c18209fe410182f38e30")
}
  shards:
        {  "_id" : "shard0000",  "host" : "localhost:40001",  "tags" : [ "NYC" ] }
        {  "_id" : "shard0001",  "host" : "localhost:40002",  "tags" : [ "SFO" ] }
        {  "_id" : "shard0002",  "host" : "localhost:40003",  "tags" : [ "NRT" ] }
  active mongoses:
        "4.2.0" : 1
  <중략>
  databases:
        {  "_id" : "test",  "primary" : "shard0000",  "partitioned" : true }
                test.things
                        shard key: { "empno" : 1 }
                        unique: false
                        balancing: true
                        chunks:
                                shard0000       9
                                shard0001       10
                                shard0002       9
                        too many chunks to print, use verbose if you want to force print
                         tag: NRT  { "empno" : "250001" } -->> { "empno" : 300000 }
```

6.11 수동 샤딩

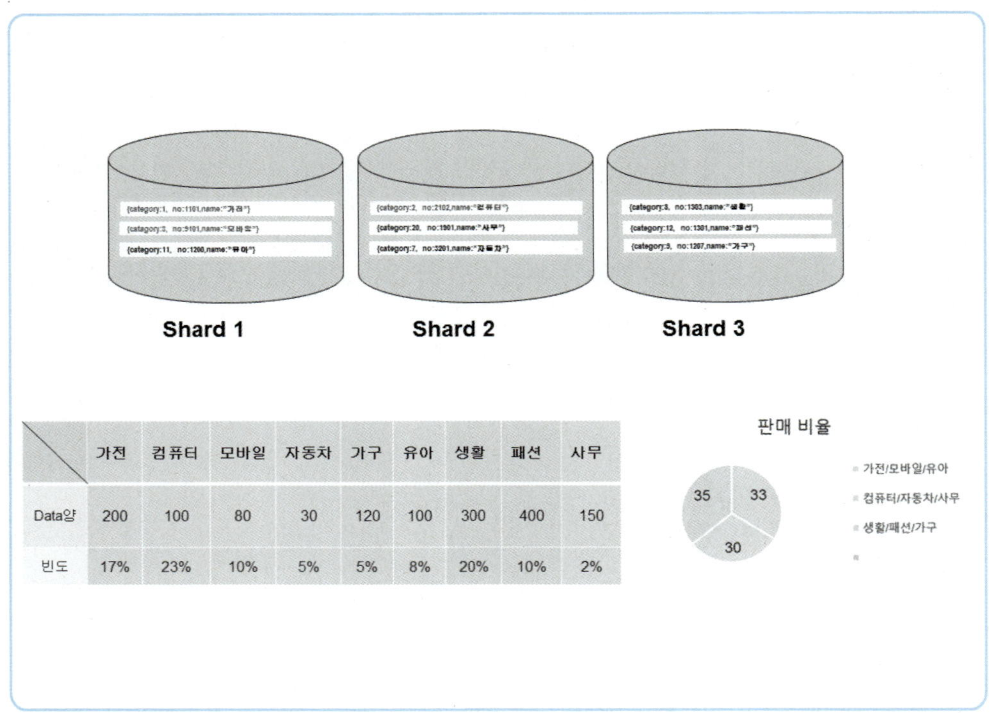

	가전	컴퓨터	모바일	자동차	가구	유아	생활	패션	사무
Data양	200	100	80	30	120	100	300	400	150
빈도	17%	23%	10%	5%	5%	8%	20%	10%	2%

기존의 관계형 DBMS에서는 데이터를 분산 저장하기 위해 새로운 서버를 추가했을 때 발생하는 비용과 관리 문제로 인해 분산 시스템을 구축하는 것은 결코 쉬운 일이 아니었습니다. 하지만 MongoDB를 사용하는 경우에는 자동 샤딩(Auto Sharding) 기능을 통해 저렴한 비용과 시간으로 데이터를 보다 쉽고 효율적으로 분산 저장시킬 수 있습니다.

자동 샤딩은 MongoDB 서버에서 제공하는 자동화된 알고리즘에 의해 데이터를 분산, 저장하기 때문에 사용의 의도대로 데이터를 분산, 저장할 수 없기 때문에 필수적으로 사용해야 할 기능보다는 사용자의 필요에 따라 선택적으로 사용해야 할 옵션 기능이라고 볼 수 있습니다.

그럼 위 그림을 통해 보다 구체적으로 설명해 보도록 하겠습니다.

MongoDB에서 데이터를 분산 저장하는 방법에는 2가지 유형이 있습니다. 첫 번째 방법은 자동 샤딩(Auto Sharding)이고 두 번째는 수동 샤딩(Manual Sharding)입니다. 어떤 샤딩 유형을 선택할 것인지는 발생하는 비즈니스 환경, 데이터 발생량, 데이터 저장기간, 검색 방법 등을 고려하여 MongoDB 서버에서 제공하는 데이터 자동 분산 알고리즘이 적합하다고 판단되는 경우라면 자동 샤딩을 적극적으로 권장하지만 해당 비즈니스 환경과 적합하지 않다면 사용자가 직접 데이터를 분산 저장시키는 수동 샤딩을 권장합니다. 자동화된 알고리즘이 무조건 좋을 것이라는 기대에 의해 선택되는 것보다는 다양한 정보를 수집 분석한 후 최적화된 분산방법을 고려하여 선택되어야 한다는 것입니다. 자동 샤당에 대해서는 앞서 충분히 설명되었으므로 해당 항목에서는 수동 샤딩에 대해 설명하도록 하겠습니다.

먼저 수동 샤딩의 개념부터 알아보겠습니다. 자동 샤딩은 Shard-Key를 기준으로 여러 대의 샤드 서버에 Chunk 단위로 데이터를 분산, 저장하는 개념이라면 수동 샤딩은 여러 대의 서버에 특정 범위의 데이터가 배치될 수 있도록 사용자가 직접 설계하는 방법입니다.

예를 들어 온라인 쇼핑몰을 MongoDB로 구축한다고 설명해 보겠습니다. 총 9개의 제품군(가전, 컴퓨터, 모바일, 자동차, 가구, 유아, 생활, 패션, 사무)을 가지고 있으며 제품 수는 총 3,880 만 건인데 이를 3대의 데이터 서버에 분산 저장한다고 합니다. 이를 수동 샤딩하기 위해서는 3대의 서버에 데이터를 균등 배치해야 하는데 그러기 위해서는 각 제품군의 데이터 발생량과 참조 빈도를 조사 분석해야 합니다. 3대 서버를 통해 골고루 데이터가 분산 저장되기 위해서는 각 제품군 중에 데이터 발생량이 가장 많은 제품군과 가장 적은 제품군을 묶어 주고 두 번째로는 그 중에 가장 참조 빈도가 가장 높은 것과 낮은 것을 하나로 묶어주게 되면 3대 서버에 균등하게 데이터를 저장할 수 있고 읽기/쓰기 작업도 골고루 발생할 수 있도록 설계할 수 있습니다.

위 결과에서 가전/모바일/유아, 컴퓨터/자동차/사무, 생활/패션/가구로 3개 카테고리로 분류하게 되면 데이터양과 분포가 33:35:30 으로 골고루 분산될 수 있을 것으로 보입니다.

이 분석 결과대로 각 서버에 MongoDB를 설치한 후 컬렉션을 생성하고 데이터를 저장하면 수동 샤딩 작업 끝나게 됩니다.

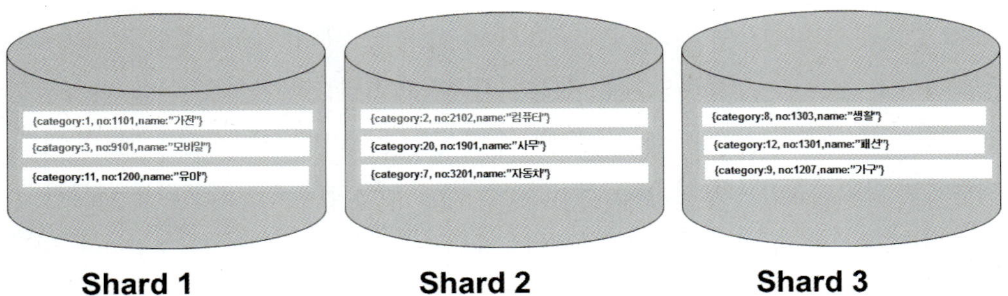

수동 샤딩은 사용자가 직접 데이터 발생량과 참조 빈도 등을 조사 분석한 후 전체 서버로부터 균등한 IO가 발생할 수 있도록 직접 설계해야 합니다. 또한 mongos를 통해 데이터를 자동 처리할 수 없기 때문에 개발자가 직접 SW를 통해 데이터가 저장되어 있는 서버를 검색해야 함으로 개발 작업에 추가적인 비용과 시간이 요구될 수 있습니다. 하지만 사용자가 원하는 데이터를 원하는 데이터 서버에 직접 저장 및 배치할 수 있기 때문에 계획적인 샤딩이 가능하다는 장점이 있습니다. 이와 유사한 형태의 샤딩 방법이 앞서 설명드린 Zone Sharding 방법입니다.

위와 같이 자동 샤딩과 수동 샤딩은 각각 장단점을 가지고 있기 때문에 어떤 샤딩 방법이 좋고 나쁘고의 문제가 아니라 구축하려는 비즈니스 환경에 어떤 샤딩 방법이 더 적합한지 여부를 분석하여 결정하는 것이 가장 이상적입니다.

CHAPTER 7

Replica & ReplicaSets

7.1 Master & Slave 서버

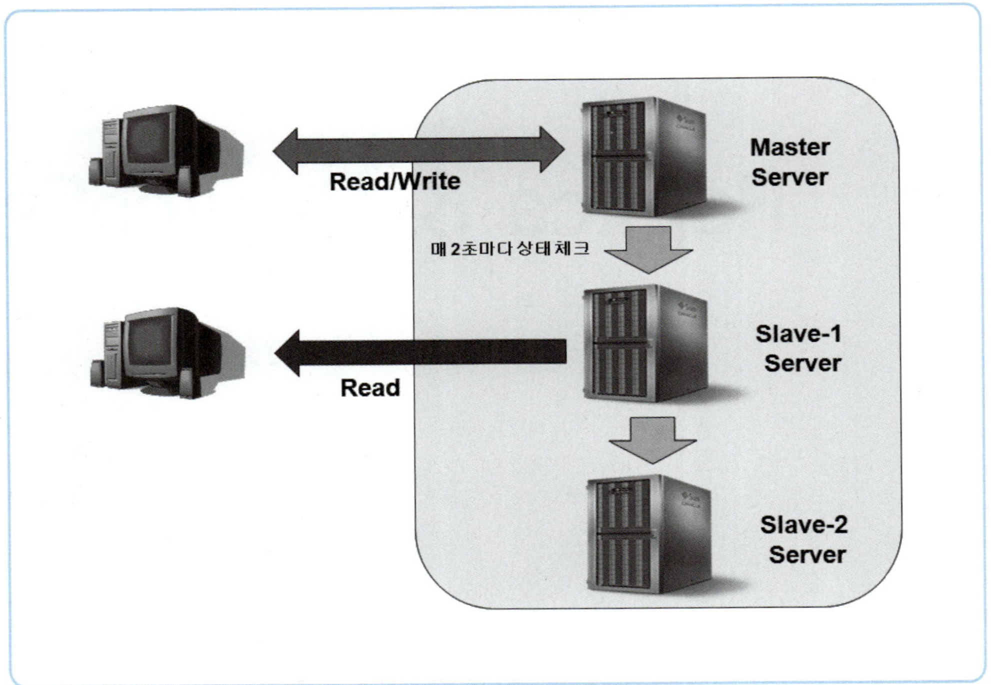

초당 몇 만 건 이상의 데이터에 대한 읽기/쓰기 작업이 발생하는 빅 데이터 환경에서는 예기치 못한 시스템 장애로 인한 데이터 유실은 기업 입장에서 치명적일 수밖에 없습니다.

이러한 문제가 발생하더라도 빅 데이터에 대한 안전한 저장과 관리 그리고 복구가 수행되기 위해서는 적절한 백업 솔루션이 필요할 수 밖에 없습니다.

하나의 서버에 데이터가 입력, 수정, 삭제되면 동일한 구조를 가진 또 다른 서버에 동일한 데이터가 입력, 수정, 삭제된다면 메인 서버에 장애가 발행하더라도 복제 서버를 이용하여 메인 서버를 빠르게 복구할 수 있을 것입니다. 그리고, Master/Slave 기능은 MongoDB 4.0 버전부터 공식 지원되지 않습니다.

이번 장에서 소개되는 Master/Slave와 리프리카셋(ReplicaSets) 기능은 빅 데이터의 백업을 통해 안정성을 보장하기 위한 솔루션 중에 하나입니다.

1) 먼저, 리프리카 기능을 위해서는 마스터 노드(Master Node)와 슬레이브 노드(Slave Node)가 필요합니다. 경우에 따라서는 많은 수의 슬레이브 노드를 설정할 수도 있지만 예상할 수 없는 다양한 장애가 발생할 수 있으므로 최소 3대 정도의 슬레이브 노드 설정을 적정 개수로 권장합니다.

〈시스템 환경〉

- Master Node : Port Number 10000
- Slave1 Node : Port Number 10001
- Slave2 Node : Port Number 10002

잠깐 실습할 때 주의사항

리프리카셋 구축과 관련된 실습내용 중에 "localhost"로 표시된 부분은 해당 서버의 IP-Address로 표시해 주셔야 합니다. 하나의 서버에서 리프리카셋을 구축하여 실습할 때는 "localhost"로 표시해도 무방합니다.

2) 우선, Master 데이터베이스가 저장될 홈 경로를 생성하고 MONGOD.EXE를 통해 인스턴스를 활성화하십시오.

실습 따라하기

```
C:\> mongod --dbpath  C:\MONGODB\MASTER  --port 10000 --master
                              ← 마스터 노드에 대한 인스턴스를 활성화 하십시오.
```

다음은 Slave1과 Slave2 데이터베이스에 대한 MONGOD.EXE를 통해 인스턴스를 활성화하십시오.

실습 따라하기

```
C:\> mongod --dbpath C:\MONGODB\SLAVE1 --port 10001 --slave  --source localhost:10000
                              ← 첫 번째 슬레이브 노드를 활성화 하십시오.
C:\>mongod --dbpath C:\MONGODB\SLAVE2 --port 10002 --slave  --source localhost:10000
                              ← 두 번째 슬레이브 노드를 활성화 하십시오.
```

7.1.1 MASTER & SLAVE 서버 환경 설정

1) Node 1을 Master DB로 설정한다.

```
C:\> mongod --dbpath C:\MONGODB\MASTER --port 10000 --master
```

2) Node 2를 Slave-1 DB로 설정한다.

```
C:\> mongod –dbpath C:\MONGODB\SLAVE1
         --port 10001 --slave --source localhost:10000
```

3) Node 3를 Slave-2 DB로 설정한다.

```
C:\> mongod –dbpath C:\MONGODB\SLAVE2
         --port 10002 --slave --source localhost:10000
```

1) Replica 기능은 기본적으로 최소 2개 이상의 Node로 구성되어야 한다.
2) Master DB와 Slave DB는 별도의 Node에 구축해야 한다.
3) 하나의 Node에 Shard Server와 Config Server를 구축하는 경우에는 반드시 별도의 PORT번호를 지정해야 한다.

1) 다음은 리프리카 기능이 정상적으로 작동하는지 테스트해 보도록 하겠습니다. 먼저, 마스터 노드의 DB로 접속하십시오.

실습 따라하기

```
C:\> mongo localhost:10000
MongoDB Shell version : 4.2.0
Connectiong to : localhost:10000/test
>
> show dbs
> local   0.09375 GB
>
> use test
> db.things.insert( { empno : 1101, ename : "james", dept : "account" } )
                                              ← things Collection 생성
> db.things.find();
{"_id":ObjectID("4f03b6c6e5c6022a325f7181"),"empno":1101, "ename":"james","dept":"account"}
```

2) 이번에는, 슬레이브 1 노드의 DB로 접속합니다.

실습 따라하기

```
C:\> mongo localhost:10001
MongoDB Shell version : 4.2.0
Connectiong to : localhost:10001/test
>
> rs.slaveOk()              ← 슬레이브 DB를 Read 할 수 있도록 설정한다.
> show dbs
 local    0.03125 GB
 test     0.03125 GB        ← Replication 기능에 의해 생성된 DB
>
> use test
> db.things.find();         ← Master DB에서 생성된 Collection과 Document 확인
{"_id":ObjectID("4f03b6c6e5c6022a325f7181"),"empno":1101, "ename":"james","dept":"account"}
>
> exit
```

3) 마지막으로 슬레이브 2 노드의 DB로 접속합니다.

실습 따라하기

```
C:\> mongo localhost:10002
MongoDB Shell version : 4.2.0
Connectiong to : localhost:10002/test
>
> rs.slaveOk()
> show dbs
 local    0.03125 GB
 test     0.03125 GB        ← MASTER 서버에 생성되었던 test DB 확인
>
> use test
> db.things.find();         ← Master 서버에서 생성된 Collection과 Document 확인
{"_id":ObjectID("4f03b6c6e5c6022a325f7181"),"empno":1101, "ename":"james","dept":"account"}
> exit
```

7.1.2 MASTER & SLAVE 복구 방법

실습 따라하기

```
C:\> mongo localhost:10000
MongoDB Shell version : 4.2.0
Connectiong to : localhost:10000/test
>
> use admin
> db.shutdownServer()

> exit

C:\Users\JMJOO>mongo localhost:10000/test
MongoDB shell version: 4.2.0
connecting to: localhost:10000/test
2018-01-20T21:29:47.947+0900 W NETWORK  [thread1] Failed to connect to 127.0.0.1:10000,
reason: errno:10061 대상 컴퓨터에서 연결을 거부했으므로 연결하지 못했습니다.
2018-01-20T21:29:47.974+0900 E QUERY    [thread1] Error: couldn't connect to server
localhost:10000, connection attempt failed :
connect@src/mongo/shell/mongo.js:226:14
@(connect):1:6

exception: connect failed

C:\> mongo localhost:10001
MongoDB Shell version : 4.2.0
Connectiong to : localhost:10001/test
>
> rs.slaveOk()
>
> db.things.insert( { empno : 1102, ename : "jimmy", dept : "information" } )
WriteResult({ "writeError" : { "code" : 10107, "errmsg" : "not master" } })
>                                              ← Slave 서버에는 입력할 수 없음.
> use admin
> db.shutdownServer()
> exit

C:\MONGODB> del c:\mongodb\master\*.*
C:\MONGODB> copy c:\mongodb\slave1\*.*  c:\mongodb\master\*.*
```

```
C:\MONGODB> mongod --dbpath  C:\MONGODB\MASTER  --port 10000 --master
2018-01-20T21:40:00.076+0900 I CONTROL  [initandlisten] MongoDB starting :
pid=15516 port=10000 dbpath=C:\MONGODB\MASTER master=1 64-bit host=JMJOO
2018-01-20T21:40:00.078+0900  I  CONTROL    [initandlisten]  targetMinOS:  Windows
Vista/Windows Server 2008
2018-01-20T21:40:00.085+0900 I CONTROL  [initandlisten] db version v4.2.0
2018-01-20T21:40:00.086+0900 I CONTROL  [initandlisten] git version:
45d947729a0315accb6d4f15a6b06be6d9c19fe7
2018-01-20T21:40:00.086+0900 I CONTROL  [initandlisten] allocator: tcmalloc
2018-01-20T21:40:00.091+0900 I CONTROL  [initandlisten] modules: none
2018-01-20T21:40:00.092+0900 I CONTROL  [initandlisten] build environment:
2018-01-20T21:40:00.096+0900 I CONTROL  [initandlisten]    distarch: x86_64

C:\MONGODB>mongod --dbpath C:\MONGODB\SLAVE1 --port 10001 --slave  --source localhost:10000

2018-01-20T21:40:05.388+0900 I CONTROL  [initandlisten] MongoDB starting :
pid=13088 port=10001 dbpath=C:\MONGODB\SLAVE1 slave=1 64-bit host=JMJOO
2018-01-20T21:40:05.389+0900  I  CONTROL    [initandlisten]  targetMinOS:  Windows
Vista/Windows Server 2008
2018-01-20T21:40:05.395+0900 I CONTROL  [initandlisten] db version v4.2.0
2018-01-20T21:40:05.395+0900 I CONTROL  [initandlisten] git version:
45d947729a0315accb6d4f15a6b06be6d9c19fe7
.............

C:\> mongo localhost:10000
MongoDB Shell version : 4.2.0
Connectiong to : localhost:10002/test
>
> show dbs
 local   0.03125 GB
 test    0.03125 GB          ← Master 서버에 생성되었던 test DB 확인
>
> db.things.find();          ← Master 서버에서 생성된 Collection과 Document 확인
{"_id":ObjectID("4f03b6c6e5c6022a325f7181"),"empno":1101, "ename":"james","dept":"account"}
> exit
```

7.2 ReplicaSets

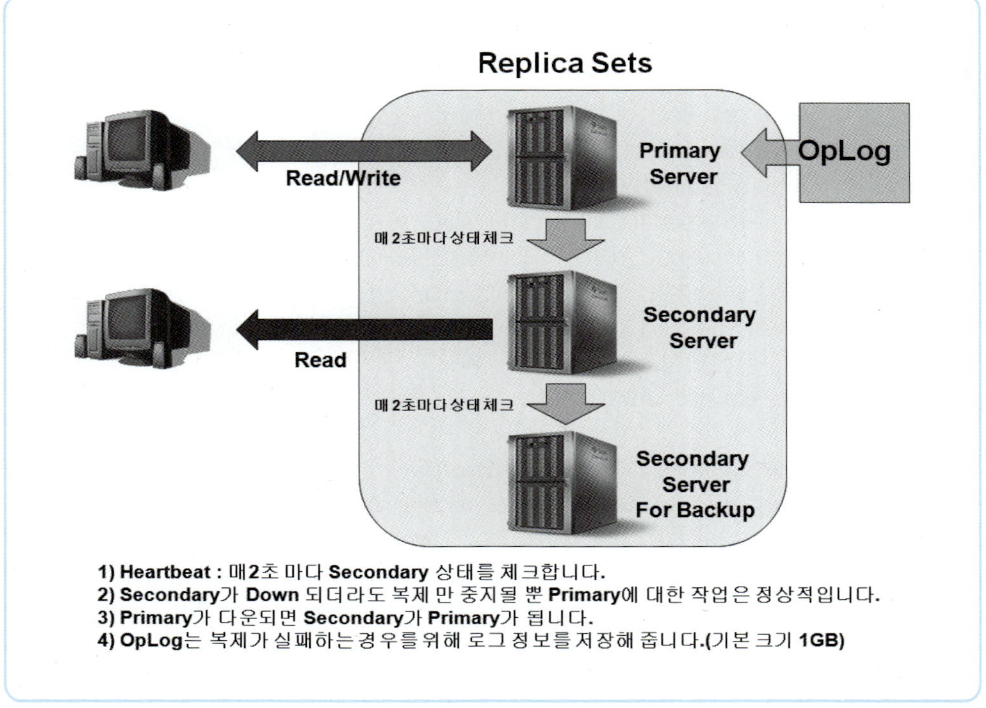

마스터 서버(Master Server)와 슬레이브 서버(Slave Server)의 관계는 원본 데이터베이스에 대한 복제 본 데이터베이스에 동일한 데이터를 하나 더 저장해 두는 관계를 의미하며, 장애가 발생하는 경우 복제 본 데이터베이스를 통한 복구 작업을 수행할 수 있습니다. 하지만, 실시간으로 마스터 서버에 대한 복구 작업을 수행하는 것은 아니며 슬레이브 서버를 즉시 사용할 수 있는 것도 아닙니다. 이러한 문제점을 개선, 보완한 기능이 리프리카셋(ReplicaSets) 입니다.

리프리카셋 기능에서 실 시간으로 사용되는 메인 서버를 프라이머리(Primary) 서버라고 합니다. 사용자들은 프라이머리 서버를 통해 데이터를 입력, 수정, 삭제, 조회 합니다.

이 경우, 슬레이브 서버의 백업 데이터로 마스터 서버를 복구하기 위해서는 일정시간 동안 서비스를 중지해야 하는 문제점이 발생하게 됩니다. 즉, 실시간 복구 작업을 수행할 수 없다는 것입니다.

이 경우, 프라이머리 서버에 장애가 발생하게 되면 실시간 서비스가 안 되기 때문에 빅데이터를 처리하는 기업 환경에서는 치명적인 상황이 발생할 수 밖에 없습니다. 리프리카셋에서 두 번째 서버를 세컨더리(Secondary) 서버라고 하는데 이 서버는 프라이머리 서버에 장애가 발생하여 서비스를 수행할 수 없는 경우에 즉시 프라이머리 서버의 마지막 수행 작업부터 연속적으로 작업을 수행해 줍니다. 이때부터 세컨더리 서버는 프라이머리 서버가 되고 최초 설정되었던 프라이머리 서버는 복구 후 세컨더리 서버가 됩니다.

위 그림에서 Secondary For Backup은 세컨더리 서버에 장애가 발생하는 경우를 대비하여 추가 복제 서버를 설정한 경우입니다.

다음은 프라이머리 서버와 세컨더리 서버 간에 리프리카셋이 작동되는 절차입니다.

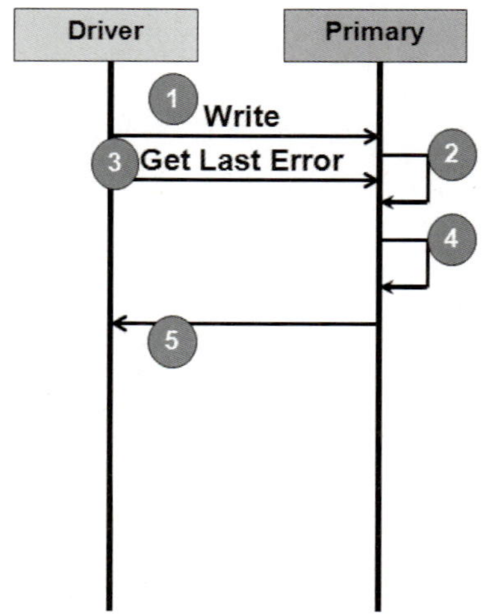

① Application을 통해 Primary Server로 Write 작업이 발생합니다.

② Memory Mapped Cache Area에 데이터를 먼저 저장합니다.

③ Primary Server가 정상 작동되지 않는 경우 Get Last Error가 발생합니다.

④ Primary Server의 Journal Area 로그 데이터를 Journal 파일에 백업합니다.

⑤ Primary Server는 Application에게 장애가 발생했음을 알립니다.

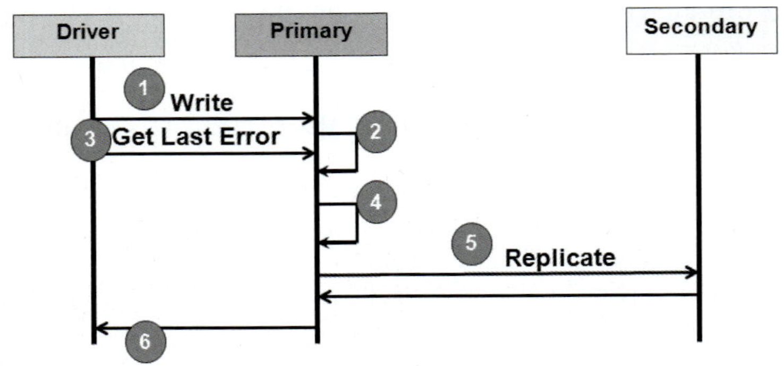

⑥ Primary Server는 Secondary Server로 복제 작업을 수행합니다.

⑦ Primary Server는 Application에게 장애가 발생했음을 알립니다.

■ 주요 특징

① 리프리카셋에서 프라이머리 서버는 매2초 마다 세컨더리 서버의 상태를 체크하며 동기화를 위한 HeartBeat 작업을 수행합니다.

② 만약, Secondary 서버가 중지(ShutDown) 되더라도 복제 작업 만 중지될 뿐 프라이머리 서버에 대한 데이터 읽기 작업은 정상적으로 수행 됩니다.

③ 만약, 프라이머리 서버가 중지되면 세컨더리 서버가 프라이머리 서버가 됩니다.

④ OpLog는 프라이머리 서버가 세컨더리 서버로 복제 작업을 수행하다 장애로 인해 작업을 수행할 수 없는 경우 동기화하지 못한 데이터를 추후 세컨더리 서버로 반영해 주기 위해 데이터를 백업해 줍니다.

잠깐 Configuration 유형

다음은 MongoDB 구성 유형입니다.

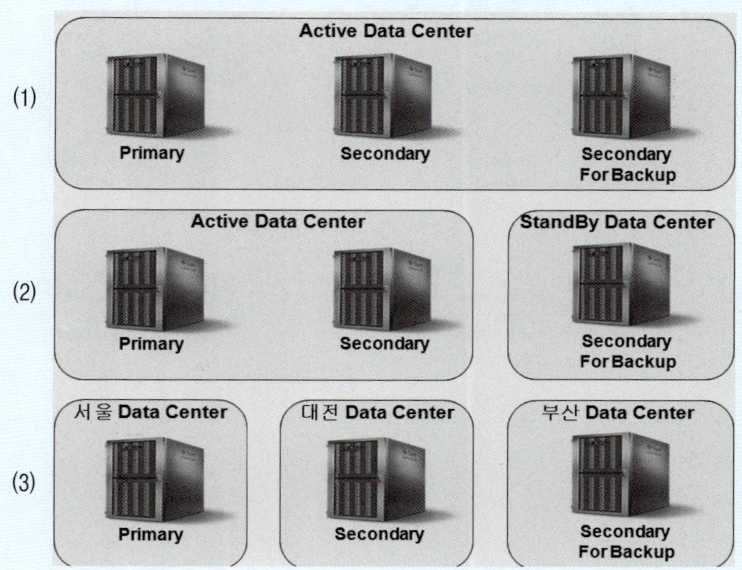

MongoDB의 Replica 또는 ReplicaSets 기능은 하나의 서버가 아닌 여러 대의 서버에 데이터를 복제하는 방법을 통해 데이터베이스의 신뢰성과 안정성을 보장하는 솔루션입니다. 하지만, 메인 서버와 복제 서버 간의 적절한 물리적 구성을 고려하지 않는다면 효율적인 시스템 운영에 많은 문제점이 발생할 것입니다.

위 그림에서 첫 번째 유형은 하나의 시스템에 Primary, Secondary, Secondary For Backup 서버 모두를 배치하는 방법입니다. 이 방법의 가장 큰 장점은 네트워크 트래픽에 의한 성능 지연 문제를 해소할 수 있다는 점이지만 시스템 장애 시 모든 서버를 사용할 수 없기 때문에 효과적인 복구에는한계가 있다는 점 입니다.
두 번째 유형은 Primary와 Secondary는 같은 서버에 두고 Secondary For Backup 서버는 다른 지역 또는 다른 시스템에 배치하는 방법입니다.
세 번째 유형은 Primary, Secondary, Secondary For Backup 서버 모두를 각각 다른 지역, 다른 시스템에 분리 배치하는 방법입니다. 이 방법은 네트워크 대역폭이 보장되지 않는 환경에서는 성능 지연 문제를 유발시킬 수도 있기 때문에 충분한 고려가 필요합니다.

7.2.1 Priority(우선 순위)

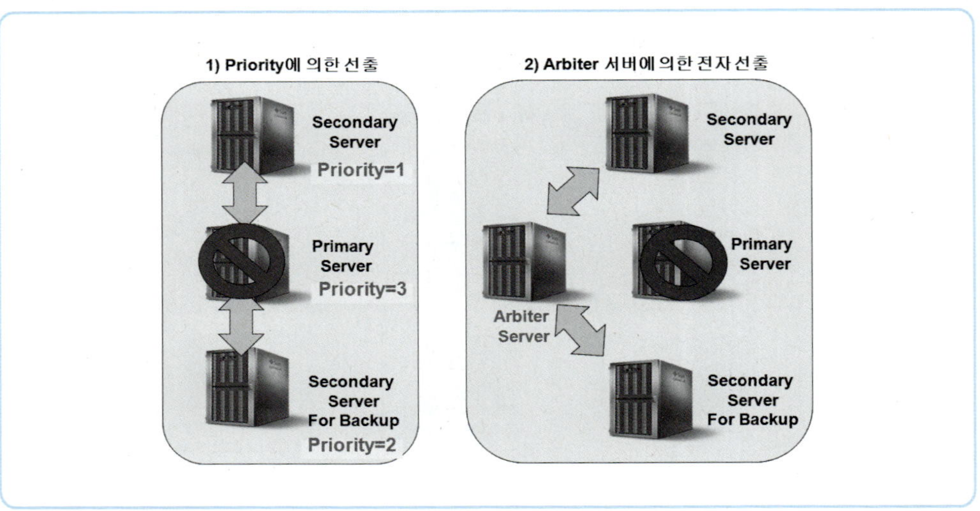

프라이머리 서버와 여러 대의 리프리카 서버로 구성된 환경에서 프라이머리 서버에 장애가 발생하면 MongoDB는 10초 이내에 다음 Primary 서버가 되어야 할 노드 하나를 선택하게 됩니다.

이 경우, 아비타(Abitor) 서버가 활성화 되어 있다면 아비타가 적절한 서버를 선택해 주지만 사용자가 각 서버에 대한 우선순위(Priority)를 설정해 둔 경우에는 가장 높은 값을 부여 받은 서버가 프라이머리 서버가 됩니다.

부여할 수 있는 우선순위 값은 0부터 1,000 범위 내에서 정의할 수 있습니다.

```
> conf = {
   _id : "rptmongo",
   members : [
      { _id : 0, host : "server_a:10001", priority : 3 },
      { _id : 1, host : "server_b:10002", priority : 1 },
      { _id : 2, host : "server_c:10004", priority : 2 },
      { _id : 3, host : "server_e:10005", hidden : true, slaveDelay : 1800}
   ]
}

> rs.initiate(conf)
```

현재 Primary Server

장애 발생 시 Primary Server가 될 Secondary Server

장애 발생 시 투표에는 참여하지 않으며 복제 데이터는 1800초 이후부터 저장되는 Secondary Server

7.2.2 멤버의 유형

Secondary Only Member	이 멤버는 데이터를 저장하고 있지 만 절대 Primary 서버는 될 수 없는 Only Secondary 서버를 의미합니다. cfg = rs.conf() cfg.members[0].priority = 0 cfg.members[1].priority = 0.5 cfg.members[2].priority = 1 cfg.members[3].priority = 2 rs.reconfig(cfg)
Hidden Member	이 멤버는 Client Application을 위한 숨겨진 멤버입니다. 투표 시에는 적용되지 않습니다. cfg = rs.conf() cfg.members[0].priority = 0 cfg.members[0].hidden = true rs.reconfig(cfg)
Abiters Member	이 멤버는 데이터가 저장되지 않으며 오직 장애 발생 시 Primary 서버를 선출하기 위해 투표 시에 만 사용됩니다.

다음은 MongoDB에서 리프리카셋을 구성하는 멤버의 유형입니다.

1) Secondary Only Member

이 멤버는 사용자 데이터를 저장하고 있지 만 절대 프라이머리 서버는 될 수 없는 Only Secondary 서버를 의미합니다.

문법

```
cfg = rs.conf()
cfg.members[0].priority = 0        ← Secondary Only Member 설정 방법
cfg.members[1].priority = 0.5
cfg.members[2].priority = 1
```

```
cfg.members[3].priority = 2
rs.reconfig(cfg)
```

2) Hidden Member

이 멤버는 Client Application을 위한 숨겨진 멤버입니다. 아비터 서버가 프라이머리 서버를 선출하기 위한 투표 시에는 사용되지 않습니다.

문법

```
cfg = rs.conf()
cfg.members[0].priority = 0
cfg.members[0].hidden = true          ← Hidden Member 설정 방법
rs.reconfig(cfg)
```

3) Arbiter Member

이 멤버는 사용자 데이터가 저장되지 않으며 오직 장애 발생 시 Primary 서버를 선출하기 위해 투표 시에 만 사용됩니다.

문법

```
db.runCommand(
{"replSetInitiate" : {"_id":"rptmongo", "members":
                    [ {"_id" : 1, "host" : "localhost:10001"},
                      {"_id" : 2, "host" : "localhost:10002"},
                      {"_id" : 3, "host" : "localhost:10003", arbiterOnly:true}
                                                  ← Arbiter Member 설정 방법
```

4) Delayed Member

이 멤버는 Primary 서버의 OpLog 정보를 정의된 시간 동안 Seconary 서버에 적용하지 않고 Delay 한 후 적용되는 멤버입니다.

≫ 문법

```
cfg = rs.conf()
cfg.members[0].priority = 0
cfg.members[0].slaveDelay = 3600          ← Delayed Member 설정 방법
rs.reconfig(cfg)
```

5) Non Voting Member

이 멤버는 사용자 데이터를 저장하고 있지만 투표 시에는 Primary 서버로 선택되지 않는 멤버입니다.

≫ 문법

```
cfg = rs.conf()
cfg.members[3].votes = 0          ← Non Voting Member 설정
cfg.members[4].votes = 0          ← Non Voting Member 설정
cfg.members[5].votes = 0          ← Non Voting Member 설정
```

7.2.3 Replica Sets 환경 설정

1) **Primary DB**와 **Secondary DB, Secondary DB for backup**이 상호 간에 세트로 설정될 수 있도록 환경 설정합니다. 먼저, **Primary DB**를 설정합니다.

```
C:\> mongod --dbpath C:\MONGODB\DISK1\
            --port 10001 --replSet rptmongo/localhost:10002
```

2) **Replica Set**를 위한 **Secondary DB**를 설정합니다.

```
C:\> mongod --dbpath C:\MONGODB\DISK2\
            --port 10002 --replSet rptmongo/localhost:10001
```

3) **Replica Set**를 위한 **Secondary DB for backup**을 설정합니다.

```
C:\> mongod --dbpath C:\MONGODB\ARBIT\
            --port 10003 --replSet rptmongo/localhost:10001
```

다음 예제는 리프리카셋을 설정하는 방법입니다.

먼저, 하나의 리프리카셋으로 생성될 Primary DB와 Secondary DB가 저장될 홈 경로를 다음과 같이 생성하십시오.

또한, 아비티 DB가 생성될 홈경로도 생성하십시오.

실습 따라하기

```
C:\> mkdir C:\MONGODB\DISK1          ← Primary DB가 저장될 홈 경로
C:\> mkdir C:\MONGODB\DISK2          ← Secondary DB가 저장될 홈 경로
C:\> mkdir C:\MONGODB\ARBIT          ← Arbiter DB가 저장될 홈 경로
```

다음과 같이 ReplicaSets을 활성화 하십시오.(Replica Sets 명은 rptmongo)

실습 따라하기

```
C:\>mongod --dbpath C:\MONGODB\DISK1 --port 10001 —replSet rptmongo --oplogSize 10
--bind_ip_all
C:\> mongo localhost:10001/admin
MongoDB shell version: 4.2.0
connecting to: localhost:10001/admin
> rs.status()
{
        "info" : "run rs.initiate(...) if not yet done for the set",
        "ok" : 0,
        "errmsg" : "no replset config has been received",
        "code" : 94
}
> rs.initiate()
{
        "info2" : "no configuration specified. Using a default configuration for the set",
        "me" : "JMJOO:10001",
        "ok" : 1
}
rptmongo:OTHER>
rptmongo:PRIMARY> exit
```

환경 설정이 되었으면 MongoDB에서 db.runCommand로 다음과 같이 리프리카-셋을 초기화해야 합니다.

실습 따라하기

```
C:\>mongod --dbpath C:\MONGODB\DISK2 --port 10002 —replSet rptmongo --oplogSize 10
--bind_ip_all

C:\>mongod --dbpath C:\MONGODB\ARBIT --port 10003 —replSet rptmongo --oplogSize 10
--bind_ip_all

C:\> mongo localhost:10001/admin
MongoDB shell version: 4.2.0
```

```
connecting to: localhost:10001/admin
>
> rs.add("localhost:10002")
rptmongo:PRIMARY> rs.add("localhost:10002")
                                        ← localhost로는 샤드 서버를 추가할 수 없다.
        "ok" : 0,
        "errmsg" : "Either all host names in a replica set configuration must be localhost
references, or none must be; found 1 out of 2",
        "code" : 103
}
rptmongo:PRIMARY>
rptmongo:PRIMARY> rs.add("192.168.0.10:10002")       ← 반드시 IP-Address로 설정
{ "ok" : 1 }
rptmongo:PRIMARY>
rptmongo:PRIMARY> rs.addArb("192.168.0.10:10003")    ← 반드시 IP-Address로 설정
{ "ok" : 1 }
rptmongo:PRIMARY>
rptmongo:PRIMARY> rs.status()                        ← 리프리카셋트 설정 여부 확인
{
        "set" : "rptmongo",
        "date" : ISODate("2018-01-20T13:20:16.965Z"),
        "myState" : 1,
        "term" : NumberLong(1),
        "heartbeatIntervalMillis" : NumberLong(2000),
        "members" : [
                {
                        "_id" : 0,
                        "name" : "JMJOO:10001",
                        "health" : 1,
                        "state" : 1,
                        "stateStr" : "PRIMARY",
                        "uptime" : 134,
                        "optime" : {
                                "ts" : Timestamp(1484918389, 1),
                                "t" : NumberLong(1)
                        },
                        "optimeDate" : ISODate("2018-01-20T13:19:49Z"),
                        "infoMessage" : "could not find member to sync from",
                        "electionTime" : Timestamp(1484918316, 2),
                        "electionDate" : ISODate("2018-01-20T13:18:36Z"),
```

```
                        "configVersion" : 5,
                        "self" : true
                },
                {
                        "_id" : 1,
                        "name" : "192.168.0.10:10002",
                        "health" : 1,
                        "state" : 2,
                        "stateStr" : "SECONDARY",
                        "uptime" : 64,
                        "optime" : {
                                "ts" : Timestamp(1484918389, 1),
                                "t" : NumberLong(1)
                        },
                        "optimeDate" : ISODate("2018-01-20T13:19:49Z"),
                        "lastHeartbeat" : ISODate("2018-01-20T13:20:15.541Z"),
                        "lastHeartbeatRecv" : ISODate("2018-01-20T13:20:15.610Z"),
                        "pingMs" : NumberLong(0),
                        "syncingTo" : "JMJOO:10001",
                        "configVersion" : 5
                },
                {
                        "_id" : 2,
                        "name" : "192.168.0.10:10003",
                        "health" : 1,
                        "state" : 7,
                        "stateStr" : "ARBITER",
                        "uptime" : 25,
                        "lastHeartbeat" : ISODate("2018-01-20T13:20:15.563Z"),
                        "lastHeartbeatRecv" : ISODate("2018-01-20T13:20:14.591Z"),
                        "pingMs" : NumberLong(0),
                        "syncingTo" : "JMJOO:10001",
                        "configVersion" : 5
                }
        ],
        "ok" : 1
}
rptmongo:PRIMARY> exit

C:\> mongo localhost:10002/admin
```

```
MongoDB shell version: 4.2.0
connecting to: localhost:10001/admin
rptmongo:SECONDARY>
rptmongo:SECONDARY> exit

C:\> mongo localhost:10003/admin
MongoDB shell version: 4.2.0
connecting to: localhost:10001/admin
rptmongo:ARBITER>
rptmongo:ARBITER> exit
```

실습 따라 하기를 통해 리프리카셋을 설정해 보면 알 수 있듯이 MongoDB의 복제 시스템을 구축하는 방법과 절차는 기존 관계형 DB에서 복제 시스템을 구축하는 것과 비교했을 때 절차가 매우 간편하고 설정 방법도 간단하다는 것이 최대 장점이라고 말할 수 있습니다.

각 서버로 접속하여 환경 설정이 정상적으로 작동하는 지 확인되었으면 Primary 서버에 장애가 발생하는 경우 Fail-Over 기능이 제대로 작동되는 지 알아 보겠습니다.

7.2.4 FailOver

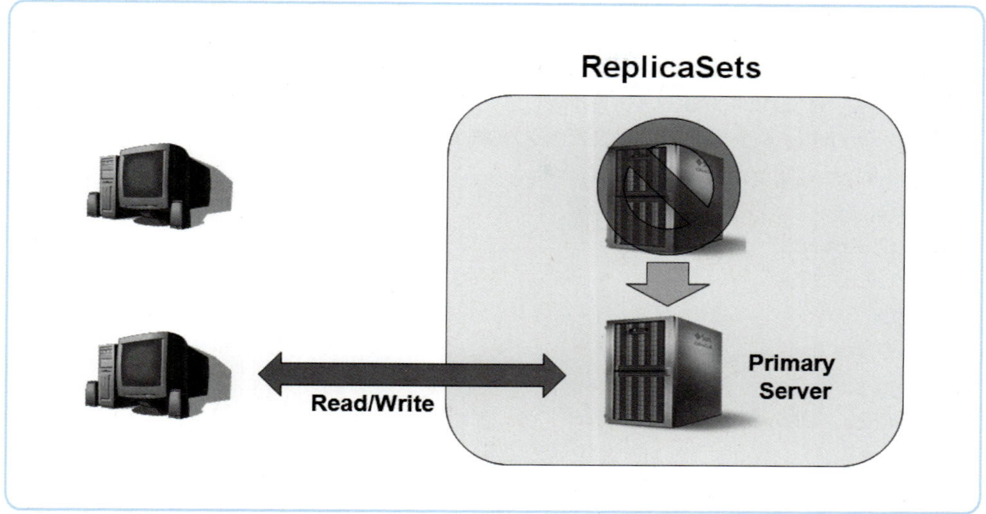

다음은 Primary 서버 노드에 장애가 발생하는 경우 Secondary 서버가 Primary 서버로 Fail over 되는 기능에 대한 환경 설정 방법입니다.

실습 따라하기

```
C:\> mongo localhost:10001/admin
MongoDB shell version: 4.2.0
connecting to: localhost:10001/admin
PRIMARY>
PRIMARY> db.printReplicationInfo()          ← Replicatsets 환경정보 확인
configured oplog size:    10MB
log length start to end: 186secs (0.05hrs)
oplog first event time:  Fri Jan 20 2018 22:03:46 GMT+0900
oplog last event time:   Fri Jan 20 2018 22:06:52 GMT+0900
now:                     Fri Jan 20 2018 22:13:00 GMT+0900
PRIMARY>
PRIMARY>
```

```
PRIMARY> db.printSlaveReplicationInfo()
        source: 192.168.0.10:10002
        syncedTo: Fri Jan 20 2018 22:06:52 GMT+0900
        0 secs (0 hrs) behind the primary
source: 192.168.0.10:10003
        syncedTo: Fri Jan 20 2018 22:06:52 GMT+0900
        0 secs (0 hrs) behind the primary
PRIMARY>
PRIMARY> show dbs
local   0.03125GB
PRIMARY>
PRIMARY> use admin
switched to db admin
PRIMARY> db.shutdownServer()           ← 첫 번째 Primary 서버를 종료하면
                                          두 번째가 Secondary 서버가 Primary가 됩니다.
Mon Aug 13 21:47:16 DBClientCursor::init call() failed
Mon Aug 13 21:47:16 query failed : admin.$cmd { shutdown: 1.0 } to: localhost:10001
server should be down...
Mon Aug 13 21:47:16 trying reconnect to localhost:10001
Mon Aug 13 21:47:17 reconnect localhost:10001 failed couldn't connect to server
localhost:10001
Mon Aug 13 21:47:17 Error: error doing query: unknown shell/collection.js:151
PRIMARY> exit

C:\> mongo localhost:10002/test
MongoDB shell version: 4.2.0
connecting to: localhost:10002/test
SECONDARY>
SECONDARY>
PRIMARY>          ← SECONDARY 서버가 PRIMARY 서버로 변경 된 것을 확인할 수 있습니다.
PRIMARY> exit
```

Primary 서버였지만 장애가 발생했던 시스템을 복구하면 Secondary 서버로 활성화됩니다.

실습 따라하기

```
C:\>mongod --dbpath C:\MONGODB\DISK1 --port 10001 --replSet rptmongo --oplogSize 10

C:\> mongo localhost:10001/admin
MongoDB shell version: 4.2.0
connecting to: localhost:10001/admin
SECONDARY>                          ← PRIMARY 서버 였었지만 SECONDARY 서버로
SECONDARY> exit                       변경되었습니다.

C:\> mongo localhost:10003
MongoDB shell version: 4.2.0
connecting to: localhost:10003/test
ARBITER>                            ← ARBITER 서버 상태 확인
ARBITER> show dbs
local   0.03125GB
ARBITER>
ARBITER> exit
```

7.2.5 replSetGetStatus 메쏘드

```
db.adminCommand( { replSetGetStatus: 1 } )
db.adminCommand( { replSetGetStatus: 1, initialSync: 1 } ) ←초기동기화 상태정보 수집
```

```
rpt1:PRIMARY> db.adminCommand( { replSetGetStatus: 1 } )
{
    "set" : "rpt1",
    "date" : ISODate("2019-06-11T04:46:14.610Z"),
    "myState" : 1,
    "term" : NumberLong(1),
    "syncingTo" : "",
    "syncSourceHost" : "",
    "syncSourceId" : -1,
    "heartbeatIntervalMillis" : NumberLong(2000),
..................................................................
  "members" : [
        {
            "_id" : 0,
            "name" : "localhost:30001",
            "ip" : "127.0.0.1",
            "health" : 1,
            "state" : 1,
            "stateStr" : "PRIMARY",
            "uptime" : 2767,
            "optime" : {
                "ts" : Timestamp(1560228366, 1),
                "t" : NumberLong(1)
            },
            "optimeDate" : ISODate("2019-06-11T04:46:06Z"),
            "syncingTo" : "",
            "syncSourceHost" : "",
            "syncSourceId" : -1,
            "infoMessage" : "",
            "electionTime" : Timestamp(1560225674, 1),
            "electionDate" : ISODate("2019-06-11T04:01:14Z"),
            "configVersion" : 1,
            "self" : true,
            "lastHeartbeatMessage" : ""
        },
        {
            "_id" : 1,
            "name" : "localhost:30002",
            "ip" : "127.0.0.1",
            "health" : 1,
            "state" : 2,
            "stateStr" : "SECONDARY",
            "uptime" : 2712,
            "optime" : {
                "ts" : Timestamp(1560228366, 1),
                "t" : NumberLong(1)
            },
            "optimeDurable" : {
                "ts" : Timestamp(1560228366, 1),
                "t" : NumberLong(1)
            },
            "optimeDate" : ISODate("2019-06-11T04:46:06Z"),
            "optimeDurableDate" : ISODate("2019-06-11T04:46:06Z"),
            "lastHeartbeat" : ISODate("2019-06-11T04:46:14.271Z"),
            "lastHeartbeatRecv" : ISODate("2019-06-11T04:46:14.336Z"),
            "pingMs" : NumberLong(0),
            "lastHeartbeatMessage" : "",
            "syncingTo" : "localhost:30001",
            "syncSourceHost" : "localhost:30001",
            "syncSourceId" : 0,
            "infoMessage" : "",
            "configVersion" : 1
        },
        {
            "_id" : 2,
            "name" : "localhost:30003",
            "ip" : "127.0.0.1",
            "health" : 1,
            "state" : 7,
            "stateStr" : "ARBITER",
```

MongoDB 4.2에서는 ReplicaSets의 보다 구체적인 상태 수집 및 분석을 위해 replSetGetStatus() 메쏘드를 제공합니다. 기존에 제공되었던 rs.status() 메쏘드와 유사하지만 보다 구체적이고 자세한 상태 정보가 추가로 제공됩니다.

```
db.adminCommand( { replSetGetStatus: 1 } )
db.adminCommand( { replSetGetStatus: 1, initialSync: 1 } ) → 초기 동기화 상태정보 수집
```

실습 따라하기

```
rpt1:PRIMARY> db.adminCommand( { replSetGetStatus: 1 } )        → 복제상태 정보 조회
{
        "set" : "rpt1",                                          → 복제세트명
        "date" : ISODate("2019-06-11T04:46:14.610Z"),
        "myState" : 1,
        "term" : NumberLong(1),
        "syncingTo" : "",
        "syncSourceHost" : "",
        "syncSourceId" : -1,
        "heartbeatIntervalMillis" : NumberLong(2000),
…………………………………………………………………………….
 "members" : [
                {
                        "_id" : 0,
                        "name" : "localhost:30001",               → 첫 번째 멤버
                        "ip" : "127.0.0.1",
                        "health" : 1,
                        "state" : 1,
                        "stateStr" : "PRIMARY",                   → 첫 번째 멤버 상태
                        "uptime" : 2767,
                        "optime" : {
                                "ts" : Timestamp(1560228366, 1),
                                "t" : NumberLong(1)
                        },
                        "optimeDate" : ISODate("2019-06-11T04:46:06Z"),
                        "syncingTo" : "",
                        "syncSourceHost" : "",
                        "syncSourceId" : -1,
                        "infoMessage" : "",
                        "electionTime" : Timestamp(1560225674, 1),
                        "electionDate" : ISODate("2019-06-11T04:01:14Z"),
                        "configVersion" : 1,
                        "self" : true,
                        "lastHeartbeatMessage" : ""
                },
{
                        "_id" : 1,
                        "name" : "localhost:30002",               → 복제셋 두 번째 멤버
                        "ip" : "127.0.0.1",
```

```
        "health" : 1,
        "state" : 2,
        "stateStr" : "SECONDARY",              → 두 번째 멤버 상태
        "uptime" : 2712,
        "optime" : {
                "ts" : Timestamp(1560228366, 1),
                "t" : NumberLong(1)
        },
        "optimeDurable" : {
                "ts" : Timestamp(1560228366, 1),
                "t" : NumberLong(1)
        },
        "optimeDate" : ISODate("2019-06-11T04:46:06Z"),
        "optimeDurableDate" : ISODate("2019-06-11T04:46:06Z"),
        "lastHeartbeat" : ISODate("2019-06-11T04:46:14.271Z"),
        "lastHeartbeatRecv" : ISODate("2019-06-11T04:46:14.336Z"),
        "pingMs" : NumberLong(0),
        "lastHeartbeatMessage" : "",
        "syncingTo" : "localhost:30001",
        "syncSourceHost" : "localhost:30001",
        "syncSourceId" : 0,
        "infoMessage" : "",
        "configVersion" : 1
},
{
        "_id" : 2,
        "name" : "localhost:30003",             → 복제셋 아비터 멤버
        "ip" : "127.0.0.1",
        "health" : 1,
        "state" : 7,
        "stateStr" : "ARBITER",                 → 아비터 멤버 상태
        .....................................
```

7.2.6 복제 서버의 추가와 삭제

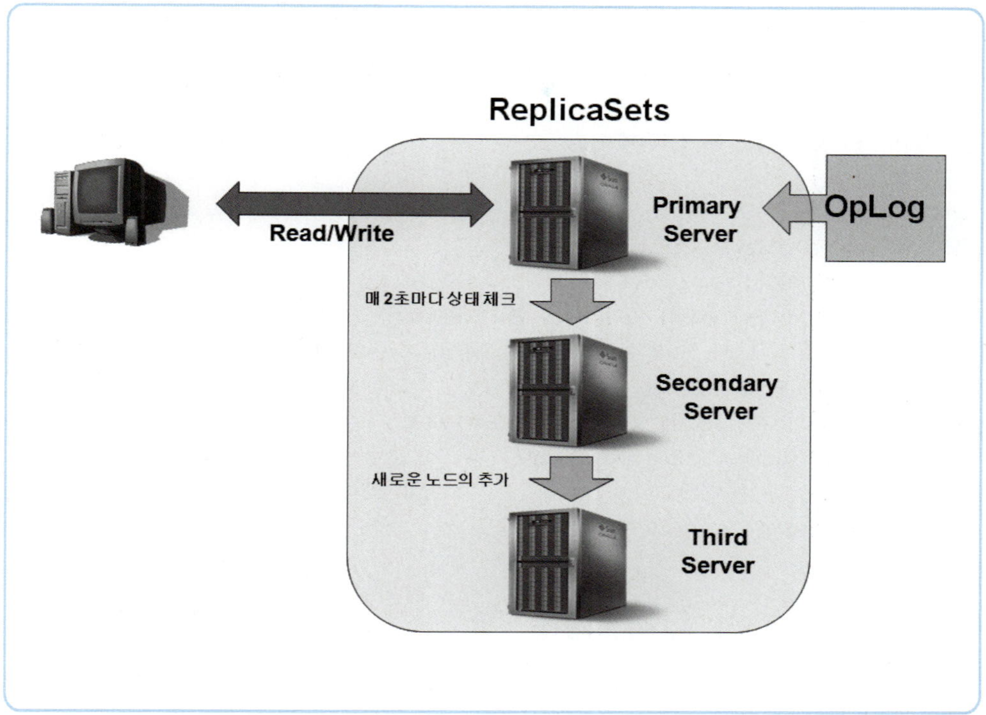

이번에는 새로운 복제 서버를 추가하고 삭제해 보겠습니다.

실습 따라하기

```
C:\> mkdir C:\MONGODB\DISK3            ← 3번째 복제 서버의 홈 경로
C:\>mongod --dbpath C:\MONGODB\DISK3 --port 10004 --replSet rptmongo --oplogSize 10

C:\> mongo localhost:10002
MongoDB shell version: 4.2.0
connecting to: 192.168.0.16:10002/test
PRIMARY>                              ← SECONDARY가 PRIMARY가 된 것을 확인할 수  있습니다.
```

```
PRIMARY> db.printSlaveReplicationInfo()
source: JMJOO:10001
        syncedTo: Thu Jan 01 1970 09:00:00 GMT+0900
        1484918491 secs (412477.36 hrs) behind the primary
PRIMARY>
PRIMARY> rs.add("192.168.0.10:10004")              ← 새로운 복제서버를 추가합니다.
{ "ok" : 1 }
PRIMARY>
PRIMARY> db.printSlaveReplicationInfo()
source: JMJOO:10001
        syncedTo: Thu Jan 01 1970 09:00:00 GMT+0900
        1484918743 secs (412477.43 hrs) behind the primary
source: 192.168.0.10:10004
        syncedTo: Fri Jan 20 2018 22:25:43 GMT+0900
        0 secs (0 hrs) behind the primary
PRIMARY>
PRIMARY> rs.remove("192.168.0.10:10004")           ← 해당 복제서버 제거
{ "ok" : 1 }
PRIMARY>
PRIMARY> db.printSlaveReplicationInfo()
source: JMJOO:10001
syncedTo: Thu Jan 01 1970 09:00:00 GMT+0900
1484918793 secs (412477.44 hrs) behind the primary
                        ← PORT : 10004 복제서버가 제거된 것을 확인할 수 있습니다.
```

7.2.7 OpLog의 크기 변경

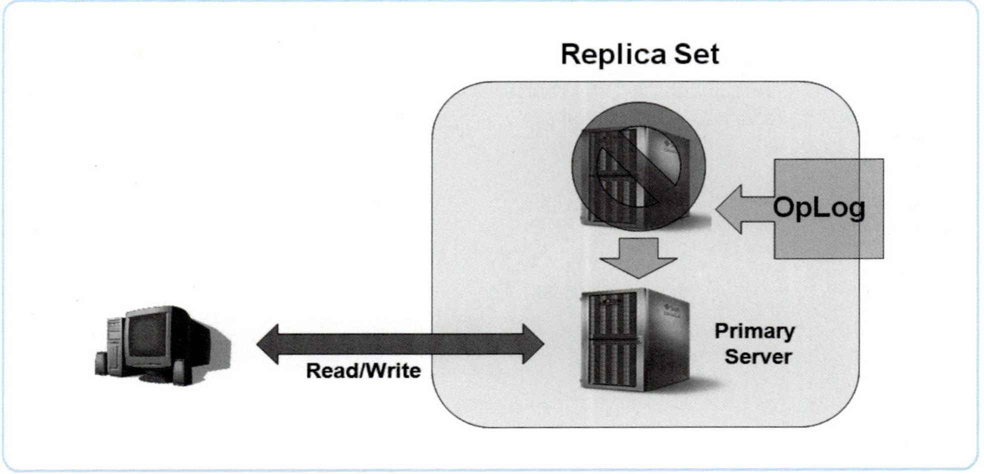

OpLog는 ReplicaSets을 운영하는데 있어서 매우 중요한 핵심 포인트 중에 하나입니다. 최초 복제 시스템을 구축하는 단계에서 OpLog 크기에 대한 충분한 분석과 설계를 하지 못한 상태에서 시스템을 운영하게 되면 장애가 발생하는 경우 데이터 유실이 발생할 수 있기 때문에 이에 대한 충분한 고려가 필요합니다. 다음은 MongoDB 3.6 기준으로 Oplog 크기를 Resize하는 방법에 대해 알아보겠습니다.

실습 따라하기

```
C:\> mongo localhost:10002
MongoDB shell version v4.2.0
connecting to: mongodb://localhost:10002/
MongoDB server version: 4.2.0
Server has startup warnings:
PRIMARY> use local
switched to db local
PRIMARY> db.oplog.rs.stats().maxSize
NumberLong("104857600")
PRIMARY>
PRIMARY> use admin
switched to db admin
```

```
PRIMARY> db.adminCommand({ replSetResizeOplog : 1, size : 300000000 })
{
        "ok" : 1,
        "$gleStats" : {
                "lastOpTime" : Timestamp(0, 0),
                "electionId" : ObjectId("7fffffff0000000000000034")
        },
        "$configServerState" : {
                "opTime" : {
                        "ts" : Timestamp(1514533169, 1),
                        "t" : NumberLong(7)
                }
        }
}
PRIMARY>
PRIMARY> use local
switched to db local
PRIMARY> db.oplog.rs.stats().maxSize
NumberLong("314572800")
PRIMARY>
PRIMARY> use admin
PRIMARY> db.adminCommand({ replSetResizeOplog : 1, size : 50000000 })
{
        "ok" : 1,
        "$gleStats" : {
                "lastOpTime" : Timestamp(0, 0),
                "electionId" : ObjectId("7fffffff0000000000000034")
        },
        "$configServerState" : {
                "opTime" : {
                        "ts" : Timestamp(1514533189, 1),
                        "t" : NumberLong(7)
                }
        }
}
PRIMARY> use local
switched to db local
PRIMARY> db.oplog.rs.stats().maxSize
NumberLong("5240000000")
PRIMARY>
PRIMARY> exit
```

7.2.8 리프리카셋 멤버의 동기화

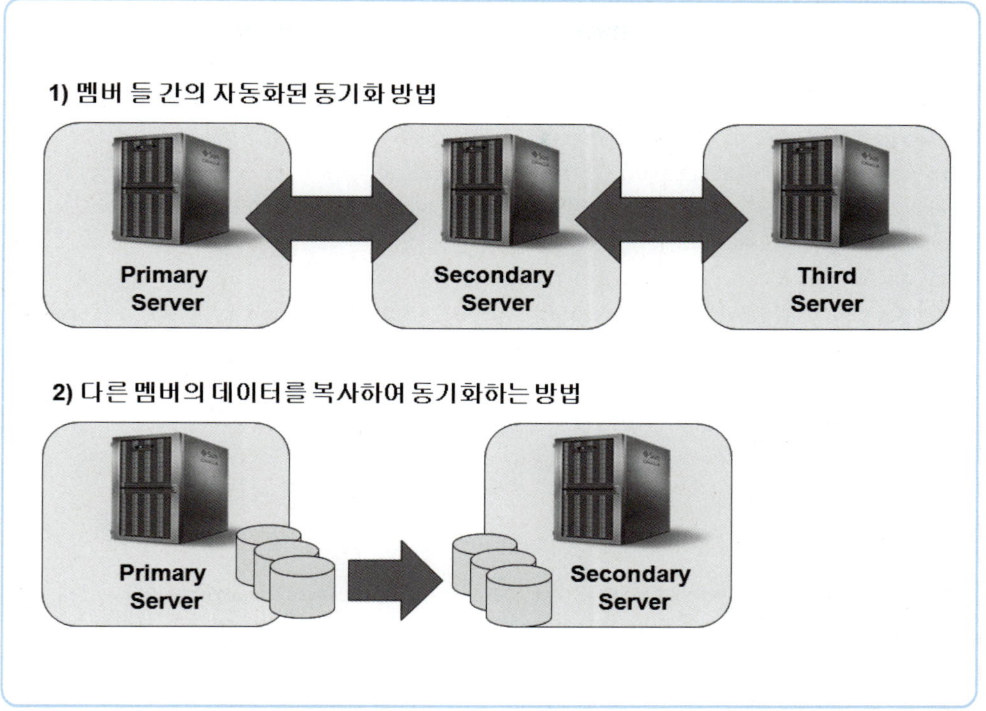

리프리카셋을 운영하다 보면 각 멤버의 데이터 구조에 장애가 발생하는 경우에 프라이머리 서버 또는 세컨더리 서버의 데이터를 이용하여 각 서버들 간에 데이터를 동기화해야 하는 경우가 발생합니다.

1) 멤버들 간에 자동화된 동기화 방법

리프리카셋을 설정하게 되면 인스턴스를 활성화했을 때 하나의 멤버가 다른 멤버와 동기화가 되어 있지 않은 경우, 자동으로 동기화 작업을 수행해 줍니다.

실습 따라하기

```
C:\> mongo localhost:10002/admin
rptmongo:SECONDARY> use admin
switched to db admin
rptmongo:SECONDARY>
rptmongo:SECONDARY> db.shutdownServer()    ← 실습을 위해 DB 종료
Fri Nov 30 23:53:35 DBClientCursor::init call() failed
Fri Nov 30 23:53:35 query failed : admin.$cmd { shutdown: 1.0 } to: localhost:10002
server should be down...
Fri Nov 30 23:53:35 trying reconnect to localhost:10002
Fri Nov 30 23:53:36 reconnect localhost:10002 failed couldn't connect to server
localhost:10002
> exit

C:\> CD C:\MONGODB\DISK2
C:\> DEL *.*                              ← 동기화 실습을 위해 모든 파일 삭제


C:\> mongod --dbpath C:\MONGODB\DISK2 --port 10002 --replSet rptmongo --oplogSize 10
← 세컨더리 서버를 활성화했을 때 프라이머리 서버와 동기화 되어 있지 않은 경우 동기화 작업을
자동으로 수행합니다.

C:\> CD C:\MONGODB\DISK2
C;\> DIR/P

Journal          <DIR>                    ← Secondary 서버의 동기화된 결과 확인
Local.0
Local.1
```

2) 다른 멤버의 데이터를 복사하여 동기화하는 방법

두 번째 방법은 사용자가 직접 안전한 멤버의 데이터 파일과 저널 파일을 복사하여 동기화하는 방법입니다.

실습 따라하기

```
C:\> mongo localhost:10001/admin
rptmongo:PRIMARY> use admin
switched to db admin
rptmongo: PRIMARY >
rptmongo: PRIMARY > db.shutdownS~erver()
> exit

C:\> mongo localhost:10002/admin
rptmongo:SECONDARY> use admin
switched to db admin
rptmongo:SECONDARY>
rptmongo:SECONDARY> db.shutdownServer()
> exit

C:\> CD C:\MONGODB\DISK2
C:\> DEL *.*                          ← 실습을 위해 데이터 파일 삭제


C:\> CD C:\MONGODB\DISK1
C:\> COPY *.* C:\MONGODB\DISK2\.      ← 직접 DISK2로 데이터 파일과 저널 파일 복사

C:\> mongod --dbpath C:\MONGODB\DISK1 --port 10001 --replSet rptmongo --oplogSize 10

C:\> mongod --dbpath C:\MONGODB\DISK2 --port 10002 --replSet rptmongo --oplogSize 10
```

← 데이터 파일을 복사하는 방법을 통해 각 멤버 간에 동기화 작업을 수행하고 각 멤버의 인스턴스를 정상적으로 활성화할 수 있습니다.

7.2.9 dbHash 기능

각 **Collection**의 **Hash Value**와 **MD5** 검증 **Value**를 반환해 줍니다.
(ReplicaSets 멤버 간에 유효성 검증**)**

```
db.runCommand( { dbHash: 1 } )
db.runCommand( { dbHash: 1,
                 collections: [ "emp", "dept" ] } )
```

```
{       "host" : "JMJ00:10004",
        "collections" : {
                "emp" : "7253f28c984bf78ebdef961b126bb364",
                "dept": "ce5bad189dbba6a1850bbdc55479d560"
        },
        "capped" : [ ],
        "uuids" : {
                "emp" : UUID("e406bacb-6687-4a44-9acd-7b7cc39d1c3c"),
                "dept" : UUID("ca22aa98-2b2f-49bb-90ae-2a5616b12d34")
        },
        "md5" : "2d804d57d636083775d7caf9604e4f17",
        "timeMillis" : 211,
        "ok" : 1,
        "operationTime" : Timestamp(1530684471, 1),
        ----------------------------------------.
                }
  } }
```

복제-셋(ReplicaSets) 서버 환경은 Primary Server에 저장되는 데이터를 하나 이상의 Secondary Server에 저장해야 하는데 실시간 복제 작업을 수행하다 보면 네트워크 장애 문제로 인해 데이터 유실이 발생할 수 있고 디스크 장치의 예기치 못한 장애로 인해 데이터 복제에 실패하는 경우도 발생할 수 있습니다. 이 경우, Primary Server와 Secondary Server에 저장된 각 컬렉션 간에 유효성을 검증할 수 있는 방법이 필요할 수 있습니다. MongoDB 4.0 버전에서는 dbHash 기능을 통해 각 복제-셋(ReplicaSets) 서버에 저장된 컬렉션의 유효성을 검증할 수 있습니다.

7.2.10 Master-Slave를 ReplicaSets 서버로 변환

1) 하나의 **Node**에 접속하여 다음 문장을 실행하십시오.

```
mongo localhost:10000
> db.isMaster()
```

2) Master Node를 먼저 **Shutdown**하고 나머지 **Slave Node**도 **Shutdown** 하십시오.

```
mongo localhost:10000/admin
> db.shutdownServer({ force : true})
```

3) 데이터 파일을 백업하십시오.

```
cp  c:\mongodb\master\*.* c:\backup
```

4) –replset 옵션절을 이용하여 **master node**를 재 시작하십시오.

```
mongod --dbpath  C:\MONGODB\MASTER\  --port 10000 –replset rptmongo
mongod --dbpath  C:\MONGODB\SLAVE1\  --port 10001 –replset rptmongo
mongod --dbpath  C:\MONGODB\SLAVE2\  --port 10002 –replset rptmongo
```

5) ReplicaSets 멤버를 설정하고 초기화하십시오.

```
rs.initiate( { _id: "rptmongo", members: [ { _id: 0, host: localhost:10000" },
                                           { _id: 1, host: localhost:10001" },
                                           { _id: 2, host: localhost:10002" } ] } )
```

MongoDB 0.8 버전부터 제공되었던 Master-Slave 복제 시스템은 4.0 이후 버전부터 공식적으로 기술 지원되지 않습니다. 이는 3.0 이후 버전부터 제공된 wiredTiger 저장엔진을 기반으로 하는 새로운 기능들이 대부분 복제셋 시스템(ReplicaSets) 환경인 것을 살펴보면 어느 정도 짐작 가는 부분이라 볼 수 있습니다. 이에 기존에 Masrer-Slave 복제 시스템으로 구축되어 있는 사용자들이 쉽게 복제셋 시스템(ReplicaSets) 환경으로 전환할 수 있도록 시스템 변경 방법에 대해 소개 드리겠습니다.

실습 따라하기

1) 먼저, Master 서버로 접속해서 인스턴스를 종료하십시오.

```
C:\> mongo localhost:10000/admin
> db.isMaster()
>
> db.shutdownServer({ force : true})
>exit
```

2) 서버를 전환할 때 발생하는 다양한 문제로 인한 데이터 유실을 방지하기 위해 Master 서버의 데이터 파일을 안전하게 백업합니다.

```
C:\> cp  c:\mongodb\master\*.* c:\backup
```

3) 각 서버를 복제셋 시스템 환경으로 인스턴스를 재 시작 합니다.

```
C:\> mongod --dbpath  C:\MONGODB\MASTER\  --port 10000  - replset rptmongo

C:\> mongod --dbpath  C:\MONGODB\SLAVE1\   --port 10001  - replset rptmongo

C:\> mongod --dbpath  C:\MONGODB\SLAVE2\   --port 10002  - replset rptmongo
```

4) 첫번째 서버로 접속한 후 복제셋 시스템 설정을 합니다.

```
C:\> mongo localhost:10000/admin
> rs.initiate( { _id: “rptmongo", members: [ { _id: 0, host: localhost:10000" },
                                        { _id: 1, host: localhost:10001" },
                                        { _id: 2, host: localhost:10002" } ] } )
>
PRIMARY>
PRIMARY> exit

C:\> mongo localhost:10001/admin
SECONDARY>

C:\> mongo localhost:10002/admin
SECONDARY>
```

7.3 Change Stream

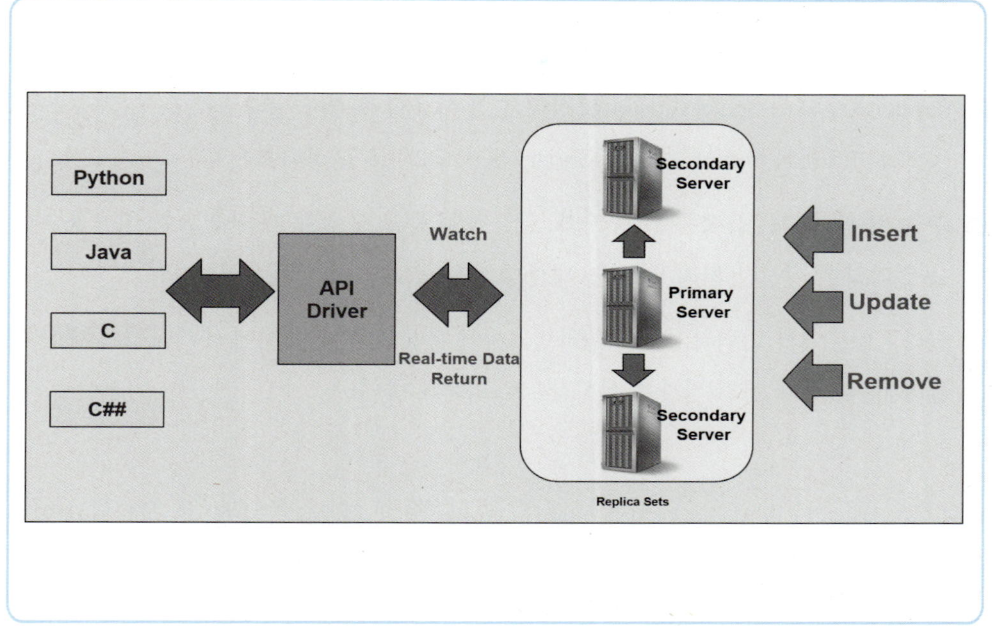

최근 빅데이터 솔루션으로 소개되는 NoSQL, Hadoop과 같은 기술들은 수집된 데이터를 효과적으로 저장, 관리하고 필요에 따라 추출, 집계, 통계, 분석을 목적으로 하는 배치(Batch) 작업이 주된 데이터 처리방식입니다. 하지만 다양한 기업 환경 중에는 수집된 데이터의 실시간(OnLine) 처리를 통해 집계, 통계 분석이 요구되는 비즈니스 환경들이 요구되면서 스파크(Spark), 스톰(Storm)과 같은 스트리밍(Streaming) 처리가 가능한 기술들에 대한 관심이 높아지고 있는 것이 현실입니다. 이에 MongoDB는 기본적으로 배치 작업을 기반으로 하는 데이터 처리기술이지만 3.6 버전부터 변경 스트림(Change Stream) 기능을 통해 특정 컬렉션에서 실시간으로 입력, 수정, 삭제되는 데이터를 캡처하여 모니터링 할 수 있습니다. 이를 통해 사용자의 데이터를 실시간 추출, 가공, 통계, 분석 처리할 수 있게 되었습니다. 하지만 실시간 처리를 수행하면서 발생할 수 있는 다양한 문제점에 대해 충분한 기술적 이해를 바탕으로 사용해야 합니다.

다음은 Change Stream 기능의 주요 특징입니다.

1) 애플리케이션은 MongoDB에서 Real-Time으로 처리되는 모든 데이터를 Oplog를 통해 복잡한 절차없이 Access 할 수 있습니다.

2) ReplicaSets 또는 Shard Cluster 환경에서 만 사용할 수 있습니다.
(반드시 Primary Server 1대, Secondary Server 2대로 구성되어야 함)

3) 추출, 변환, 로드, 플랫폼 간 동기화, 공동작업 등을 수행할 때 불필요한 비용과 시간을 절약하여 실시간 처리 및 성능 개선 효과를 볼 수 있습니다.

4) 클라이언트에서 입력작업을 수행하면 3개의 복제 서버에 동시에 데이터를 복제한 후 클라이언트에게 처리 결과를 실시간으로 리턴해 줍니다.

다음 실습예제는 ReplicaSets 또는 Shard Cluster 서버 환경을 구축한 후 실행해야 합니다. (Primary Server 1대, Secondary Server 2대 이상)

실습 따라하기

```
* Session-1

PRIMARY> use test
switched to db test
PRIMARY> DBQuery.shellBatchSize =1000000            ← 출력되는 데이터의 크기 지정
PRIMARY> watchCursor = db.getSiblingDB("test").employees.watch();
PRIMARY>
PRIMARY> while (!watchCursor.isExhausted()) {
                  if (watchCursor.hasNext()) {
                     firstChange = watchCursor.next();
                     break;
                  }
          }

* Session-2

PRIMARY> use test
switched to db test
```

```
PRIMARY>
PRIMARY> for (var a=1; a < 10000; a++) db.employees.insert({ id : a, name : "test" })
writeResult({ "nInserted" : 1 })


* Session-1

PRIMARY> watchCursor
{ "_id" : { "_data" : BinData(0,"glpPhzIAAAHJRh5pZAAsIvhkX2lkAGRaT4cyZFzWlOIaQGkAWh
AEcYxDmNGMT3aR4JPOn6yriQQ="), "_typeBits" : BinData(0,"AQ==") }, "operationType" :
"insert", "fullDocument" : { "_id" : ObjectId("5a4f8732645cd694e21a4069"), "id" : 4476,
"name" : "test" }, "ns" : { "db" : "test", "coll" : "employees" }, "documentKey" : {
"id" : 1, "_id" : ObjectId("5a4f8732645cd694e21a4069") } }
{ "_id" : { "_data" :
BinData(0,"glpPhzIAAAHKRh5pZAAsIvpkX2lkAGRaT4cyZFzWlOIaQGoAWhAEcYxDmNGMT3aR4JPOn6yriQQ
="), "_typeBits" : BinData(0,"AQ==") }, "operationType" : "insert", "fullDocument" : {
"_id" : ObjectId("5a4f8732645cd694e21a406a"), "id" : 4477, "name" : "test" }, "ns" : {
"db" : "test", "coll" : "employees" }, "documentKey" : { "id" : 2, "_id" :
ObjectId("5a4f8732645cd694e21a406a") } }
..................................................................................................................
....................
..................................................................................................................
....................
{ "_id" : { "_data" : BinData(0,"glpPhzIAAAHLRh5pZAAsIvxkX2lkAGRaT4cyZFzWlOIaQGsA
WhAEcYxDmNGMT3aR4JPOn6yriQQ="), "_typeBits" : BinData(0,"AQ==") }, "operationType" :
"insert", "fullDocument" : { "_id" : ObjectId("5a4f8732645cd694e21a406b"), "id" :
4478, "name" : "test" }, "ns" : { "db" : "test", "coll" : "employees" }, "documentKey"
: { "id" : 4999, "_id" : ObjectId("5a4f8732645cd694e21a406b") } }
mongos>
mongos> watchCursor = db.getSiblingDB("test").employees.watch( [], { fullDocument :
"updateLookup" })
{ "_id" : { "_data" : BinData(0,"glpPhzIAAAHJRh5pZAAsIvhkX2lkAGRaT4cyZFzWlOIaQGkA
WhAEcYxDmNGMT3aR4JPOn6yriQQ="), "_typeBits" : BinData(0,"AQ==") }, "operationType" :
"insert", "fullDocument" : { "_id" : ObjectId("5a4f8732645cd694e21a4069"), "id" :
4476, "name" : "test" }, "ns" : { "db" : "test", "coll" : "employees" }, "documentKey"
: { "id" : 1, "_id" : ObjectId("5a4f8732645cd694e21a4069") } }
{ "_id" : { "_data" : BinData(0,"glpPhzIAAAHKRh5pZAAsIvpkX2lkAGRaT4cyZFzWlOIaQGoA
WhAEcYxDmNGMT3aR4JPOn6yriQQ="), "_typeBits" : BinData(0,"AQ==") }, "operationType" :
"insert", "fullDocument" : { "_id" : ObjectId("5a4f8732645cd694e21a406a"), "id" :
4477, "name" : "test" }, "ns" : { "db" : "test", "coll" : "employees" },
```

```
"documentKey" : { "id" : 2, "_id" : ObjectId("5a4f8732645cd694e21a406a") } }
...........................................................................................................
..........................
...........................................................................................................
..........................
{ "_id" : { "_data" : BinData(0,"glpPhzIAAAHLRh5pZAAsIvxkX2lkAGRaT4cyZFzWl0IaQGsA
WhAEcYxDmNGMT3aR4JPOn6yriQQ="), "_typeBits" : BinData(0,"AQ==") }, "operationType" :
"insert", "fullDocument" : { "_id" : ObjectId("5a4f8732645cd694e21a406b"), "id" :
4478, "name" : "test" }, "ns" : { "db" : "test", "coll" : "employees" }, "documentKey"
: { "id" : 4999, "_id" : ObjectId("5a4f8732645cd694e21a406b") } }
>
PRIMARY> watchCursor.close()
```

다음은 Change Stream 기능의 문제점입니다.

1) 만약 컬렉션 또는 데이터베이스 명을 변경하거나 삭제하면 OpLog 내의 해당 영역(point)을 참조하고 있는 경우 커서가 종료될 수 있으며 Full Document Scan의 결과는 Null일 수 있습니다.

2) Drop된 컬렉션에 대한 Change Stream이 수행되는 경우에 Error가 발생할 수 있습니다.

3) Change Stream 수행 결과는 16MB JSON 범위 내에서 가능하며 초과하는 경우 Error가 발생할 수 있습니다.

4) Arbiter 서버로 구성된 복제 시스템의 경우 충분한 개수의 데이터 서버가 구축되지 못하는 경우 Change Stream은 Idle 상태가 됩니다. (Primary 서버 1대, Secondary 서버 2대 이상, Arbiter 서버 1대 이상)

5) 예상치 못한 장애로부터 안정된 시스템 운영을 위해서는 충분한 OpLog 크기 지정을 권장합니다.

 잠깐 Python Sample

1) 기본적인 Change Stream Return

```
cursor = db. employees.watch()
document =  next(cursor)
```

2) 과반수 Commit 된 버전의 Update Documen에 대한 Change Strea m결과

```
cursor = db. employees.watch(full_document='updateLookup')
document = nexy (cursor)
```

3) Resume a Change Stream¶

```
resume_token = document.get("_id")
cursor = db. employees.watch(resume_after=resume_token)
document = next (cursor)
```

 잠깐 Java Sample

1) 기본적인 Change Stream Return

```
MongoCursor<ChangeStreamDocument<Document>>
cursor = employees.watch().iterator();
ChangeStreamDocument<Document> next = cursor.next();
```

2) 과반수 Commit 된 버전의 Update Documen에 대한 Change Strea m결과

```
cursor  =  employees.watch().fullDocument(FullDocument.UPDATE_LOOKUP).iterator();  next
= cursor.next();
```

3) Resume a Change Stream¶

```
BsonDocument resumeToken = next.getResumeToken();
cursor = employees.watch().resumeAfter(resumeToken).iterator();
next = cursor.next();
```

7.4 MongoClient API

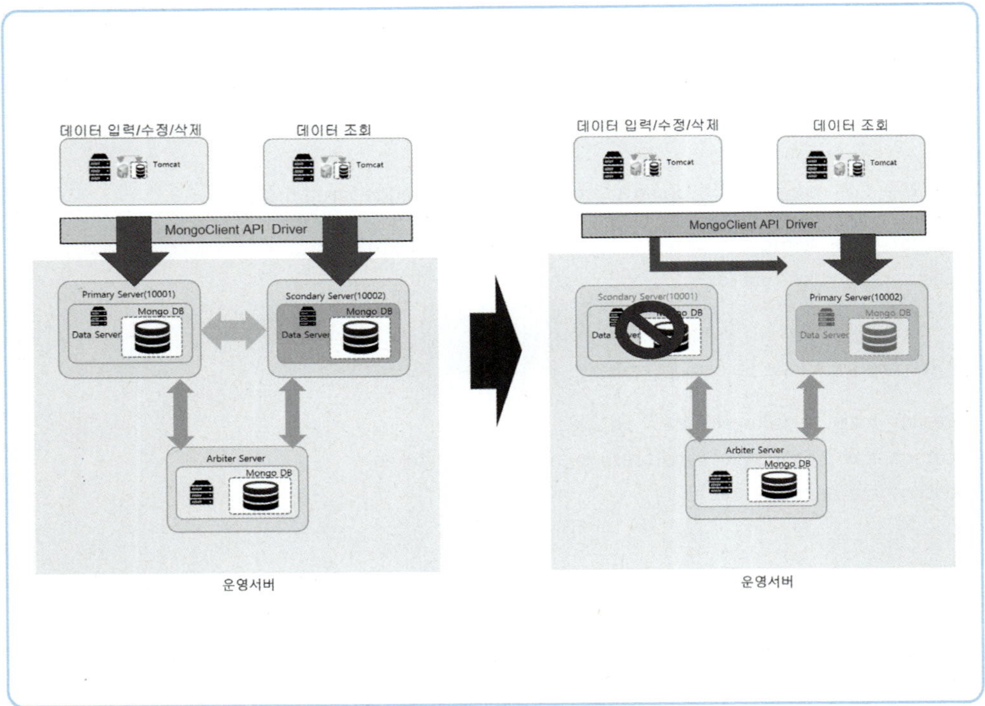

ReplicaSets 환경은 입력/수정/삭제가 가능한 Primary 서버와 읽기만 가능한 1개 이상의 Secondary 서버로 구성됩니다. Secondary 서버를 운영하는 목적은 Primary 서버에 장애가 발생하는 경우 Fail-Over를 통해 24시간 365일 서비스가 가능한 무정전 시스템을 구축하기 위함입니다. 이 경우 Secondary 서버는 평상 시에는 Read 만 가능한 상태로 운영되다가 Primary 서버에 장애가 발생하는 경우에 만 Primary 서버로 전환되어 Read/Write가 가능해 집니다. 이때 사용자 클라이언트는 두 번째 Secondary 서버가 Primary 서버로 전환되면 즉시 두 번째 서버로 Connection을 변경하여 데이터를 처리(입력/수정/삭제)해야 합니다. 이를 위해서 클라이언트 레벨의 애플리케이션에서는 어떤 서버가 Primary 서버인지 빠른 시간 내에 찾아야 하는데 이를 해결할 수 있도록 mongoDB inc.는 다양한 언어별로 API Driver를 제공하고 있습니다.

다음은 언어별 API-Driver를 다운로더할 수 있고 관련 매뉴얼을 참조할 수 있는 사이트입니다. (https://docs.mongodb.com/ecosystem/drivers/)

다음은 다양한 언어 중에 Node.JS API에서 MongoClient.connect를 통해 ReplicaSets 서버에 접속하는 방법입니다.

예제

```
var Db = require('mongodb').Db,
    MongoClient = require('mongodb').MongoClient,
    Server = require('mongodb').Server,
    ReplSetServers = require('mongodb').ReplSetServers,
    ObjectID = require('mongodb').ObjectID,
    Binary = require('mongodb').Binary,
    GridStore = require('mongodb').GridStore,
    Grid = require('mongodb').Grid,
    Code = require('mongodb').Code,
    BSON = require('mongodb').pure().BSON,
    assert= require('assert');
MongoClient.connect("mongodb://localhost:10001,localhost:10002/?replicaSet=rptmongo&read
Preference=secondary", function(err, db) {  assert.equal(null, err);
assert.ok(db != null);
```

위 예제 MongoClient.connect에서 정의된 "localhost:10001"은 ReplicaSets에서 설정된 Primary 서버이며 "localhost:10002"는 Secondary 서버를 의미하며 "readPreference" 옵션절에는 다음과 같이 5가지 유형 값 중 하나를 설정할 수 있습니다.

1) primary

ReplicaSets으로 설정된 서버 중에 반드시 Primary 서버로 접속해야 할 때 선택할 수 있습니다.(기본 값)

2) primaryPreferred

ReplicaSets으로 설정된 서버 중에 현재 사용 가능한 서버가 Primary와 Secondary 모두 존재하는 경우 Primary 서버를 우선 선택할 수 있습니다.

3) secondary

ReplicaSets으로 설정된 서버 중에 반드시 Secondary 서버로 접속해야 할 때 선택할 수 있습니다.

4) secondaryPreferred

ReplicaSets으로 설정된 서버 중에 현재 사용 가능한 서버가 Primary와 Secondary 모두 존재하는 경우 Secondary 서버를 우선 선택할 수 있습니다.

5) nearest

ReplicaSets으로 설정된 서버 중에 현재 사용 가능한 서버가 Primary와 Secondary 모두 존재하는 경우 MongoDB 서버가 가장 유리한 서버를 우선 선택하여 지정해 줍니다.

ReplicaSets을 구축하는 기본 목적은 장애를 대비한 Fail-Over이지만 평상 시 Secondary 서버를 Read 전용(조회)으로 사용하게 되면 시스템 부하를 Load Balancing할 수 있는 장점도 있기 때문에 입력/수정/삭제는 Primary 서버에서 조회는 Secondary 서버를 통해 수행될 수 있도록 애플리케이션을 개발하는 것이 매우 효과적입니다.

7.4.1 Connection String Uri Format

```
mongodb://[username:password@]host1[:port1][,host2[:port2],...[,hostN[:portN]]][/[database][?options]]

(ex1) mongodb://192.9.200.1:30001,192.9.200.2:30002/sales
(ex2) mongodb://sales/sales123@192.9.200.1:30001,192.9.200.2:30002/sales
(ex3) mongodb://192.9.200.1:30001,192.9.200.2:30002/?replicaSet=test&readPreference=secondary
(ex4) mongodb://192.9.200.1:10001,192.9.200.2:20002/sales?wtimeoutMS=2000
```

Connection option	
ssl	false.
connectTimeoutMS	never to timeout
socketTimeoutMS	never to timeout

Server selection option	
serverSelectionTimeoutMS	30,000 milliseconds
heartbeatFrequencyMS	Single-threaded drivers: 60 seconds. Multi-threaded drivers: 10 seconds.

Connection pool option	
maxPoolSize	100
minPoolSize	0

Miscellaneous option	
retryWrites	true
wtimeoutMS	0

readPreference option	
readPreference	primary primaryPreferred secondary secondaryPreferred nearest
maxStalenessSeconds	0 ~ 90 seconds

앞서 설명드린대로 ReplicaSets 또는 Shard Cluster 서버 환경에서 복제 서버의 활용도를 최대한 높이기 위해서는 필요에 따라 선택적인 서버 접속이 반드시 필요합니다. 예를 들어, 입력, 수정, 삭제 작업은 Primary 서버에서 수행하고 조회 작업은 Secondary 서버에서 수행될 수 있도록 설정하는 방법입니다. 다음은 기본 Uri Format입니다.

■ 문법

```
mongodb://[username:password@]host1[:port1][,host2[:port2],...[,hostN[:portN]]]
              [/[database][?options]]
```

■ 예제1

```
mongodb://192.9.200.1:10001,192.9.200.2:10002/sales
```

■ 예제2

```
mongodb://sales/sales123@192.9.200.1:10001,192.9.200.2:10002/sales
```

■ 예제3

```
mongodb://192.9.200.1:10001,192.9.200.2:10002/?replicaSet=test&readPreference=secondary
```

■ 예제4

```
mongodb://192.9.200.1:10001,192.9.200.2:10002/sales?wtimeoutMS=2000
```

다음은 Connection String Uri Format 실습 따라하기입니다.

실습 따라하기

```
** 세션 1

C:\> mongo localhost:10001
PRIMARY>
PRIMARY> var mydb = connect('localhost:10001,localhost:10002,localhost:10003/test?
replicaSet=rpt1&readPreference=secondary ')

connecting to:
mongodb://localhost:10001,localhost:10002,localhost:10003/test?replicaSet=rpt1&readPre
ference=secondary MongoDB server version: 4.2.0
PRIMARY>
PRIMARY> var mydb = connect('localhost:10002,localhost:10001,localhost:10003/test')

connecting to: mongodb://localhost:10002,localhost:10001,localhost:10003/test
MongoDB server version: 4.2.0
SECONDARY>
PRIMARY> var mydb =
connect('localhost:10001,localhost:10002,localhost:10003/test?replicaSet=rpt1&readPref
erence=secondary ')      ← readPreference mode는 Secondary

connecting to:
mongodb://localhost:10001,localhost:10002,localhost:10003/test?replicaSet=rpt1&readPre
ference=secondary
MongoDB server version: 4.2.0
```

```
PRIMARY>
PRIMARY> db.getMongo().setSlaveOk()
PRIMARY>
PRIMARY> db.employees.find().pretty()

2018-12-30T12:28:06.648+0900 I NETWORK  [thread1] Successfully
                                              connected to localhost:10002 (1 connections
now open to localhost:10002 with a 0 second timeout)
{
        "_id" : ObjectId("5a45f33c2c15a4fad8d44612"),
        "empno" : 7369,
        "ename" : "SMITH",
        "job" : "CLERK",
        "manager" : "FORD",
        "hiredate" : "17-12-1980",
        "sal" : 800,
        "deptno" : 20
}
{
        "_id" : ObjectId("5a45f33c2c15a4fad8d44613"),
        "empno" : 7499,
        "ename" : "ALLEN",
        "job" : "SALESMAN",
        "manager" : "BLAKE",
        "hiredate" : "20-02-1981",
        "sal" : 1600,
        "comm" : 300,
        "deptno" : 30
}
[중략]
PRIMARY>
PRIMARY>

** 세션 2

C:\> mongostat localhost:10001  —discover
        host insert query update delete getmore command dirty used flushes vsize  res qrw arw net_in net_out conn  set repl                time
localhost:10001     *0    *0     *0     *0       0     3|0  0.0% 0.0%       1 1.17G 155M 0|0 1|0   313b   56.2k   21 rpt1  PRI Dec 30 12:28:06.486
localhost:10002     *0    *0     *0     *0       0     2|0  0.0% 0.0%       0 1.13G 151M 0|0 1|0   408b   55.1k   15 rpt1  SEC Dec 30 12:28:05.911
```

```
localhost:10001    *0   *0    *0    *0    0    3|0  0.0% 0.0%    0 1.17G 155M 0|0 1|0   542b   56.2k   21 rpt1  PRI Dec 30 12:28:07.491
localhost:10002    *0    1    *0    *0    0    4|0  0.0% 0.0%    0 1.13G 151M 0|0 1|0   685b   58.3k   16 rpt1  SEC Dec 30 12:28:06.909

localhost:10001    *0   *0    *0    *0    0    2|0  0.0% 0.0%    0 1.17G 155M 0|0 1|0   158b   55.0k   21 rpt1  PRI Dec 30 12:28:08.487
localhost:10002    *0   *0    *0    *0    0    3|0  0.0% 0.0%    0 1.13G 151M 0|0 1|0   410b   55.3k   16 rpt1  SEC Dec 30 12:28:07.908

PRIMARY>
PRIMARY> var
mydb=connect('localhost:10001,localhost:10002/test?readPreference=secondaryPreferred&r
etryWrites=true')

connecting to:
mongodb://localhost:10001,localhost:10002/test?readPreference=secondaryPreferred&retry
Writes=true MongoDB server version: 4.2.0
PRIMARY>
```

7.5 물리적 설계

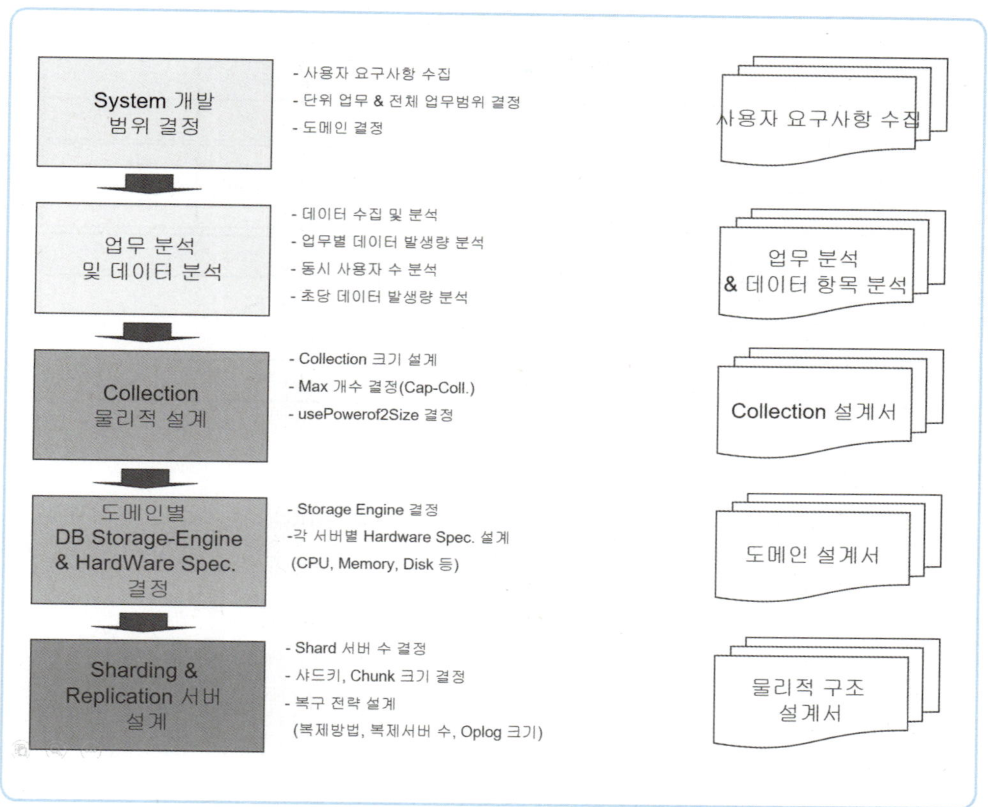

MongoDB 구축을 위한 분석, 설계단계에서 개념적 데이터 모델링과 논리적 데이터 모델링을 통해 추출된 컬렉션, 필드, 데이터 타입, 밸리데이터에 대한 기본적인 설계가 수행되고 나면 다음과 같이 물리적 데이터 모델링에 대한 설계 작업을 수행해야 합니다.

1) Collection의 물리적 설계

2) MongoDB Storage Engine 결정 & HW 사양 결정

3) 샤딩 서버(서버 수, Shard-Key 등) 및 복제 서버(복제유형, 서버 수) 설계

7.5.1 Collection 물리적 설계

컬렉션 명(영문)	employees	관련 Domain	영업관리	Database 명	SALES_2016
(한글)	사원	DB 사용자계정	sales	Shard Key	

Size	2000000000 byte	Max	5000000 Doc.	Cap/Non Cap	Non Cap
Validation Level	strict	Validation Action	error	Shard Server IP	192.9.2.2

영문 필드(한글)	Unique 여부	Null 여부	Link 컬렉션	Link 필드	Data 속성	Condition
empno (사원번호)	Y	N			Double	
ename (사원명)	N	NN			String	
deptno (부서정보)	N	N	department	deptno	Double	

1) SIZE는 컬렉션의 최초 크기를 결정할 수 있다.

2) MAX는 Capped 컬렉션의 저장할 수 있는 Document의 개수를 결정한다.

3) Validation Level, Validation Action은 Validator 사용 여부를 결정할 수 있다.

4) 각 필드를 결정하는 항목에는 Validator 설계 결과를 작성한다.

논리적 데이터 모델링을 통해 컬렉션, 필드, 밸리데이터(Validator) 등이 결정되었다면 마지막으로 컬렉션의 데이터 발생량을 분석한 후 최종 물리적 크기를 결정해야 합니다. 이를 위해서는 해당 컬렉션에서 초당, 분당, 시간당, 일별로 발생하는 데이터 양과 참조 빈도 그리고 보관주기(월, 분기, 년 단위)를 분석해야 합니다.

위 그림에서 Max Count에는 예상되는 보관주기별 최대 데이터 발생량을 기록하고 Size에는 (해당 필드의 전체 평균길이 x Max Count)의 계산된 결과를 작성합니다. 일반적으로 Size 값은 보관주기별(월별, 분기별, 년별) 컬렉션의 최대 크기 값을 작성하게 됩니다. 마지막으로 해당 컬렉션의 데이터 유형이 Capped 또는 Non-Capped 인지 파악한 후 여부를 기록합니다.

다음은 Collection 설계서가 작성된 후 Collection을 생성하기 위해 작성된 문법입니다.

■ 예

```
db.createCollection( "emp",Q                        ← 컬렉션 명
{ capped       : true,                             ← Collection 타입
  size         : 2000000000,                       ← Capped Collection 크기
  max          : 500000,                           ← Document 최대 수
  autoIndexId : true,                              ← Object_ID 인덱스 생성 여부
  validator   : { $or:
                  [ { empno   : { $type : "double" } }        ← 데이터 타입 정의
                     { deptno : { $in   : [ 10 ] } } ],
  validationLevel   : "strict",                               ← 밸리데이터 설정
  validationAction : "error"   } )
```

7.5.2 MongoDB Storage Engine & HW 사양 결정

	MMAP	wiredTiger	In-Memory
버전	3.0 이전	3.0 이후	3.2 이후)
Engine	• Memory Mapping (File Based) 기반	• Compression & Encryption (File Based 기반	• Memory (Pure Memory 기반)
트랜잭션	• BigData 빠른 쓰기와 읽기 중심의 데이터 처리에 적합	• 다중 트랜잭션 중심의 데이터 터 처리에 적합	• 빠른 연산 처리 중심의 데이터 처리에 적합
안 정 성	• 서버 장애 발생 시 빠른 복구가 보장됨. • Point in time Recovery가 가능한 Dignostic 기능을 제공함	• Point in time Recovery가 가능한 Dignostic 기능을 제공함	• 서버 장애 발생 시 데이터 누락이 발행할 가능성이 높지만 빠른 처리가 장점임.
주요 특징	• Single CPU 환경에서 구현 가능하며 충분한 시스템 메모리와 빠른 성능이 기대되는 SSD 장치가 요구됨	• 다중 CPU 환경이 요구되며 MMAP 엔진에 비해 적은 시스템 메모리와 디스크 저장 장치로도 구현 가능함	• 충분한 시스템 메모리 영역이 요구되는 반면, 충분한 디스크 저장 장치는 요구되지 않음.

Collection에 대한 물리적 설계 후 고려해야 할 두 번째 내용은 MongoDB에서 제공하는 Storage Engine을 선택하고 그에 맞는 시스템 사양을 결정하는 일입니다. 다음은 각 Storage Engine의 주요 특징입니다.

1) Memory Mapping 저장엔진

- 1.x, 2.x 버전 때까지 사용되었던 파일 시스템 기반의 저장 엔진입니다.(4.0 버전부터 공식지원하지 않습니다.)
- 초당 10만 건 이상의 빅 데이터에 대한 빠른 쓰기/읽기 작업을 수행한 후 분석, 통계 작업까지 효과적으로 수행할 수 있도록 최적화된 저장 엔진입니다.

- 서버 장애 시 자동 복구 작업이 가능하도록 Journal 로그를 제공합니다.
- Single CPU 기반의 프로세싱 위주로 처리되기 때문에 CPU 개수보다 충분한 크기의 메모리 자원이 더 요구됩니다.

2) wiredTiger 저장엔진

- 3.x 버전부터 제공되는 파일 시스템 기반의 저장 엔진입니다.
- 다수의 사용자가 트랜잭션 위주의 데이터를 처리하는데 최적화 되었습니다.
- Point in Time Recovery 복구 기능이 제공됩니다.
- 다중 CPU 기반의 트랜잭션 위주 데이터 처리에 적합하기 때문에 충분한 개수의 CPU와 메모리 자원이 요구됩니다.

3) In-Memory 저장엔진

- 3.2 버전부터 제공되는 순수 메모리 기반의 저장 엔진입니다.
- 빠른 연산처리 위주의 데이터 분석 및 통계 작업에 최적화 되었습니다.
- 순수 메모리 기반의 데이터 저장 및 관리 기술을 기반으로 하기 때문에 서버장애 시 데이터 유실이 발생할 수 있습니다.
- 충분한 메모리 자원에 대한 확장이 보장되어야 합니다.

위와 같이 MongoDB에서 제공하는 3가지 유형의 Storage Engine들은 사용자가 구축하려는 비즈니스 환경과 데이터 성격에 따라 제공되고 있으므로 가장 적합한 유형의 Storage Engine을 선택해야 하며 경우에 따라서는 3가지 유형의 Storage Engine을 모두 활용한 시스템 구축이 요구될 수도 있습니다.

CHAPTER 8

MongoDB 성능 튜닝

NoSQL & mongo DB

8.1 Performance Tuning Point

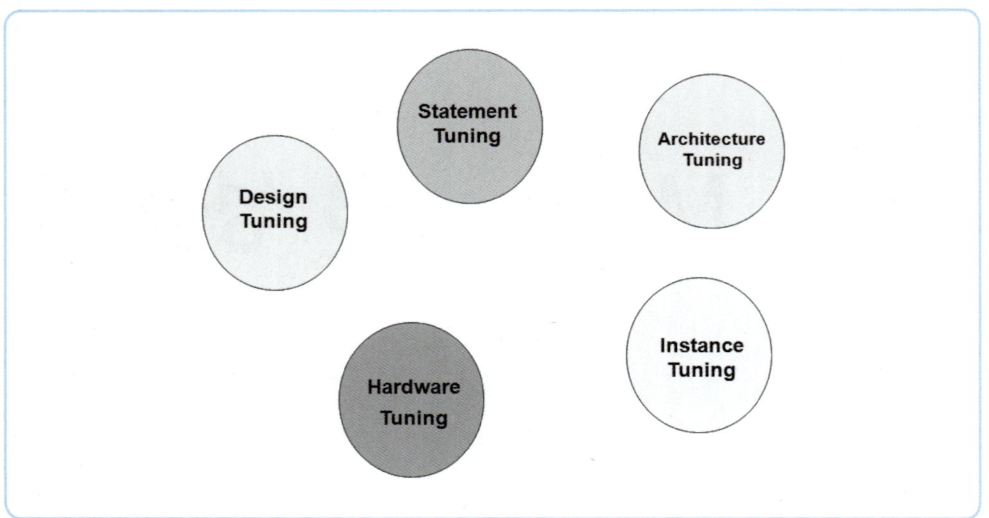

관계형 데이터베이스는 운영체계 상에서 실행되는 대표적인 시스템 소프트웨어 중에 하나입니다. 또한, 기업에서 발생하는 데이터를 수집, 저장, 관리하며 때에 따라 데이터의 집계 및 분석을 통해 통계 정보를 분석하기도 합니다.

하지만, 운영 단계에서는 사용자가 예기치 못하는 다양한 장애와 성능 저하 현상들이 발생하고 있는데 그 원인은 다음과 같이 매우 다양합니다.

1) 디자인 튜닝(Design Tuning)

데이터베이스의 성능을 저하시키는 가장 큰 원인은 데이터를 저장하는 논리적 구조인 컬렉션에 대한 적절한 분석과 설계 작업이 수행되지 못했기 때문입니다. 설사 성능저하 문제로 인해 충분한 튜닝 작업을 수행했다 하더라도 설계에 대한 근본적인 문제 해결을 수행하지 않았다면 성능 저하 현상은 반복적으로 발생할 수 밖에 없습니다. 이러한 컬렉션의 설계 문제로 인한 성능저하 원인과 문제점을 분석하고 대처하는 방법을 디자인 튜닝이라고 합니다.

2) 문장 튜닝(Statement Tuning)

MongoDB의 두 번째 성능 원인은 개발자가 작성한 Query가 적절하게 작성되지 못한 경우입니다. 빅 데이터의 저장과 관리에 있어서 가장 중요한 이슈 중에 하나는 개발자가 작성한 Query 문장이 잘못 작성되어 성능이 저하되는 경우입니다. 이 문제점에 대한 원인 분석과 조치 방법을 문장 튜닝이라고 합니다.

3) 아키텍처 튜닝(Architecture Tuning)

MongoDB는 빅 데이터의 빠른 쓰기와 읽기 작업을 위해 다양한 솔루션(샤딩 시스템, 리프리카 셋 등)들을 제공합니다. 이러한 아키텍처를 구축하다 보면 예기치 못하는 다양한 문제점들이 발생하는데 이에 대한 원인 분석과 성능 해결 방법을 아키텍처 튜닝이라고 합니다.

4) 인스턴스 튜닝(Instance Tuning)

MongoDB는 메모리 매핑 기술을 이용한 데이터 처리 기법을 활용하여 빅 데이터 처리에 빠른 성능을 보장합니다. 하지만, 이러한 작업이 효과적으로 실행되기 위해서는 충분한 메모리 영역이 할당되어야 하는데 그렇지 못한 경우 성능 저하 현상이 발생할 수 있습니다. 이러한 원인으로 인한 문제점과 그 대처 방법을 인스턴스 튜닝이라고 합니다.

5) 하드웨어 튜닝(Hardware Tuning)

앞서 설명 드린 것처럼, DBMS(Database Management System)는 운영체계 상에서 수행되는 대표적인 시스템 소프트웨어 중에 하나입니다. DBMS의 성능 저하 현상 중에 가장 큰 원인은 운영체계에서 발생하는 문제로 인해 시스템 성능이 저하되는 경우인데 이 경우 MongoDB도 함께 성능이 저하될 수 밖에 없다는 것입니다. 그것은 DBMS와 운영체제는 필수 불가결한 관계이기 때문입니다. 이 경우에는 반드시 운영체계에 대한 성능 튜닝이 먼저 요구됩니다.

8.2 디자인 튜닝(Design Tuning)

1) **대용량 데이터의 INSERT가 발생하는 Collection의 경우 최초 Extent의 크기를 충분히 설계** 하여 Extent 증가 시 불필요한 성능 지연이 발생하지 않도록 생성해야 하며, 대용량 데이터의 **Full Scan이 자주 발생하는 Collection의 경우에는 Extent가 큰 것이 유리하고 Index Scan이 자주 발생하는 경우에는 Extent의 크기가 작게 설계되는 것이 유리합니다.**

2) Collection과 Collection 간의 **업무적 관계가 밀접한 경우에는 Embedded 또는 Extend Document를 설계하고, 밀접하지 않는 경우에는 Linking(DBRef) 방법을 통해 설계하십시오.**

3) **Compound Index를 설계할 때** 자주 검색되거나 검색 조건이 유리한 Field를 선행 Field로 선택해야 성능에 유리합니다.

1) 대용량 데이터의 INSERT가 발생하는 컬렉션의 경우에는 최초 익스텐트의 크기를 충분히 할당하여 익스텐트 증가시 불필요한 성능 지연이 발생하지 않도록 사전에 충분한 크기로 설계해야 합니다.
대용량 데이터의 전체 컬렉션 스캔(Full Collection Scan)이 자주 발생하는 컬렉션의 경우에는 익스텐트가 큰 것이 유리하고 인덱스 스캔이 자주 발생하는 경우에는 익스텐트 크기를 작게 설계하는 것이 유리합니다.

실습 따라하기

```
> use test                          ← SALES DB 로 이동
> db.employees.drop()
> db.createCollection("employees", {capped:true, size:100000 });
{ "ok" : 1 }                        ← SIZE : Collection의 최초 크기
>
> db.employees.validate();          ← Collection의 현재 상태 및 정보 분석(MMAP 저장 엔진)

{
```

```
        "ns" : "test.employees",    ← 데이터베이스와 Collection명
        "capped" : 1,
        "max" : 2147483647,         ← 해당 익스텐트의 최대 크기
        "firstExtent" : "0:4000 ns:test.employees",  ← 첫 번째 익스텐트 주소
        "lastExtent" : "0:4000 ns:test.employees",   ← 마지막 익스텐트 주소
        "extentCount" : 1,                           ← 할당된 익스텐트 수
        "datasize" : 0,
        "nrecords" : 0,
        "lastExtentSize" : 102400,                   ← 현재 익스텐트 크기
        "padding" : 1,
        "firstExtentDetails" : {                     ← 첫 번째 익스텐트의 상세 정보
                "loc" : "0:4000",
                "xnext" : "null",
                "xprev" : "null",
                "nsdiag" : "test.employees",
                "size" : 102400,
                "firstRecord" : "null",
                "lastRecord" : "null"
        },
        "deletedCount" : 2,
         ……(중략)
        "ok" : 1
}
> db.employees.validate({full:true})                ← wiredTiger 저장엔진 경우
{
        "ns" : "test.employees",
        "nrecords" : 0,
        "nIndexes" : 1,
        "keysPerIndex" : {
                "test.employees.$_id_" : 0
        },
        "indexDetails" : {
                "test.employees.$_id_" : {
                        "valid" : true
                }
        },
        "valid" : true,
        "errors" : [ ],
        "ok" : 1
}
```

위 예제에서 보시는 바와 같이 최초 컬렉션을 생성하면 기본 익스텐트 크기가 할당되는데 이 공간의 크기가 너무 작게 설계되면 초당 몇 만 건 이상 되는 빅 데이터에 대한 쓰기 작업이 발생하는 경우 새로운 익스텐트를 할당받을 때마다 지연 현상이 발생하게 되고 이러한 현상이 집중적으로 발생하게 되면 성능은 저하될 수 밖에 없습니다. 이것은 MongoDB 만의 문제점은 아니며 현재 사용되고 있는 대부분의 관계형 데이터베이스에서도 발생하고 있는 보편적인 문제점이기도 합니다. 그러므로, 이러한 문제점을 해소하기 위해서는 충분한 물리적 설계가 요구되는 것 입니다.

해당 컬렉션에 초당 얼마나 많은 빅 데이터가 저장될 것인지 비지니스 룰에 대한 분석이 먼저 필요할 것이고 이것을 기반으로 하루, 일주일, 한달, 6개월, 1년 그리고 몇 년 동안에 얼마나 많은 데이터를 저장, 관리할 것인지에 대한 데이터 발생량을 파악하여 가장 적절한 익스텐트 크기를 결정하는 것이 중요한 성능 포인트가 될 수 있습니다.

```
> db.createCollection("employees", {capped:true, size:100000000} )
                                    ← 최초 컬렉션의 크기로 100MB를 할당합니다.
```

2) 컬렉션과 컬렉션 간의 업무적 관계가 밀접한 경우에는 내장(Embedded) 또는 확장(Extend) Document 설계를 지향하고, 밀접하지 않는 경우에는 Link(DBRef) Document 방법으로 설계하십시오.

MongoDB 내에 생성되는 컬렉션의 데이터 성격은 매우 다양합니다.

앞서 4장에서 설명되었던 "주문전표"장표는 관계형 데이터베이스의 정형화된 방법으로 설계하게 되면 주문공통과 주문상세라는 2개의 테이블로 분리 설계될 수 밖에 없는 데이터 구조입니다. 이 2개의 테이블에는 주문번호라는 공통 컬럼이 배치되어 있고 이 컬럼을 기준으로 2개 테이블은 관계(Relationship) 구조를 가지게 됩니다. 하지만, 주문공통과 주문상세 테이블은 주문전표라는 하나의 장표에서 만들어진 2개의 테이블이기 때문에 사실은 항상 함께 저장되고 참조되는 데이터 성격을 가지고 있습니다.

그런데도 불구하고 관계형 데이터베이스의 정형화된 방법으로 설계하게 되면 이렇게 2개의 테이블로 분리 설계될 수 밖에 없었던 것입니다.

만약 이 테이블에 초당 몇 만 건 이상의 빅 데이터가 저장된다면 논리적, 물리적으로 분리된 저장 구조에 동시 쓰기 작업을 수행해야 하는데 이것은 불 필요한 성능 지연현상을 유발 시킬 수 밖에 없고 또한 빅 데이터의 읽기 작업에서도 불필요한 결합 작업을 유발시킬 수 있기 때문에 비 효율적일 수 밖에 없습니다.

이러한 성격의 컬렉션은 4장에서 소개되었던 내장형 도큐멘트 또는 확장형 도큐멘트 구조로 설계하는 것이 성능에 유리합니다.

실습 따라하기

```
> db.ord.insert(
 { ord_id          : "2012-09-012345",                   ← 주문 공통 정보
   customer_name   : "Wonman & Sports",
   emp_name        : "Magee",
   total           : "601100",
   payment_type    : "Credit",
   order_filled    : "Y",
   item_id         : [ { item_id      : "1",             ← 주문 상세 정보
                         product_name : "Bunny Boots",
                         item_price   : "135",
                         qty          : "500",
                         price        : "67000" },
                       { item_id      : "2",
                         product_name : "Pro Ski Boots",
                         item_price   : "380",
                         qty          : "400",
                         price        : "152000" }
                     ]
         } )                                             ← 내장형 도큐멘트 구조
>
> db.ord.find()
{ "_id" : ObjectId("501ced921a94cdbd08b5d680"), "ord_id" : "2012-09-012345",
 "customer_name" : "Wonman & Sports", "emp_name" : "Magee", "total" : "601100",
 "payment_type" : "Credit", "order_filled" : "Y", "item_id" : [ { "item_id" : "1",
"product_name" : "Bunny Boots", "item_price" : "135", "qty" : "500", "price" : "67000"
```

```
}, { "item_id" : "2","product_name" : "Pro Ski Boots", "item_price" : "380",   "qty" :
"400", "price" : "152000" } ] }
```

3) 컴파운드(Compound Index) 인덱스를 설계할 때 필드의 우선 순서는 자주 검색되거나 검색 조건이 유리한 필드를 선행 필드로 선택해야 성능에 유리합니다. 그리고, 빅데이터를 저장하는 켈렉션의 경우네는 백그라운드 인덱스의 사용을 적극적으로 고려하십시오.

MongoDB에서 제공하는 밸런스-트리 인덱스는 기존 관계형 데이터베이스에서 제공되던 밸런스-트리 인덱스와 구조 및 생성 그리고 관리 방법 등이 동일합니다. 인덱스의 가장 큰 목적은 빅 데이터로부터 조건을 만족하는 데이터를 빠르게 검색하기 위함입니다. 하지만, 이 목적은 인덱스를 생성했다는 이유 만으로는 달성할 수 없으며 인덱스 구조에 대한 이해와 원리를 정확하게 알고 사용해야 만 가능한 것입니다.

MongoDB에서는 하나의 키로 만든 인덱스를 싱글-키 인덱스라고 하며 2개 이상의 키로 만든 인덱스를 복합(Compound)-키 인덱스라고 합니다.

실습 따라하기

```
> db.employees.createIndex({empno : 1, deptno : -1, sal})
                              ← EMPNO를 기준으로 생성하는 복합 인덱스

또는

> db.employees.createIndex({deptno : -1, empno : 1, sal})
                              ← DEPTNO를 기준으로 생성하는 복합 인덱스
```

복합-키 인덱스의 경우 여러 개의 필드를 결합하여 생성하게 되는데 이 경우 어떤 필드를 기준으로 생성할 것인지, 나머지 필드들의 우선 순위는 어떻게 결정할 것인지 등이 인덱스의 성능을 좌우하게 됩니다.

다음은 복합 인덱스를 생성할 때 각 필드의 우선 순위를 결정하는 기준입니다.

1) 해당 컬렉션에서 조건을 만족하는 데이터를 FIND 할 때 자주 검색 조건으로 사용되는 필드를 선행 필드로 결정해야 합니다.

2) 여러 개의 필드 모두가 자주 사용된다면 그 중에 분포도가 좋은 필드를 선행 필드로 선택해야 합니다.
(분포도가 좋다는 것은 조건을 만족하는 데이터가 전체 데이터 중에 약 10% 내외로 저장되어 있는 상태를 의미합니다.)

3) 첫 번째 조건과 두 번째 조건으로 선행필드를 결정할 수 없다면 그 중에 데이터 양이 적은 필드를 선행 필드로 선택해야 합니다.

4) 모든 선택 기준으로도 선행필드를 결정할 수 없다면 동등 조건(Equal)으로 검색되는 필드를 선택해야 합니다.

실습 따라하기

```
> db.employees.find({empno:7369}).forEach(printjson)                 ← 동등 조건

> db.employees.find({deptno:{$in: [10, 30]}}, {empno:"", deptno:""})  ← 비 동등 조건

> db.employees.find({sal : {$gte: 1500, $lte: 5000}}, {empno:"", ename:"", sal:""})
                                                                      ← 비 동등 조건
```

마지막으로 빅 데이터 컬렉션에 대한 인덱스 생성은 백그라운드 인덱스 타입으로 생성함으로써 시스템 자원의 효율성을 고려하고 성능을 개선시킬 수 있습니다. ("3장 인덱스의 생성과 관리 & 사용자 관리" 참조)

8.3 문장 튜닝(Statement Tuning)

1) MongoDB는 서버와 사용자에 의해 실행된 문장의 실행 결과에 대해 **Profiling System을 제공하며 분석 결과는 db.system.profile Collection**에 저장합니다.

2) Explain() 함수를 통해 **Full Collection Scan되는 문장들이 튜닝 대상입니다.**

3) Key에 대한 Update는 Index에 대한 Update가 발생하기 때문에 성능이 저하될 수 있습니다. **Key는 되도록 Update, Insert, Delete가 빈번하게 발생하지 않는 Field**로 생성하는 것이 좋습니다.

4) 빅 데이터에 대한 빠른 **Update를 위해서는 충분한 익스텐트(Extent)공간을 확보**해야 합니다.

5) 인덱스의 빠른 생성을 위해 **Background Index의 생성을 고려하십시오.**

6) Graph Data는 응답 시간이 초과할 수 밖에 없기 때문에 성능이 저하될 수 밖에 없습니다.

1) MongoDB는 서버와 사용자에 의해 실행된 Query 문장의 실행 결과에 대해 Profiling System을 제공하며 분석 결과는 db.system.profile Collection에 저장 됩니다. 개발자가 실행한 Query 문장이 실행될 때마다 모든 문장들의 로그 정보는 MongoDB의 일정 저장 공간(Profiling System)에 저장됩니다. 이 로그 정보 중에 Query가 실행될 때 일정 시간이 초과된 문장들을 개발자는 필요에 따라 추출할 수 있습니다. 이 문장들이 성능 튜닝을 수행해야 할 대상입니다.

2) Explain() 함수를 통해 Full Collection Scan되는 문장들을 분석할 수 있습니다. Query 문장의 성능이 저하되는 원인 중에 하나는 인덱스가 존재하지 않거나 인덱스는 존재하지만 인덱스를 통한 검색이 수행되지 못하는 경우입니다.

3) Key에 대한 Update는 Index 구조에 대한 Update가 발생하기 때문에 불필요한 작업으로 성능이 저하될 수 있습니다. Key는 되도록 Update, Insert, Delete가 빈번하게 발생하지 않는 필드로 생성하는 것이 좋습니다.
인덱스는 FIND문을 통한 검색 성능을 개선시키기 위한 목적이며 인덱스의 개수가 증가하면 검색 성능은 개선되지만 반대로 수정, 삭제, 입력 성능은 저하될 수 밖에 없습니다. 가급적, 수정, 삭제, 입력이 자주 발생하는 필드인 경우에는 인덱스의 생성을 지양해야 합니다.

4) 빅 데이터에 대한 빠른 Update를 위해 충분한 익스텐트(Extent) 공간을 확보해야 합니다. MongoDB 내의 모든 컬렉션은 하나 이상의 익스텐트 구조로 생성되며 가장 기본 크기는 4K 입니다. 초당 몇 만 건 이상의 데이터가 입력되는 경우 집중적인 쓰기 작업이 발생하게 되는데 [메모리 To 메모리]의 경우보다 [메모리 To 디스크]의 경우에 디스크에 집중적인 쓰기 작업으로 인해 성능 지연 현상이 발생할 수 있습니다.

5) 인덱스의 빠른 생성을 위해 Background Index 생성을 고려하십시오.
빅 데이터가 저장되는 컬렉션의 경우 초당 몇 만 건 이상 되는 데이터들이 저장될 수 밖에 없습니다. 하지만, 이 경우 인덱스가 생성되어 있는 경우와 인덱스가 생성되어 있지 않은 경우 체감할 수 있는 성능에는 큰 차이가 나타날 수도 있습니다. 인덱스는 빅 데이터의 빠른 검색을 위해 반드시 필요한 구조이지만 데이터가 집중적으로 입력될 때는 인덱스의 빈번한 재구성이 발생하여 오리려 성능 지연 현상이 발생하게 됩니다. 이 경우, 백그라운드 인덱스를 이용하면 포그라운드 인덱스보다 훨씬 빠르게 인덱스를 생성하고 관리할 수 있습니다.

6) Graph Data는 응답 시간이 초과할 수 밖에 없습니다.
기업에서 발생하는 데이터 중에 텍스트 데이터(문자, 숫자, 날자) 보다 Binary Data는 상대적으로 데이터 양이 많고 크기 때문에 대용량 데이터일 수밖에 없습니다. 이 경우, 성능 지연 문제가 발생할 수밖에 없습니다.

8.3.1 Profiling 시스템

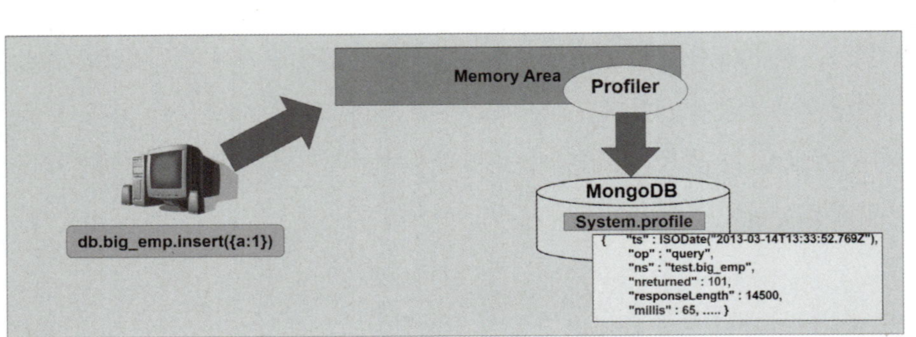

1) **Profiler**는 **MongoDB Performance Dignosis Tool**이다.
2) **MongoDB** 내에서 실행되고 있는 **Operation**에 대한 **Meta Data**를 수집 분석한다.
3) 수집 분석된 결과는 **system.profile capped collection**에 저장된다.
4) 시간을 기반으로 하는 **Historical** 데이터가 저장된다.

MongoDB는 사용자가 실행하는 모든 문장들에 대한 로그 정보를 Profilling 기능을 통해 지원합니다. 특정 Query 문장에 대한 성능 지연 현상이 발생하는 경우 Profiller를 통해 해당 문장을 추출할 수 있고 분석할 수 있는 기능입니다.

1) Profiling 환경 설정

이 기능을 통해 MongoDB Query 문장에 대한 성능 분석을 수행하기 위해서는 다음과 같이 최초 환경 설정이 필요합니다. 먼저 Profiling 기능에서 사용할 수 있는 옵션 절을 확인하기 위해 HELP 명령어를 실행해 보겠습니다.

실습 따라하기

```
> db.commandHelp("profile")                    ← Profiler 설정을 위한 Help
help for: profile enable or disable performance profiling
{ profile : <n> }
0=off 1=log slow ops 2=log all  -1 to get current values
http://www.mongodb.org/display/DOCS/Database+Profiler

> db.setProfilingLevel(2)
  {"was" : 0 , "slowms" : 100, "ok" : 1}     ← "was" 는 이전 설정 정보
> db.getProfilingLevel()                     ← 현재 설정되어 있는 정보
   2                                            0 : Off, 1 : default > 100 ms인 정보
                                                2 : System에서 발생한 모든 정보
```

위와 같이 mongo.exe를 통해 MongoDB 서버에 접속한 후 db.setProfilingLevel 함수를 통해 환경 설정이 가능하며 또 다른 방법은 다음과 같이 mongod.exe를 통해 인스턴스를 최초 시작할 때 설정할 수도 있습니다.

```
C:\MONGODB> mongod --help
Options:
General options:
  --slowms arg (=100)         value of slow for profile and console log
  --profile arg                       0=off 1=slow, 2=all
```

8.3.2 Profiler 환경 분석 결과 및 상태 확인

```
> db.system.profile.find()                       ← 모든 상태 정보 출력
> db.system.profile.find( { millis : { $gt : 5 } } ) ← 조건 검색된 상태 정보
```

항목 유형			설 명
ts			프로 파일된 Operation의 Timestamp
millis			Operation을 수행하는데 소요된 시간(Millisecond)
info	Query 관련 문장	ntoreturn	검색 시 limit 함수를 사용하는 경우 Return된 Document 수
		Query	실행된 Query의 Detail Spec
		nscanned	Operation에 의해 Scan된 Document 수
		Resleng	Query에 의해 Return된 데이터의 전체 bytes 수
		nreturned	Query에 의해 Return된 Document 수
	Update 관련 문장	fastmod	일반적인 Update Operation을 실행한 경우의 수정 모드
		fastmodinsert	Upsert Operation을 실행한 경우의 수정 모드
		Upsert	Upsert Operation을 실행한 경우
		moved	대용량 데이터의 Update가 발행하여 Data Move되는 경우
		Key updated	Key Field에 Update가 발생하는 경우
	Insert 관련 문장		Database에서 밝생한 Insert 결과
	Getmore 관련 문장		대용량 데이터에 대한 Query 결과

기존에 접속되어 있던 세션은 그대로 두고 새로운 세션을 활성화한 후, 다음과 같이 EMPLOYEES 컬렉션을 검색하는 문장을 실행하십시오.

실습 따라하기

```
C:\MONGODB\BIN> mongo
MongoDB shell version: 4.2.0
connecting to: test
>
> use test
switched to db test
>
> db.employees.find()
>
```

이번에는 기존에 활성화되어 있던 윈도우 창에서 다음 명령어를 실행하십시오. 수많은 클라이언트에서 실행되었던 Query 문장들이 출력됩니다.

실습 따라하기

```
> db.system.profile.find().pretty()                    ← 모든 로그 정보 출력
{
        "op" : "query",
        "ns" : "test.employees",
        "query" : {
                "find" : "employees",
                "filter" : {

                }
        },
        "keysExamined" : 0,
        "docsExamined" : 14,
        "cursorExhausted" : true,
        "keyUpdates" : 0,
        "writeConflicts" : 0,
        "numYield" : 0,
        "locks" : {
                "Global" : {
                        "acquireCount" : {
                                "r" : NumberLong(2)
                        }
                },
                "Database" : {
                        "acquireCount" : {
                                "r" : NumberLong(1)
                        }
                },
<중략>
                }
        },
        "nreturned" : 14,
        "responseLength" : 1939,
        "protocol" : "op_command",
        "millis" : 0,
```

```
<중략>
        "nreturned" : 1,
        "responseLength" : 847,
        "protocol" : "op_command",
        "millis" : 0,
        "execStats" : {
                "stage" : "COLLSCAN",
                "filter" : {
                        "$and" : [ ]
                },
                "nReturned" : 1,
                "executionTimeMillisEstimate" : 0,
<중략>
                "direction" : "forward",
                "docsExamined" : 1
        },
        "ts" : ISODate("2018-01-21T01:07:11.149Z"),
        "client" : "127.0.0.1",
        "allUsers" : [ ],
        "user" : ""
}                                ← 앞 페이지에서 실행했던 find문의 로그정보
```

실행된 결과들 모두를 튜닝 대상으로 결정할 필요는 없기 때문에 그 결과들 중에 실행 시간이 5초 이상 소요된 Query 문장들 만 추출할 수도 있습니다.

잠깐

```
> db.system.profile.find( { millis : { $gte : 5 } } )
                        ← 5초 이상 소요된 Query 만 추출합니다.
```

※ 조건 검색 시 항목유형(millis)의 종류는 앞 페이지 그림 참조

8.3.3 Profile Collection의 재생성 및 관리

Profiling 기능을 통해 생성되는 로그 정보는 MongoDB 내에 system.profile 컬렉션에 저장되는데 이 공간을 관리하는 방법에 대해 알아보도록 하겠습니다.

이 컬렉션에 너무 많은 로그 정보를 저장해 두는 것은 불필요한 공간 낭비와 관리의 비효율적인 문제를 야기 시킬 수 있기 때문에 비주기적으로 재생성 해주는 것이 좋습니다.

실습 따라하기

```
> db.setProfilingLevel(0)                                  ← 재생성을 위해 환경을 0으로 설정
{ "was" : 2, "slowms" : 100, "ok" : 1 }
> db.system.profile.drop()                                 ← Profile Collection 삭제
True
> db.createCollection("system.profile", {capped:true, size:4000000})
{ "ok" : 1 }                                               ← Profile  컬렉션 재 생성
> db.system.profile.stats()                                ← Prlfilling 컬렉션의 상태확인
{
        "ns" : "test.system.profile",
        "count" : 0,
        "size" : 0,
        "storageSize" : 4096,
        "capped" : true,
        "max" : -1,
        "maxSize" : 4000000,
        "sleepCount" : 0,
        "sleepMS" : 0,
        "wiredTiger" : {
                "metadata" : {
                        "formatVersion" : 1
                },
<중략>
                        "fast-path pages deleted" : 0,
                        "page checksum matches" : 0,
                        "page reconciliation calls" : 0,
                        "page reconciliation calls for eviction" : 0,
                        "leaf page key bytes discarded using prefix compression" : 0,
                        "internal page key bytes discarded using suffix compression" : 0
                },
```

```
                "session" : {
                        "object compaction" : 0,
                        "open cursor count" : 1
                },
                "transaction" : {
                        "update conflicts" : 0
                }
        },
        "nindexes" : 0,
        "totalIndexSize" : 0,
        "indexSizes" : {

        },
        "ok" : 1
}
> db.system.profile.drop()
```

8.3.4 $planCacheStats 연산자

$planCacheStats 연산자는 특정 컬렉션에 대해 실행되었던 쿼리 문장에 대한 최근 실행 계획을 캐시 영역으로부터 제공합니다. 이를 통해 최근 어떤 쿼리 문장들이 실행되었고 당시 실행계획 상태를 확인할 수 있습니다.

실습 따라하기

```
> db.employees.find({ empno : { $gte : 1000 } }).pretty()
{
        "_id" : ObjectId("5d0b2893b396fe7344449d4b"),
        "empno" : 7369,
        "ename" : "SMITH",
        "job" : "CLERK",
        "hiredate" : ISODate("2019-06-20T06:32:51.810Z"),
        "sal" : 800,
        "deptno" : 20
}
{
        "_id" : ObjectId("5d0b2893b396fe7344449d4c"),
        "empno" : 7499,
        "ename" : "ALLEN",
        "job" : "SALESMAN",
        "hiredate" : ISODate("2019-06-20T06:32:51.879Z"),
        "sal" : 1600,
        "comm" : 300,
        "deptno" : 30
}
{
        "_id" : ObjectId("5d0b2893b396fe7344449d4d"),
        "empno" : 7521,
        "ename" : "WARD",
        "job" : "SALESMAN",
        "hiredate" : ISODate("2019-06-20T06:32:51.911Z"),
        "sal" : 1250,
        "comm" : 500,
        "deptno" : 30
}
.......................
```

```
>
> db.employees.createIndex( { deptno: 1 } );
> db.employees.createIndex( { deptno: 1, job: 1 } );
> db.employees.createIndex( { hiredate: 1 } );
> db.employees.createIndex( { hiredate: 1, deptno: 1 } );
>
> db.employees.find( { deptno: 30, job: "SALESMAN" } )
> db.employees.find( { deptno: 10 } )
> db.employees.find( { hiredate: { $gte: "2019-01-01" } } )
> db.employees.find( { hiredate: { $gte: "2019-01-01" }, deptno: 10 } )
>
> db.employees.aggregate( [ { $planCacheStats: { } } ] ).pretty()
{
        "createdFromQuery" : {
                "query" : {
                        "hiredate" : {
                                "$gte" : "2019-01-01"
                        },
                        "deptno" : 10
                },
                "sort" : {

                },
                "projection" : {

                }
        },
        "queryHash" : "519DF122",
        "planCacheKey" : "FF641119",
        "isActive" : false,
        "works" : NumberLong(1),
        "cachedPlan" : {
                "stage" : "FETCH",
                "filter" : {
                        "deptno" : {
                                "$eq" : 10
                        }
                },
                "inputStage" : {
                        "stage" : "IXSCAN",
                        "keyPattern" : {
```

```
                        "hiredate" : 1
                },
                "indexName" : "hiredate_1",
                "isMultiKey" : false,
                "multiKeyPaths" : {
                        "hiredate" : [ ]
                },
                "isUnique" : false,
                "isSparse" : false,
                "isPartial" : false,
                "indexVersion" : 2,
                "direction" : "forward",
                "indexBounds" : {
                        "hiredate" : [
                                "[\"2019-01-01\", {})"
                        ]
                }
        }
},
"timeOfCreation" : ISODate("2019-06-20T08:11:09.798Z"),
"creationExecStats" : [
        {
                "nReturned" : 0,
                "executionTimeMillisEstimate" : 0,
                "totalKeysExamined" : 0,
                "totalDocsExamined" : 0,
                "executionStages" : {
                        "stage" : "FETCH",
                        "filter" : {
                                "deptno" : {
                                        "$eq" : 10
                                }
                        },
                        "nReturned" : 0,
                        "executionTimeMillisEstimate" : 0,
                        "works" : 1,
                        "advanced" : 0,
                        "needTime" : 0,
                        "needYield" : 0,
                        "saveState" : 0,
                        "restoreState" : 0,
```

```
                        "isEOF" : 1,
                        "docsExamined" : 0,
                        "alreadyHasObj" : 0,
                        "inputStage" : {
                                "stage" : "IXSCAN",
                                "nReturned" : 0,
                                "executionTimeMillisEstimate" : 0,
                                "works" : 1,
                                "advanced" : 0,
                                "needTime" : 0,
                                "needYield" : 0,
                                "saveState" : 0,
                                "restoreState" : 0,
                                "isEOF" : 1,
                                "keyPattern" : {
                                        "hiredate" : 1
                                },
                                "indexName" : "hiredate_1",
                                "isMultiKey" : false,
                                "multiKeyPaths" : {
                                        "hiredate" : [ ]
                                },
                                "isUnique" : false,
                                "isSparse" : false,
                                "isPartial" : false,
                                "indexVersion" : 2,
                                "direction" : "forward",
                                "indexBounds" : {
                                        "hiredate" : [
                                                "[\"2019-01-01\", {})"
                                        ]
                                },
                                "keysExamined" : 0,
                                "seeks" : 1,
                                "dupsTested" : 0,
                                "dupsDropped" : 0
                        }
                }
        },
......................................
```

8.3.5 Profiling 분석 결과

```
> db.big_emp.find( { $and : [ { $or : [ { deptno : 70 }, { deptno : 80 }, ] },
                  { hiredate : { $gte : "83/01/01", $lte : "84/12/31" } } ] } )
```

```
> db.system.profile.find({ ns : "test.big_emp" ,
                              millis : { $gte : 100 }}).sort({ millis  : -1}).pretty()
{
        "ts" : ISODate("2013-03-14T13:33:52.769Z"),                    ← ① 문장이 실행된 날짜
        "op" : "query",                                                ← ② 실행된 문장의 타입
        "ns" : "test.big_emp",                                         ← ③ DB명 & Collection명
        "query" : {  "$and" : [ {  "$or" : [  {  "deptno" : 70    },   {  "deptno" : 80  }  ]  },
                                 { "hiredate" : { "$gte" : "83/01/01",   "$lte" : "84/12/31 "    } } ]  },
        "cursorid" : 55728874281,                                      ← ④ 실행된 문장에 부여된 고유 ID
        "keysExamined"  : 108,                                         ← ⑤ SCAN된 Index-Key 수
        "docsExamined " : 106,                                         ← ⑥ SCAN된 DOC 수
        "keyUpdates"    : 0,                                           ← ⑦ Update가 요구되는 Index 수
        "numYield"      : 226,                                         ← ⑧ Lock Yield 수
        "locks" : { "Global"     : { "acquireCount" : { "r" : NumberLong(2) } },
                    "Database"   : { "acquireCount" : { "r" : NumberLong(1) } },
                    "Collection" : { "acquireCount" : { "r" : NumberLong(1) } } },
        "nreturned" : 101,                                             ← ⑨ 실제로 Return된 Document 수
        "responseLength" : 14909,                                      ← ⑩ 리턴된 Doc 크기
        "millis" : 65, ….. }                                           ← ⑪ 소요된 시간(millisecond)
        [중략]
        "execStats" : {
                "stage" : "FETCH",
                        [중략]
                    "inputStage" : {
                        "stage"       : "IXSCAN",                       ← ⑫ IXSACN:Index 스캔, COLLSCAN:Collection Scan
                        "nReturned"   : 106,                            ← ⑬ Index를 통해 리턴된 Doc. 수
                        "indexName"   : "deptno_1_hiredate_1",          ← ⑭ 검색된 Index명
                         "isMultiKey" : false,
                         "isUnique "  : false,
                         "isSparse "  : false,
                         "isPartial"  : false,
```

다음은 Profiling 결과에 대해 분석 방법에 대해 알아보도록 하겠습니다.

① 문장이 실행된 날짜정보

② 실행된 문장의 타입(Find, Update, Delete, Insert)

③ DB명 & Collection명

④ 실행된 문장에 부여된 고유 ID(MongoDB 서버에 의해 자동 부여)

⑤ SCAN된 Index-Key 수

⑥ SCAN된 DOC 수

⑦ Update가 요구되는 Index 수(Update문이 실행된 경우 변경된 Index 개수)

⑧ Lock Yield 수(다른 문장에 의해 발생된 Lock에게 양보한 횟수)

⑨ 실제로 Return된 Document 수

⑩ 리턴된 Document 크기

⑪ 소요된 시간(하나의 문장이 실행된 소요 시간 : millisecond)

⑫ Index를 통해 리턴된 Document 수

⑬ 검색된 Index명

위와 같은 분석결과에 대한 튜닝 포인트를 좀 더 자세히 알아보겠습니다.

1) docsExamined > nreturned인 경우

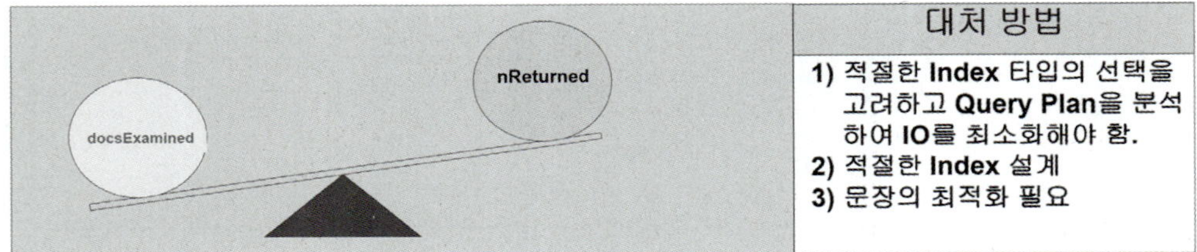

2) moved와 nmoved가 증가하는 경우

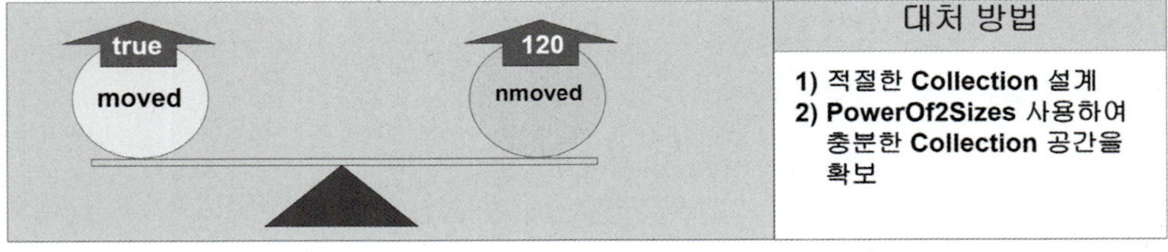

* **moved** : **update**가 수행될 때 하나 이상의 **Document**가 다른 **Disk** 영역으로 이동되는 경우
* **nmoved** : 이동된 **Document** 수

8.3.6 Hint 함수와 Explain 함수

1) MongoDB에서는 빠른 성능 향상을 위해 HINT()를 이용하여 INDEX사용이 가능할 수 있도록 실행계획을 정의할 수 있다.

2) EXPLAIN()는 Query Plan을 모니터링 할 수 있는 Method이다.

```
> db.emp.createIndex ({ empno: 1 }, { unique: true })
> db.emp.find({empno : 1101}).hint({empno:1}).explain()
{
        "queryPlanner" : {
                "plannerVersion"   : 1,
                "namespace"        : "test.emp",
                "indexFilterSet"   : false,
                "parsedQuery"      : {
                        "empno"    : { "$eq" : 1101 } },
                "winningPlan"      : {
                            "stage" : "FETCH",
                            "inputStage" : {
                                    "stage"         : "IXSCAN",           ← Index Scan
                                    "keyPattern"    : { "empno" : 1 },
                                    "indexName"     : "empno_1",
                                    "isMultiKey"    : false,
                                    "isUnique"      : true,
                                    "isSparse"      : false,
                                    "isPartial"     : false,
                                    "indexVersion"  : 1,
                                    "direction"     : "forward",
                                    "indexBounds"   : { "empno" : [ "[1101.0, 1101.0]" ] } } },
                "rejectedPlans" : [ ] },
        "serverInfo" : {
                        "host"       : "JMJOO",
                        "port"       : 27017,
                        "version"    : "3.2.0",
                        "gitVersion" : "45d947729a0315accb6d4f15a6b06be6d9c19fe7" },
        "ok" : 1 }
```

관계형 DBMS에서 SQL문의 실행계획을 분석하고 성능 튜닝을 할 때 사용되는 기능 중에 Explain과 Hint 함수가 있습니다. MongoDB에서도 유사한 기능이 제공되지만 그 기능은 매우 제한적이며 아직은 관계형 DB처럼 다양한 힌트절을 제공하고 있지 않습니다.

실습 따라하기

```
> db.employees.dropIndexes()
{
        "nIndexesWas" : 3,
        "msg" : "non-_id indexes dropped for collection",
        "ok" : 1
}
```

```
> db.employees.createIndex ({ empno: 1 }, { unique: true })
{
        "createdCollectionAutomatically" : false,
        "numIndexesBefore" : 1,
        "numIndexesAfter" : 2,
        "ok" : 1
}
> db.employees.find({empno : 1101}).hint({empno:1}).explain()
                                        ← empno 필드의 인덱스를 이용한 실행계획 출력
{
        "queryPlanner" : {
                "plannerVersion" : 1,
                "namespace" : "Sales.emp",
                "indexFilterSet" : false,
                "parsedQuery" : {
                        "empno" : {
                                "$eq" : 1101
                        }
                },
                "winningPlan" : {
                        "stage" : "FETCH",
                        "inputStage" : {
                                "stage" : "IXSCAN",          ← Index Scan
                                "keyPattern" : {
                                        "empno" : 1
                                },
                                "indexName" : "empno_1",
                                "isMultiKey" : false,
                                "isUnique" : true,
                                "isSparse" : false,
                                "isPartial" : false,
                                "indexVersion" : 1,
                                "direction" : "forward",
                                "indexBounds" : {
                                        "empno" : [
                                                "[1101.0, 1101.0]"
```

```
                              ]
                        }
                  }
            },
            "rejectedPlans" : [ ]
      },
      "serverInfo" : {
            "host" : "JMJOO",
            "port" : 27017,
            "version" : "4.2.0",
            "gitVersion" : "45d947729a0315accb6d4f15a6b06be6d9c19fe7"
      },
      "ok" : 1
}
>
> db.employees.find().hint({$natural:1}).explain()        ← $natural : Full Collection Scan
{
      "queryPlanner" : {
            "plannerVersion" : 1,
            "namespace" : "Sales.employees",
            "indexFilterSet" : false,
            "parsedQuery" : {
                  "$and" : [ ]
            },
            "winningPlan" : {
                  "stage" : "COLLSCAN",    ← Full Collection Scan
                  "filter" : {
                        "$and" : [ ]
                  },
                  "direction" : "forward"
[중략]
            "version" : "4.2.0",
            "gitVersion" : "45d947729a0315accb6d4f15a6b06be6d9c19fe7"
      },
      "ok" : 1
}
```

8.4 아키텍처 튜닝(Architecture Tuning)

1) **Replica Set 영역과 사용자의 비지니스 Area 영역은 반드시 분리하십시오.**
불필요하게 하나의 서버에서 다양한 기능 설정을 하면 성능이 저하될 수 밖에 없습니다.

2) 하나의 Instance보다 **Shard Clusters를 적절히 활용하십시오.**
여러 개의 서버에 Shard 설정을 통해 분산과 Load Balancing 할 수 있습니다.

3) **Slave 데이터베이스에는 Backup과 Reports 활동을 중지하십시오.**
되도록 Master 데이터베이스를 통해 작업 수행하는 것이 유리합니다.

4) **하나의 Machine에는 하나의 MongoDB Instance 만 활성화 하십시오.**
MongoDB는 충분한 Map Memory 영역을 요구하기 때문에 불필요하게 여러 개의 mongod를 수행하게 되면 메모리 부족으로 성능 지연이 예상됩니다.

1) MongoDB의 ReplicaSets 영역과 사용자의 비지니스 영역과 관련된 기능은 하나의 서버에 같이 구축하지 말고 반드시 분리해서 구축해야 합니다.
ReplicaSets은 Primary 서버에 장애가 발생하는 경우에 대비하여 복제되는 클론(Clone) 데이터베이스이기 때문에 실시간으로 지속적인 데이터의 복제가 수행될 수 밖에 없습니다. 시스템의 유연성과 확장성 그리고 복구성을 고려한다면 반드시 분리 운영되어야 합니다. 불필요하게 하나의 서버에 다양한 기능 설정을 하면 성능이 저하될 수 밖에 없습니다.

2) 초당 몇 만 건 이상의 데이터가 저장되는 빅 데이터 환경에서 보다 빠른 쓰기 작업이 수행 되기 위해서는 하나의 싱글 노드로 운영하는 것은 효율성이 떨어질 수 밖에 없습니다. 아무리 좋은 하드웨어 사양이라 하더라도 급속도로 증가하는 데이터들을 디스크에 내려쓰는 데는 한계가 있을 수 밖에 없기 때문입니다. 이런 경우를 위해 MongoDB는 샤드 시스템이라는 솔루션을 제공하고 있습니다. 여러 대의 서버를 이용하여 샤드

시스템을 구축, 운영한다면 빅 데이터의 빠른 쓰기 뿐만 아니라 균등 분산(Load Balancing)을 통한 시스템 성능을 향상 시킬 수 있습니다.

 **잠깐 샤드 서버의 추가를 고려해야 하는 경우**

① 하나의 싱글노드가 저장공간이 부족한 경우
② Active 상태의 WorkingSet이 전체 RAM 공간의 90%를 초과하는 경우
③ 싱글노드에 DB-LOCK이 집중되는 Write-Scale을 감당하기 힘든 경우

"6장 샤드서버의 추가와 삭제" 참조

```
c:\> mongod  --shardsvr  --dbpath c:\mongodb\shard4  --port 40004

c:\> mongo localhost:50000/admin
>
> db.runCommand( { addshard:"localhost:40004"} )            ← 새로운 샤드 노드 추가
{ "shardAdded" : "shard0004", "ok" : 1 }

db.runCommand( { listshards : 1 } )
{
        "shards" : [
                {
                        "_id" : "shard0000",
                        "host" : "localhost:40001"
                },
                {
                        "_id" : "shard0001",
                        "host" : "localhost:40002"
                },
                {
                        "_id" : "shard0002",
                        "host" : "localhost:40003 "
                },
                {
                        "_id" : "shard0003",           ← 새로운 샤드 노드 추가 확인
                        "host" : "localhost:40004 "
                }
        ],
        "ok" : 1
}
```

3) 리프리카셋의 슬레이브 서버에서는 되도록 백업 및 데이터 분석 작업은 지양하십시오. 필요하다면 마스터 데이터베이스를 통해 작업을 수행하는 것이 유리합니다. 슬레이브 서버는 거의 실 시간으로 마스터 서버의 데이터가 복제되는 작업이 수행됩니다. 빅 데이터의 쓰기/읽기 작업의 빈도에 따라 약간의 차이는 있을 수 있지만 과부하가 발생할 수 있으므로 데이터의 백업 및 통계 정보 분석 작업은 슬레이브 서버에서 수행하는 것은 지양해야 합니다.

4) 하나의 서버에는 하나의 MONGOD.EXE 인스턴스 만 활성화 하십시오.

MongoDB는 충분한 메모리 매핑(Memory Mapped) 영역을 요구하기 때문에 불필요하게 여러 개의 MONGOD.EXE를 수행하게 되면 메모리 부족으로 인한 성능 지연이 예상됩니다.

실습 따라하기

```
> db.serverStatus().mem
{
        "bits" : 64,                        ← 시스템 사양(32 Bit/64 Bit)
        "resident" : 42,                    ← 물리적 메모리(Working Set) 영역 크기
        "virtual" : 275,                    ← Virtual 메모리 현재 크기
        "supported" : true,
        "mapped" : 80,                      ← Mapped File 현재 크기
        "mappedWithJournal" : 160           ← Journal 메모리 현재 크기
}
>
> db.serverStatus().extra_info
{
        "note" : "fields vary by platform",
        "page_faults" : 11722,              ← 현재 PageFault 수
        "usagePageFileMB" : 111,
        "totalPageFileMB" : 7768,
        "availPageFileMB" : 5418,
        "ramMB" : 3885                      ← 현재 시스템 메모리 크기
}
```

피크 타임(Peak Time) 때 페이지-폴트가 지속적으로 증가하는 경우 메모리 부족으로 인한 성능 지연 문제가 발생할 수 있는데 이 경우 충분한 시스템 메모리 영역을 추가로 할당해 주어야 합니다.

다음은 MongoDB 잠금(Lock) 상태를 모니터링하는 방법입니다.(MMAP 엔진)

실습 따라하기

```
> db.serverStatus().globalLock
{
        "totalTime" : NumberLong("21452483000"), ← 전체 Lock time
        "lockTime" : NumberLong(850465),          ← 최근에 발생한 Lock time
        …..(중략)
        }
}
```

위 결과에서

실습 따라하기

```
Lock Percentage = Lock Time / Total Time
                =  850465   / 21452483000
                = 3.9
```

전체 잠금 시간이 약 4초 정도 발생하고 있음을 알 수 있습니다.

전체 Total Lock Time에 대해 최근에 발생한 Lock Time은 약 4% 정도의 비율로 발생했음을 알 수 있습니다.

이 값이 지속적으로 증가한다는 것은 Lock 문제로 인한 성능 지연 현상이 발생하고 있음을 의미합니다. 평소 이 값의 최소 값과 최대 값의 범위를 분석해 두고 이 범위 값을 초과하는 Lock Time이 발생한다면 추가적인 튜닝 작업이 요구되는 시점입니다.

8.5 인스턴스 튜닝(Instance Tuning)

1) Explain Plan과 Profiler를 적용하여 **문장 튜닝을 먼저 수행하십시오.**

2) **최적화된 Read/Write가 가능하도록 문장을 작성하십시오.**
   - db.test.update({_id:99}, {$inc:{imageCount:1}})
   - db.test.find({folderID:99}).count().explain()

3) **Data Locality(인접성)이 높아질 수 있도록 설계하고 저장하십시오.**
   - 디스크 상 하나의 블록에 충분한 여유공간을 확보하고 보다 많은 데이터가 저장될 수 있도록 하십시오.
   - db.test.find({},{ '$diskloc' :1, 'userid' :1, _id:0}).showDiskLoc()
     { "userid" :49995, "$diskloc" :{ "file" :1, "offset" :41684384}}
     { "userid" :49995, "$diskloc" :{ "file" :1, "offset" :41684572}}

1) 실행 계획(Explain Plan)과 프로파일러(Profiler) 기능을 이용하여 문장 튜닝을 먼저 수행하십시오. 데이터베이스 튜닝은 가장 빠른 시간 내에 가장 효과적인 방법으로 성능을 개선시킬 수 있는 방법으로 수행해야 합니다. 일반적으로 성능 지연 문제를 유발시키는 가장 큰 문제은 개발자가 작성한 Query 문장에 있습니다. 이 경우, 인스턴스(메모리) 튜닝을 아무리 수행하더라도 성능을 개선시키는 것은 한계가 있을 수 밖에 없습니다. 먼저, 개발자가 작성한 문장에 대한 튜닝을 수행해야 하고, 그럼에도 불구하고 성능이 개선되지 않는 경우에는 인스턴스 영역에 대한 튜닝을 수행한 다면 보다 개선된 성능 결과를 만들어 낼 수 있을 것입니다.

앞서 설명되었던 MongoDB의 Resident(Working Set) 영역이 시스템 전체 메모리 영역의 90% 이상을 점유하게 되는 경우 시스템 또는 MongoDB 전체의 성능 지연 현상이 발생할 수 있는데 이 문제를 해결하기 위해서는 시스템 메모리를 추가로 할당해야 합니다.

실습 따라하기

```
> db.serverStatus().mem
{
        "bits" : 64,                    ← 시스템 사양(32 Bit/64 Bit)
        "resident" : 42,                ← 물리적 메모리(Working Set) 영역 크기
        "virtual" : 275,                ← Virtual 메모리 현재 크기
        "supported" : true,
        "mapped" : 80,                  ← Mapped File 현재 크기
        "mappedWithJournal" : 160       ← Journal 메모리 현재 크기
}
> db.serverStatus().mem
{
        "bits" : 64,
        "resident" : 80,
        "virtual" : 209,
        "supported" : true,
        "mapped" : 0,                   ← wiredTiger 저장엔진 경우
        "mappedWithJournal" : 0 }
> db.serverStatus().extra_info
{
        "note" : "fields vary by platform",
        "page_faults" : 11722,          ← 현재 PageFault 수
        "usagePageFileMB" : 111,
        "totalPageFileMB" : 7768,
        "availPageFileMB" : 5418,
        "ramMB" : 3885          }       ← 현재 시스템 메모리 크기
```

피크 타임(Peak Time) 때 Resident(Working Set) 영역은 시스템 전체 메모리 영역의 70~80% 정도를 유지할 수 있도록 여유 메모리 공간을 확보하는 것이 가장 이상적인 성능을 보장 받을 수 있습니다.

2) 인스턴스의 효율성을 향상시키기 위해서는 최적화된 읽기/쓰기가 가능하도록 문장을 최적화시켜야 합니다.

실습 따라하기

```
> db.test.insert({ _id:99, a : "a" })
> db.test.find()
{ "_id" : 99, "a" : "a" }
>
> db.test.update({_id:99}, {$inc:{imageCount:1}})
> db.test.find()
{ "_id" : 99, "a" : "a", "imageCount" : 1 }
>
> db.test.find({_id:99}).explain()
{
        "queryPlanner" : {
                "plannerVersion" : 1,
                "namespace" : "test.test",
                "indexFilterSet" : false,
                "parsedQuery" : {
                        "_id" : {
                                "$eq" : 99
                        }
                },
                "winningPlan" : {
                        "stage" : "IDHACK"
                },
                "rejectedPlans" : [ ]
        },
        "serverInfo" : {
                "host" : "JMJOO",
                "port" : 27017,
                "version" : "4.2.0",
                "gitVersion" : "45d947729a0315accb6d4f15a6b06be6d9c19fe7"
        },
        "ok" : 1
}
> db.test.drop()
```

하나의 컬렉션에 Document를 저장할 때 사용할 수 있는 문법은 2가지가 있습니다. 첫 번째는 SAVE문장으로 실행하는 방법입니다. 이 메소드를 실행하면 데이터를 저장할 때 하나의 도큐멘트 단위로 데이터를 저장합니다. 하지만, 두 번째 방법인

UPDATE문장을 실행하면 SET절에 정의된 필드 단위로 데이터를 저장합니다. 결론적으로, Document 전체 필드를 변경할 때는 SAVE문을 실행하는 것이 유리하지만 특정 필드만 변경할 때는 불필요하게 다른 필드들까지 함께 저장해야 하기 때문에 성능 지연 현상이 발생할 수도 있습니다. 또한, 자주 검색되는 필드에 대해서는 적절한 인덱스를 생성하여 데이터를 검색할 때 불 필요한 필드에 대해 읽기 작업이 발생하는 것을 피하게 하고 Resident(Working Set) 영역을 최소화시켜 인스턴스 영역에 대한 성능 향상을 고려해야 합니다.

3) 인접성(Data Locality)이 높아질 수 있도록 컬렉션을 설계하고 데이터를 저장하십시오. 빅 데이터를 효과적으로 저장하기 위해서는 유사한 성격의 데이터들을 인접한 데이터 영역에 저장하는 것이 좋습니다. 이것은 빅 데이터의 읽기 작업에서도 빠른 성능을 보장해 줄 수 있기 때문입니다.
또한, 불필요한 데이터에 대한 쓰기/읽기 작업을 피할 수 있기 때문에 인스턴스 영역의 효율성을 향상시킬 수도 있습니다.

실습 따라하기

```
> db.dept.insert({"deptno" : 10, "dname" : "ACCOUNTING", "loc" : "New York" })
> db.dept.insert({"deptno" : 20, "dname" : "RESEARCH", "loc" : "Dallas" })
> db.dept.insert({"deptno" : 30, "dname" : "SALES", "loc" : "New Chicago" })
> db.dept.insert({"deptno" : 40, "dname" : "OPERATIONS", "loc" : "Boston" })
>
> db.dept.find({}, {_id:0})
{ "deptno" : 10, "dname" : "ACCOUNTING", "loc" : "New York" }
{ "deptno" : 20, "dname" : "RESEARCH", "loc" : "Dallas" }
{ "deptno" : 30, "dname" : "SALES", "loc" : "New Chicago" }
{ "deptno" : 40, "dname" : "OPERATIONS", "loc" : "Boston" }
>
> db.dept.find({},{'$diskloc':1, 'userid':1, _id:0}).showDiskLoc()
{ "$recordId" : NumberLong(1) }
{ "$recordId" : NumberLong(2) }
> db.dept.drop()
```

8.6 하드웨어 튜닝(Hardware Tuning)

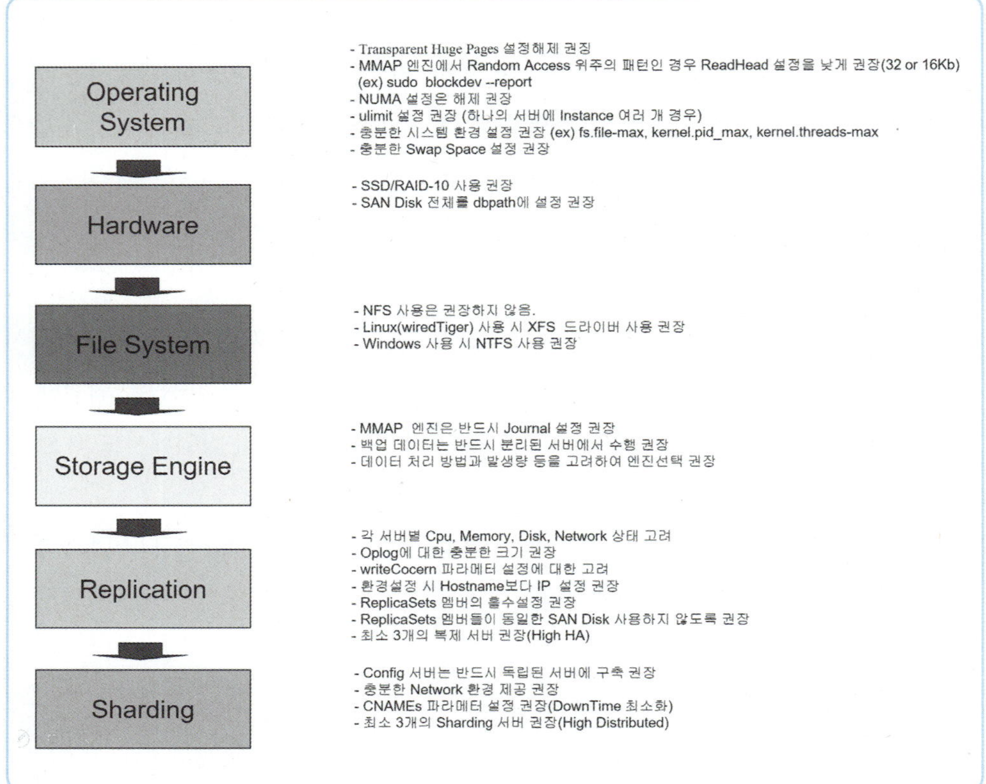

다음은 하드웨어 튜닝 포인트에 대해 알아보도록 하겠습니다.

MongoDB 서버에 대한 최적화가 수행되었다 하더라도 운영체계 및 HW 환경에 대해 최적화가 수행되지 못한다면 좋은 성능을 기대할 수 없습니다.

다음은 항목별 튜닝 포인트에 대한 설명입니다.

1) 운영체계 환경에 대한 고려

- Linux 서버는 기본적으로 운영체계에서 제공하는 기능들을 통해 시스템 메모리 영역에 대한 최적화 작업이 수행됩니다. 하지만 MongoDB는 MongoDB 만을 위한 전용

메모리 영역에 대한 최적화 작업을 별도 기능을 통해 수행하는데 여기서 알고리즘이 상충되는 문제점이 발생하게 되고 이는 MongoDB의 성능 최적화에 나쁜 영향을 미치게 됩니다. 예를 들어 Linux 서버에서 제공하는 Transparent Huge Pages 기능의 설정 해제를 권장합니다.

(참조 사이트 :https://docs.mongodb.com/manual/tutorial/transparent-huge-pages/)

- MongoDB 서버가 Memory Mapped Storage Engine 환경으로 구축되어 있고 Random Access 위주의 검색 패턴으로 데이터를 조회하는 비즈니스 환경이라면 ReadHead(Block) 크기 값 설정을 32KB 또는 16 KB 정도로 낮게 설정할 것을 권장합니다.

  (ex) sudo blockdev --report

- Linux 서버가 NUMA 플랫폼으로 설정되지 않도록 환경 설정하십시오.
- 하나의 서버에 MongoDB 인스턴스가 여러 개 경우 ulimit 높은 값으로 설정할 것을 권장합니다.
- 파일 시스템, 프로세스를 위한 충분한 시스템 환경 설정을 권장합니다.

  (ex) fs.file-max, kernel.pid_max, kernel.threads-max

- 충분한 가상 메모리(Swap Memory) 크기 공간의 설정을 권장합니다.

2) 하드디스크 환경에 대한 고려

- MongoDB 서버를 최초 구동할 때 dbpath가 설정되는 위치는 SAN Disk 전체 영역에 설정할 것을 권장합니다.
- 보다 빠른 성능을 기대하기 위해서는 SSD와 같은 저장장치 사용할 것을 적극 권장합니다.

3) File System 환경에 대한 고려

- NFS(Network File System)를 이용한 네트워크 드라이버 설정을 권장하지 않습니다.
- Linux 환경에서 wiredTiger 저장엔진을 사용하는 경우 XFS 드라이버의 사용을 권장합니다.
- Windows 운영체계 환경에서 디스크 포맷은 NTFS로 할 것을 권장합니다.

4) 저장엔진(Storage Engine)에 대한 고려

- 데이터 발생량, 참조빈도, 저장 방법 등을 고려하여 적절한 저장엔진을 선택할 것을 권장합니다.
- MMAP 저장엔진을 사용하는 경우 반드시 Journal 기능 설정을 권장합니다.
- 백업 데이터는 반드시 분리된 서버에서 저장할 것을 권장합니다.

5) 복제(Replication) 서버 환경에 대한 고려

- Oplog 는 디스크 영역의 5% 이상 크기로 충분한 설정할 것을 권장합니다.
- 데이터를 Write할 때 writeCocern 파라메터 설정 여부에 대해 충분히 고려하여 결정하십시오.(mongod.exe 구동할 때 옵션 절에서 선택)
- 시스템 환경설정 시에는 Hostname보다 IP 값으로 설정할 것을 권장합니다.
- ReplicaSets 환경으로 구축하는 경우 멤버의 개수는 홀수개로 설정할 것을 권장합니다. (장애 발생시 ReadWrite 가능한 서버가 남아야만 지속적인 서비스가 가능하기 때문입니다.)
- ReplicaSets 멤버들이 동일한 SAN Disk 사용하지 않도록 설계되어야 합니다. 동일한 Disk를 사용하는 경우 Disk-IO로 인한 성능지연 문제가 발생할 가능성이 있기 때문입니다. 또한 장애 발생 시 데이터 유실을 최소화할 수 있습니다.
- ReplicaSets 구축 시 최소 3개의 복제 서버로 구축할 것을 권장합니다.

6) Sharding 서버 환경에 대한 고려

- 각 Config 서버는 반드시 독립된 서버에 각각 구축할 것을 권장합니다. Config 서버에 장애가 발생하는 경우 지속적인 데이터 분산 처리가 수행되지 않을 수 있으므로 충분히 고려해야 합니다.
- 여러 대의 샤드 서버 간에 HeartBeat가 원활하게 수행되기 위해서는 충분한 Network 인프라가 제공되어야 합니다.
- 최소 3대 이상의 샤드 서버를 구축할 것을 권장합니다.(High Distributed)

8.6.1 mongoperf 유틸리티

1) MongoDB의 Disk-IO 상태를 Check할 수 있는 성능 관련 유틸리티를 활용하십시오.

2) Memry Mapped Files 설정에 따른 Disk-IO를 확인할 수 있습니다.

```
{
nThreads:<n>,       // 동시 사용자의 작업 수 (기본 값 : 1)
fileSizeMB:<n>,     // 테스트 대상 파일의 크기 (기본값 : 1MB)
sleepMicros:<n>,    // 각 작업 별 Sleep 대기 시간 (기본값 : 0)
mmf:<bool>,         // Memory Mapped Files (기본값 : false)
r:<bool>,           // 읽기 작업 설정 (기본값 : false)
w:<bool>,           // 쓰기 작업 설정(기본값 : false)
syncDelay:<n>       // fsyncs 사이마다 대기 시간(기본값 : 0)
}
```

MongoDB에서 좋은 성능을 보장받기 위해서는 무엇보다도 충분한 메모리 영역과 SSD와 같은 저장 장치가 반드시 요구됩니다.

그 이유는 MMF(Memory Mapped Files) 기능을 이용하여 데이터를 메모리 영역에 캐싱하여 처리하기 때문입니다. 그렇기 때문에 충분한 메모리 영역을 할당해 주어야 하는 것입니다.

그렇다면, MMF 기능을 설정했을 때와 MMF 기능을 설정하지 않았을 때 DISK-IO는 얼마나 차이가 발생하며 MongoDB의 성능에는 어떤 영향을 미치게 되는 것 일까요 ?

Mongoperf 유틸리티는 이와 관련된 분석 결과를 제공하는 유틸리티입니다.

실습 따라하기

```
# show help:
mongoperf -h

# 리눅스 운용체계에서 SATA SSD 드라이브 환경에서 테스트한 결과입니다.
~/mongo echo "{ nThreads: 8, fileSizeMB: 256, sleepMicros: 0, mmf: false, r: true, w:
true, syncDelay: 0 }" ¦ ./mongoperf
mongoperf
use -h for help
options:
{ nThreads: 8, fileSizeMB: 256, sleepMicros: 0, mmf: false, r: true, w: true,
syncDelay: 0 }
creating test file size:256MB ...

testing...
new thread, total running : 1
720 ops/sec 2 MB/sec                ←각 Thread의 초당 작업 양
1574 ops/sec 6 MB/sec                 MMF 기능을 TRUE로 설정한 후 테스트 결과와
1832 ops/sec 7 MB/sec                 비교해 보면 성능 차이를 확인할 수 있습니다.
954 ops/sec 3 MB/sec
1841 ops/sec 7 MB/sec
989 ops/sec 3 MB/sec
1778 ops/sec 6 MB/sec
1626 ops/sec 6 MB/sec
new thread, total running : 2
2230 ops/sec 8 MB/sec
1129 ops/sec 4 MB/sec
1892 ops/sec 7 MB/sec
2237 ops/sec 8 MB/sec
1309 ops/sec 5 MB/sec
1724 ops/sec 6 MB/sec
2231 ops/sec 8 MB/sec
1264 ops/sec 4 MB/sec
……(중략)
new thread, total running : 8
2147 ops/sec 8 MB/sec
2407 ops/sec 9 MB/sec
1571 ops/sec 6 MB/sec
2435 ops/sec 9 MB/sec
1350 ops/sec 5 MB/sec
2032 ops/sec 7 MB/sec
1238 ops/sec 4 MB/sec
```

CHAPTER 9

MongoDB 백업/복구 & 유틸리티

NoSQL & mongo DB

9.1 백업과 복구 유형

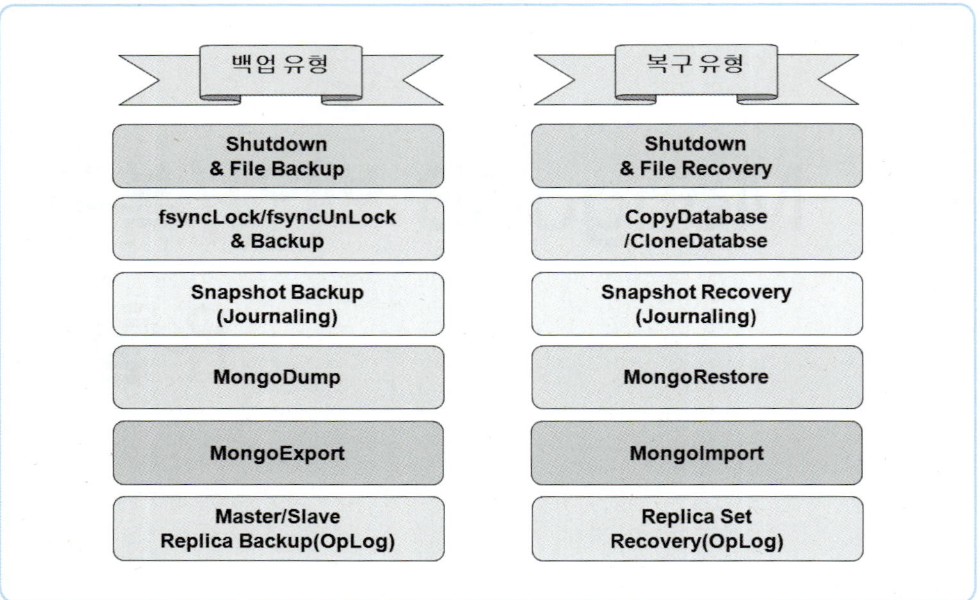

관계형 DBMS는 데이터의 효율적 운영과 관리를 위해 다양한 백업과 복구 관련 기능들을 제공합니다. 빅 데이터 처리에 가장 이상적인 MongoDB 역시 예기치 못하는 다양한 장애로부터 데이터를 안전하게 저장하고 빠르게 복구할 수 있는 다양한 기능들을 제공합니다.

1) 백업 유형

- ShutDown & File Backup

  이 방법은 가장 전형적이며 가장 간편한 백업 방법 중에 하나입니다. 빅 데이터를 저장하고 있는 데이터 파일을 운영체계에서 제공하는 복사 명령어(COPY, CP, UFSDUMP 등)를 이용하여 물리적으로 복사하는 방법입니다.

  가장 간편한 방법이지만 파일들을 복사하는 동안에는 데이터베이스를 서비스할 수 없는 치명적인 문제점을 가지고 있기 때문에 필요에 따라 선택적으로 사용해야 합니다.

- FsyncLock/FsyncUnlock & Backup

두 번째 방법은 데이터베이스를 종료하지 않고 온라인 상태에서 데이터 파일들을 복사하는 방법입니다. 하지만, 백업하는 도중에 사용자가 데이터를 변경하게 되면 백업 파일의 무결성에 문제가 발생할 수도 있기 때문에 FsyncLock 명령어를 이용하여 데이터베이스 전체에 변경 작업이 발생하지 않도록 잠금 설정해야 하며 백업 작업 후 FsyncUnlock 명령어를 통해 잠금 해제해야 합니다.

- Snapshot 백업

MongoDB는 빅 데이터를 처리하는데 있어서 가장 효과적인 데이터 저장 기술 중에 하나입니다. 하지만, 입력, 수정, 삭제 작업 발생할 때 다양한 장애로 인해 데이터 유실이 발생한다면 기업은 치명적인 피해를 입을 수 밖에 없을 것입니다. 이러한 문제에 대한 대처 방법이 없다면 MongoDB의 신뢰성은 보장되지 않을 것입니다.
MongoDB는 이 문제에 대한 대비책으로 1.6 버전 이후부터 저널(Journal) 기능을 제공하고 있습니다. 사용자가 입력, 수정, 삭제한 데이터는 데이터 파일에 저장되기 전에 메모리 상에서 저널 파일에 먼저 백업되고 이후에 데이터 파일에 저장되도록 설계되었습니다. 저널 파일에 백업 후 데이터 파일에 저장하다가 장애가 발생하여 문제가 발생한다 하더라도 저널 파일의 백업 데이터를 이용하여 데이터 파일을 복구할 수 있기 때문입니다.
이러한 백업 방법을 Snapshot 백업이라고 합니다.

- MongoDump

이 백업 방법은 MongoDB 내의 데이터를 컬렉션 단위, 데이터베이스 단위, 전체 데이터베이스 단위로 BSON 타입의 파일로 백업할 때 사용되는 유틸리티입니다.

- MongoExport

이 백업 방법은 MongoDB 내의 데이터를 JSON 타입, CSV타입, TSV타입 파일로 백업하는 유틸리티입니다.
이 기능은 데이터 Migration 작업을 할 때 주로 사용됩니다.

- Master/Salve & Replica 백업

MongoDB의 대표적 솔루션 중에 하나인 Master & Slave 기능은 Master 데이터베이스에 저장되는 데이터와 동일한 데이터를 Slave 데이터베이스에 실시간으로 저장 관리해 주는 기능입니다. Master에 장애가 발생하여 서비스를 할 수 없다면 Slave에 저장된 데이터로 즉시 복구할 수 있습니다. 이 경우, 사용자에 의해 복구작업을 수행해야 한다면 ReplicaSets은 Primary 서버에 장애가 발생하는 경우 Secondary 서버 중에 하나가 자동으로 Primary 서버가 됩니다.

2) 복구 유형

- ShutDown & File Backup

MongoDB를 종료한 후 백업된 데이터 파일을 복구 대상 데이터베이스로 복사하여 복구하는 방법입니다. 가장 전형적이고 간단한 복구 방법 중에 하나이지만 복구 대상 파일의 개수와 크기가 큰 경우 많은 시간이 소요되기 때문에 선별적으로 사용되어야 합니다.

- Copy Database/Clone Database

MongoDB에서 제공하는 명령어를 통해 존재하는 데이터베이스와 똑 같은 구조로 복사하여 백업할 수 있고 복구할 수 있는 방법입니다. CopyDatabase는 Local DB 내에서 DB를 복사하는 방법이라면 Clone Database는 Remote DB를 Locol DB로 복사할 때 사용됩니다.

- MongoRestore

MongoDump에 의해 백업된 BSON 유형의 백업 데이터를 MongoDB로 복구할 때 사용되는 유틸리티입니다.

- MongoImport

MongoExport 유틸리티에 의해 백업된 JSON 타입, CSV타입, TSV타입 파일의 데이터를 MongoDB 내로 복구할 때 사용되는 유틸리티입니다.

- ReplicaSets Recovery

MongoaDB의 대표적인 솔루션 중에 하나인 ReplicaSets 기능을 이용하여 Primary 서버에 장애가 발생하는 경우 실 시간으로 Secondary 서버가 Primary 서버 역할을 수행하게 함으로써 무 정전 시스템을 구축할 수 있는 백업 방법입니다.

9.2 MongoDump & MongoRestore

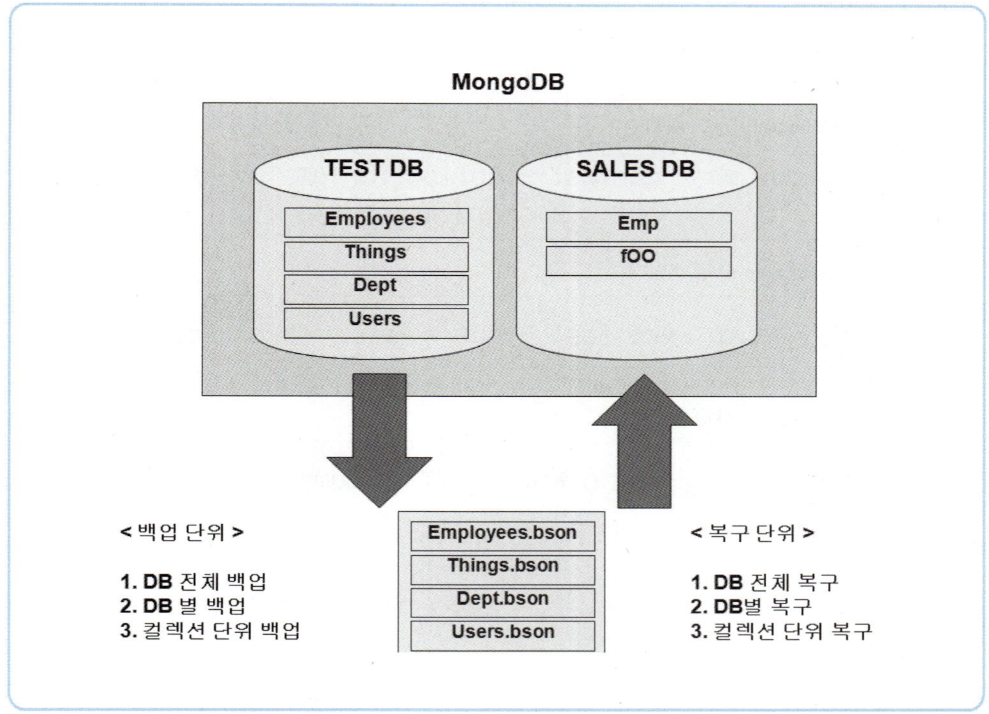

MongoDB 대표적인 유틸리티 중에 하나인 MongoDump는 데이터베이스를 백업할 때 사용되며 MongoRestore는 복구할 때 사용되는 유틸리티입니다.

MongoDump는 3가지 백업 방법을 제공합니다. 전체 백업, DB별 백업, 컬렉션별 백업이며 MongoRestore는 동일하게 3가지 방법으로 복구할 수 있습니다.

9.2.1 MongoDump

MongoDB 내의 데이터들을 컬렉션 별, DB 별, DB 전체 단위로 백업할 수 있습니다.

1) Collection 단위 백업

```
mongodump --db test --collection employees
          --out c:WmongodbWbinWdump
```

2) Database 단위 백업

```
mongodump --db test --out c:WmongodbWbinWdump
```

3) Database 전체 백업

```
mongodump --out c:WmongodbWbinWdump
```

먼저, MongoDump 유틸리티를 이용하여 데이터베이스 별로 백업해 보겠습니다. 다음 실습을 위해 강사가 제공하는 things.json 파일에서 THINGS Collection을 재생성하십시오.

실습 따라하기

```
C:\> mongo
MongoDB shell version: 4.2.0
connecting to: test
>
> show collections                    ← 실습을 위한 Collection들이 생성되어 있습니다.
department
employees
location
things
>exit
```

》 실습 따라하기

```
C:\> CD C:\MONGODBD\BIN
C:\> mongodump --db test                          ← test DB를 백업합니다.
2018-01-21T10:37:39.354+0900    writing test.things to dump\test\things.bson
2018-01-21T10:37:39.361+0900    writing test.department to dump\test\department.bson
2018-01-21T10:37:39.366+0900    writing test.employees to dump\test\employees.bson
2018-01-21T10:37:39.366+0900    writing test.location to dump\test\location.bson
2018-01-21T10:37:39.366+0900    done dumping test.things (14 documents)
2018-01-21T10:37:39.367+0900    done dumping test.department (4 documents)
2018-01-21T10:37:39.368+0900    done dumping test.location (4 documents)
2018-01-21T10:37:39.371+0900    done dumping test.employees (14 documents)

C:\MONGODB\BIN> cd dump/test
C:\MONGODB\BIN\DUMP> dir
22018-01-21  오전 10:37            313 department.bson
2018-01-21  오전 10:37             87 department.metadata.json
2018-01-21  오전 10:37          1,788 employees.bson
2018-01-21  오전 10:37             86 employees.metadata.json
2018-01-21  오전 10:37            232 location.bson
2018-01-21  오전 10:37             85 location.metadata.json
2018-01-21  오전 10:37          1,788 things.bson
2018-01-21  오전 10:37             83 things.metadata.json
```

다음은 특정 컬렉션을 백업해 보겠습니다.

```
C:\MONGODB\BIN> MKDIR dump1
C:\MONGODB\BIN> mongodump --db test --collection employees —out
c:\mongodb\bin\dump1
2018-01-21T10:39:22.605+0900 writing test.employees to
c:\mongodb\bin\dump1\test\employees.bson
2018-01-21T10:39:22.613+0900    done dumping test.employees (14 documents)
```

마지막으로 DB 전체를 백업해 보겠습니다.

실습 따라하기

```
C:\MONGODB\BIN> MKDIR dump2
C:\MONGODB\BIN> mongodump  --out c:\mongodb\bin\dump2

2018-01-21T10:39:45.692+0900    writing admin.system.users to
c:\mongodb\bin\dump2\admin\system.users.bson
2018-01-21T10:39:45.699+0900    done dumping admin.system.users (3 documents)
2018-01-21T10:39:45.705+0900    writing admin.system.version to
c:\mongodb\bin\dump2\admin\system.version.bson
2018-01-21T10:39:45.706+0900    done dumping admin.system.version (1 document)
2018-01-21T10:39:45.709+0900    writing test.location to
c:\mongodb\bin\dump2\test\location.bson
2018-01-21T10:39:45.709+0900    writing test.department to
c:\mongodb\bin\dump2\test\department.bson
2018-01-21T10:39:45.709+0900    writing test.things to
c:\mongodb\bin\dump2\test\things.bson
2018-01-21T10:39:45.711+0900    writing test.employees to
c:\mongodb\bin\dump2\test\employees.bson
2018-01-21T10:39:45.712+0900    done dumping test.department (4 documents)
2018-01-21T10:39:45.723+0900    done dumping test.location (4 documents)
2018-01-21T10:39:45.723+0900    done dumping test.things (14 documents)
2018-01-21T10:39:45.723+0900    done dumping test.employees (14 documents)
```

잠깐

해당 컬렉션에서 조건을 만족하는 데이터 만 백업할 수도 있습니다.

```
C:\> mongodump --db test --collection employees --query "{"deptno" : { "$gte" : 1
0,"$lt"  : 20}}"

2018-01-21T10:28:24.449+0900    writing test.employees to dump\test\employees.bson
2018-01-21T10:28:24.457+0900    done dumping test.employees (3 documents)
                                  ← 조건을 만족하는 3개의 Document만 백업됨
```

9.2.2 MongoRestore

MongoDB 내의 데이터들을 컬렉션 별, DB 별, DB 전체 단위로 복구할 수 있습니다.

1) Collection 단위 백업

```
mongorestore  --db test  --collection things
        d:WmongodbWbinWdumpWtestWthings.bson
```

2) Database 단위 백업

```
mongorestore  --db testd:WmongodbWbinWdumpWtest
```

3) Database 전체 백업

```
mongorestore  --objcheck --drop
```

다음은 백업된 파일들을 데이터베이스내로 복구해 보겠습니다.

실습 따라하기

```
C:\> CD C:\MONGODBD\BIN
C:\MONGODBD\BIN> mongo
MongoDB shell version: 4.2.0
connecting to: test
>
> use test
switched to db test
>
> show collections
```

```
department
employees
location
things
>
> db.things.drop()                ← THINGS 컬렉션을 삭제합니다.
true
>
> show collections
department
employees
location
>
> exit

C:\MONGODB\BIN> mongorestore           ← 백업 데이터 전체를 복구합니다.
2018-01-21T10:41:17.395+0900    using default 'dump' directory
2018-01-21T10:41:17.402+0900    building a list of dbs and collections to restore from
dump dir
2018-01-21T10:41:17.410+0900    reading metadata for test.employees from
2018-01-21T10:41:17.411+0900    reading metadata for test.things from
2018-01-21T10:41:17.411+0900    reading metadata for test.location from
2018-01-21T10:41:17.411+0900    reading metadata for test.department from
2018-01-21T10:41:17.412+0900    restoring test.location from
2018-01-21T10:41:17.412+0900    restoring test.department from
2018-01-21T10:41:17.412+0900    restoring test.things from
2018-01-21T10:41:17.412+0900    restoring test.employees from
2018-01-21T10:41:17.439+0900    error: E11000 duplicate key error collection:
test.location index: _id_ dup key: { : ObjectId('5882bac1ffd6e544d97dbc98') }
2018-01-21T10:41:17.442+0900    restoring indexes for collection test.location from
metadata
2018-01-21T10:41:17.486+0900    restoring indexes for collection test.things from
metadata
2018-01-21T10:41:17.486+0900    error: E11000 duplicate key error collection:
test.department index: _id_ dup key: { : ObjectId('5882bac1ffd6e544d97dbc94') }
2018-01-21T10:41:17.493+0900    error: E11000 duplicate key error collection:
test.employees index: _id_ dup key: { : ObjectId('5882bac1ffd6e544d97dbc8c') }
2018-01-21T10:41:17.494+0900    finished restoring test.location (4 documents)
2018-01-21T10:41:17.494+0900    finished restoring test.things (14 documents)
2018-01-21T10:41:17.494+0900    restoring indexes for collection test.department from
```

```
metadata
2018-01-21T10:41:17.494+0900    restoring indexes for collection test.employees from
metadata
2018-01-21T10:41:17.494+0900    finished restoring test.employees (3 documents)
2018-01-21T10:41:17.494+0900    finished restoring test.department (4 documents)

C:\MONGODB\BIN> mongo
MongoDB shell version: 2.2.0
connecting to: test
>

> show collections
department
employees
location
things          ← 삭제되었던 things 컬렉션이 복구되었음.
>
> exit
C:\MONGODB\BIN> mongorestore  --objcheck --drop
← 복구 시 Object 상태를 체크하고 동일한 데이터가 이미 저장되어 있으면 삭제 후 복구합니다.

2018-01-21T10:42:51.783+0900    using default 'dump' directory
2018-01-21T10:42:51.790+0900    building a list of dbs and collections to restore from
dump dir
2018-01-21T10:42:51.829+0900    reading metadata for test.things from
2018-01-21T10:42:51.830+0900    restoring test.things from
2018-01-21T10:42:51.842+0900    reading metadata for test.employees from
2018-01-21T10:42:51.843+0900    restoring test.employees from
2018-01-21T10:42:51.857+0900    reading metadata for test.department from
2018-01-21T10:42:51.857+0900    restoring test.department from
2018-01-21T10:42:51.874+0900    reading metadata for test.location from
2018-01-21T10:42:51.875+0900    restoring test.location from
2018-01-21T10:42:51.916+0900    restoring indexes for collection test.department from
metadata
2018-01-21T10:42:51.959+0900    restoring indexes for collection test.things from
metadata
2018-01-21T10:42:52.003+0900    finished restoring test.things (14 documents)
2018-01-21T10:42:52.004+0900    finished restoring test.department (4 documents)
2018-01-21T10:42:52.009+0900    restoring indexes for collection test.employees from
metadata
```

```
2018-01-21T10:42:52.046+0900    finished restoring test.employees (3 documents)
2018-01-21T10:42:52.046+0900    restoring indexes for collection test.location from
metadata
2018-01-21T10:42:52.052+0900    finished restoring test.location (4 documents)
```

다음은 DB 단위로 복구하는 방법입니다. 반드시, 백업 파일이 저장되어 있는 경로 명을 지정해 주어야 합니다.

실습 따라하기

```
C:\MONGODB\BIN> mongorestore  --db test  c:\mongodb\bin\dump\test ← 백업 경로 지정
2018-01-21T10:43:18.371+0900    building a list of collections to restore from
c:\mongodb\bin\dump\test dir
2018-01-21T10:43:18.383+0900    reading metadata for test.things from
2018-01-21T10:43:18.383+0900    reading metadata for test.employees from
2018-01-21T10:43:18.384+0900    reading metadata for test.department from
2018-01-21T10:43:18.384+0900    reading metadata for test.location from
2018-01-21T10:43:18.384+0900    restoring test.things from
2018-01-21T10:43:18.384+0900    restoring test.employees from
2018-01-21T10:43:18.385+0900    restoring test.location from
2018-01-21T10:43:18.385+0900    restoring test.department from
2018-01-21T10:43:18.386+0900    error: E11000 duplicate key error collection:
test.employees index: _id_ dup key: { : ObjectId('5882bac1ffd6e544d97dbc8c') }
2018-01-21T10:43:18.386+0900    restoring indexes for collection test.employees from
metadata
2018-01-21T10:43:18.387+0900    finished restoring test.employees (3 documents)
2018-01-21T10:43:18.387+0900    error: E11000 duplicate key error collection:
test.department index: _id_ dup key: { : ObjectId('5882bac1ffd6e544d97dbc94') }
2018-01-21T10:43:18.388+0900    restoring indexes for collection test.department from
metadata
2018-01-21T10:43:18.388+0900    finished restoring test.department (4 documents)
2018-01-21T10:43:18.388+0900    error: E11000 duplicate key error collection:
test.location index: _id_ dup key: { : ObjectId('5882bac1ffd6e544d97dbc98') }
2018-01-21T10:43:18.388+0900     restoring indexes for collection test.location from
metadata
2018-01-21T10:43:18.389+0900    finished restoring test.location (4 documents)
2018-01-21T10:43:18.389+0900    error: E11000 duplicate key error collection:
test.things index: _id_ dup key: { : ObjectId('5882bacaffd6e544d97dbc9c') }
```

```
2018-01-21T10:43:18.389+0900    restoring indexes for collection test.things from
metadata
2018-01-21T10:43:18.390+0900    finished restoring test.things (14 documents)
2018-01-21T10:43:18.390+0900    done
```

다음은 컬렉션 단위로 복구하는 방법입니다. 반드시, 백업 파일이 저장되어 있는 경로명과 파일 명을 지정해 주어야 합니다.

실습 따라하기

```
C:\MONGODB\BIN> mongorestore  --db test  --collection things
c:\mongodb\bin\dump\test\things.bson  ← 백업 파일
2018-01-21T10:44:13.564+0900    checking for collection data in
c:\mongodb\bin\dump\test\things.bson
2018-01-21T10:44:13.576+0900    reading metadata for test.things from
2018-01-21T10:44:13.576+0900    restoring test.things from
2018-01-21T10:44:13.577+0900    error: E11000 duplicate key error collection:
test.things index: _id_ dup key: { : ObjectId('5882bacbffd6e544d97dbca0') }
2018-01-21T10:44:13.578+0900    error: E11000 duplicate key error collection:
test.things index: _id_ dup key: { : ObjectId('5882bacaffd6e544d97dbc9c') }
2018-01-21T10:44:13.638+0900    restoring indexes for collection test.things from
metadata
2018-01-21T10:44:13.638+0900    finished restoring test.things (14 documents)
2018-01-21T10:44:13.643+0900    done
```

9.3 BsonDump

MongoDump에 의해 백업된 BSON 파일 내에 어떤 데이터가 저장되어 있는 지 분석할 수 있는 유틸리티 입니다.

```
C:\> bsondump  things.bson

{"empno": 1103, "ename": "standford"}
{"empno": 1104, "ename": "John",}
{"empno": 1105, "ename": "Joe",}
{"empno": 1106, "ename": "king"}
{"empno": 1107, "ename": "adams"}
{"empno": 1108, "ename": "blake"}
{"empno": 1109, "ename": "smith"}
{"empno": 1110, "ename": "allen"}
{"empno": 1111, "ename": "ward"}
{"empno": 1112, "ename": "Jones"}
{"empno": 1113, "ename": "martin"}
{"empno": 1114, "ename": "clark"}
{"empno": 1115, "ename": "tunner"}
{"empno": 1116, "ename": "martin"}
{"empno": 1117, "ename": "tod"}
{"empno": 1118, "ename": "jimmy"}
{"empno": 1119, "ename": "clief"}
{"empno": 1120, "ename": "miller"}
```

```
C:\>bsondump --type debug things.bson

--- new object ---
    size : 77
        _id     type: 7 size: 17
        empno   type: 1 size: 15
        ename   type: 2 size: 21
        dept    type: 2 size: 19
--- new object ---
    size : 76
        _id     type: 7 size: 17
        empno   type: 1 size: 15
        ename   type: 2 size: 16
        dept    type: 2 size: 20
 ( 중략)
--- new object ---
    size : 73
        _id     type: 7 size: 17
        empno   type: 1 size: 15
        ename   type: 2 size: 15
        dept    type: 2 size: 21
```

다음은 MongoDump에 의해 생성된 백업 파일(bson 파일)에 어떤 데이터가 저장되어 있는지 분석할 수 있는 BsonDump 유틸리티를 실행해 보겠습니다.

실습 따라하기

```
C:\MONGODB\BIN\DUMP\TEST> bsondump  things.bson          ← things.bson 파일 내용 분석

{ "_id" : ObjectId( "502721dbf0bb974fd27a522b" ), "empno" : 1103, "ename" :
"standford", "dept" : "research" }
{ "_id" : ObjectId( "502721dbf0bb974fd27a522c" ), "empno" : 1104, "ename" : "John",
"dept" : "inventory" }
```

```
{ "_id" : ObjectId( "502721dbf0bb974fd27a522d" ), "empno" : 1105, "ename" : "Joe", "dept" : "accounting" }
{ "_id" : ObjectId( "502721dbf0bb974fd27a522e" ), "empno" : 1106, "ename" : "king", "dept" : "research" }
{ "_id" : ObjectId( "502721dbf0bb974fd27a522f" ), "empno" : 1107, "ename" : "adams", "dept" : "personel" }
{ "_id" : ObjectId( "502721dbf0bb974fd27a5230" ), "empno" : 1108, "ename" : "blake", "dept" : "inventory" }
{ "_id" : ObjectId( "502721dbf0bb974fd27a5231" ), "empno" : 1109, "ename" : "smith", "dept" : "accounting" }
{ "_id" : ObjectId( "502721dbf0bb974fd27a5232" ), "empno" : 1110, "ename" : "allen", "dept" : "research" }
{ "_id" : ObjectId( "502721dbf0bb974fd27a5233" ), "empno" : 1111, "ename" : "ward", "dept" : "accounting" }
{ "_id" : ObjectId( "502721dbf0bb974fd27a5234" ), "empno" : 1112, "ename" : "Jones", "depe" : "inventory" }
{ "_id" : ObjectId( "502721dbf0bb974fd27a5235" ), "empno" : 1113, "ename" : "martin", "dept" : "research" }
{ "_id" : ObjectId( "502721dcf0bb974fd27a5236" ), "empno" : 1114, "ename" : "clark", "dept" : "personel" }
{ "_id" : ObjectId( "502721dcf0bb974fd27a5237" ), "empno" : 1115, "ename" : "tunner", "dept" : "accounting" }
{ "_id" : ObjectId( "502721dcf0bb974fd27a5238" ), "empno" : 1116, "ename" : "martin", "dept" : "inventory" }
{ "_id" : ObjectId( "502721dcf0bb974fd27a5239" ), "empno" : 1117, "ename" : "tod", "dept" : "human resource" }
{ "_id" : ObjectId( "502721dcf0bb974fd27a523a" ), "empno" : 1118, "ename" : "jimmy", "dept" : "research" }
{ "_id" : ObjectId( "502721dcf0bb974fd27a523b" ), "empno" : 1119, "ename" : "clief", "dept": "human resource" }
{ "_id" : ObjectId( "502721dcf0bb974fd27a523c" ), "empno" : 1120, "ename" : "miller", "dept" : "personel" }
18 objects found
```

BsonDump 유틸리티에서 --debug 옵션절을 부여하면 해당 컬렉션에 저장되어 있는 각 Document별 각 Field 의 데이터 타입과 데이터 길이를 분석한 결과를 출력해 줍니다.

실습 따라하기

```
C:\MONGODB\BIN\DUMP\TEST> bsondump --type debug things.bson
--- new object ---
        size : 77                                  ← 첫 번째 Document 전체 길이
                _id
                        type:  7 size: 17          ← _id 필드의 타입과 데이터 길이
                empno
                        type:  1 size: 15          ← empno 필드의 타입과 데이터 길이
                ename
                        type:  2 size: 21          ← ename 필드의 타입과 데이터 길이
                dept
                        type:  2 size: 19          ← dept 필드의 타입과 데이터 길이
--- new object ---
        size : 73
                _id
                        type:  7 size: 17
                empno
                        type:  1 size: 15
```

```
                ename
                        type:  2 size: 16
                dept
                        type:  2 size: 20

  ( 중략 )

--- new object ---
        size : 74
                _id
                        type:  7 size: 17
                empno
                        type:  1 size: 15
                ename
                        type:  2 size: 18
                dept
                        type:  2 size: 19
18 objects found
```

9.4 MongoImport & MongoExport

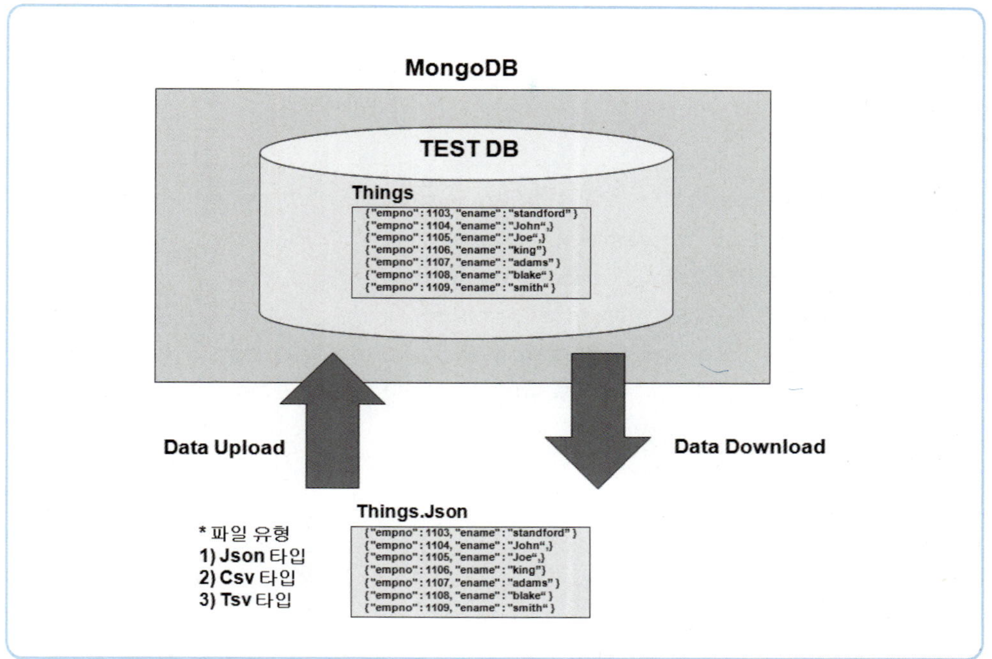

MongoDB를 구축하다보면 타 데이터베이스에서 MongoDB 또는 MongoDB에서 타 데이터베이스로 데이터를 마이그레이션해야 하는 경우들이 발생합니다.

MongoExport 유틸리티는 MongoDB 내의 데이터를 운영체계 상의 파일로 다운로드할 수 있고 MongoImport 유틸리티는 운영체계 상의 파일에 저장된 데이터를 MongoDB로 업로드할 수 있습니다.

9.4.1 MongoExport

MongoDB 내의 데이터를 운영체계 상의 파일 형태로 다운로더할 수 있는 유틸리티입니다.

실습 따라하기

```
C:\MONGODB\BIN> mongoexport -d test -c things -o things.csv --type=csv -f
empno,ename,job,hiredate,sal,deptno
2018-01-21T10:47:55.312+0900    connected to: localhost
2018-01-21T10:47:55.322+0900    exported 14 records
← test DB의 Things Collection 중에 empno, ename, job, hiredate, sal,
  deptno 필드 데이터들을 CSV 타입으로 다운로드 합니다.

C:\MONGODB\BIN> more things.csv
empno,ename,job,hiredate,sal,deptno
7369,"SMITH","CLERK","17-12-1980",800,20
7499,"ALLEN","SALESMAN","20-02-1981",1600,300
7521,"WARD","SALESMAN","22-02-1981",1250,500
7566,"JONES","MANAGER","02-04-1981",2975,20
7654,"MARTIN","SALESMAN","28-09-1981",1250,1400
7698,"BLAKE","MANAGER","01-05-1981",2850,30
7782,"CLARK","MANAGER","09-06-1981",2450,10
7788,"SCOTT","ANALYST","13-06-1987",3000,20
7839,"PRESIDENT","CEO","17-11-1981",5000,10
7844,"TURNER","SALESMAN","08-09-1981",1500,"30 "
7876,"ADAMS","CLERK","13-06-1987",1100,30
7900,"JAMES","CLERK","03-12-1981",950,"30 "
7902,"FORD","ANALYST","03-12-1981",3000,20
7934,"CLERK","CLERK","23-01-1982",1300,10
```

9.4.2 MongoImport

MongoImport 유틸리티를 이용하면 JSON 타입, CSV 타입, TSV 타입의 데이터를 MongoDB로 업로더할 수 있습니다.

실습 따라하기

```
C:\> CD C:\MONGODBD\BIN
C:\MONGODBD\BIN> mongo
MongoDB shell version: 4.2.0
connecting to: test
>
> use test
switched to db test
>
> show collections
department
employees
location
things
>
> db.employees.drop()                    ← employees 컬렉션을 삭제합니다.
true
> exit

C:\MONGODB\BIN> more mongoimort.json     ← 강사가 제공하는 JSON 타입의 실습용 파일
                                           (www.pitmongo.co.kr [기술자료 폴더] 참조)
{empno:7369 , ename : "SMITH", job : "CLERK", hiredate : "17 - 12 - 1980", sal : 800,
deptno : 20 }
{empno:7499 , ename : "ALLEN", job : "SALESMAN", hiredate : "20 - 02 - 1981", sal :1600,
comm : 300, deptno : 30 }
{empno:7521 , ename : "WARD", job : "SALESMAN", hiredate : "22 - 02 - 1981", sal : 1250,
comm : 500, deptno : 30 }
{empno:7566 , ename : "JONES", job : "MANAGER", hiredate : "02 - 04 - 1981", sal : 2975,
deptno : 20 }
{empno:7654 , ename : "MARTIN", job : "SALESMAN", hiredate : "28 - 09 - 1981", sal : 1250,
comm : 1400, deptno : 30 }
{empno:7698 , ename : "BLAKE", job : "MANAGER", hiredate : "01 - 05 - 1981", sal : 2850,
deptno : 30 }
{empno:7782 , ename : "CLARK", job : "MANAGER", hiredate : "09 - 06 - 1981", sal : 2450,
deptno : 10 }
```

```
{empno:7788 , ename : "SCOTT", job : "ANALYST", hiredate : "13-06-1987", sal : 3000,
deptno : 20 }
{empno:7839 , ename : "PRESIDENT", job : "CEO", hiredate : "17-11-1981", sal : 5000,
deptno : 10 }
{empno:7844 , ename : "TURNER", job : "SALESMAN", hiredate : "08-09-1981", sal :
1500, deptno : 30 }
{empno:7876 , ename : "ADAMS", job : "CLERK", hiredate : "13-06-1987", sal : 1100,
deptno : 20 }
{empno:7900 , ename : "JAMES", job : "CLERK", hiredate : "03-12-1981", sal : 950,
deptno : 30 }
{empno:7902 , ename : "FORD", job : "ANALYST", hiredate : "03-12-1981", sal : 3000,
deptno : 20 }
{empno:7934 , ename : "CLERK", job : "CLERK", hiredate : "23-01-1982", sal : 1300,
deptno : 10 }
```

```
C:\MONGODB\BIN> mongoimport  -d test  --collection employees mongoimport.json
2018-01-21T10:50:12.482+0900    connected to: localhost
2018-01-21T10:50:12.531+0900    imported 14 documents ← 14개 업로더됨.


C:\MONGODBD\BIN> mongo
MongoDB shell version: 4.2.0
connecting to: test
>
> use test
switched to db test
>
> show collections
department
employees                                               ← employees 컬렉션 확인
location
things
> db.employees.count()
14                                                      ← 전체 14개 Document가 업로더됨
>
> db.employees.drop()
true
>
> exit
```

다음은 CSV(Comma Sperate) 파일의 데이터를 업로더 하는 방법입니다.

실습 따라하기

```
C:\MONGODB\BIN> mongoimport -d test -c employees --type csv  --file mongoimport.csv
--headerline
2018-01-21T11:03:30.421+0900    connected to: localhost
2018-01-21T11:03:30.494+0900    imported 14 documents

C:\MONGODBD\BIN> mongo
MongoDB shell version: 4.2.0
connecting to: test
>
> use test
switched to db test
>
> show collections
department
employees                                          ←employees 컬렉션 확인
location
things
> db.employees.count()
14                                                 ← 전체 14개 Document가 업로더됨
>
> db.employees.drop()
true
> db.things.drop()
true
> exit
```

다음은 TSV(Tab Separate) 파일에 생성된 데이터를 업로더 하는 방법입니다.

실습 따라하기

```
c:\mongodb\bin>mongoimport -d test -c things --type tsv  --file mongoimport.tsv
--headerline
2018-01-21T11:07:22.541+0900    connected to: localhost
2018-01-21T11:07:22.616+0900    imported 15 documents

C:\MONGODBD\BIN> mongo
MongoDB shell version: 4.2.0
connecting to: test
>
> use test
switched to db test
>
> show collections
department
location
things                                    ← things 컬렉션 확인
> db.employees.count()
14                                        ← 전체 14개 Document가 업로더됨
>
> exit
```

9.5 CopyDatabase & CloneDatabase

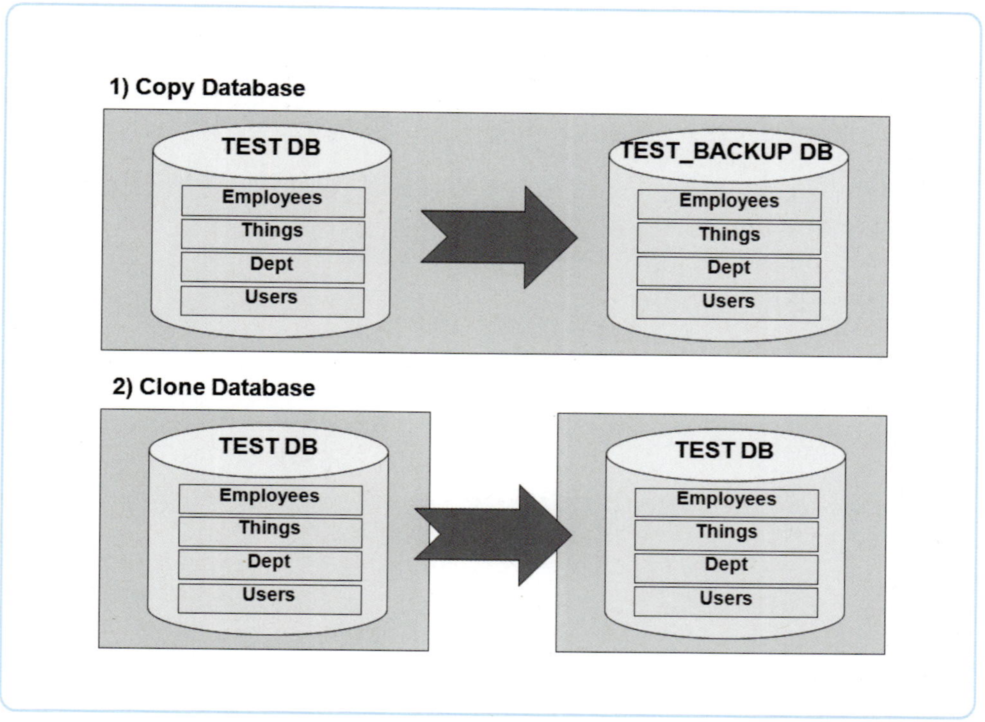

MongoDB는 빅 데이터의 효율적인 운영과 관리를 위해 CopyDatabase와 CloneDatabase 명령어를 제공합니다. 이 명령어를 통해 데이터의 백업, 마이그레이션, DataWarehouse, 테스트 데이터베이스의 구축을 보다 쉽고 구현할 수 있습니다. 하지만 이 명령어는 MongoDB 4.0 버전까지 사용할 수 있으며 4.2 버전부터 제공되지 않습니다.

9.5.1 CopyDatabase

CopyDatabase는 하나의 서버에 있는 대상 데이터베이스를 이름이 다른 데이터베이스 명으로 복제할 때 사용됩니다.

이 기능을 통해 대상 데이터베이스의 이름을 변경할 수도 있으며 테스트용 데이터베이스도 만들 수 있습니다.

실습 따라하기

```
>
> use test                                    ← 복사할 대상 데이터베이스 test를 확인합니다.
switched to db test
>
> show collections
department
location
things

>
> db.copyDatabase("test", "test2", "PLAN")  ← test DB를 test2 DB로 복사합니다.
{ "ok" : 1 }                                  (PLAN은 Host명)
>
> show dbs
admin   (empty)
local   (empty)
test    0.078125GB                            ← 원본 test  DB
test2   0.078125GB                            ← 복사된 test2 DB

> use test2
switched to db test2
>
> show collections                            ← test2 DB에 생성된 컬렉션 확인
department
location
things
>
```

9.5.2 Copy Remote Database

CloneDatabase는 대상 데이터베이스와 동일한 이름, 동일한 구조를 가진 데이터베이스를 복제할 때 사용하지만, CopyDatabase는 대상 데이터베이스와 복제되는 데이터베이스는 이름이 반드시 달라야 합니다. 결론적으로 CloneDatabase는 하나의 LOCAL 데이터베이스가 아닌 REMOTE 데이터베이스를 복제할 때 사용될 수 있는 기능입니다.

실습 따라하기

```
c:\> mongo 192.9.200.1:10001/admin
>
> db.runCommand( { copydb : 1,
                   fromdb : "test",                  ← 복사할 대상 DB
                   todb   : "test2",                 ← 복사될 타켓 DB
                   fromhost : "192.9.200.2:10001" }) ← 복사할  Remote 서버 정보
> exit

c:\> mongo 192.9.200.2:10001/admin
>  show dbs
admin  0.000GB
local  0.000GB
test   0.000GB
test2  0.000GB               ← 192.9.200.1로부터 복사된 test DB
```

9.6 MongoStat & MongoTop

Logging	1) MongoDB 내에서 발생하는 상태 정보에 대한 로그 정보를 남길 수 있다. (예) mongod --logpath ← 로그 정보를 생성될 OS 경로 mongod --logapped ← OS 경로를 추가할 경우
Monitoring	1) MongoDB 내에서 함수를 통해 모니터링하는 방법 (예) db.serverStatus() ← MongoDB 현 상태 분석 db.stats() ← 논리적 구조에 대한 현 상태 분석 db.currentOp() ← DB 내에서 수행 중인 Operation db.adminCommand("connPoolStats"); ← 접속 Client 정보 2) 유틸리티를 통해 모니터링 하는 방법 (예) mongostat.exe ← DB 내의 트랜잭션 상태 분석 mongotop.exe ← Data-File에서 발생하는 IO 정보 제공 http://localhost:28017 ← 웹-브라우저를 통한 통계 제공

9.6.1 MongoStat 유틸리티

MongoDB 내에서 발생하는 다양한 작업(insert, query, update, delete 등) 상태 정보와 메모리 상태(mapped, vsize, res, faults, locked 등) 및 기타 시스템 상태 정보를 출력해 주는 유틸리티입니다.

실습 따라하기

```
C:\> mongostat --rowcount 50
      ← 50 라인의 분석 결과 만 출력합니다. (--rowcount가 없으면 계속 화면에 출력함)
connected to: 127.0.0.1
```

```
insert  query update delete getmore command flushes mapped  vsize    res  faults locked % idx miss %  qr|qw   ar|aw
  0       0     0      0      0       1       0     1.53g  3.39g   589m    6      0          0        0|0     0|0
  0       0     0      0      0       1       0     1.53g  3.39g   589m    1      0          0        0|0     0|0
  0       0     0      0      0       1       0     1.53g  3.39g   589m    0      0          0        0|0     0|0
  0       0     0      0      0       1       0     1.53g  3.39g   589m    0      0          0        0|0     0|0
  0       0     0      0      0       1       0     1.53g  3.39g   589m    0      0          0        0|0     0|0
  0       0     0      0      0       1       0     1.53g  3.39g   589m    0      0          0        0|0     0|0
  0       0     0      0      0       1       0     1.53g  3.39g   589m    0      0          0        0|0     0|0
  0       0     0      0      0       1       0     1.53g  3.39g   589m    0      0          0        0|0     0|0
  0       0     0      0      0       1       0     1.53g  3.39g   589m    0      0          0        0|0     0|0
```

다음은 각 필드에 대한 설명입니다.

- inserts : 초당 INSERT 수
- query : 초당 Query 수
- update : 초당 Update 수
- delete : 초당 Delete 수
- getmore : 초당 발생 작업 수
- command : 초당 실행되는 명령어 수(Local Replica의 Salve 상에서 발생하는)
- flushes : 초당 Fsync Flushes 수
- mapped : 메모리 상에 Mapped되는 메모리 크기(단위 MB)
- vsize : 프로세수의 가상 크기(단위 MB)
- res : 프로세스의 Resident 크기(단위 MB)
- faults : 초당 발생하는 PagesFault 수
- locked : Global Write Lock이 발생하는 전체 시간에 대한 Percentage
- idx miss : Btree Index를 로드할 때 발생하는 PageFault 시 인덱스 읽기발생하는 Percentage
- qr : MongoDB 인스턴스로부터 Data 읽기작업을 기다리고 있는 Client를 위한 Queue 길이
- qw : MongoDB 인스턴스로부터 Data 쓰기를 기다리고 있는 Client를 위한 Queue 길이
- ar : 읽기 작업을 수행하고 있는 Active 클라이언트 수

- aw : 쓰기 작업을 수행하고 있는 Active 클라이언트 수
- netIn : MongoDB에 의해 Rreceived된 Network Traffic의 합
- netOut : MongoDB에 의해 Sent된 Network Traffic의 합
- conn : Open Connection 수
- set : Replica set 명
- repl : Replication 유형
  - M : Master
  - SEC : Secondary
  - REC : Recovering
  - UNK : Unknown
  - SLV : Slave

9.6.2 MongoTop 유틸리티

MongoTop은 MongoDB 내의 모든 Collection에 대한 Read/Write 현황에 대한 상태정보를 제공하는 유틸리티입니다.

실습 따라하기

```
C:\> mongotop 5                 ← 매 5초마다 분석 결과를 화면에 출력합니다.
connected to: 127.0.0.1

                     ns  total     read   write   2012-08-05T04:08:21
              test.user  0ms       0ms    0ms
            test.things  0ms       0ms    0ms
 test.system.namespaces  0ms       0ms    0ms
    test.system.indexes  0ms       0ms    0ms
          test.fs.files  0ms       0ms    0ms
         test.fs.chunks  0ms       0ms    0ms
          test.fs.chunk  0ms       0ms    0ms
             test.files  0ms       0ms    0ms
                 test.*  0ms       0ms    0ms
```

```
                    ns  total       read      write     2012-08-05T04:08:22
             test.user  0ms         0ms       0ms
           test.things  0ms         0ms       0ms
test.system.namespaces  0ms         0ms       0ms
   test.system.indexes  0ms         0ms       0ms
         test.fs.files  0ms         0ms       0ms
        test.fs.chunks  0ms         0ms       0ms
         test.fs.chunk  0ms         0ms       0ms
            test.files  0ms         0ms       0ms
                test.*  0ms         0ms       0ms
```

다음은 각 필드에 대한 설명입니다.

- Ns : 데이터베이스 명과 컬렉션 명으로 구성된 Collection 이름.
- Db : 데이터베이스 명(V2.2에서 -locks 옵션과 함께 사용되는 경우 출력되지 않음)
- Total : mongod 프로세스가 해당 Collection에서 수행했던 작업 총 시간
- Read : mongod 프로세스가 해당 Collection에서 수행했던 읽기 작업 총 시간
- Write : mongod 프로세스가 해당 Collection에서 수행했던 쓰기 작업 총 시간
- Timestamp : 분석 결과가 리턴된 시간 정보

9.6.3 Web Monitoring

MongoDB는 기본적으로 웹 브라우저용 모니터링 툴을 제공하는데 이 기능을 사용하기 위해서는 먼저 Mongod를 통해 인스턴스를 활성화할 때 --rest 옵션절을 사용해야 합니다.

실습 따라하기

```
C:\MONGODB\DB1> mongod --dbpath C:\mongodb\db1  --rest
Mon Aug 13 15:43:04 [initandlisten] MongoDB starting : pid=6512 port=27017
dbpath=c:\mongodb\db1\ 64-bit host=PLAN
```

```
Mon Aug 13 15:43:04 [initandlisten] db version v4.2.0, pdfile version 4.5
Mon Aug 13 15:43:04 [initandlisten] git version: e1c0cbc25863f6356aa4e31375add7bb49fb05bc
Mon Aug 13 15:43:04 [initandlisten] build info: windows sys.getwindowsversion(major=6,
minor=1, build=7601, platform=2, service_pack='Service Pack 1') BOOS
T_LIB_VERSION=1_42
   ( 중략 )
Mon Aug 13 15:43:04 [initandlisten] options: { dbpath: "c:\mongodb\db1\", rest: true }
Mon Aug 13 15:43:04 [initandlisten] journal dir=c:/mongodb/db1/journal
```

그리고, 다음과 같이 Web Brower에서 28017 포트번호로 접속하면 됩니다. MongoDB를 기본값으로 활성화하면 포트번호는 28017입니다.

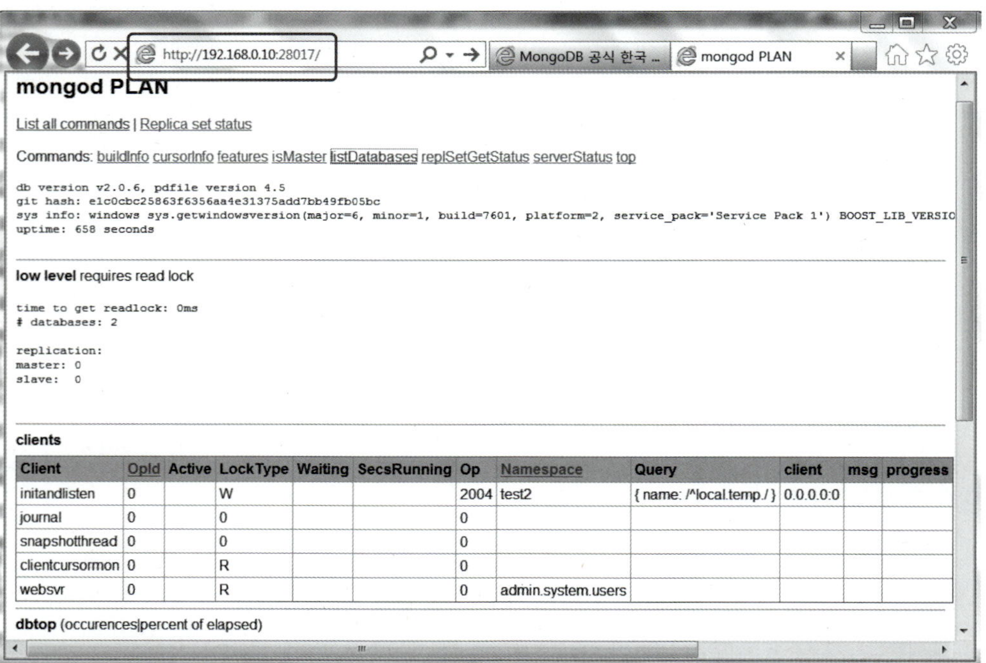

9.6.4 MongoDB Log 수집 & 분석

Mongod를 최초 실행할 때 --logpath 옵션절을 함께 부여하면 인스턴스에서 발생하는 다양한 로그 정보를 파일로 저장할 수 있고 참조할 수 있습니다.

Mongod가 실행된 화면에서 실시간으로 로그 정보를 모니터링할 수 없는 단점은 있지만 로그 정보를 파일로 저장해 둘 수 있는 장점을 가지고 있다.

실습 따라하기

```
C:\> mongod --dbpath c:\mongodb\test  --logpath c:\mongodb\test\log_201208.txt

all output going to: c:\mongodb\test\log_201208.txt
                                  ← Shutdown 때까지 Waiting 상태가 유지됨
```

다음과 같이 인스턴스를 종료한 후 해당 경로에서 파일을 확인해 보십시오.

실습 따라하기

```
> use admin
switched to db admin
>
> db.shutdownServer()
Mon Aug 13 16:19:58 DBClientCursor::init call() failed
Mon Aug 13 16:19:58 query failed : admin.$cmd { shutdown: 1.0 } to: 127.0.0.1
server should be down...
Mon Aug 13 16:19:58 trying reconnect to 127.0.0.1
Mon Aug 13 16:19:59 reconnect 127.0.0.1 failed couldn't connect to server 127.0.0.1
Mon Aug 13 16:19:59 Error: error doing query: unknown shell/collection.js:151
>
> exit


C:\> CD C:\MONGODB\test
C:\> more log_201208.txt
```

```
Mon Aug 13 16:14:33 [initandlisten] MongoDB starting : pid=4756 port=27017 dbpath=d:\
mongodb\db1\ 64-bit host=PLAN

Mon Aug 13 16:14:33 [initandlisten] db version v4.2.0, pdfile version 4.5
Mon Aug 13 16:14:33 [initandlisten] git version: e1c0cbc25863f6356aa4e31375add7bb49fb05bc
Mon Aug 13 16:14:33 [initandlisten] build info: windows sys.getwindowsversion(major=6,
minor=1, build=7601, platform=2, service_pack='Service Pack 1') BOOST_LIB_VERSION=1_42
Mon Aug 13 16:14:33 [initandlisten] options: { dbpath: "d:\mongodb\db1\", logpath:
"d:\mongodb\db1\log_201208.txt" }
Mon Aug 13 16:14:33 [initandlisten] journal dir=d:/mongodb/db1/journal
Mon Aug 13 16:14:33 [initandlisten] recover : no journal files present, no recovery
needed
Mon Aug 13 16:14:34 [websvr] admin web console waiting for connections on port 28017
Mon Aug 13 16:14:34 [initandlisten] waiting for connections on port 27017
Mon Aug 13 16:14:37 [initandlisten] connection accepted from 127.0.0.1:54682 #1
Mon Aug 13 16:14:39 [conn1] end connection 127.0.0.1:54682
Mon Aug 13 16:14:41 [initandlisten] connection accepted from 127.0.0.1:54683 #2
Mon Aug 13 16:15:06 [conn2] dropDatabase test2
Mon Aug 13 16:15:06 [conn2] removeJournalFiles
Mon Aug 13 16:15:06 [conn2] command test2.$cmd command: { dropDatabase: 1.0 }
ntoreturn:1 reslen:56 187ms
Mon Aug 13 16:15:34 [clientcursormon] mem (MB) res:54 virt:404 mapped:160
Mon Aug 13 16:19:58 [conn2] terminating, shutdown command received
Mon Aug 13 16:19:58 dbexit: shutdown called
Mon Aug 13 16:19:58 [conn2] shutdown: going to close listening sockets...
Mon Aug 13 16:19:58 [conn2] closing listening socket: 444
Mon Aug 13 16:19:58 [conn2] closing listening socket: 456
Mon Aug 13 16:19:58 [conn2] shutdown: going to flush diaglog...
Mon Aug 13 16:19:58 [conn2] shutdown: going to close sockets...
Mon Aug 13 16:19:58 [conn2] shutdown: waiting for fs preallocator...
Mon Aug 13 16:19:58 [conn2] shutdown: lock for final commit...
Mon Aug 13 16:19:58 [conn2] shutdown: final commit...
Mon Aug 13 16:19:58 [conn2] shutdown: closing all files...
Mon Aug 13 16:19:58 [conn2] closeAllFiles() finished
Mon Aug 13 16:19:58 [conn2] journalCleanup...
Mon Aug 13 16:19:58 [conn2] removeJournalFiles
Mon Aug 13 16:19:58 [conn2] shutdown: removing fs lock...
Mon Aug 13 16:19:58 dbexit: really exiting now
```

9.6.5 Log Level 설정 명령어

MongoDB 서버를 운영하게 되면 다양한 장애 및 이상 상태가 감지되는데 이 경우 Log 정보를 수집 및 분석하는 것은 서버 운영에 있어서 매우 중요한 작업 중에 하나입니다. MongoDB는 setParameter 옵션을 통해 네트워크, 샤딩, 복제, 스토리지, 인덱스, 컬렉션 레벨의 로그 정보를 효과적으로 수집 관리할 수 있습니다. 다음 예제는 Log Level을 설정하고 확인하는 방법입니다.

실습 따라하기

```
> db.adminCommand( {
    setParameter: 1,
    logComponentVerbosity: {
            verbosity: 1,
            query: {  verbosity: 2 },
            storage: { verbosity: 2,  journal: { verbosity: 1 } }
     }
  } )
{
        "was" : {
                "verbosity" : 1,
                "accessControl" : { "verbosity" : -1 },
                "command" : { "verbosity" : -1 },
                "control" : { "verbosity" : -1 },
                "executor" : { "verbosity" : -1 },
                "geo" : { "verbosity" : -1 },
                "index" : { "verbosity" : -1 },
                "network" : { "verbosity" : -1, "asio" : { "verbosity" : -1 },
                        "bridge" : { "verbosity" : -1 }
                },
                "query" : { "verbosity" : 2 },
                "replication" : {
                        "verbosity" : -1,
                        "heartbeats" : {
                                "verbosity" : -1
                        },
                        "rollback" : {
```

```
                                        "verbosity" : -1
                                }
                        },
                        "sharding" : {
                                "verbosity" : -1
                        },
[중략]
                        "tracking" : {
                                "verbosity" : -1
                        }
                },
                "ok" : 1,
                "$clusterTime" : {
                        "clusterTime" : Timestamp(1515211773, 1),
                        "signature" : {
                                "hash" : BinData(0,"AAAAAAAAAAAAAAAAAAAAAAAAAAA="),
                                "keyId" : NumberLong(0)
                        }
                },
                "operationTime" : Timestamp(1515211773, 1)
}
> db.adminCommand( {
        setParameter: 1,
        logComponentVerbosity: {
           verbosity: 1,
           query: {
              verbosity: 4
           },
           storage: {
              verbosity: 2,
              journal: {
                 verbosity: 1
              } } } } )
{
        "was" : {
                "verbosity" : 1,
                "accessControl" : {
                        "verbosity" : -1
                },
                "command" : {
```

```
                    "verbosity" : -1
            },
            "control" : {
                    "verbosity" : -1
            },
            "executor" : {
                    "verbosity" : -1
            },
            "geo" : {
                    "verbosity" : -1
            },
            "index" : {
                    "verbosity" : -1
            },
[중략]
            "query" : {
                    "verbosity" : 4
            },
            "replication" : {
                    "verbosity" : -1,
                    "heartbeats" : {
                            "verbosity" : -1
                    },
                    "rollback" : {
                            "verbosity" : -1
                    }
            },
            "sharding" : {
                    "verbosity" : -1
            },
            "storage" : {
                    "verbosity" : 2,
                    "journal" : {
                            "verbosity" : 1
                    }
            },
[중략]
        "ok" : 1,
        "$clusterTime" : {
                "clusterTime" : Timestamp(1515211783, 1),
```

```
                "signature" : {
                        "hash" : BinData(0,"AAAAAAAAAAAAAAAAAAAAAAAAAAA="),
                        "keyId" : NumberLong(0)
                }
        },
        "operationTime" : Timestamp(1515211783, 1)
}

> db.setLogLevel(-1, "query")
{
        "was" : {
                "verbosity" : 1,
                "accessControl" : {
                        "verbosity" : -1
                },
                "command" : {
                        "verbosity" : -1
                },
[중략]
                "query" : {
                        "verbosity" : -1
                },
                "replication" : {
                        "verbosity" : -1,
                        "heartbeats" : {
                                "verbosity" : -1
                        },
                        "rollback" : {
                                "verbosity" : -1
                        }
                },
                "sharding" : {
                        "verbosity" : -1
                },
                "storage" : {
                        "verbosity" : 2,
                        "journal" : {
                                "verbosity" : 1
                        }
                },
```

```
[중략]
        "ok" : 1,
        "$clusterTime" : {
                "clusterTime" : Timestamp(1515212094, 1),
                "signature" : {
                        "hash" : BinData(0,"AAAAAAAAAAAAAAAAAAAAAAAAAAA="),
                        "keyId" : NumberLong(0)
                }
        },
        "operationTime" : Timestamp(1515212094, 1)
}
>
```

9.6.6 enableFreeMonitoring

MongoDB 서버는 도큐멘트 유형의 데이터 저장 구조 뿐만 아니라 이를 효율적으로 운영, 관리할 수 있는 다양한 툴(Tool)을 제공하고 있는데 클라우드 매니저(Cloud Manager), 컴파스(Compass), 아트라스(Atlas)와 같은 제품들 입니다. 이 제품들을 사용하기 위해서는 추가 다운 로더와 설치 작업이 필요합니다.

반면에 MongoDB 4.0 버전에서 제공되는 db.enableFreeMonitoring 메소드는 추가적인 설치 없이 mongo-Shell 상태에서 이 메소드를 실행하면 MongoDB inc.의 클라우드 서버에 접속하여 로컬 서버로부터 수집된 MongoDB Server의 상태 정보를 그래프로 출력해 줍니다.

실습 따라하기

```
> db.enableFreeMonitoring()
{
   "state" : "enabled",
   "message" : "To see your monitoring data, navigate to the unique URL below.
                Anyone you share the URL with will also be able to view this page.
                You can disable monitoring at any time by
                db.disableFreeMonitoring().",
"url":"https://cloud.mongodb.com/freemonitoring/cluster/WUH7ZR32JZP3U4PSEFGLI47736BS62
4F"", "userReminder" : "", "ok" : 1  }
```

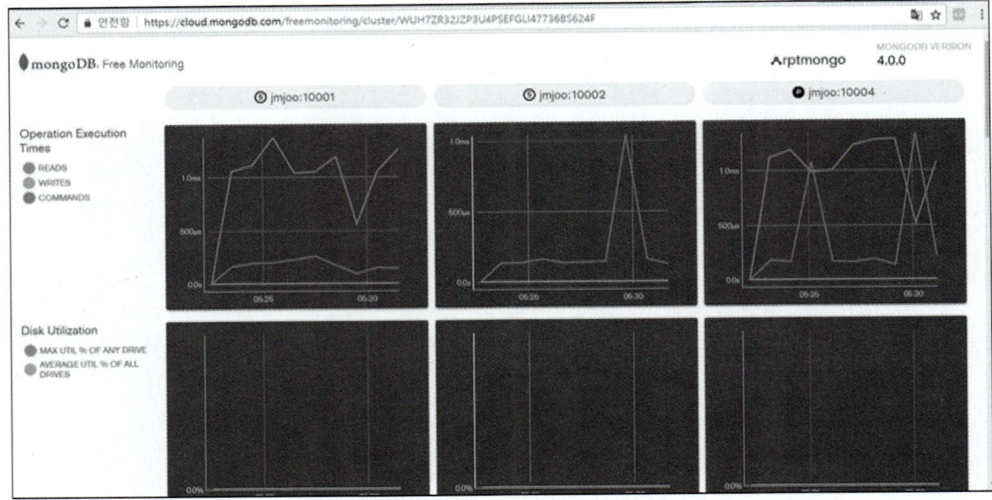
mongoDB. Free Monitoring
Arptmongo
MONGODB VERSION
4.0.0
jmjoo:10001
jmjoo:10002
jmjoo:10004
Operation Execution Times
READS
WRITES
COMMANDS
Disk Utilization
MAX UTIL % OF ANY DRIVE
AVERAGE UTIL % OF ALL DRIVES

INDEX

기호

숫자

A

B

C

D

N

O

P

빅데이터 저장 및 분석을 위한

New NoSQL & mongoDB

4판 1쇄 2020년 2월 8일

저 자 주종면
발 행 인 주종면
발 행 처 도서출판 DataBook
기 획 주종면

주 소 서울시 송파구 오금로 58 잠실아이스페이스 907호
전화번호 010−3864−1858 / 070−4192−1858
F A X 02-3013-4946
등록번호 제 25100-2009-000027호
I S B N 978-89-96311-40-9 (93560)
홈페이지 www.pitmongo.co.kr
E-Mail jina6678@daum.net
가 격 42,000원